海南省哲学社会科学规划课题——黎语核心词
比较研究（HNSK（Z）13-75）结题成果
国家社会科学基金项目——黎语与汉语方言接触
研究（2016XYY029）阶段性成果

海南师范大学学术著作出版基金、汉语国际教育学科建设经费资助

黎语核心词研究

杨遗旗 —— 著

科学出版社

北京

内 容 简 介

本书以美国语言学家莫里斯·斯瓦迪士的《一百词的修订表》中的100个核心词为比较项，以黎语为被比较对象，以汉藏语系不同语族中的代表性语言或与黎语有接触影响关系的语言为比较对象，逐项比较分析，并对其不同点和相同点进行语言分化和语言融合方面的合理解释，试图探讨黎语核心词的词源与演变问题。

本书可供从事语言学、社会学等学科及相关学科研究的学者和高校师生阅读。

图书在版编目（CIP）数据

黎语核心词研究/杨遗旗著. —北京：科学出版社，2017.5
ISBN 978-7-03-052766-0

Ⅰ. ①黎⋯　Ⅱ. ①杨⋯　Ⅲ. ①黎语–词汇–研究　Ⅳ. ①H281.3

中国版本图书馆 CIP 数据核字（2017）第 100526 号

责任编辑：郭勇斌　彭婧煜 / 责任校对：贾伟娟
责任印制：张　伟 / 封面设计：黄华斌

科 学 出 版 社 出版
北京东黄城根北街 16 号
邮政编码：100717
http://www.sciencep.com

北京教图印刷有限公司 印刷
科学出版社发行　各地新华书店经销
*
2017 年 5 月第 一 版　开本：720 × 1000　1/16
2017 年 5 月第一次印刷　印张：15 3/4
字数：306 000
定价：88.00 元
（如有印装质量问题，我社负责调换）

前　言

　　一个民族所创造的历史文化，表现实体可以是物质的也可以是非物质的。物质文化可以见诸于三维实体，如雕塑、建筑、服饰、刺绣等，这些文化实体是第一性的，放眼可触。非物质文化需要耳提面授，其实体不以长时间占据三维空间为表现形态，如歌舞，演完了也就结束了。语言是最为典型的非物质文化遗产。文化的民族性首先表现在语言上，可以说语言是一个民族的第一文化符号。某种民族语言的消失意味着该民族的民族特征濒于消亡，该民族最终将融入更先进、更强大的民族。狭义的语言指有声语言，广义的语言还包括记录语言的文字。前者是音义结合的符号系统；后者是形音义结合的符号系统，是用来记录符号的符号。不是所有语言都有自己的文字。有自己语言文字的民族，其历史文化可以记载、保留在文献当中，而尚未创建自己语言文字的民族，其历史文化就只能隐藏在地下文物和有声语言当中了。民族语言在历史的时间线上代代相传，其缓慢演变的痕迹都隐匿在当下口语的语言诸要素和言语作品当中。人文学科本质上关注人类自身，语言及其衍生品作为人类与自然界的标志性区别特征，自然应该是首要关注对象。

　　黎族是海南本土民族，黎族文化是海南文化的代表，黎语更是黎族文化的符号和象征。加强黎语研究，不仅可以加大对黎语的保护力度，延缓黎语的濒危进程；而且更重要的是可以通过研究黎语来研究黎族文化，因为一个民族的形成、迁徙、发展等方面的印迹，一定会留存在语言这一民族活化石中。

　　据 2000 年全国第五次人口普查资料，全国黎族人口为 124.78 万人，其中海南省为 116.22 万人，占全国黎族人口总数的 93.14%。黎族的民族语言为黎语，属于汉藏语系侗台语族黎语支，分侾、杞、本地、美孚、加茂 5 种方言。本书在讨论黎语语料时，各地黎语方言一律以"某某话"称，比如"保定话"。2006 年 1月 19 日《海南日报》刊文指出，100 万黎族人口中真正会讲黎语的已不足 50 万，如以 50% 的比例计算，海南黎族实际使用黎语的人数则不足 58.11 万。一个民族半数以上的人不能讲本民族语言，对于文化传承而言，是一个十分危险的信号。海南省文化部门和民政部门已经注意到这一点，加大了对黎语进行立项研究的力度。本书是海南省哲学社会科学规划课题"黎语核心词比较研究"的研究成果。

　　以往黎语研究的相关成果主要描写黎语各方言语音、词汇、语法等语言诸要素，极少涉及黎语的语言接触与语言演变。比如欧阳觉亚和郑贻青的《黎语调查研究》是目前黎语研究最主要和最重要的成果，该书第五章"黎语与同语族诸语言的比较"只是从共时层面概括描写了语音上声韵对应关系，列表概括了通什话与壮傣、侗水两语支语言词汇在 500 余个词语中"同源词""近似词""不同的词"所占比例，概括了壮侗语族诸语言语法方面的一些共同特点和黎语语支区别于壮傣、侗水语支的语法特点。本书比较范围要广泛得多，并且充分运用历史比较语言学的研究方法在比较的基础上既努力揭示其历史渊源，又设法指出其演变的方向。本书收集了丰富的语料，兼顾共时和历时两个维度的比较，大胆假设、小心求证，立足于每一个核心词语的微观研究，比较清晰、直观地展现了黎语核心词的历时演变。这些研究成果对于黎语的历史比较研究来说尽管只能算得上一朵小浪花，但无疑是具有开创性的，它势必会影响黎族的迁徙史和黎语的语言接触演变史研究。

本书选择黎语核心词为研究对象，主要有三个方面意义。

其一，对于历史比较语言学而言，形态简单的语言，词汇比较十分重要。本书研究具有极强稳定性的核心词，不但可以上溯至黎语演变、黎族族群迁徙融合的古代历史，而且可以较为准确地勾勒出黎语在相关语族、语系中的历史地位。

其二，语言是一个民族文化最为重要的载体，黎语核心词比较研究成果，可以挖掘黎族人民的早期文化概貌，梳理黎族文化的演变源流。

其三，黎语因为孤悬于海岛，在汉藏语系中地位独特，黎语核心词研究成果可以为历史语言学和社会语言学提供理论实证及新理论创建的现实依据。

本书的部分成果，笔者以单篇论文的形式发表了 5 篇论文：《黎语核心人称代词研究》《黎语核心词"女人"、"男人"、"人"》《黎语指示代词比较研究》《黎语"多"、"大"、"长"、"小"比较研究》《黎语"爪"、"脚"、"足"》。

本书涉及大量语料，这些语料大部分来自前辈们的研究成果，书中所涉及的2013 年的黎语语料则是笔者委托内江师范学院的吴宇森同学录音后整理所得，此外，书稿著述过程中还参考、引用了专家学者们发表的大量科研文献，在此笔者一并致以最诚挚的谢意。本书能得以顺利出版，还要真心感谢科学出版社的编辑，涉及大量国际音标的书稿校对起来是繁琐的，但编辑不厌其烦，反复核校，为保证书稿质量付出了不少辛劳。

本书是笔者主持的海南省哲学社会科学规划课题的结题成果，由于研究水平有限，书中难免存在疏漏，还望大方之家不吝赐教。

杨遗旗

2017 年 2 月 28 号于海口

目　录

绪　　论

0.1　黎语研究现状

黎语属于汉藏语系侗台语族黎语支，在侗台语族中占有重要地位，因此很早就引起国内外学者的关注。黎语词汇研究成果主要包括下面几个方面。

（1）词汇记录描写。这方面的成果有萨维纳（1931）所著的《黎法对照词汇》和德国生理学家史图博于 1937 年所著的《海南岛的黎族》，然而他们掌握的材料不多，只有简单的描写介绍，并没有深入研究。欧阳觉亚和郑贻青（1983）的《黎语调查研究》是目前黎语最系统、最全面的研究成果。该书词汇部分论及黎语构词方式，并比较了黎语内部各方言、土语词汇异同，还从黎语与文昌话语音比较的角度，讨论了黎语中的汉语借词问题。此外，整理了黎语方言、土语代表点的1627 个常用词表，100 个最基本的词在黎、壮、傣、泰、侗、水几种语言中的具体读音，但未作任何分析。之后郑贻青和欧阳觉亚（1993）的《黎汉词典》提供了丰富的词汇材料，为把黎语研究放入语族、语系大背景中提供了条件。苑中树（1994）的《黎语语法纲要》中词汇部分简要讨论了词和词组的构成方式、词汇的构成、同音词、同义词，分析方法主要是逐项简单举例。

（2）对词汇子系统进行描写分析。文明英和马加林（1984）对黎语的数字表示法，李钊祥（1985）对黎族的自称，刘剑三（1992）对部分黎语地名，黎燕（1996）对黎语亲属词，张雷（2009）对黎语志强话亲属称谓变化现象，潘立慧（2010）对反身代词和强调代词分别进行了描写。冯青（2012）则从分类、语法特征、表意功能的异同三个角度，对海南黎语和汉语的量词进行了比较。

（3）从词汇角度探讨语言流变和民族关系。蒙斯牧（1990）、倪大白（1994）分别从黎语与印尼语里找到了一些相类似的词，指出黎语及壮侗语与南岛语等一些语言有较为明显的关系。刘剑三（2001）分析了临高语基本词汇中一些只与黎语相同或有对应关系而与侗台语族其他语言差别很大或难以找到对应关系的词语；初步探讨了它们的来源，尝试从民族迁徙和民族交流角度揭示蕴含其中的文化背景。欧阳觉亚和郑贻青（2004）从词汇学角度，运用统计分析方法进一步指出黎语与印尼语、中国台湾少数民族诸语言有一定的渊源关系。符昌忠（2005）探讨了村语与黎语的词汇差异和成因。

（4）对个别词语进行解释分析。陈永青（1982）对黎语中"奥雅 [ao⁵⁵ia³⁵]"

和"歪雅 [uai^{55} ia^{35}] "两个词语进行了解释。高泽强（2001）就黎语"纹茂"的含义作了详细考析。

应该说，黎语词汇整体描写性工作已经比较完善，为在语支、语族甚至语系大视野下进行系统深入的词汇研究创造了条件，可惜解释性的词汇研究目前还甚为贫乏、零散。

核心词的选词和排序，本书以莫里斯·斯瓦迪士的《一百词的修订表》（简称《百词表》）为依据，该词表选词排序的主要依据是词语在社会交际中的重要性和稳定性。比如，人类交际往往以自我和当下语境为中心，当下语境考虑的是说话一方和听话一方，故涉及第三方的第三人称代词在《百词表》中并未出现，排在第 1 位的是第一人称代词单数，排在第 2 位的是第二人称单数，排在第 3 位的是包括说话一方和听话一方的第一人称复数，排在第 4 位和第 5 位的分别是以说话一方为参照的近指代词和远指代词。然后是交际双方需要交流的未知信息，因此排在第 6 位的是表示人的疑问代词，排在第 7 位的是表示事物的疑问代词。

0.2　本书的主要语料来源

1. 黎语语料

（1）保定、中沙、黑土、西方、白沙、元门、通什、堑对、加茂、保城来自欧阳觉亚和郑贻青的《黎语调查研究》（中国社会科学出版社，1983）。

（2）廖二弓来自黄权主编的《汉黎字典》（云南民族出版社，2011）。

（3）2013 年暑假田野调查资料如下。

乐东尖峰：黄宗文，男，23 岁，黎族，乐东黎族自治县尖峰镇尖峰村人，大学文化。

乐东三平：刘南根，男，23 岁，黎族，乐东黎族自治县三平乡（撤乡并镇后今已归入万冲镇）保派村人，大学文化。

陵水隆广：吴宇森，男，22 岁，黎族，陵水黎族自治县隆广镇老龙村人，大学文化。

通什 2：黄晓运，男，20 岁，黎族，五指山市通什镇番香村人，中专文化。

保城 2：陈达謵，男，26 岁，黎族，保亭黎族苗族自治县保城镇番文管理区什（za）丙村人，大专文化。

昌江石碌：刘军，男，23 岁，黎族，昌江黎族自治县石碌镇人，大学文化。

加茂 2：黄雪静，女，22 岁，黎族，保亭黎族苗族自治县加茂镇加答村人，中专文化。

堑对 2：王海群，女，49 岁，黎族，琼中县和平镇堑对万道村人，初中文化。

用"通什 2""保城 2""加茂 2""堑对 2"是为了与《黎语调查研究》中的"通

什""保城""加茂""堑对"加以区别。

2. 侗台语族（又名"壮侗语族"）语料

侗台语族语料来源于中央民族学院少数民族语言研究所第五研究室编写的《壮侗语族语言词汇集》（中央民族学院出版社，1985）。

3. 苗瑶语族语料

苗瑶语族语料来源于中央民族学院苗瑶语研究室编写的《苗瑶语方言词汇集》（中央民族学院出版社，1987）。

4. 南岛语系语料

南岛语系语料来源于吴安其所著的《南岛语分类研究》（商务印书馆，2009）。本书所使用的符号说明：

（1）书中的国际音标不带中括号；

（2）音标右上标的字母、单位数字表示调类，双位数表示调值；

（3）原始侗台语简称"PKT"，原始马来语简称"PMP"，原始邹-卑南语简称"PTP"，原始南岛语简称"PAN"，原始苗瑶语简称"PMY"。

0.3　黎语核心词比较研究

本书以概念意义上的 100 个核心词为比较项，以黎语为被比较对象，以汉藏语系不同语族中的代表性语言或者与黎语有接触影响关系的语言（主要是侗台语族、苗瑶语族、南岛语系、古汉语、闽语）为比较对象，逐项比较分析，并对其异同点进行语言分化和语言融合方面的合理解释，试图探讨黎语核心词的词源问题。每一个核心词的研究思路是一样的。本书搜集了黎语 18 个语言代表点（有些语言代表点可能相同，但是因记录时间相差数十年，故仍按不同语言代表点语料计算）的原始语料。其中 10 个语言代表点的语料是欧阳觉亚和郑贻青半个多世纪前记录整理的，另外 8 个语言代表点的语料则是在最近 4 年间记录整理的。本书先对黎语表达核心概念的词语进行分类归纳，有的是属于不同来源的词语、有的是同一来源的词语的黎语方言变体，对于前者本书试图揭示其与汉藏语系诸语族、语支之间的亲缘关系，对于后者则在揭示词源前归纳其内部演变规律。

本书的研究步骤如下。

（1）收集参与比较的语言中某个核心词所在语义场的词条。

（2）比较黎语支内核心词的异同。

（3）比较同一语族内不同语支核心词的异同。

（4）与藏缅语族、苗瑶语族、南岛语系进行比较。以黎语的近指代词为例，黎语的近指代词有三个基本的类型：nei、ne、ni，nei 是标准音，涵盖了 10 个语言代表点，后因韵尾脱落、主要元音舌位高化演变成了方言变体。经过比较，本书发现黎语的近指代词不仅是壮侗语族、苗瑶语族同源词，而且与南岛语系语言关系密切，极有可能是南岛语底层词。

本书把词义比较作为一个重要内容，将比较纳入语义类型学的视野，与其他语支、语族语言进行比较，看词义发展有哪些共同的演变方向，体现了怎样的规律。这使本书寻找同源词的过程具有更强的可操作性。本书通过比较发现了不少人类语言词义引申的有趣现象，这反映了普通语义学的共同规律。比如，本书发现第二人称代词与远指代词同源这一普遍现象，黎语的远指代词 ma^5 "那" 与第二人称代词 meu^1 "你"、汉语的 "那" 与 "你" 今天语音差异明显，但上古时期应该是同一个词。就汉语而言，王力先生已经作了论述，但是个性往往蕴含着共性。壮语的 $mu\eta^5$ "你"、$muin^5$ "那"，黔东苗语的 $mo\eta^5$ "那、你" 很好地佐证了这种普遍性。这其实表现了人类普遍的认知心理，人类认识世界是从认识自身开始的。人类首先给自身身体部位命名，然后由此及彼，推及自然世界。本书还发现，即使是核心词也会出现逐渐被强势语言蚕食、吞并的现象，这种现象首先出现在少数方言中，比如白沙、元门、昌江石碌的远指代词 na "那" 便借自近现代汉语的 "那"。

自源性同源通常有整齐的对应关系，借用性同源则是零星对应的。因此在探索语音演变规律时，除了考虑语音相近、意义基本一致这个条件外，还常去寻找整齐的语音对应关系，这可以最大限度地保证同源结论的可靠性。比如，在论证黎语的加茂方言表达 "人" 这一概念的词语 ła:i^{33} 与黎族自称 ła:i^{33} "黎" 为同一个词时，除了考虑上古汉语里 "黎民" "群黎百姓" 中的 "黎" 与 "人" "民" 有意义相关性外，本书还考察了与 "黎" 声旁相同的系列汉字 "梨" "黧"（黑）"犁" 在黎语和其他壮侗语族语言中的语音对应关系。

1 代　词

1.1　我（I）

第一人称代词"I"在《百词表》中排在第 1 位，在黎语代表点的读音见表 1-1。

表 1-1　黎语代表点第一人称代词

保定	中沙	黑土	西方	昌江石碌	白沙	元门	通什	堑对	保城	加茂	廖二弓
hou^1; de^3（年轻人多用）	hou^1	hou^1	hou^1	hau^1	ho^1	hou$^{2?}$	hou^1	hou^1	hou^1	kau^1	kau^{51}; də: t^{31}tai^{51}（自己的一方）

从表 1-1 可以看出，黎语的第一人称代词读音有 4 种情况：①hou 类；②kau 类；③hau 类；④de 类。hou 类是主要的，12 个代表点中有 9 个代表点用该类读音，而且其中的 7 个代表点读音完全一样，只有白沙音韵尾脱落，元门音多出喉塞音韵尾 ʔ。昌江石碌话今读 hau^1。加茂话和属于加茂赛方言的廖二弓话第一人称则读作 kau 类。此外，保定和廖二弓另有一 de 类读音，保定话读作 de^3，廖二弓话读作 də: t^{31}tai^{51}。从地域分布看，hou 类显然代表了黎语的正统读音。hau 类、kau 类和 de 类均属于少数，这三类音是自身演变的结果，还是其他语言的借词，需要详加考察。

黎语属于侗台语族，可以将黎语与黎语支的村语和该语族的其他语支的语言进行比较，见表 1-2。

表 1-2　侗台语族相关语言第一人称代词

村	临高（西江黎语）	壮	布依	傣西	傣德	侗	水	毛南	仫佬
kə^{21}	hau^2	kou^1	ku^1	to^{1}xa^3; ku^1; xɒi^3	kau^6	ja: u^2	ju^2	fie^2	ʔəi^2; həi^2; ʔɛ^2

同属于黎语支的村语，属于台语支（或称壮傣语支）的临高话、壮语、布依语、傣西语、傣德语，属于侗水语支的毛南语、仫佬语，第一人称的读音与黎语的①②③类音比较，一致情况明显，显然属于同源词，但处于演变路径上的不同阶段。从发音部位由后往前推进来看，声母依次是：h、fi、ʔ→k、x。从主要舌面元音的高

化和前化来看，主要元音依次是：ɒ→o→u，a→ɛ→ə→e。苗瑶语族中也有语言的第一人称代词与黎语同源，比如，川黔滇苗语读作 ko³，滇东北苗语读作 ku³，标敏瑶语读作 kəu³。

单元音与双元音的关系如何理解？是单元音先于双元音，还是双元音先于单元音？如果是前者则属于韵尾脱落现象，如果是后者则属于单元音韵母复化现象。前者遵循语言的经济原则，后者遵循语言的区别化规律。陈孝玲（2009）的博士论文《壮侗语核心词研究》认为侗台语第一人称代词比原始侗台语（简称"PKT"，吴安其先生称为"壮傣–侗水语"）更早的形式可能是 ku，后来才复化成 kou。本书认为这是不太可能的，首先，侗台语族的当下读音不可能跟原始壮侗语完全一样；其次，原始汉藏语发展到今天，词语的发展趋势是复合化，但音节结构发展趋势是简化，比如，复辅音的逐渐消失，塞音韵尾的逐渐脱落，都是众所周知的语音演变事实。

汉语的"孤"是诸侯自称。《礼记·玉藻》："凡自称，小国之君曰孤。"如不考虑声调，现代汉语的"孤"，与侗台语族的布依语、滇东北苗语的第一人称代词读音完全一样。"孤"，蒲立本的中古拟音为 kou，邵荣芬的中古拟音为 ko，高本汉、潘悟云的中古拟音为 kuo；高本汉的上古拟音为 kwo，王力拟作 kua，郑张尚芳和潘悟云均拟作 kʷaa。蒲立本、邵荣芬的中古拟音主要元音 o 与今天的黎语第一人称代词的主要元音一致，考虑同源性，这一拟音是较为合理的。各家拟音无论是中古拟音还是上古拟音，均受古代韵书的影响，一律拟为合口、见母。但是黎语 hou 类、kau 类、hau 类读音的存在表明，韵母的开合是可以转换的，转换的过程可能是 hou→hau→kau。韵腹 o 前化即为 a。喉擦音 h 可以前移为舌面后擦音 x，也可以先变为喉塞音 ʔ，再前移为舌面后塞音 k。因此，台语支的傣西语第一人称有两种读音：ku¹ 和 xɒi³，侗水语支的仫佬语三种第一人称读音：ʔəi²、həi² 和 ʔɛ²，起始喉塞音与喉擦音互补，特别是前两种读音韵母声调都一致，仅表现为喉塞音和喉擦音的不同，这表明喉擦音正往后塞擦音演变。

保定另一第一人称代词读音为 de³，廖二弓另一第一人称代词读音为 tai⁵¹，两处读音实际上是黎语方言变体。本书姑且以 de 代表，该第一人称代词读音属于自大称，有褒扬、尊崇自己的意思，因此廖二弓人在说与敌方相对的我方时，用 tai⁵¹ 而不用普通第一人称代词 kau⁵¹。

那么 de³ 或者 tai⁵¹ 与古汉语有没有发生学上的关系呢？事实上该类音可能来自上古汉语第一人称的"余"。上古汉语第一人称代词分为两个系统，一是 ŋ 系（吾、我、卬），二是 d 系（余或予、台、朕）。"余"和"予"为同音词，只是写法上有区别而已。"余"的上古音，王力拟为 dǐɑ。李方桂与邢公畹均认为上古汉语的"余"与侗台语的"我们"对应，李方桂根据古泰语 ra² 构拟"余"上古音为 rag，邢公畹先生则根据从"余"得声的"蜍"字，构拟"余"声母为 d-。黎语加茂话的第一人称代词复数包括式读作 tei¹，恰好佐证了王力和邢公畹两位先生的构拟。因此，基本上可以肯定，黎语的 de^3、tai^{51} 与上古汉语的第一人称代词"余"同源。

1.2　你（you）

第二人称代词"you"在《百词表》中排在第 2 位，黎语代表点的读音见表 1-3。

表 1-3　黎语代表点第二人称代词

保定	中沙	黑土	西方	白沙	元门	通什	堑对	保城	加茂	廖二弓
meɯ^1	meɯ^1	mɯ^1	meɯ^1	mə^1	meɯ^{28}	meɯ^1	meɯ^4	meɯ^1	məi^1	mai^{51}

黎语的第二人称代词内部一致性极强，没有明显的差别，主要读音为 meɯ。黑土这个代表点的读音为 mɯ，是因为过渡音不明显。白沙、加茂两个代表点的读音稍有不同，主要元音开口度稍大。廖二弓话实际读音当为 mei^{51}。保亭加茂话、属于加茂赛方言的廖二弓话，第二人称代词读音主要元音受发音人自身语音影响可能不太稳定，同说加茂话的人就有人读作 mai^{51}。从语音演变的情况看，ɯ 作韵腹的情况应该早于 ɯ 作韵尾的情况，最后是韵尾 ɯ 的脱落或者替换。ɯ 受声母 m 的影响自然衍生出 e、ə、ɛ、a 等元音，从音理上看最先衍生出来的当是央元音 ə，其次则是二号元音 e，再次则是开口度稍大的 ɛ、a。

第二人称代词在侗台语族黎语支的村语和该语族的其他语支中的读音情况见表 1-4。

表 1-4　侗台语族相关语言第二人称代词

村	临高	壮	布依	傣西	傣德	侗	水	毛南	仫佬
mɔ^{21}	mə^2	mɯŋ^2	mɯŋ^2	to^{1}tsău^3	maɯ^2	ȵa^2	ȵa^2	ŋ^2	ȵa^2；ȵi^2

村语、临高话与黎语关系密切，自然同源；台语支的傣德语也与黎语同源；台语支的壮语和布依语读作 mɯŋ，应该也与黎语同源。那么音节的后鼻音韵尾 ŋ是怎么产生的呢？梁敏和张均如（1996：564）认为 -ŋ 是受到前面的声母 m 同化的结果。陈孝玲（2009：276）赞同梁敏和张均如的看法，并且进一步认为，ɯ 是一个不稳定的非正则元音，发音时容易加上一个部位接近的鼻音 ŋ（她这里说的部位接近显然是指与声母 m 部位接近）。在此基础上，陈孝玲又列举了"给"在台语支的读音情况进行佐证。"'给'，武鸣壮语说 haɯ^3，桂北土语说 haŋ^3，融水平话也说 haŋ^3。"吴安其（2009：34）也认为泰语的第二人称代词 mɯŋ^2 与所列举的村语、黎语、临高话等第二人称代词有同源关系，均来自原始侗台语 m-nə（-ŋ）。"-ŋ 是受到前面的声母 m 同化的结果。"可以从湘西苗语第二人称单数的读音

上得到佐证。第二人称代词，在苗瑶语族中，布努瑶语读作 mi²、勉瑶语读作 mei²、标敏瑶语读作 məi²，黔东苗语读作 moŋ²，它们都只有一种读法；但湘西苗语有两种读法：muɯ² 和 moŋ¹。湘西苗语的两种读法类似于汉语方言的文读音和白读音，或者老派读音和新派读音。湘西与黔东接壤，故两地苗语有共同的新派读法 moŋ；湘西保留了较老的另一读法 muɯ²，此读法恰好与黎语黑土话（侾方言抱显土语）相同。

汉语第二人称代词为"你"，《广韵》注："秦人呼傍人之称，玉篇云尔也，乃里切。"《通雅》也云："'尔'、'汝'、'而'、'若'乃一声之转。"可见"你"是"尔"音变之字。高本汉、李方桂、王力、邵荣芬、蒲立本、董同龢、潘悟云等各家拟"尔"中古音声母均为舌面鼻音，拟"你"声母为舌尖鼻音。"尔"《说文解字》作"尒"，最早见于甲骨文，潘悟云拟上古音为"mjelʔ"，吴安其根据谐音字"弥"拟其上古音为"m-nir"。潘氏、吴氏所拟上古音均有鼻冠音 m，这或许暗示了其与原始壮侗语之间的关系。

但本书认为侗台语族黎语支和台语支关系更为密切，可能它们的第二人称代词同源；而侗水语支的第二人称代词则与古汉语同源。

1.3　我　　们（we）

第一人称代词复数"we"在《百词表》中排在第 3 位。为了方便研究人称代词单数与复数之间的关系，本书把黎语各代表点的第一人称代词单数和复数同时罗列于表 1-5 中。

表 1-5　黎语代表点第一人称代词单数及复数

保定	中沙	黑土	西方	白沙	元门	通什	堑对	保城
hou¹；de³（年轻人多用）	hou¹	hou¹	hou	ho¹	hou²⁷	hou¹	hou¹	hou¹
fa¹	ʔa³tau¹	ʔa²rou¹	fau¹	fə¹	feu²⁷	fau¹	fau¹	fou¹
ga¹	gau¹	tsa²rou¹	xau¹	xə¹	kho²⁷	gau⁴	hau⁴	hou¹
加茂	廖二弓	保城₂	昌江石碌	乐东尖峰	乐东三平	陵水隆广	通什₂	堑对₂
kau¹	kau⁵¹；də: t³¹tai⁵¹（自己的一方）	hou¹	hau¹	hou¹	me¹	ʔou¹	hou¹	hou¹
ʔau¹	—	hou⁴	ha¹	gou¹	fa¹	ʔa³tau¹	fau¹	hau⁴；hou¹mə⁴
tei¹	—	ŋau¹	li³ga¹	gou¹	ga¹	gau¹	ŋau⁴	hau⁴

注：表中第一行记音是第一人称代词，第二行是排除式第一人称代词复数，第三行是包括式第一人称代词复数；分别对应汉语的"我""我们""咱们"

1.3.1　单数与复数的对立

黎语的第一人称代词单数与复数已经完全对立，但这种对立跟汉语的对立不同。汉语的对立是通过外部曲折即添加复数后缀"们"来实现的，黎语的对立则主要是通过词干内部的语音变化即内部曲折的方式实现的，有些也可以看成是完全更换词干。

内部曲折的具体方式可以分为声调替换、声母替换、声母声调替换、声母韵腹替换等。保城$_2$话第一人称代词单数与排除式复数属于声调替换。保定、西方、白沙、乐东三平 4 个代表点的排除式和包括式属于声母替换；乐东尖峰第一人称代词单数和复数属于声母替换，单数 hou^1、复数 gou^1。通什话、堑对话、通什$_2$话第一人称排除式和包括式属于声母替换兼声调替换。

第一人称代词复数不分排除式和包括式的有 3 个代表点，分别是加茂$_2$ tei^1、乐东尖峰 gou^1、堑对$_2$ hau^4。许多语言的第一人称代词复数都没有排除式和包括式的语音对立，如英语只有单词"we"。汉语普通话用"我们""咱们"分别表示排除式和包括式，但是很多人并不能加以区分，原因是汉语的许多方言不分，如西南官话就只有"我们"一词。

1.3.2　双音节解读

因为依靠复数词缀来表示复数意义，所以汉语的第一人称代词复数都是双音节。黎语与汉语不同，除了少数几个代表点有双音节的语音形式之外，绝大多数语言代表点都依靠内部曲折或更换词根来表示复数，因此主要以单音节的形式出现。那么少数的双音节是怎么出现的呢？它们是否与汉语的人称代词复数表示法有一定的关系呢？为直观起见，本书把双音节复数罗列于表 1-6 中。

表 1-6　黎语代表点双音节复数

项目 代表点	第一人称代词单数	排除式复数	包括式复数
中沙	hou^1	ʔa^{3}tau^1	—
黑土	hou^1	ʔa^{2}rou^1	tsa^{2}rou^1
昌江石碌	hou^1	—	li^{3}ga^1
堑对$_2$	hou^1	—	hou^{1}mə^4

堑对万道村发音合作人王海群是在录音人用普通话提示下发音的，即先是录

音人说出普通话的一个词,发音人再发出同一概念的黎语读音。在录音人说出"我们"时,王海群前几次发音都为 hou^{1}mə^4,然后逐渐固定为 hau^4,可见当地人有文白两读,读书音为 hou^{1}mə^4,白话音为 hau^4,显然读书音是参照普通话的构词方式发生的,hou^1 为第一人称代词"我"的黎语本音,mə^4 为汉语后缀"们"的变音。hau^4 才是堑对万道村黎语第一人称代词复数的实际本音。

黑土的第一人称代词复数排除式 ʔa^{2}rou^1 和包括式 tsa^{2}rou^1,有一共同的音节 rou^1,rou^1 究竟是什么性质的音?在词语内部看不出端倪,有必要扩大比较范围。称为西江黎语的海南临高话的第一人称代词单数为 hau^2,排除式复数为 hau^{2}lo^4,包括式复数为 dou^2 或 dou^{2}lo^4,dou^2 既可以表示"咱"又可以表示"咱们"。临高话第二人称单数为 mə^2,复数为 mə^{2}lo^4,第三人称单数为 kə^2,复数为 kə^{2}lo^4。显然 rou^1 和 lo^4 属于同一性质,在词语中充当了复数词缀,类似于汉语的"们"。但是,黑土的第二人称代词单数为 muu^1,复数为 mei^{3}zu^1,第三人称代词单数为 na^1,复数为 rau^1。可见,黑土话 rou^1 的后缀化远没有临高话 lo^4 的后缀化那么彻底。

王力(2004:318)认为汉语形尾"们"的产生于 10~11 世纪,但对"们"的来源还不清楚。各家对其来源均是一种推测。吕叔湘认为"们"来自"辈"字,但也不十分肯定。上古,汉语人称代词单数与复数同形,先秦时期,只有《左传》有两处出现一个"吾侪",意思相当于"我们这类人"。汉代以后,有几个同义词可以表示复数,它们是"属""曹""等""辈",但是这几个词与后来的"们"不一样,还未形成固定的形尾。

那么西江黎语临高话的人称代词复数形尾是如何形成的呢?本书认为,lo^4 本来是表示人称代词复数的 lau^1 虚化为词缀所致。lau^1、rau^1、tau^1 是同一个词的不同音变,因此可以推测,在尚未完全虚化为词缀的黎语方言里,肯定存在 lau^1、rau^1、tau^1 独自用作人称代词复数和作为构词语素与其他语素复合成人称代词复数的现象。查阅语料后发现一些语言事实,见表 1-7。

表 1-7　黎语代表点人称代词复数

人称代词 代表点	你	你们	他	他们
保定	meuu^1	meuu^{1}ta^1	—	—
中沙	meuu^1	meuu^{1}tau^1	na^1	rau^2
黑土	—	—	na^1	rau^1
通什	meuu^1	tau^1	na^1	rau^2
堑对	meuu^4	tau^1	na^4	lau^2
保城	meuu^1	tau^1	na^1	lau^2

表 1-7 表明，tau 与 meɯ 在通什、堑对、保城三个黎语代表点表现为第二人称代词单数与复数的对立；但是在保定、中沙两个黎语代表点中，meɯ 与 tau 通过组合共同表示复数，tau 的第二人称指代性质淡化，逐渐过渡到只表示复数这一语法意义。中沙的第一人称代词排除式复数 $^?a^3tau^1$ 与第二人称代词复数 $meɯ^1tau^1$ 的构词方式显然相同，当中的 tau^1 承担了一样的语法意义，$^?a^3$ 则应该承担了第一人称的概念意义。不一样的是，$^?a^3tau^1$ 中的 $^?a^3$ 与第一人称代词单数 hou^1 不一致，而 $meɯ^1tau^1$ 中的 $meɯ^1$ 恰好是第二人称代词单数。$^?a^3$ 可能是与黎语 ga 同源的某个音的音变，也可能是用黎语音系读汉语"我"的读音（"我"在广韵音系中属于疑母果摄歌韵上声开口一等字，拟音为 ŋa）。与中沙的 $^?a^3tau^1$ 同理，黑土话 $^?a^2rou^1$ 和 tsa^2rou^1 中的 rou^1 应该是 rau^1 的变音，临高话 hau^2lo^4 中的 lo^4 是 lau^2 的变音。黑土话 tsa^2rou^1 中的 tsa 应该是汉语"咱"在黑土音系中的音变。显然中沙的第一人称代词排除式复数 $^?a^3tau^1$，黑土的第一人称代词排除式复数 $^?a^2rou^1$、包括式复数 tsa^2rou^1 都是后起的读法。

可见黎语的第一人称代词原本不区分单、复数，后来单、复数的对立主要依靠词干的内部曲折。考其源头，应该主要由第一人称代词演变而来。下面把黎语放到侗台语族这一更大的范围中来观察，见表 1-8。

表 1-8　侗台语族相关语言第一人称代词复数

语言 人称代词	村	壮	仫佬	傣西	布依	傣德	侗	水	毛南
我们	ha^{21}	$ɣau^2$	$hɣa: u^1$；niu^2	tu^1xa^3	$pɔ^2zau^2$	tu^6	$ɕiu^1$	$djeu^1$	nde^1
咱们	—	$ɣau^2$	$hɣa: u^1$	hau^2	zau^2	hau^2	$ta: u^1$	$da: u^1$	$nda: u^1$

村语、壮语、仫佬语、傣西语的第一人称代词复数和傣德语的包括式复数显然与黎语的单音节第一人称代词复数同源。这种情形的演变路径可能如表 1-9 所示。

表 1-9　声母韵母的组合与演变

声母		韵母			
k	?				
g	ɦ	**au**	ɑu	ou	
ɣ	hɣ	a: u	ɑ: u	o: u	
x	h	a	ɑ	o	

根据表 1-9（表中 ɦ 和 au 为原始侗台语第一人称代词的声母与韵母拟音），侗台语族中与黎语的单音节第一人称代词复数同源的词均可以找到对应的读音。

侗水语支与台语支尽管基本上各自有其不同源的第一人称代词复数，但仍存在某种交叠现象，比如，仫佬语一般归入侗水语支，该概念的读音却与台语支一致；属于台语支的傣西语、傣德语该概念中的读音 tu^1、tu^6 却与侗水语支基本一致。应该说黎语的 -tau^1、-rou^1、-tei^1 及傣德语的排除式 tu^6 和侗语、水语、毛南语的第一人称代词复数同源；而黎语第一人称代词 tei 与上古汉语第一人称代词"余"同源，前文已经做了论述。

1.4　这（this）

"this"在《百词表》中排在第 4 位。黎语指示代词分两种情况：一种是声母为前鼻音 n，另一种是声母为舌面后塞音 k。下面分别予以讨论。

1.4.1　声母为前鼻音 n

这种情况共分四种类型：第一种是音节为 nei；第二种是韵尾脱落但主要元音仍为 e；第三种是韵尾脱落且主要元音或高化或低化；第四种是韵尾脱落后，韵母受鼻音声母的影响而衍生出鼻音韵尾-n，如白沙的第二种读音 nen^3。具体情况见表 1-10。

表 1-10　黎语代表点指示代词"这"

保定	中沙	黑土	西方	堑对	保城	保城₂	陵水隆广	乐东三平	乐东尖峰
nei^2	nei^2	nei^2	nei^2	nei^2	nei^2	nei^2	nei^2	nei^2	nei^2
白沙	廖二弓	昌江石碌							
ne^2	ne^{33}	ne^2							
元门	加茂	通什₂	通什						
ni^5	ne^2	ni^2	ni^5						
白沙									
nen^3									

由表 1-10 可以看出，黎语近指代词的确比较整齐，以 nei^2 为标准音，18 个代表点中共有 10 个代表点使用该读音，另有 3 个代表点的读音只是脱落高元音韵尾 i。黎语近指代词与侗台语族台语支、侗水语支，甚至与苗瑶语族苗语支、瑶语支均为同源关系，它们之间的语音一致性十分明显，下面把两个语族有关语言的近指代词罗列于后，见表 1-11 和表 1-12。

表 1-11　侗台语族相关语言近指代词

壮	布依	侗语	水	毛南	仫佬	傣西	临高	傣德
nei^4	ne^4；ni^4	na：i^6	na：i^6	na：i^6	na：i^6；ni^5	ni^6；ni^4	no^4；$nɔi^4$	lai^4

表 1-12　苗瑶语族相关语言近指代词

川黔滇苗语	布努瑶语	勉瑶语	标敏瑶语	滇东北苗语	湘西苗语	黔东苗语
na^3	nau^3	na: i^3	na^3	ni^3	nen^{37}	noŋ^3

4 个语支近指代词的现在读音表明主要元音在历史演变过程中，开口度是可以变化的，舌位前后是可以变化的，韵尾是可以脱落的，鼻音声母是有可能触发鼻音韵尾的。主要元音最有可能的是既不是最高的也不是最低的舌面元音，最高的 i 和最低的 a 应该是朝两个相反方向演变的极端情况。梁敏和张均如（1996：321，732）拟原始侗台语近指代词为 niɐi，是有道理的。但是他们构拟的音有韵头，与上述所列的读音不一致（所列各语言均无韵头），正确的原始侗台语可能是 nɐi。演变路径可能是：

ni＜nɪ＜（nen）ne/nei＜nɛ/nɛi＞na/na: i＞nɑ＞nau＞nɔ/nɔi＞no（noŋ）

吴安其（2009：40）认为黎语通什话的 ni^5 "这"是早期接触保留在侗台语里的南岛语词，本书认为这一结论有待商榷，上述构拟的演变路径应该是成立的。事实上，在汉语方言中，指示代词也有读作"ni"的，湖南省永州市道县白马渡镇的西南官话把指示代词读作 nili（前音节升调，后音节降调），对应于普通话的"这里"和"那里"。笔者在第二届湘语国际学术研讨会上的发言《指示代词"恁"来源考略》对此做了论述。

1.4.2　声母为舌面后塞音 k

堑对万道村民王海群的近指代词发音为 ki^5，"这里"为 ki^{5}ni^2。ni^2 是否是汉语"里"的黎语音变呢？如果是，该词的结构就与传统的黎语构词法不一致，而跟汉语结构一致了。考虑"那里"一词，王海群的发音为 ki^{5}mo^2，ni^2 不太可能是汉语"里"的黎语音变。通什、元门两个代表点的近指代词分别读 ni（不考虑声调），堑对万道村 ki^{5}ni^2 "这里"中的 ni^2 显然原本是近指代词，ki^{5}ni^2 则是并列式的近义复合词。

1.5　那（that）

"that"在《百词表》中排在第 5 位。黎语远指代词在各代表点的读音见表 1-13。

表 1-13　黎语代表点远指代词

保定	中沙	黑土	西方	白沙	元门	通什	堑对	保城
hau^2; ma^2（远指）	hau^2; ma^2（远指）	heu^2; ma^2（远指）	heu^2; ma^2（远指）	na^3	no^5	hau^5; ma^5（远指）	hau^2; mɔ^2（远指）	heu^5; ma^5（远指）

加茂	廖二弓	保城$_2$	昌江石碌	乐东尖峰	乐东三平	陵水隆广	通什$_2$	堑对$_2$
ke^4; mo^5（远指）	mo^{33}	ma^5	na^2	hau^2; ma^5（那些、那里）	ma^5	ma^5	hau^5; hau^{5}ma^5（那些），hau^{5}le^5（那里）	ni^2

1.5.1　黎语远指代词的类型

从对应于汉语的远指代词"那"这一角度而言，黎语可以分为 5 种情况。下面分别予以讨论。

第 1 种情况是中指代词和远指代词截然分开。这种情况应该反映了黎语的本来面貌，共有 9 个代表点，分别是保定、中沙、黑土、西方、通什、堑对、保城、加茂、乐东尖峰。这 9 个代表点的远指代词一致性很强，可以称之为 ma 类；中指代词除加茂这个代表点外一致性也很强，可以称之为 hau 类。加茂的中指代词 $k\varepsilon^4$ 显然另有来源。为直观起见，把具体情况罗列于后。

	保定	中沙	黑土	西方	通什	堑对	保城	加茂	乐东尖峰
中指	hau^2	hau^2	heu^2	heu^2	hau^5	hau^2	heu^5	$k\varepsilon^4$	hau^2
远指	ma^2	ma^2	ma^2	ma^2	ma^5	$mɔ^5$	ma^5	$mɔ^5$	ma^5

第 2 种情况是第 1 种情况中的远指代词兼作中指代词，即不分中指与远指，共有 4 个代表点，分别是廖二弓、保城₂、乐东三平、陵水隆广。这种情况应该是由第 1 种情况演变而来的，因为同属于保城话，欧阳觉亚和郑贻青的语音材料保留了中指代词 heu^5，而陈达谞的发音材料却没有该中指代词。为直观起见，把具体情况罗列于后。

	廖二弓	保城₂	乐东三平	陵水隆广
远指	$mɔ^{33}$	ma^5	ma^5	ma^5

第 3 种情况是原来的中指代词兼表示远指代词，原来的远指代词则与中指代词共同出现在现在个别远指代词中。例如，通什₂话：hau^5"那"，hau^5ma^5"那些"，hau^5le^5"那里"。在欧阳觉亚和郑贻青的语音材料里，通什话的中指代词为 hau^5，远指代词为 ma^5；但黄晓运发音的五指山番香村通什话用 hau^5ma^5 表示"那些"，本是对立的两个指示代词在这里组合成了一个并列式复合词，因为五指山番香村通什话远指代词 ma^5 有逐渐消亡的趋势，所以可以认为 hau^5ma^5 中的 ma^5 实意已经逐渐虚化了。

第 4 种情况是不分中指与远指，但与第 1 种情况毫无关系，直接借自汉语。有 3 个代表点属于该种情况，分别是白沙、元门、昌江石碌，可以称之为 na 类。为直观起见，把具体情况罗列于后。

	白沙	元门	昌江石碌
远指	na^3	no^5	na^2

堑对₂属于第 5 种比较特殊的情况，在其他代表点作近指代词的 ni^2 在该语言点中作远指代词，在加茂话中作中指代词的 $k\varepsilon^4$ 在该代表点中作近指代词（音变为 ki^5），同时 ki^5 又与近指代词的 ni^2 和远指代词 mo^2 分别组合成表示近指或远指

的复合词：ki⁵ni² "这里"，ki⁵mo² "那里"。

黎语的指示代词显然普遍包括近指 nei 类、中指（较远指）haɯ 类、远指（最远指）ma 类三类，而且这应该是正宗黎语指示代词的一般情形。本书以"类"表述，是考虑它的音变情形。黎语的最远指词与壮语的远指代词应该同源，壮语远指代词为 muɯ⁵。黎语加茂话的中指代词 kɛ⁴ 可能与侗台语族的侗水语支关系密切，侗水语支的毛南语较远指代词和最远指代词分别是 ca⁵、ci¹ca⁵；侗水语支的仫佬语较远指代词和最远指代词分别是 ka⁶hwi⁵、ka⁶。

1.5.2 黎语远指代词在汉藏语系中的亲缘关系

（1）黎语的 haɯ 类较远指代词在侗台语族其他语言中可以找到同源词。

壮语：那个（指物）ʔan¹han⁴　那些 hai³

傣德语：那（较远指和最远指）han⁴　那个 laː ŋ¹han⁴　那些 thən²han⁴

仫佬语：那（较远指）ka⁶hwi

黎语的 ma 类最远指代词在侗台语族和苗瑶语族中可以找到同源词。

壮语：那（较远指和最远指）muɯ⁵

黔东苗语：那（不远）moŋ²

黎语的 haɯ 类较远指代词和 ma 类最远指代词在古汉语中无法找到同源成分，应该是原始侗台语的自有词。潘悟云先生把上古汉语的指示代词"尔"拟作 mljel，似乎与黎语 ma 类最远指代词有些关系，但其余各家的拟音都未出现双唇鼻音声母 m，因此难以为证。吴安其（2002：251）把通什话 haɯ⁵ 与侗语 ȶa⁶/ȶa⁵、水语 tsa⁵ 归入一类，应该说是提供了一种演变的思路，他认为 haɯ⁵ 由 khai⁸ 演变而来，并拟原始音为*klaʔ。如果 haɯ⁵ 由 khai⁸ 演变而来这一假设成立，khai⁸ 也应该可以演变成 kɛ/ki，这样黎语加茂话的中指代词 kɛ⁴ 便与黎语的 haɯ 类较远指代词同源了。当然这种假设还必须进一步论证。

（2）黎语的 na 类远指代词在侗台语族和苗瑶语族中可以找到同源词。

傣西语：那（较远指）nǎn⁶　那（最远指）nǎn⁴

傣德语：那（较远指和最远指）lan⁴

黔东苗语：那（指在对方跟前）nen³

勉瑶语：那（指在对方跟前）naː i⁶

该类远指代词显然跟汉语"那"的读音十分相近，是否与汉语的远指代词同源呢？王力（2004：330）认为"那"字在唐代已经出现，其来源不是上古的"若"字就是"尔"字，他更相信来自"尔"字，并且认为唐宋时期和"这么""那么"用法大致相当的"能""能尔""能许"等词都可能来自"尔"字，他还认为唐宋人的语录里的"怎么"从语音上看就是后代的"那么"，并指出在最初的时候，

"恁么"既可以表示近指的"这么"又可以表示远指的"那么"。"能"在广韵中有两个反切，"奴来切"和"奴登切"，"恁"在广韵中也有两个反切，"如林切"和"如甚切"。下面看看"尔""能""恁"的各家拟音情况（"/"前的是上古音拟音，"/"后的是中古音拟音）。

	高本汉	李方桂	王力	潘悟云
尔	ȵia/ȵʑiě	njarx/ȵʑjě	ȵiai/ȵʑie	mljel/ȵie
能	nəg/năi，nəg	nəg/nɑi，nəg	nə/nɒi，nəg	nɯɯ/nəi，nəg
恁	ȵium/ȵʑiəm	njəmx/ȵʑjem	ȵiuəm/ȵʑiem	njumʔ/ȵim

黎语的 na 类远指代词或读 na（白沙、昌江石碌）或读 no（元门），跟现代汉语的"那"音近，跟中古汉语"能"的奴来切读音很相近。邢公畹（1999：148）认为"那"这个词，汉、台两类语言以 -ŋ、-n 交替而相对应，台语如傣西语 nan⁴、傣德语 len⁴、泰语 nan⁴，汉语"他"以广州话中的"能"（读作 naŋ²，广州话仍以此字表示远指）为例。显然邢公畹也认为台语的远指代词源于古汉语的"能"字，该字进一步前推则是上古的"尔"字。

称为西江黎语的临高话，较远指代词属于 na 类，其读音为 nə⁴，但最远指词与黎语其他方言不同，读作 bəi²。bəi² 应该与古汉语的"彼"同源。"彼"与"此"相对，是典型的远指代词，既可以指人也可以指物，先秦散文中已经出现，例如："是亦彼也，彼亦是也。彼亦一是非，此亦一是非。"（庄子《齐物论》）王力（2004：329）认为，"彼"上古音在歌部，与支部的"此"相近，原始时期可能同部。王力拟"彼"上古音为 piai，原始时期为 pǐa。临高话 bəi 可能是丢掉了韵头然后主要元音央化所致。

1.6 谁（who）

"who"在《百词表》中排在第 6 位。疑问代词"谁"在黎语各代表点的读音见表 1-14。

表 1-14 黎语代表点表人疑问代词

保定	中沙	黑土	西方	白沙	元门	通什	堑对	保城
ʔuɯ³ra³	ʔa³ra¹	ʔa³ra¹	ʔuɯ³ra³	ʔa¹ra⁵	ʔa¹ra⁶	ʔa³ra²	ʔai¹la¹	ʔa⁴la¹

加茂	廖二弓	保城₂	昌江石碌	乐东尖峰	乐东三平	陵水隆广	通什₂	堑对₂
kaː i⁵	kaː j³³	ʔa⁴la¹	la¹kʰiŋ³	ʔa⁴ta⁵	ʔa³ta¹	ʔa²ta³	ʔa⁵la¹	ʔa¹la¹

从表 1-14 可以看出，黎语表人的疑问代词以双音节为主，个别方言为单音

节。双音节疑问代词一致性很强，差别主要体现在声调上，其次是同部位的声母变化上。不考虑声调因素，保定和西方的方言完全一样，读作 ʔuɯra；中沙、黑土、白沙、通什的方言也完全一样，读作 ʔara；保城、通什₂、堑对₂的方言完全一样，读作 ʔala（堑对稍有不同为 ʔaila）；乐东尖峰、乐东三平、陵水隆广的方言完全一样，读作 ʔata。ʔuɯra、ʔara、ʔala、ʔata 的不同主要表现为声母的替换。保定话与乐东三平话均属于罗活土语，前者读作 ʔɯ³ra³，后者读作 ʔa³ta¹；通什话和同属于该土语的通什₂话，一个读作 ʔa³ra²，一个读作 ʔa⁵la¹。欧阳觉亚和郑贻青的记音时间是 20 世纪 50 年代末，表 1-14 中标注有发音合作人的是 2013 年的记音。可见，该词表现出这样的音变情况：前音节的主要元音 ɯ 受到前面喉塞音的影响逐渐演变为前低元音 a，后音节的舌颤音声母 r 则先演变为边音 l 然后演变为舌尖塞音 t。

加茂话（廖二弓话属于此方言）读作 kaːi⁵，可能是双音节 ʔɯ³ra³ 出现了分化（分化成一个独立的 ʔɯ 和一个独立的 ra³）后，主要元音受喉塞音影响变为前低元音 a，喉塞音 ʔ 前移为舌面后塞音 k 所致，其演变路径为：ʔuɯra＞ʔa＞ka＞kaːi。

双音节的表人疑问代词演变为单音节，在侗台语族其他语言中可以找到例证。侗水语支的水语、毛南语读作 ʔai¹nau¹，但侗语读作 nəu²，仫佬语读作 nau²。堑对₂话的发音合作人王海群在发音时便多次读作单音节 la¹，后经多次调整才固定为 ʔa¹la¹。陈孝玲（2009：286）认为侗台语族的 -nau 是借自汉语的"哪"，"哪"来自"那"，nal"那"的 -l 在侗台语族中演变为 -u。本书认为"那"的声母从上古至今都未变化，而黎语 ʔɯ³ra³ 的声母 r 却有两个阶段的演变，并且唯独不见声母 n，陈孝玲的解释显然证据不足。况且，侗台语族的表人疑问代词多数为双音节，如果借自汉语的"那"，前面的音节又是什么构词成分呢？

黎语的表人疑问代词显然另有来源。该词会不会也可以表示物呢？古汉语的"孰"是既可以表示有生之物又可以表示无生之物的，"谁"的泰语通用词为 khrai²，"什么"的泰语为 ʔa-rai² 或 rai²，这三个词在泰语中应该同源，它们与黎语的表人疑问代词也应该同源。《泰汉词典》（广州外国语学院，1990：771）标注 ʔa-rai² 借自梵文巴利语，邢公畹先生认为不妥，认为泰语的读法 ʔa-rai² 与藏文 ga-re（拉萨话读作 kha-re）均可以与汉语的"何"比较。"何"字上古属于歌部，李方桂拟作 gar，郑张尚芳和潘悟云拟作 gaal。邢公畹先生的解释应该是合理的。

1.7　何（what）

"what"在《百词表》中排在第 7 位。表物疑问代词在各黎语代表点的读音见表 1-15。

表 1-15　黎语代表点表物疑问代词

保定	中沙	黑土	西方	白沙	元门	通什	堑对	保城
me^{3}he^3	mau^{2}phe^1	mei^{3}paŋ^3	pɯ^{3}ra^3	mau^{2}pla^2	ma^{3}ra^6	me^{3}he^1	mo^{2}me: ŋ^1	he^1
加茂	廖二弓	保城$_2$	昌江石碌	乐东尖峰	乐东三平	陵水隆广	通什$_2$	堑对$_2$
mɯ^{2}pa: i^1	pa: i^{51}	me^{1}he^1	pɯ^{3}ra^3	t^{h}ɛ^{3}tɕiuŋ^2	me^{3}he^1	ʔa^{3}pa: i^1	me^{3}he^1	mo^{2}me^1

根据音节数和音节组合情况，黎语表物疑问代词实际上可以分为如下几种情形。①声母为 p 的单音节词：廖二弓话 pa: i^{51}。②声母为 h 的单音节词：保城话 he^1。③声母为 m 的音节与声母为 p 的音节组合的双音节词：中沙话 mau^{2}phe^1、黑土话 mei^{3}paŋ^3、白沙话 mau^{2}pla^2、加茂话 mɯ^{2}pa: i^1。④声母为 m 的音节与声母为 h 的音节组合的双音节词：保定话 me^{3}he^3、通什话 me^{3}he^1、保城$_2$话 me^{1}he^1、乐东三平话 me^{3}he^1、通什$_2$话 me^{3}he^1。⑤两个声母为 m 的音节组合成双音节词：堑对话 mo^{2}me: ŋ^1、堑对$_2$话 mo^{2}me^1。⑥声母为 m 的音节、声母为 p 的音节分别与音节 ra 组合成双音节词：西方话 pɯ^{3}ra、昌江石碌话 pɯ^{3}ra、元门话 ma^{3}ra^6。⑦其他：陵水隆广话 ʔa^{3}pa: i^1、乐东尖峰话 t^{h}ɛ^{3}tɕiuŋ^2。

表物疑问代词中以 m 为声母的音节，侗台语族其他语言也有出现，为直观起见罗列于此：

　　　壮语　　　　　　　布依语　　　　侗语　　仫佬语　　水语
　ki^{3}ma^2/ka: i^{5}ma^2　　ka: i^{5}ma^2/ʑa: ŋ^{2}ma^2　ma: ŋ^2　ʔat^{7}ma: ŋ^2　ni^{4}ma: ŋ^2

该类音节应该是借自汉语的"麼"。根据王力（2004：340）的研究，可知"什麼"一词最早出现于唐代。《集韵》："不知而问曰'拾没'。"该词在唐代还可以写作"什麼""甚麼""甚末""是勿"，或者单写一个"甚"字（王力认为"甚"是"什麼"的合音）。"麼"又写作"麽"，中古属于明母戈韵合口一等字，今拟作 muɑ（高本汉、李方桂、王力等）。"没"中古属于明母没韵合口一等入声字，今拟作 muət（高本汉、李方桂、王力等），"末"中古属于明母末韵合口一等入声字，今拟作 muɑt（高本汉、李方桂、王力等），"勿"中古属于明母物韵合口三等入声字，今拟作 mjuət（李方桂）。看来，在中古，该语素也存在方言的差别，但均是一声之转，声母保持不变，主要是韵母主要元音交替而已。

黎语该 m-类音节（语素）在各方言中也出现韵母交替，交替的韵母为 -a/-au/-e/-e: ŋ/-ɯ/-o。另外，黎语该 m-类音节（语素）不能独立成词，只是以构词语素的身份参与构词。中沙、白沙的 mau^2，堑对的 mo^{2}均可独立成词，表示"东西（具体物件或抽象事物）"，因此白沙话 mau^{2}pla^2、堑对话 mo^{2}me: ŋ^1、堑对$_2$话 mo^{2}me^1 可能对应于汉语的短语"什么东西"。同理，中沙话 mau^{2}phe^1、黑土话 mei^{3}paŋ^3、白沙话 mau^{2}pla^2、加茂话 mɯ^{2}pa: i^1，均可对应于汉语的"什么东西"。事实上古汉语中的"什麽"一词中的"麽"应该也有表示具体物件或抽象事物的意义，因为"什么"又作"是勿"，"勿"与"物"同音，而"物"，《广韵》中为"万物也"。此外，"什"本身已可以表示疑问，《广韵》："什，篇什又什物也。"那么堑对话 mo²me：ŋ¹、堑对₂话 mo²me¹ 中的前音节和后音节语素性质就有了差别，前者对应于汉语的"东西""物"，后者对应于疑问代词"什么""什""麽"，两者组合类似于汉语方言的"啥东西""么（子）东西"。

he 类音节（语素）是借自汉语的疑问代词"何"，从读音来看，应该是借自近代以后。"何"与"麽"组合成复合词，汉语方言也有这种情形，如笔者的母语西南官话"干什么"便说成"搞何么"。

黎语"p-"类音节（语素）在侗台语族的壮_武鸣语中和苗瑶语族的布努瑶语中也出现了，表物疑问代词在前者读作 pou⁴laɯ²（方言音 pjaɯ²），在后者读作 pu¹ɕi³。显然，黎语的 -phe¹/-paŋ³/-pla²-pa：i¹ 与武鸣壮语的 pou⁴-、布努瑶语的 pu¹ 为同源成分。陈孝玲（2009：287）认为白沙话的 -pla² "什么"可以与印尼语 apa "什么"、siapa "什么、谁"比较。但在南岛语系中，只见于印尼语，从语言学家对南岛语诸语族和原始南岛语核心词的构拟情况看，也只有布拉斯特构拟的原始玻利尼亚语为 apa。汉语各方言中，表物疑问代词难以找到读作 p-的例子。因此，黎语 p-表物疑问代词应该是原始侗台语族底层词。

乐东尖峰话 tʰɛ³tɕiuŋ² "什么"的历史来源无从考证，或许勉瑶语 ha：i⁵jiuŋ⁶ "什么"、标敏苗语 di⁵dəi² "什么"可以与之比较。

2 副　　词

在《百词表》中紧接着 7 个代词的是否定副词"not"、表示范围的副词"all"和形容词"many"。本章对"not"和"all"在黎语中的情况进行分析，对"many"将在第 4 章进行分析。

2.1　不（not）

否定副词"not"在《百词表》中排在第 8 位，在黎语各方言、土语中的读音见表 2-1。

表 2-1　黎语代表点否定副词

保定	中沙	黑土	西方	白沙	元门	通什	堑对	保城
ta¹	ʔeː m²	ʔeː m²	ɣan³	van³	van⁵	vei⁴	van³	vei⁴

加茂	廖二弓	保城₂	昌江石碌	乐东尖峰	乐东三平	陵水隆广	通什₂	堑对₂
ŋɔ¹; bɛ⁵	bɛ³³	bɛ³³	kʰɑu⁴; vei⁴	bɛ²	ʔeː m²	kuɛː i¹	ʔeː m³	jiaː u⁴	van³

从语音相近程度看，黎语的否定副词可以归纳为如下几类。①声母为唇音类，主要有如下几个代表点：白沙话 van³、元门话 van⁵、堑对话 van³、通什话 vei⁴、保城话 vei⁴、廖二弓话 bɛ³³、昌江石碌话 bɛ²、加茂话 bɛ⁵；②声母为舌根或者喉音类，主要有如下几个代表点：保城₂话 kʰɑu⁴、乐东三平话 kuɛː i¹、加茂话 ŋɔ¹、西方话 ɣan³、中沙话 ʔeː m²、黑土话 ʔeː m²、乐东尖峰话 ʔeː m²、陵水隆广话 ʔeː m³；③保定话和通什₂话比较特殊，表面看与其他方言、土语发音明显不同，前者为 ta¹，后者为 jiaː u⁴。

三类情况在侗台语族其他语言中都有出现，见表 2-2。

表 2-2　侗台语族相关语言否定副词

否定副词＼语言	壮	傣西	傣德	侗	仫佬	毛南
不～是	bou³; mi³	bǎu⁵	jaŋ⁶; ʔam⁵	kwe²; ʔəi³	ŋ⁵; kʰɔː ŋ¹	kam³
不～吃	bou³; mi³	bǎu⁵	jaŋ⁶	kwe²; ʔəi³	ŋ⁵; kʰɔː ŋ¹	kam³
没～来	bou³; mi³	bǎu⁶; -tɣ⁶	ʔam⁵	kwe²; mi⁴	taː ŋ¹	mu: i⁴

黎语、壮语、傣西语的唇音类否定副词与汉语的否定副词"不"为同源词。《广韵》中"不"字有三个反切：甫鸠切、方久切、分勿切。高本汉、李方桂、王力分别拟作 pjǐəu/pjǒu/pǐəu、pjǐuəi/pjǔu/pǐəu、pjǐəuf/pjuət/pǐuət。从音变的普遍规律看，同部位的清音向同部位的浊音演变是语音弱化的自然规律。"不"的声母在汉语许多方言中均读作浊音 b，比如，广州话 bat[1]、闽南话 but[7]、客家话 but[5]、潮州话 bug[4]。黎语的方言、土语中，白沙话 van[3]、元门话 van[5]、堑对话 van[3]、通什话 vei[4]、保城话 vei[4]，这几个代表点的声母为唇齿浊音声母 v。v 应该是由 p 演变而来，即 p 先演变为 f，然后演变为 v。唇齿音，音韵学中称为轻唇音，"古无轻唇音"是学界共识，现代汉语的轻唇音一部分是从重唇音演变而来的。这种演变痕迹在少数汉语方言中仍残留着。比如，"不"的读音，今天的苏州话读作 feh[43]、peh[43]，今天的上海话读作 feq、peq、piq。

黎语否定副词声母为舌根或者喉音类者，在汉语中似乎难以找到来源。王力（2004：616-618）在《汉语史稿》同源词部分指出杨树达先生《高等国文法》里提及的 16 个否定副词在上古音系里都是唇音字，其中的 11 个明母字莫、末、蔑、靡、曼、罔、无、毋、亡、勿一般用于禁止语，5 个帮母字不、弗、否、非、匪，一般用于否定叙述和否定判断。这些唇音声母字与舌根音和喉塞音在音理上难以建立起联系，只有加茂话的 ŋɔ[1] 的声母 ŋ 勉强可以看成是由 m 演变而来的。比如，王仲黎（2010）认为："从汉语否定副词的语音类型看，汉语中否定副词的声母发音部位与唇音有关，南昌、福州方言带舌根的否定副词 ŋ，一般认为是否定副词 m 的变体。"那么黎语否定副词声母为舌根或者喉音类者，是否是侗台语族的自有词呢？王仲黎在讨论湖南祁阳方言的否定副词 xᵊi[453] 的历史来源时，将其与东安土语的否定副词 ya[24]、瑶族拉珈语的否定副词 huãi[1]、苗语滇东北方言的否定副词 hi[5] 进行比较，认为四者声母发音部位相同、韵母形成对立、语法功能部分相同，并根据历史语言学的语音对应规则得出这 4 个词为同源词的结论。王仲黎进一步参考其他学者的语言学证据得出祁阳方言否定副词 xᵊi[453] 属于侗台语族底层的结论，并且构拟底层的否定副词为 hmai。应该说这一结论是可靠的。本节需要讨论的是声母 ɣ、k、kʰ、ʔ 到底有怎样的演变关系。一般而言，发音方法相同的声母其发音部位有前移的趋势，因为发音器官发音能力不平衡。"在元辅音的配合关系中，发音部位偏前的辅音与元音的组合能力比较强……而发音部位偏后的辅音相对来说要弱一些，它易于与开元音与后元音组合，而不易于与高元音组合，因而在前高元音前容易发生腭化作用，这几乎已经成了语音发展中的一种普遍现象。"（徐通锵，2001：191）照此推理，应该是 ɣ 来自 ʔ，那么 ʔ 又来自哪个辅音呢？参照原始侗台语族否定副词的构拟音 hmai，ɣ、k、kʰ、ʔ 更为合理的演变路径可能是这样的：h>ʔ>k>kʰ，h>x>ɣ。侗语 kwe[2] 与 ʔəi[3] 的共存可以佐证 k 与 ʔ 的这种关系。

上古时期还有一个否定副词"弜"可能与侗台语族的舌根和喉塞音类否定副词有关联。郭沫若（1958）、张宗骞（1940）、管燮初（1953）、陈梦家（1956）、裘锡圭（1979）、朱歧祥（1990）、张玉金（1993）等都谈到了甲骨文中否定副词"弜"的用法。通行的看法是把"弜"与"勿"视为一组，表示禁阻，可以翻译为"不要"。龚波（2010）发现，在商代甲骨文假设句中，当否定条件分句时，否定词大多用"弜"与"勿"，这两个词在甲骨文中是非直陈式的否定词。值得注意的是，"弜"与其他否定副词不一样，其声母并非唇音类。《广韵》系统中，"弜"有两个反切渠羁切和其两切，均为群母，恰好是舌根声母。对于渠羁切，李方桂拟上古音、中古音分别为 gjag、gjě，郑张尚芳、潘悟云拟上古音、中古音分别为 gra、gɣie；对于其两切，李方桂拟上古音、中古音分别为 gjanx、gjaŋ，郑张尚芳、潘悟云拟上古音、中古音分别为 ganʔ、gieŋ。如果黎语的否定副词 kʰɑu⁴（保城₂）、kuɛːi¹（乐东三平）、ɣan³（西方）、ʔeːm²（中沙、黑土等）与上古汉语否定副词"弜"为同源关系的假设成立，那么越语否定副词 khong、泰语否定副词 hmai、傣德否定副词 jaŋ⁶、仫佬否定副词 khɔːŋ¹、黎语五指山番香村土语否定副词 jiɑːu⁴均可照此解释。

2.2 都（all）

"all"在《百词表》中排在第 9 位。黎语的副词"都"有 4 种类型，下文分别予以讨论。

2.2.1 ɣɯ³ 类

ɣɯ³ 类范围副词有几个变体，但声母都是舌尖类，只是发音方法稍有不同，在方言代表点的分布如下：

保定	黑土	保城	中沙	白沙	加茂
rɯ³/ru³	ri³	lɯ⁴	di³	di³	dou³

此类读音应该是借自汉语的"都"。加茂话的读音借自现代汉语，因此读音跟现代汉语几乎无区别，即使是声调也属于平调（中平调 33）。范围副词借自汉语的"都"在少数民族语言中比较常见，侗台语族的壮语 tu³、布依语 to³、临高话 du²、傣西语 to⁶、侗语 tu¹、水语 tu³，苗瑶语族的川黔滇苗语 təu¹、滇东北苗语 tu⁵、布努瑶语 tu⁵、勉瑶语 tu¹、标敏瑶语 tʰɔŋ。黎语几个方言代表点的读音与汉语"都"的读音相差较大，但从音理上是可以解释的，保定话 rɯ³ 与 ru³ 的共存，表明在某个语音环境里舌面后高不圆唇元音和圆唇元音是可以自由替换的，它们是两个自由度较高的变体，rɯ³ 由 ru³ 演化而来，同理，保城的 lɯ⁴ 也应由 lu⁴ 演化而来。舌尖塞擦音、舌尖颤音与边音相似度高，用某种音系音译汉语的音系时，

自然可以选择相近的音。因此，ru³、lu⁴ 均由汉语的 tu 演化而来。至于中沙、白沙的 di³ 中的韵母则可能经历这样的演变路径：əu＞ə＞e＞ɿ＞i。

2.2.2　za³ 类

　　元门话、通什话的范围副词读作 za³，跟黔东苗语 sɛ⁴、湘西苗语 sa⁵ 读音十分类似，应该有共同的来源。元门属于白沙黎族自治县、通什属于五指山市，均毗邻琼中黎苗自治县和保亭黎苗自治县。黎族主要聚居在海南岛，苗族则在全国许多地方都有小聚居。合理的解释应当是黎语中的范围副词 za 借自苗语的 sa，苗语的 sa 则是苗语的固有词语。《尔雅·释诂》："佥、咸、胥，皆也。""胥"中古属于心母鱼韵合口三等字，中古拟音主要韵母，各家多为 o/ɔ，上古拟音，各家多为 a，譬如，王力为 sia，李方桂为 sjag，郑张尚芳和潘悟云为 sŋa。黎语的 za³ 类遍指范围副词或许与《尔雅·释诂》中的"胥"同源，但是查检《广韵》《说文解字》等字书并未发现"胥"字可作遍指范围副词使用，因此，《尔雅》所记最大的可能性应该是上古苗瑶语。

2.2.3　ŋan¹ 与 ʔuaŋ¹

　　西方话的范围副词 ŋan¹、堑对话的范围副词 ʔuaŋ¹、在侗台语族其他语言中没有类似的音舌面后鼻音声母和喉塞音声母（冠音）跟舌面后塞音比较靠近，是否来自汉语的"皆"呢？《广韵》中，"皆"属于见母皆韵开口二等字，主要元音多拟为 a，今西南官话读作平调的 kai。但是如果与"皆"同源，鼻音韵尾又无法解释，而且 ʔuaŋ¹ 的韵头也无法解释。该类遍指范围副词可能与汉语的"全"关系密切。廖二弓话对应于汉语的"全"字读作 kɔːm³³，可能与该类遍指范围副词同源。"全"字上古韵部，学界多归于"元部"，王力归于"寒部"，韵母属于阳声韵，主要元音或拟为 a、或拟为 o。"全"为从母字，从母演变为舌面塞音是常见现象，如广州话 cyun4 "全"、潮州话 cuêng5 "全"、客家话 cien2 "全"等。舌面中塞音再往后则是舌面后塞音 k、喉塞音 ʔ。演变路径可能是：dzjuan＞ciuan/ciuaŋ＞kan/kuaŋ＞ŋan/ʔuaŋ（ʔuaŋ）。台语支中另一范围副词与古汉语的"俱"是同源词，邢公畹（1999：462）将傣西语 kɔ⁴ "都"、傣德语 kɔ³ "都"、泰语 kɔ²³ "都"与广州话 koey¹ "俱"比较。

2.2.4　puːi³³ 类

　　廖二弓的遍指范围副词与其余各方言不同，读作 puːi³³，但是各方言对译汉语的"全部"一词的语素则与该读音十分近似。比如：

保定	中沙	黑土	通什
ba：i^3 ba：i^3	ba：i^3 ba：i^3	ba：i^3 ba：i^3	ba：i^3 ba：i^3

堑对	保城	元门	加茂
ba：i^3 ba：i^3	ba：i^3 ba：i^3	bu：i^3 bu：i^3	puɯi^5 puɯi^5

　　黎语的 pu：i^{33} 类遍指范围副词来自汉语的"备"字。备，其音，《广韵》注"平祕切"；其义，有多种注释，可作遍指范围副词，《广韵》注"咸也、皆也"。杨雄《方言》第十二："备，该，咸也。"（周祖谟校笺：咸犹皆也）

3 数　　词

在《百词表》中，数词"one""two"分别排在第 11 位和第 12 位，可见这两个数目概念在语言词汇系统中的重要性。本章对这两个数目概念在黎语中的读音情况进行比较分析。

3.1　一（one）

表示基数和序数"一"的数目概念在黎语各方言、土语中的读音见表 3-1。

表 3-1　黎语代表点数词"一"

数词＼代表点	保定	白沙	西方	元门	加茂	中沙	黑土	保城	堑对	通什
（a）：一~个	tsheɯ^3	tsheɯ^3	tshei^3	tsɯ^2	tsɯ^5；kɯ^2	kɯ^2	kɯ^2	kɯ^2	tɯ^2	ʔuɯ^3
（b）：一第~	ʔi: t^7	ʔit^8	tshei^3	ʔi: t^7	ʔiət^7	ʔit^7	ʔit^7	kɯ^2	ʔi: t^9	ʔi: t^7

数词＼代表点	廖二弓	保城$_2$	加茂$_2$	昌江石碌	乐东尖峰	乐东三平	陵水隆广	堑对$_2$	通什$_2$
（a）：一~个	kɯ^{33}	tɯ^2	kɯ^2	ʔit^7	kɯ^2	tsɯ^5	kɯ^2	ki: t^9	tsɯ^5
（b）：一第~	kɯ^{33}	tɯ^2	kɯ^2	ʔit^7	ʔit^7	tsɯ^5	kɯ^2	ki: t^9	tsɯ^5

除西方、保城、廖二弓、保城$_2$、加茂$_2$、昌江石碌、乐东三平、陵水隆广、堑对$_2$、通什$_2$10 处方言中基数和序数"一"为同一个词外，其余 9 处方言或土语均存在互补的两个词。基数"一"与序数的"一"互补，表明它们有不同的来源。为方便考察其来源，本书扩大比较范围，将黎语与侗台语族其他语言和苗瑶语族语言进行比较。

侗台语族其他语言没有与黎语基数词读音相似的读法，但是基数词多数情况存在多个读音，如表 3-2 中的读音情况。

表 3-2　侗台语族相关语言基数词"一"

类别＼语言	临高	壮	布依	傣西	傣德	仫佬	水	毛南
（a*）	deu^1	deu^1	deu^1	—	—	—	to^2；da: u^3	to^2；deu^2
（b*）	ʔit^7	ʔit^7	ʔit^7	ʔet^7	—	ʔjət^7	ʔjat^7	ʔjit^7
（c*）	hə^3	he^1						
（d*）	—	—	—	nuŋ^6	ləŋ^6	na: u^3	—	—

表 3-2 表示"一"这个概念的发音类型中，与（b*）类不同的各类出现在位数前和量词前。而出现在位数后和表示序数时，如"十一""一百零一""第一"中的"一"，均读（b*）类音。显然，表示"一"这一概念，侗台语族的语言基本上有一对互补的词语。（b）与（b*）应该是有共同来源的一个词，（a）与（a*）是否有共同来源，还有待论证。

苗瑶语族表达概念"一"的词与侗台语族的（b）和（b*）类是一致的，不同的是多数有且仅有一个词，没有与之互补的另一个词。表 3-3 是苗瑶语族代表语言（或方言）的发音情况。

表 3-3　苗瑶语族相关语言的数词"一"

数词＼语言	黔东苗语	川黔苗语	滇东北苗语	布努瑶语	勉瑶语	标敏苗语
第一	ti^3i^1	—	ti^2i^6	ta^6jv^3	tei^2jiet	$təi^4in^7$
一（十以后的）	qe^3	$ʔi^1$	i^1	i^3	$jiet^7$	in^7

黎语的（b）类和侗台语族其他语言的（b*）类，实为一类，可合称为（b）类。侗台语族的（b）类和苗瑶语族多数表达"一"这一概念的词事实上属于同源词，而且与汉语的"一"也同源。这是否是汉语的借词呢？我们知道一种语言从另外一种语言中借用某个词时，都会将其"改造"，使其与自身的语音系统相适应。侗台语族和苗瑶语族内部读音的高度一致，表明该词借用的可能性不大，更大可能是与汉语的"一"有发生学上的同源关系。李方桂先生（2011：210，233）便拟原始台语为 *ʔiet。不过，多数学者都认为该词是汉语借词。

《广韵》："一，数之始也。"《广韵》中，"一"属于影母质韵重钮四等入声韵，影母属于喉音，侗台语的"一"今仍为喉音，质部入声韵尾为塞音 -t，侗台语"一"今仍为塞音 -t。"一"的中古拟音，各家所拟也正好与侗台语相类似，例如，高本汉拟为 ʔjiĕt，李方桂拟为 ʔjiet，邵荣芬、董同龢拟为 ʔjet，蒲立本拟为 ʔjit，潘悟云拟为 ʔit。苗瑶语族的语言与侗台语族的语言相比较变化速度要快，上述所列举的例子中，除川黔苗语仍保留喉塞音外，其余的苗语和瑶语喉塞音已经消失，勉瑶语韵母仍有塞音韵尾 -t，滇东北苗语和布努瑶语的读音已经完全与现代汉语一样了。

黎语的（a）类显然与汉语的"一"毫无关联，可以分为三种情况予以讨论：①tsheɯ，tshei，tsɯ；②kɯ，ʔɯ；③tɯ。

覃晓航（2012：250，251）在论及壮侗语的数词"一"时，认为黎语的（b）类是汉语借词，而黎语自有词 $tsɯ^2$ 和壮语自有词 deu^1 均从表示"单独"意义的形容词引申而来。但"单独"义的 $tsɯ^2$ 和 deu^1 来源关系并未论及。今天的语料显示，黎语的 tsɯ 表示"单独"意义在保定话中仍有保留，例如，$tsɯ^2$（独）$thim^2$（木凳）"独木凳"，$łɯːk^2$（儿子）$tsɯ^2$（独）"独子"。"单身汉"

黎语为 thau^{3}diu^1（覃晓航，2012：250），壮语为 da：ŋ^{1}deu^1，diu^1 与 deu^1 均表示"单独"义，显然为同源关系。看来壮语的（a*）类"一"在个别复合词中仍然保留着古老的"单独"义，但是黎语个别复合词中表示"单独"义的 diu^1 没有发现"一"义。可见，黎语的 tsɯ^2 与侗台语族的 deu^1 关系并不明显，应该是来源不同的两个词。

吴安其（2002：213）拟原始黎语为*k-təɣ，黎-村共同语为*te^B，认为今天黎语的（a）类读音均来自原始黎语，并且模拟它们的演变路径如下：通什 ʔɯ^3＜*kəɣ＜*k-təɣ，保定 tshɯ^3＜*təɣ＜*k-təɣ。吴安其不但认为原始黎语来自南岛语，而且认为数词"一"是"汉藏、南岛语同源关系的一例"。

但是本书认为，即使数目"一"是汉藏语与南岛语的同源词这一假定成立，不同语言的亲疏程度也是不一样的，可以从数词"一"与"单独"或者"独一无二"这一意思的关系上去探索黎语数词"一"的演变历史。黎语（a）类的前两种情况均可以表示"单独"义，第一种情况如前述，下面看看第二种情形，见表3-4。

表3-4　黎语部分代表点的"独木凳"

代表点 词条	中沙	黑土	西方	通什	保城	加茂
独木凳	kɯ^{3}thim	kɯ^{2}thim^2	kɯ^{3}them^2	ʔɯ^{3}thim^5	kɯ^{2}ŋa：n^1	kɯ^{3}ŋuən^1

赛方言中的廖二弓话，"一"仍为 kɯ^{33}，但表示"单独、单一"意义时，读作 ku^{51}na^{51} 或 ʔa^{31}na^{51}，如：ku^{51}na^{51}leŋ^{33}dat^{55} "独唱"、thiək^{22}ku^{51}na^{51} "独生子女"、ku^{51}na^{51}tha：u^{33}di：u^{33} "孤独老人"、ʔa^{31}na^{51}ho：n^{31} "独身"。

第三种情形的"tɯ"可能是"kɯ"的不稳定音变，因为今天的堑对万道村话中，"一"读"kɯ"而非"tɯ"。

黎语（a）类中的 kɯ、ʔɯ、tɯ，与壮侗语的（a*）是同源关系，分化前可能是吴安其先生构拟的 *k-təɣ。黎语（a）类中的 tshɯ、tshei、tsɯ，来源未明，吴安其认为仍是从 *k-təɣ 演变而来，有一定的合理性，因为汉语方言中舌尖前音读成舌尖中音是比较常见的现象。

3.2　二（two）

"二"（二个）在黎语方言、土语中的读音见表3-5。

表3-5　黎语代表点数词"二"

保定	中沙	黑土	西方	白沙	元门	通什	堑对	保城	加茂
ɬau^3	ɬau^3	dou^3	ɬau^3	ɬau^3	ɬau^3	ɬau^3	ɬau^3	ɬau^3	ɬau^4

续表

保城₂	加茂₂	昌江石碌	乐东尖峰	乐东三平	陵水隆广	堑对₂	通什₂	廖二弓
dɔu³	ɬau⁴	ɬau³	sau³	sau³	sau³	gou³	tsau³	thiau¹¹

　　欧阳觉亚和郑贻青整理的语音材料语音一致性很强，除黑土为 dou 外，其余 9 处均为 ɬau，后者应该代表了传统读音，黑土话则由舌尖边擦音演变为了舌尖中浊音，韵母格局没变，但韵腹舌位上移。黎语中，舌尖边擦音往同部位的非边音方向演变是一种自然趋势，比如，20 世纪 70 年代前的保城话 ɬau³ 便演变为今天的保城₂话 dɔu³。乐东尖峰、乐东三平、陵水隆广 3 处的黎语今天读作 sau³，廖二弓话今天读作 thiau¹¹，尽管声母不一样，但是均为舌尖音，前者还保留了擦音性质。加茂₂、昌江石碌则相对保守，与 20 世纪 70 年代前的黎语普遍读音一样。

　　对于基数"二"这一概念，要想了解黎语与其他语言究竟是什么关系，先看看其在侗台语族其他语言中的读音情况，见表 3-6。

表 3-6　侗台语族相关语言的数词"二"

村	临高	壮	布依	傣西	傣德	侗	毛南	仫佬	水	仡佬	布央
tɵa:⁴²	ŋi⁴; ŋəi⁴; vɔŋ³	so: ŋ¹; ŋei⁶	soŋ¹; ŋi⁶	sɒŋ¹; sau²	sɒŋ¹; sa: u²	ja²; ɲi⁵	ja²; ɲi⁶; hja²	ɣa²; ɲi⁶	ɣa¹; ɲi⁶	sa³⁵	ɵa²⁴

　　黎语通什话"二"ɬau³，吴安其（2009：34-36）认为来自黎-村共同语的 *la^B（l 是清化边音），并进一步指出黎-村共同语 *la^B 和仡央共同语 *s-la^A 来自南岛语。从上述所列侗台语族语言来看，黎语、村语、仡佬语、布央语读音的确十分近似，而且也符合语音演变规律，应该有共同来源。是否来自南岛语，先看看概念"二"在南岛语中的读音情况：19 世纪末伊能嘉矩记录的道卡语为 rua，荷兰人 17 世纪在中国台湾记录的一种语言为 sosoa，今天的泰雅语为 sazing，今天的卑南语为 ɖua，今天的排湾语为 dzusa，今天的邵语为 tuʃa，今天的莫图语为 rua，今天的马绍尔语为 ɻuo。吴安其（2009：288）拟原始南岛语为 *ɖusa，布拉斯特拟原始南岛语为 *ɖuʃa。南岛语的主要元音与黎语的主要元音完全相同，声母的发音部位相近，构拟的原始壮侗语 *k-la 与构拟的原始南岛语 *ɖusa、*ɖuʃa，从音理上演变也没有问题，应该说黎语的概念"二"来自南岛语的可能性极大。

　　傣西、傣德有两读，应该有不同的来源，傣西的 sau²（"二十"sau²nuŋ⁶、"二十一"sau²²et⁷）与傣德的 sa: u²（"二十"sa: u²lən⁶、"二十一"sa: u²²e⁹）与黎语乐东、陵水的方言读音一致，显然与黎语一样有共同来源。但是傣语的傣语 sɒŋ¹ 和壮语 so: ŋ¹、布依语 soŋ¹ 却是借自汉语的"双"。邢公畹（1999：480）将该词与汉语粤方言的广州话 sœ: ŋ¹"双"作比较。《广韵》："双，偶也，两只也。"《广雅·释诂四》："双，二也。"《说文·雔部》："雙，隹二枚也，从雔，又持之。"

　　侗台语族中"二"这一概念还有另一种更常见的表达，那就是汉语借词"二"。汉语借词"二"在侗台语族中分为两种情况，一种是早期借词，另一种是晚期借词。早期借词声母一般为鼻音，韵腹一般为前高元音。晚期借词声母一般含有舌面后浊擦音声母 γ，韵腹则为央元音或低元音。晚期借词比较少见，比较典型的有水语 γa^1、毛南语 $h\gamma a^2$，普通话中"二"的央元 ə 音开口度再大一点便是低元音 a，汉语方言中这种情况并不少见，如笔者所说的西南官话"二"便可自由读作 γa。早期汉语借词则较为普遍。下文介绍黎语的概念"二"的序数读法。

　　在部分黎语方言中"二"的序数词与基数词读法不同，不同的地方主要体现在几种方言或土语中，见表 3-7。

表 3-7　黎语代表点序数词"二"

保定	中沙	黑土	白沙	元门	通什	堑对	加茂	加茂₂	昌江石碌	乐东尖峰
zi^3	zi^3	zi^3	ηoi^2	zi^4	zi^1	zi^3	zi^3	thiau	ji^3	dzi^3

　　上述表示序数的"二"，在本语言系统中都与表示基数的"二"不同，除加茂₂序数"二"thiau 与基数"二"$\text941au^4$ 来源相同，后来因表义不同通过内部曲折的方式出现分化之外，其余各点的序数"二"则是来自汉语的借词。

　　中古汉语"二"，属于日母止摄脂韵开口三等去声字，日母为齿音，各家构拟均为舌面鼻音 ȵ，古音韵有"娘日归泥"一说，意思是上古"娘""日"归入"泥"母，故李方桂、郑张尚芳、潘悟云等拟"二"上古音声母为舌尖鼻音 n。对于该词，藏语也与汉语一致，藏文 gȵis，拉萨读作 ȵi: 55。白保罗（P.K.Benedict）（1984：4）拟原始藏缅语为*g-nis。其实声母 n-、ȵ-、ŋ-、j-、z-、dʑ 均是在不同系统中变读音，其变读音理如下：ȵ→n，ȵ→ŋ，ȵ→z→j，ȵ→z→z，ȵ→dʑ。因此，在侗台语族中，这几种情况都存在，而且这种早期汉语借词一般只用于序数，黎语是这样，侗台语族的其他语言也是这样，见表 3-8。

表 3-8　侗台语族相关语言的序数词"二"

临高	壮	布依	傣西	傣德	侗语	毛南	仫佬	水
$hai^4\eta oi^4$	ta: $i^6\eta ei^6$	$ta^2\eta i$	$thi^2so\eta^1$	la: $m^5so\eta^1$	$\text941i^6\eta i^6$	$\text941i^6\eta i$	$\text941i^6\eta i$	$tik^7\eta i^6$

　　傣西语、傣德语与其他语言不一样，但是在表示序数时仍采用汉语借词 $so\eta^1$ "双"。上述 ȵ 的音变现象在汉语方言中也常见，如广州话 ji^6、闽南话 li^6、潮州话 no^6、苏州话 nyi^{231}、上海话 gnij、客家话 ngi^4 等。邢公畹在讨论傣西语、

傣德语、泰语等"二"的读音时，便将其与广州话进行比较。陈孝玲（2009：269）讨论侗台语的这类读音时，罗列了一些现象，尽管没有提出自己的观点，但明确指出多数学者认为"侗台语该词为汉语借词"，并且转述了曾晓渝、蓝庆元、周耀文、罗美珍等的观点。

　　本书认为的侗台语族晚期汉语借词"二"，染敏和张均如（1996：393）认为可能是从原始侗台语演变而来，并且拟原始侗台语 *ra。陈孝玲（2009：269）则认为其可能与本书讨论的早期汉语借词"二"同源。

4 形 容 词

4.1 多（many）

　　"many"在《百词表》中排在第 10 位。黎语形容词"多"一致性很强，根据主要元音的不同可以分为 4 种情形。

（1）主要元音为 o。

保定	中沙	西方	昌江石碌	乐东尖峰	乐东三平	陵水隆广	廖二弓
ɬɔ：i^1	ɬɔ：i^1	ɬɔ：i^1	ɬɔ：i^1	ɬɔ：i^1	ɬɔ：i^1	ɬɔ：i^1	thɔ：i^{33}

（2）主要元音为 a。

通什	堑对	保城	白沙	黑土	保城$_2$
ɬa：i^1	ɬa：i^1	ɬa：i^1	ɬuai^1	da：i^1	ta：i^1

（3）主要元音为 u。

元门

ɬu：i^1

（4）主要元音为 e。

加茂	加茂$_2$
ɬei^1	the：i

　　台语支语言的"多"，通行的看法是借自汉语"黎"字。对应汉语的"多"，侗台语族台语支的壮语为 la：i^1，布依语为 la：i^1/to^1，傣西语为 lai^1，傣德语为 la：i^1/lam^1，泰语为 la：i^1。邢公畹（1999：418）将台语"多"的读音与广州话 lai^4"黎"的读音进行比较。其实除广州话外，"黎"字的闽南话读作 le^2，客家话读作 lai^2。"黎"本具有"多"义，《广韵》注："黎，众也。"《尔雅·释诂》："黎，多，众也。"但是，台语支称呼"黎族"则是借用现代汉语音，"黎"为 li，"族"除壮语作 pou 外其他语言为 tsu 或 su，如布依语为 li^{4}tsu^2、水语为 li^{4}tsu^2、侗语为 li^{2}su^2、傣德语为 li^{3}su^3、临高话为 li^{4}tsuk^7。

　　黎族自称除黑土为 da：i^1 外，其余各处方言均为 ɬai^1。和黎语"多"义的读音相比较，黑土、通什、堑对、保城 4 处方言完全一样，其余各处或是主要元音不同、或是声母不同，或是两者均不同。本书认为，黎族的自称具有极强的稳定性，而"多"义的读音已经发生了变化，这种变化是受到了汉语"多"字读音的强势影响。首先是韵母前衍生出介音 u，是主要元音受到介音 u 的影响后移进而

圆唇化，最后是声母演变成同部位塞音。白沙 ɬuai[1]、保定 ɬɔ：i[1]、廖二弓 thɔ：i[33]
恰好代表了这三个阶段。逐渐抛弃原来的读音，借用汉语的"多"字读音的情况，
其他语言也有这样的例子，最典型的是布依语，"多"义有两个词，la：i[1] 和 to[1]，
前者为"黎"字古读音，后者则是借用现代汉语的"多"。

看来不同语言或方言的"黎"字音和"多"义音都走向了分化，有些是已经
分化，有些是逐渐分化。分化方式有两种。一种是"多"义仍用"黎"古音作能
指，"黎"字用现代汉语音，如上述的台语支语言。另一种是"黎"字用古音，
"多"义能指逐渐受到"多"字音影响，如黎语的许多方言；或者原本就是"多"
字音，如广州话、闽南话、客家话等。

另一种看法是，将台语支的"多"义音对应汉语的"多"字音，这方面的
代表人物是龚群虎（2001：145）和蓝庆元（2005：143）。此外，吴安其（2002：
96）认为"黎"（"多"义）和"多"是方言变体。如果这种说法成立，那么
"黎"（"多"义）原本就是从汉语的"多"字音演变而来的。那么廖二弓、
黑土、保城₂、加茂₂的方言中"多"义音可能就借自汉语的"多"。从语音演
变的轨迹看，汉语"多"的主要元音是从前向后再向高处演变的，即 a＞ɑ＞o＞u，
上古为 a，中古为 ɑ，现代汉语为 o。"多"字的上古拟音，高本汉为 ta、王力为 tai、
李方桂为 tar、郑张尚芳为 ʔlaal、潘悟云为 klaal。-l（r 与 l 发音相近）＞-i 是比较常见
的音变现象。如果采用郑张尚芳或潘悟云的上古拟音，ʔlaal＞lai/ɬa：k、laal＞lai/ɬa：i
就很好解释了，当然这种音变至少是在《尔雅》出现以前就已经完成了。

"多"在中古已经演变成定母果摄歌韵字，读作 tɑ。中古歌韵在舌齿声母作
用下逐渐衍生出舌面后高不圆唇音 ɯ 过渡音，"这样就能节省把舌头和下腭急速
放后、放低的生理负荷，而以此为媒介它就会变为合口"（平山久雄，2012：3）。
"多"从中古演变成现代汉语的读音，路径大体是这样：tɑ＞tᵚɑ＞tuɑ＞tuo。

黎语的"多"义音只与台语支的来源相同，与同属于侗台语族的侗水语支不
一样，但是与该语支的"大"义读音相近。对应汉语的"多"和"大"，侗水语
支代表语言的读音见表 4-1。

表 4-1　侗台语族相关语言的"多"与"大"

词条 ＼ 语言	侗	仫佬	水	毛南
多	kuŋ[2]	kɣuŋ[2]	kuŋ[2]	cɔŋ[2]
大	la：u[4]	lo[4]	la：u[4]	la：u[4]

侗水语支的"大"与黎语的"多"同源，前者韵尾为后高圆唇元音 u，与
后者前高不圆唇元音韵尾不同，但现实的不同不代表来源不一样，-l 尾演变为 -u
尾在汉语方言中也存在，如苏州话的"多"便读作 tou[44]。陈孝玲在论证临高

话"多"liau⁴与台语支"多"同源时也指出上古歌部辅音韵尾 *-l＞-u，也可是
*-l＞-i。

4.2　大（big）

"big"在《百词表》中排在第 13 位。表达该概念的词语在黎语各方言中的读
音很整齐，见表 4-2。

表 4-2　黎语代表点的"大"

保定	西方	通什	中沙	黑土	白沙	元门	堑对	保城	加茂
loŋ¹	loŋ¹	loŋ¹	luŋ¹	luŋ¹	luŋ¹	luŋ⁴	luŋ⁴	luŋ¹	lo¹

黎语该词对应汉语的"隆"字。黄权（2011：32，118）编撰的《汉黎字典》
中"大"字，注：跟"小"相对，音 lo⁵¹。"隆"的第二个注：盛大，厚，程度深，
读音也为 lo⁵¹。

《广韵》："隆，盛也，丰也，大也。力中切。"《说文解字》："隆，丰大也。
从生降声。"可见"隆"字有"大"义。

表示"大"义，台语支的傣西语与傣德语两处有一通用的 loŋ¹，布努瑶语为
laŋ⁸，都与黎语一样来自汉语的"隆"字。

邢公畹（1999：161）将台语该词与汉语的"隆"字对应。本书认为这种
观点是正确的，黄权（2011）根据黎族人的自身语感也认定该词对应汉语的
"隆"字。

但是，陈孝玲（2009：238）大概认为台语该词读音与汉语"隆"字的现代音
太一致，"用'隆'来对应，只能是中古或中古后的借词"，因此主张用汉语的
"宏"字与台语该词作比较。如果是这样，台语该词至少在上古就开始了分化。
"宏"的上古拟音，李方桂拟作 *gwrəŋ，郑张尚芳、潘悟云拟作 *gʷɯɯɯŋ。舌根
声母丢掉，舌尖颤音然后逐渐演变为舌尖边音，这大概就是陈孝玲的假设。然而奇
怪的是，现有汉语方言没有把"宏"字读作边音声母的。那么黎语在与强势的汉语
接触过程中，丢掉原有读音，直接借用汉语中古以后的音便不是没有可能。黎语加
茂话的 dou³"都"不就与黎语其他方言不同而直接借自现代汉语音吗？布依语的 to¹
"多"不也直接借自现代汉语音，直接挤压了原有同义词 la：i¹ 的使用空间吗？

4.3　长（long）

"long"在《百词表》中排在第 14 位。表达该概念的词语在黎语各方言中的

读音很整齐，见表4-3。

表 4-3　黎语代表点的"长"

保定	中沙	西方	白沙	元门	通什	保城	堑对	加茂	黑土
ta: u³	ta: u³	ta: u³	ta: u³	ta: u⁶	ta: u⁶	ta: u⁶	tha: u⁶	tou⁴	na: u³

黎语该词很特别，与侗台语族其他语言都不一样。为便于说明，把相关语言的读音整理成表4-4。

表 4-4　侗台语族相关语言的"长"

壮	仫佬	水	侗	毛南	布依	临高	傣西	傣德
ɣai²	ɣa: i³	ʔɣa: i³	ja: i³	ʔja: i⁸	zai²	lɔi¹	jau²	ja: u²

邢公畹（1999：395）将傣西语的 jau²、傣德语的 ja：u² 与汉语广州话的 ou³（趰）＜ᶜʔau＜ₑʔagw 比较，并引《广雅》《广韵》为"趰"作注。《广韵》："趰，长也。"除临高话之外，其余各处均可参照邢公畹的语音对比。临高话 lɔi¹ "长" 可能与黎语的 lai¹ "远"为同源词。陈孝玲（2009：343）将其与汉语的"移、迤"（*klal）比较。潘悟云和邵敬敏（2005：273）曾将"移""迤""延"三字归入可表示"长"义的一组词。前两字中古为以母支韵开口三等平声字，其上古音，李方桂拟作 rar，郑张尚芳拟作 lal，潘悟云拟作[g]lal。《广韵》："移，延也。"《尔雅·释诂》："延，长也。"

陈孝玲（2009：343）认为黎语该词可以与汉语的*sqluɯ "修"比较。"修"字韵母演变成 ou、a：u 没有问题，今天的广州话即读作 sau¹，围头话读作 säu¹，但汉语方言中找不到该词声母演变成舌尖中塞音的情形。如果陈孝玲的假设成立，原始黎语就是走了一条与汉语完全不同的演变路径，即*sqluɯ＞luɯ＞ləw/low＞lau/la：u。

该词的侗台语族其他语言与黎语不同源，但是苗瑶语族的大部分语言与黎语同源迹象明显。疑似同源的苗瑶语族语言该词见表4-5。

表 4-5　苗瑶语族相关语言的"长"

黔东苗语	湘西苗语	川黔滇苗语	滇东北苗语	布努瑶语	勉瑶语	标敏瑶语
ta³	duɯ³⁷	nte³	nti³	nte³	da: u³	da³

但是除却勉瑶语读音与黎语读音保留韵尾 u 外，其余苗瑶语均脱落了韵尾。

湘西苗语 dɯ³⁷ 的韵腹保留了较为原始的读法，但其余苗瑶语族的主要元音因为受舌尖音的影响而前移为前元音，只是开口度大小有差别而已。众所周知，高元音韵尾有容易脱落的特点，比如，上古汉语的"大" dɑi，在《广韵》系统中就分化出来一个 dɑ，《广韵》的"桃" dau 在今天的上海话里就读作 do。

至此基本上可以肯定，黎语表达"长"这一概念意义的词与苗瑶语族表达的同一概念的词是同源词。它是否与汉语某个字有关系还需要进一步论证。

4.4 小（small）

"small"在《百词表》中排在第 15 位。表达该概念的词语在黎语各方言读音见表 4-6。

表 4-6 黎语代表点形容词"小"

保定	中沙	西方	白沙	元门	保城	通什	堑对	加茂	黑土
ʔen²	ʔin²	ʔin²; tɔk⁷	tɔk⁸	tɔk⁸	tɔk⁸	tok⁸	thoʔ⁸	təː k⁸	tik⁹

廖二弓			加茂₂	昌江石碌	通什₂	乐东尖峰	乐东三平	陵水隆广
nit⁵⁵（跟"大"相对）； nit⁵⁵（年幼的，排行最末的）； lim¹¹（数目少的）； təː k²²（声音低的）			nit⁷	tɔk⁷	tok⁸	ʔin²	ʔin²	li²

黎语表示"小"义的词可以归为四大类：（A）ʔen，ʔin；（B）nit；（C）tɔk，tok，təː k，tik，thoʔ；（D）lim，li²。

就该词而言，侗台语族中，与黎语（A）类音对应的有壮语 ʔi⁵、傣德语 ʔɒn⁵，与黎语（B）类音对应的有布依语 ni⁵、毛南语 ʔni⁵、临高话 ni²⁷ 和 nɔk⁷、仫佬语 niŋ，与黎语（C）类音对应的有水语 ti³，与黎语（D）类音对应的有傣德语 lɒi⁴。

陈孝玲（2009：244）在讨论侗台语族核心词时，只提及黎语（A）类的保定话 ʔen²，并引述吴安其（2002：251）的观点认为该词"来历不明"。

"小"，中古汉语心母效摄宵韵开口三等上声字，《广韵》："微也，私兆切。"部分心母字在黎语中的对应情况见表 4-7。

表 4-7 部分心母字在黎语代表点中的读音

代表点 ＼ 心母字	锁	苏	写	嫂	碎	扫	笑
保定	to²	teɯ¹	thaː i³	tsou¹	tom¹	kuɯ⁷	raː u¹
中沙	tua¹	teɯ¹	thaː i³	tsou¹	tom¹	zik⁷	zaː u¹
西方	thaː p	seɯ¹	vaː i²	tsou¹	tom¹	phoː n²	taː u¹

续表

心母字 代表点	锁	苏	写	嫂	碎	扫	笑
白沙	to^2	tsheɯ^1	va: i^3	tsou^4	tsom^2	kot^8	tsa: u^1
元门	to^1	ɬuɯŋ^3	tia^4	tou^1	tsom^2	kət^7; tset^8	tsa: u^4
保城	tɔ^4	teɯ^1	tha: i^3	tsou^1	tum^4	tik^8	ta: u^4
通什	to^4	teɯ^1	tha: i^3	tsou^1	tom^4	ti: ʔ^8	ta: u^4
堑对	tɔ^4	teɯ^1	tia^4	tsou^1	fa: ʔ^7	thi: ʔ^8	tha: u^4
加茂	tshɔ^5	the: t^9	tia^2	tshu^1	tshui^1	tset^{10}	tsu^4
黑土	tua^1	teɯ^1	te^1	tsou^1	nom^1	kut^9	za: u^1
廖二号	tsɔ: ʔ^{22}（名）; tap^{55}（动）	luɯŋ^{33} 死而复生; tshe: t 苏醒	thə: i^{33}	tshu^{51}	ze: n^{11}（动）; ŋə: i^{51}（形）	tshet^{22}	tsu^{33}

从上面所举的例子来看，汉语的"小"对应黎语"小"义（C）类音并非偶然，中古汉语的心母字在黎语中大量对应为舌头音（舌尖中音），其次一部分对应齿头音（舌尖前音）。这种对应情况至少说明黎语的"小"义（C）类音与汉语表示"小"义的某个心母字具有同源关系，至于是发生学上的同源还是借词上的同源暂且不论。黎语的"小"义（C）类音均有一塞音韵尾，只是主要元音稍有区别而已。"小"在中古汉语中为非入声字，没有塞音韵尾，上古音可能有塞音韵尾。"小"上古音，高本汉拟作 si̯og，李方桂拟作 sjagwx，均有一塞音 g。黎语的 tok^8、tok^8 等音可能由上古汉语的"小"*si̯og 或 *sjagwx 演变而来，最大可能性是发生学上的同源关系。

黎语"小"义（B）类音与临高话相似度高，与布依语 ni^5、毛南语 ʔni^5 稍有不同，前者有塞音韵尾，后者韵尾消失，但应该是同一个词的音变。陈孝玲（2009：243）认为该词可能与汉语的"细"*snɯɯ 有关系。邢公畹把台语支的"小"（傣西语 nɔi^4，傣德语 lɔi^4，泰语 nɔ: i^4<*n-）跟汉语的"㜷"（广州话 nau^4）比较，因《广雅·释亲》："㜷、媖、兒，子也"，遂引王念孙《疏证》："……凡物之小者谓之倪。"但邢公畹并没有强调台语支"小"跟"倪"字读音的关系。

"细"也是心母字，心母字在黎语中声母对应 t/th、ts/tsh，l/ɬ 与 n 难以形成对应关系，而且汉语"细"字的古读和今读与黎语该词的读音相似性都不强。但是黎语该词与汉语的"倪"字读音相似，意义在表示"年幼"这一点上也一致。因此，黎语"小"义（B）类音不太可能是源自汉语的"细"字，更有可能是借自汉语的"倪"字。

黎语"小"义（A）类音比较特殊，既在黎语方言中出现，又在侗台语族部分语言中零星出现，难以找到其与汉语之间的联系。但是黎语方言中心母字读喉塞音也并非孤例。汉语的"撕"（心母字），保定读作 ʔi: k^7，中沙读作 ʔi: ʔ^7，黑土读作 ʔi: ʔ^9。（该字，西方则读舌面后浊擦音 ɣik^8，白沙、元门读唇齿浊擦音，分别为 vit^8、$\text{vi}^{ʔ7}$。"撕""扯"两字，堑对、保城、加茂均分别读作 $\text{ŋia}^{ʔ8}$、n̠iak^7、n̠i: t^9，事实上是"扯"字。）如果 ʔ 与 s 对应成立，黎语"小"义（A）类音实际上可以基本对应汉语的"细"字。为直观起见，把"撕"与"细"两字的读音列表比较，见表 4-8。

表 4-8　黎语代表点的汉语心母字"撕""细"

心母字　　　　代表点	保定	中沙	西方	黑土	乐东尖峰	乐东三平
撕（心母齐韵平声）	ʔi: k^7	ʔi: ʔ^7	ɣik^8	ʔi: ʔ^9	ʔi: ʔ^7	ti: m^7
细（心母齐韵去声）	ʔen^2	ʔin^2	ʔin^2	tik^9	ʔin^2	ʔin^2

从表 4-8 不难发现，喉塞音对应心母，舌面后擦音对应心母，舌尖塞音对应心母，舌尖擦音对应心母，反映不同历史层面的对应情况，舌尖擦音对应心母是现代汉语的读法，表示最早也是近代汉语的情况，ɣ 的擦音性质，ʔ 的过渡音色彩，可能反映了较为古老的语音情况。即使具体历史层次不明，但是可以基本肯定黎语"小"义（A）类音对应汉语的"细"字。

4.5　红（red）

"red"在《百词表》中位列第 87 位。表达"红"这一概念的词语，黎语各方言、土语读音见表 4-9。

表 4-9　黎语代表点的"红"

保定	中沙	保城₂	乐东三平	西方	通什	廖二弓	白沙	元门	昌江石碌
ga: n^3	ga: n^3	gɛ: n^1	ŋa: n^3	xa: ŋ^1	ge: ŋ^4	ha: ŋ^{51}	toŋ^3	toŋ^1	toŋ^1
陵水隆广	黑土	乐东尖峰	堑对	保城	堑对₂	加茂	加茂₂	廖二弓	
de: ŋ^3	de: ŋ^3	de: ŋ^3	ɬa: t^7	ɬa: t^7	ɬa: t^7	ɬɯ: u^4	ɬɯ: u^4	thɯ: t^{22}	

上述语料表明黎语的"红"在方言、土语中的读音比较复杂，初步可以归为 4 种不同的情况。前两种情况，表面上看主要区别只是表现为前后鼻音的不同，是不是因为同一来源的方言变体差异呢？我们先看看黎语里来自通摄合口一等东董送诸韵的汉语借词的读音情况，见表 4-10。

表 4-10　黎语摄合口一等东董送诸韵的汉语借词

代表点 通摄字	保定	中沙	黑土	西方	白沙	元门	通什	堑对	保城	加茂
铜	du：ŋ^1	du：ŋ^1	da：ŋ^3	du：ŋ^1	du：ŋ^1	da：ŋ^2	da：ŋ^4	dua：ŋ^1	da：ŋ^4	tu：ŋ^1； da：ŋ^4
桶	tha：ŋ^1	thaŋ^1	thuŋ^1	—	—	thaŋ^4	tha：ŋ^4	thaŋ^4	tha：ŋ^4	tha：ŋ^2
动~员	tha：ŋ^1	tha：ŋ^1	tha：ŋ^1	thaŋ^1	ha：ŋ^1	haŋ^5	ha：ŋ^5	thaŋ^5	ha：ŋ^5	ha：ŋ^5
工	ka：ŋ^2	ka：ŋ^3	ka：ŋ^2	kaŋ^1	koŋ^1	kaŋ^1	ka：ŋ^1	kaŋ^1	ka：ŋ^1	ka：ŋ^3
同~志	daŋ^1	daŋ^3	daŋ^3	daŋ^1	huŋ^5	daŋ^2	daŋ^4	daŋ^2	daŋ^5	daŋ^4

上述黎语方言、土语来自近现代汉语通摄合口一等东董送诸韵的借词，韵母一律为后鼻韵母，对照黎语"红"的读音，可以确定第二种读音来自近现代汉语音译借词。保定、中沙、保城₂、乐东三平的"红"可能另有来源。陈孝玲（2009：171，172）将侗北语 ha^5"红"、水语 ha：n^3"还"、佯僙语 rən^4"红"、布央语 la：n^{11}"红"与黎语 ga：n^3"红"比较，构拟声母的共同形式为 *kl/r-，并且进一步将其与汉语的"苋"*grens 比较。本书认为，将黎语 ga：n^3"红"与汉语的"绀"比较可能更贴切，因为"苋"乃菜名，而"绀"本指"深青透红之色"。绀，《广韵》："青赤色也，古暗切。"《论语·乡党》："君子不以绀緅饰。"古汉语的"红""绛""绀"均与"赤"有关，"赤"乃总名，其余为类名。《说文解字》："绛，大赤也；红，帛赤白色也；绀，帛深青扬赤色。"这三个字乃同源词，王力（1982：604）已经做了详细论述。保定话 ga：n^3 是标准音，保城₂话 gɛ：n^1、乐东三平话 ŋa：n^3 是方言变体，前者主要元音开口度稍小，没有达到 a 的位置，后者声母 ŋ- 应该是因为同部位的辅音 g 受到鼻音韵尾 -n 的影响发生音变所致。

下面讨论黎语"红"的第三种、第四种读音。本书的观点是这两种读音有同源关系，先看第四种读音的内部情况。加茂话半个多世纪以来的主要读音 łɯ：u^4、高元音韵味 -u 应该是自然衍生出来的，其原先的形式有塞音韵味，塞音韵味消失后，其主要元音逐渐衍生出高元音韵味 -u。属于加茂赛方言的廖二弓话 thɯ：t^{22} 证明了此推断。加茂话内部存在这样的演变路径：łɯ：t＞łɯ：u；łɯ：t＞thɯ：t。这样的话，保城、加茂、堑对的方言"红"，关系就十分紧密了，其音节仅仅表现为主要元音的不同，它们的共同形式极有可能是 *rə：t，后来主要元音向不同的方向周边化，分别演变成了 ła：t 和 łɯ：t。

古汉语音韵学上有"阴阳对转"的说法，也就是说阳声韵和阴声韵存在对应关系（演变关系）。这一规律适用于音节结构与汉语一样的其他所有语言，黎语也不例外，比如，同源的通什话的 phe：n^1"名字"和加茂话的 phɯ^1"名字"，便是阳声韵和阴声韵的不同。但是如果考虑加茂话内部存在这样的演变路径：*rə：t＞łɯ：t＞łɯ：u，黎语"红"的后两种读音的关系就无法用"阴阳对转"理论来解释。为此，本书仍运用语音对应关系来揭示这两种读音之间的同源关系，见表 4-11。

表 4-11　黎语代表点塞音韵尾与鼻音韵尾对应词条

代表点 词条	保定	中沙	黑土	西方	白沙	元门	通什	堑对	保城	加茂
稻子	mu:n^3	mu:n^3	mu:n^3	meɯ^3	mot^8	mət^8	mut^7	mut^8	mut^7	muət^9
低头	ŋut^7	ŋut^7	ŋut^7	ŋom^2	ŋoam^3	ŋuam^6	ŋut^7	ŋom^4	ŋut^9	kɔŋ^1
躲藏	man^1	man^1	man^1	mok^9	—	—	man^1	me:t^8	man^1	miət^8
挥动	hweɬ	vit^7	vit^7	vet^7	vet^8	vet^8	fet^7	ven^2	vet^9	viən^4
溅	tshen^2	tshin^3	tshen^2	tshen^2	tshen^2	tshen^5	tshen^5	tshen^5	tshin^5	tshit^7
块	thun^1	thun^1	thun^1	thoŋ^1	thoŋ^1	—	thun^1	khiaŋ^1	thun^1	dat^7
粘	ɲɯt^7	ɲɯt^7	ɲɯt^7	ɲa:t^9	nɯm^3	ʔi:t^7	ɲɯt^9	nak^9	ɲa:ʔ^9	ɲɯ:t^{10}

上述语料表明，黎语方言、土语之间，塞音韵尾和鼻音韵尾存在一定的对应关系，这种对应关系表明某个具体的词语在历时演变中有某种演变关系。这种演变关系很有可能是先由舌尖塞音直接演变成舌尖鼻音，或者经由舌根塞音再演变成舌根鼻音或舌尖鼻音。

至于边擦音声母 ɬ 与舌尖中塞音 t、d 之间的演变关系，前文讨论相关词语的时候已经有了论述。

黎语该形式的"红"，在侗台语族中有比较广泛的分布，见表 4-12。

表 4-12　侗台语族相关语言的"红"

泰	傣雅	傣西	傣德	壮武鸣	临高	布依	暹罗	龙州	剥隘
dɛ:ŋ^1	ljaŋ^1	deŋ^1	leŋ^6	diŋ^1	liŋ^1	diŋ^1	deeŋ^{A1}	deeŋ^{A1}	niŋ^{A1}

上述语言或其方言的"红"显然属于同源词。李方桂（2011：114）以暹罗语、龙州话、剥隘话为例，拟台语该词声母为 *ʔdl/r-。他的构拟是考虑这个复辅音，石家话通常读作 r-，偶尔读作 tr- 或 tl-。邢公畹（1999：160）将泰语、傣雅语、傣西语、傣德语的"红"与广州话 thoŋ^2（彤）<ₑduoŋ<*dəŋw 比较，认为台语支的"红"与汉语"彤"同源，"彤"为"染红"的意思。为直观起见，此处摘引邢先生的一段话：

《说文·丹部》："彤，丹饰。从丹从彡，彡其画也。"则"丹"为名词，"彤"为动词（染红）。《左转·哀元年》（《十三经》页 2155）："器不彤镂"，《经典释文》（页 298）："彤，徒冬反，丹漆也。"可证。

此外，"彤"也可以直接指"赤色"。《广韵》："彤，赤也，丹饰也，徒冬切。"《尚书·顾命》："太保、太史、太宗皆麻冕彤裳。"孔颖达疏："彤，赤也。""彤"

的上古音，李方桂拟作 dəŋw，王力拟作 duəm。

吴安其（2002：251，319）将彬桥话 deŋ¹、通什话 ge：ŋ⁴、峨村话 lu：n¹¹ 比较，构拟 PKT *g-reŋ，并指出台语 *ʔdaŋᴮ 可能是南岛语底层词。吴安其的构拟显然混淆了黎语方言内部不同形式的"红"，因此才会依据黎语构拟 PKT *g-reŋ。

邢公畹将台语支的"红"与古汉语的"彤"比较是合理的，但是无法解释黎语"红"第三种与第四种读音形式的同源关系。本书认为，原始侗台语的"红"有可能带有一个塞音韵尾，其鼻音韵尾是后起的，因此可以将该形式的"红"直接与上古汉语的"赤"比较。请看入声字"赤"上古音各家构拟情形，见表 4-13。

表 4-13　各家构拟"赤"的上古音

高本汉	李方桂	王力	白一平	郑张尚芳	潘悟云
thi̯ag	khrjiak	tçhyak	thjak	khljag	khljag

4.6　绿（也指蓝色）（green）

"green"在《百词表》中位列第 88 位。表达"绿"这一概念的词语，黎语各方言、土语读音见表 4-14。

表 4-14　黎语代表点的"绿"

保定	中沙	黑土	通什	保城	乐东尖峰	乐东三平	保城₂	陵水隆广
khi：u¹	khi：u¹	khi：u¹	khi：u¹	khi：u¹	khi：u¹	khi：u¹	khi：əu¹	çi：u¹

西方	白沙	元门	昌江石碌	堑对	堑对₂	加茂	加茂₂	廖二弓
khiu¹	khiu¹	khiu¹	khiu¹	khiu¹	khiu¹	kheu¹	kheu¹	khe：u⁵¹

黎语的"绿"，各方言、土语内部一致性很强，除加茂赛方言主要元音为二号元音外，其余方言、土语主要元音皆为一号元音，此外方言间的差别还表现为主要元音发音长短不同。陵水隆广话属于黎语哈应土语，其 çi：u¹"绿"声母是个例外，应该是舌根塞擦音 kh- 受其后高元音 i 影响腭化所致。

该词放到多数侗台语族语言中来看，读音要复杂许多，见表 4-15。

表 4-15　侗台语族相关语言的"绿"

村	泰	老挝	壮	临高	傣雅	傣西	傣德	侗	仫佬	水	毛南
khi：u¹	khiau¹	khi：au¹	heu¹	heu¹	khji̯əu¹	xeu¹	xeu¹	su¹	həu¹	çu¹	ju¹

该词的原始侗台语可以构拟为 *xieu。侗台语族语言目前表达"绿"这一概念的词语读音都可以从这个构拟的读音上得到历时演变的解释。黎语的演变路径大体是这样的：*xieu＞khiu/kheu（韵头 i 得到强化则失落韵腹 e，反之韵腹 e 得到强化则失落韵头 i。）

黎语 khi：u[1] 除了表示"绿色"外，还表示"蓝色""青色"，比如保定话：khi：u[1]li：k[9]li：k[9]"绿油油"，ki：u[1]zet[7]"深蓝色"。

邢公畹（1999：138）用汉语的"溕"与侗台语该词对应。张永言（1999：215）用上古汉语的"绞"与侗台语该词比较。陈孝玲则将侗台语该词与印尼语的 hjiau"绿、青"比较。本书认为，上古汉语的颜色词"绞"或许与侗台语表达"绿"这一概念的词 *xieu 存在语源上的联系。《礼记·玉藻》："麛裘青豻褒，绞衣以裼之。"郑玄注："绞，苍黄之色也。"苍，即青色，包括蓝色和绿色。《诗·秦风·黄鸟》："彼苍者天，歼我良人！"现代汉语的"苍天"指"青天"，"苍山"指"青山"。"苍黄之色"当指"嫩绿色"。《集韵》："绞，何交切。"其中古音当读作平声的 ɣau，现代音当读作平声的 ɕiau，读音恰好与侗台语该形式的"绿"读音对应。

4.7 黄（yellow）

"yellow"在《百词表》中位列第 89 位。黎语表达"黄"这一概念的词语在各方言、土语中的读音见表 4-16。

表 4-16 黎语代表点的"黄"

保定	中沙	黑土	西方	白沙	元门	通什	堑对
ze：ŋ[1]	ze：ŋ[1]	ze：ŋ[1]	ze：ŋ[1]	zian[4]	tsian[4]	ɬe：ŋ[4]	ɬe：ŋ[4]

保城	加茂	保城₂	昌江石碌	陵水隆广	堑对₂	乐东尖峰	乐东三平
ɬe：ŋ[4]	tsai[4]	the：ŋ[1]	jiən[1]	dɯ：ŋ[1]	tshe：ŋ[4]	ze：ŋ[1]	ze：ŋ[1]

上述语料表明黎语的"黄"尽管有方言差别，但是都是来源相同的一个词语。代表性读音是 ze：ŋ[1]，共涵盖了上述 16 个代表点中的 6 个代表点，其余各处方言土语的读音在音理上都有整齐的对应。它们的共同形式可能是 *le：ŋ，其演变路径大体是这样的：*le：ŋ＞ɬe：ŋ＞se：ŋ＞ze：ŋ；*le：ŋ＞ɬe：ŋ＞the：ŋ＞dɯ：ŋ；*le：ŋ＞ɬe：ŋ＞se：ŋ＞tshe：ŋ/tse：ŋ＞tsian/tsai。具体演变路径可能有些出入，但是由边音而擦音，由擦音而塞化是一条普遍的规律。保城话 ɬe：ŋ[4]＞保城₂话 the：ŋ[1]，堑对话 ɬe：ŋ[4]＞堑对₂话 tshe：ŋ[4]，便是这一普遍规律的反映。

吴安其（2002：251）认为通什的 ɬe：ŋ⁴ 由*mleŋᴬ演变而来。音节首的双唇鼻音应该是参考了同语族的其他语言，因为他是将彬桥话 lə：ŋ¹、黎语通什话 ɬe：ŋ⁴、峨村话 ŋa：n¹¹ 一起比较的。事实上，峨村话 ŋa：n¹¹ 可能有另一个来源，从其他语言中可以看出来。壮语有两个来源不同的词：hen³"黄"、li：ŋ¹"黄"，后者与黎语通什话 ɬe：ŋ⁴ 对应，前者与峨村话 ŋa：n¹¹ 对应。

黎语的 ze：ŋ¹"黄"，在侗台语族其他语言中，声母普遍对应的是边音，如壮语 li：ŋ¹、临高话 laŋ¹、傣西语 lvŋ¹、傣德语 ləŋ¹、泰语 lɯ：aŋ¹、老挝语 lɯ：aŋ¹。李方桂从更广泛的语音对应材料出发，推测原始台语该词的声母为 *hl-，整个词语为 *hlïoŋ。如果这种假设成立，吴安其的原始黎语 *mleŋᴬ 和原始侗台语*m-leŋ 就可以成立。侗台语另一形式的"黄"（壮语 hen³、布依语 hen³、侗语 ma：n³、仫佬语 ɳa：n³、水语 m̥a：n³、毛南语 ma：n³）就与前一形式的"黄"有同源关系。这两种形式是由一个带复辅音声母的词经裂式演变逐渐分离而来的，即：*hleŋ＞leŋ/le：ŋ/ləŋ/lə：ŋ；*hleŋ＞heŋ＞hen＞ŋen＞ŋan＞man（侗台语族绝大多数语言的"黄"都可以从这一演变路径上得到合理解释）。

邢公畹（1999：390）将台语支的"黄"与汉语的"黄"比较，认为古汉语有"留黄""流黄""骝黄"一词，"留""流""骝"为上古前加成分 l-，写成汉字则无定形，黄字的上古音演变大体为：**ₗgwaŋ＜*ₗjəgw-ₑgwaŋ。格曼僜语 kɯˀlɑuŋ"黄"、佤语 lhɤŋ"黄"或许可以佐证邢公畹的观点。

4.8　白（white）

"white"在《百词表》中位列第 90 位。黎语表达"白"这一概念的词语在各方言、土语中的读音见表 4-17。

表 4-17　黎语代表点的"白"

保定	中沙	黑土	西方	白沙	元门	通什	堑对	保城
kha：u¹；gau²	kha：u¹	kha：u¹	kha：u¹	kha：u¹	kha：u¹	kha：u¹	kha：u¹	kha：u¹

保城₂	堑对₂	乐东尖峰	乐东三平	陵水隆广	加茂	廖二弓	加茂₂	通什₂
kha：u¹	kha：u¹	kha：u¹	kha：u¹	xa：u¹	khou¹	khou¹	phou¹	kha：u¹

黎语表达"白"这一概念的词语总体上很整齐，需要解释的只有陵水隆广、加茂₂两个代表点的读音。陵水隆广话 xa：u¹ 的声母已经丢失了塞音成分，读成了同部位的擦音。加茂话一般读作 khou¹，这是因为其他方言的 a：u 韵母一般与加茂话的 ou 韵母对应。黄雪静的发音材料里，加茂话读成了 phou¹，声母由舌根

送气塞音读成了双唇送气塞音，发音部位移至最前。本书推测可能是受现代汉语"白"字读音声母的影响而发生这样的讹变：khou^1>phou^1。

陈孝玲（2009：178）认为"这个形式只在台语支和黎语支中出现"。其实与黎语的 kha：u^1"白"同一形式的词语在侗台语族台语支和侗水语支中也有出现，只不过形式有比较明显的区别而已，见表4-18。

表4-18　侗台语族相关语言的"白"

泰	老挝	壮	布依	傣西	仫佬	水	毛南
kha：u^1	kha：u^1	ɣa：u^1	ha：u^1	xau^1	cwa^3	kwa^3	kwa^3

湘西苗语 qwɣ^1 与水语支的 kwa^3 应该是同一形式。吴安其（2002：251，319）将彬桥话 kha：u^1、武鸣壮语 ɣa：u^1<*kho^A、通什话 kha：u^1<*kau^A、水语 cwa^3<*ka^B 放在一起比较，构拟原始侗台语为 *kho 或 *khoʔ，并且指出"侗台语 *kho，应是南岛语底层词"。吴先生综合三个语支的读音情况构拟出原始侗台语形式，应该是可信的。黎语显然跟台语支关系更为密切，特别是与泰语、老挝语比较，读音近乎完全一致。与侗水语支该形式的"白"关系密切、语音相似度高的，在其他语族中也有零星分布，如上面的湘西苗语 qwɣ^1 和南岛语系的拉德语 koʔ。这种跨界式的零星分布，表明侗水语支的 kwa^3 要比台语支和黎语支的 kha：u^1 更为古老，也就是说可能是更为底层的遗留。本书据此构拟原始侗台语该形式的"白"为 *koʔ。

保定话 gau^2 的意思是"洁白""雪白"，如 ŋa：n^{1}gau^2"皎洁的月亮"。gau^2"洁白"与 kha：u^1"白"可能有同源关系。

侗台语的 *koʔ"白"可以与汉语的"皓""缟""皎""皦"比较。这四个字，王力（1982：205）将其归为同源字，意思都是"白"，汉班固《幽通赋》："皓尔太素，曷渝色兮。尚越其几，沦神域兮。"《素问·五藏生成论》："生于心，如以缟裹朱。"王冰注："缟，白色。"《穆天子传》卷五："皇我万民，旦夕勿穷，有皎者鹄，翩翩其飞。"《古文苑·公孙乘〈月赋〉》："月出皦兮，君子之光。""皓"本义指"日光白"，"缟"本义指"缯白"，"皎"本义指"月白"，"皦"本义指"玉石白"。缟，《广韵》："古老切，见母豪韵。"皓，《集韵》："下老切，匣母皓韵。"皎、皦，《广韵》："古了切，见母萧韵"。四个字的读音和意义均可与侗台语上述形式的"白"对应。

需要强调的是，除黎语外，不少侗台语族语言已经至少从中古开始借用了汉语的"白"字，如壮语 pi：k^8、临高话 fiak^8、傣西语 phɣk^9、傣德语 phək^9、侗语 pa：k^{10}、仫佬语 pa：k^8、水语 pa：k^8、毛南语 pok^8。"白"是梗摄陌韵并母入声字，中古拟音为 bak 或者 bʰɐk。这种情况导致在不少语言中两个不同形式的"白"

都可以使用，如上述的壮语、傣语西双版纳话、水语、毛南语等。

4.9 黑（black）

"black"在《百词表》中位列第91位。黎语表达"黑"这一概念的词语在各方言、土语中的读音见表4-19。

表 4-19 黎语代表点的"黑"

保定	中沙	黑土	西方	白沙	元门	通什
dom^2	dam^3	dom^3	dam^3	dam^3	dam^3	dam^3
堑对	保城	保城$_2$	陵水隆广	堑对$_2$	乐东尖峰	
dam^3	dəm^3	dəm^3	dam^3	dam^3	dam^3	

黎语该形式的"黑"在侗台语族台语支和侗水语支中均有广泛分布，见表4-20。

表 4-20 侗台语族相关语言的"黑"

泰	老挝	壮	临高	傣西	傣德	侗	仫佬	水	毛南
dam^2	dam^1	dam^1	lam^1	dam^1; kam^1	lam^6	nam^1	nam^1	ʔnam^1	nam^1

台语支的"黑"声母普遍与黎语一致，侗水语支的"黑"声母则普遍为前鼻音。语言学家对这种情况的处理方式，通常是假设原始形式的声母是一个包含两个不同类型辅音的复辅音声母，比如，梁敏和张均如（1996：335）便构拟该词原始侗台语的声母为 *ʔnd-。本书认为鼻音声母也有可能是后起的，它与舌尖中浊塞音 d- 和边音 l- 有共同的历史演变的源头。吴安其（2002：251）构拟原始侗台语为 *q-dam，其思路是与本书一致。本书构拟其原始形式可能是*ʔlam。傣西 kam^1 "黑"和 dam^1 "黑"分别这样演变而来：*ʔlam＞ʔam＞kam，*ʔlam＞lam＞dam。黎语的演变路径也是这样：*ʔlam＞lam＞dam＞dom/dəm。

值得一提的是李方桂（2011：113-115）的构拟。他构拟台语该词声母的原始形式为 *ʔdl/r-，参考的语料包括：暹罗语 dam、龙州话 dam、武鸣话 ʔdăm、遷江话 nam、石家话 ram、水语 ʔmăm、傣僙话 nam。李方桂指出，*ʔdl/r- 中的 -l/-r 还不能决定，"这个复辅音在所有方言中都跟 *d- 合流，只有石家话通常读 r-，偶尔读 tr- 或 tl-。看来，李方桂构拟这个复辅音 *ʔdl/r- 还考虑了这个偶尔的读音"tr- 或 tl-"。其实他的处理方式是有待商榷的，因为这个偶尔的读法正好体现

r-/l- 向 t-/d- 演变的一个过程，而不是原本的"tr- 或 tl-"的残留。至于对鼻音声母的处理，李方桂的观点与本书观点是一致的，他曾不太确定地指出："鼻音声母受后面跟着的鼻音同化？"

邢公畹（1999：179）将泰语 dam^2"黑"、傣雅语 lam^1"黑"、傣西语 dam^1"黑"、傣德语 lam^6"黑"与上古汉语里同音通用的"沈""默"比较。沈，《广韵》："直深切，没也。"默，《广韵》："都感切，澤垢也，黑也。"《文选·潘岳〈藉田赋〉》："青坛蔚其岳立兮，翠幕默以云布。"李善注："魏文帝《愁霖赋》曰：'玄云默其四塞。'默，黑貌也。"邢公畹指出，台语 lam^1（dam^1）有"黑"与"潜"两义，两义有深层同源对应关系。黎语 do：m^3"浸泡"与 dam^3（dom^3）"黑"也可能存在深层对应关系。

潘悟云和邵敬敏（2005：264）将汉语中表示"黑"义的一组词与侗台语族该形式的"黑"对应，这组同族词包括黯、黵、暗、黯、黔、默。蓝庆元（2007）也认为侗台语族该形式的"黑"与汉语的"黯""黵""默"存在联系。陈孝玲（2009：181）复述了潘悟云和蓝庆元的观点，并且进一步在泰语、印尼语中找到一组与汉语的"黑"词族对应的表示"黑、暗"义的词族予以佐证。本书认为汉语的"黯""黵""暗""黯""黔""默"很有可能是从前上古汉语的某个与"黑、暗"义相关的词语分化演变而来的，因为在演变中存在地域差异，更兼汉语造字时形旁选择的高度自由，导致异体字或准异体字（意义基本相同，但是在适用对象上稍有不同的汉字）的大量存在。

黎语的"黑"有另外一个形式：保定话 lo：k^7、昌江石碌话 lek^7、乐东三平话 lok^7。黎语该形式的"黑"，在有些方言里通常与前一形式的"黑"混用，如保定话 u：k^{7}tsha^{1}lo：k^7/u：k^{7}tsha^{1}dom^3"黑眼珠"，但是在表示"暗、黑暗"意义时通常用这一形式来表示。另外，在有些方言里，通常只保留了一种形式，比如，西方的 dam^3 既表示"黑"又表示"暗"，乐东三平话的 lok^7 既表示"黑"又表示"暗"。

黎语该形式的"黑"在侗台语族其他语言中也通常表示"暗"，见表 4-21。

表 4-21　侗台语族相关语言的"黑、暗"

壮	布依	临高	仫佬	毛南
lap^7	lap^7	jɔp^7	l̥ap^7	lap^7

陈孝玲（2009：184）认为黎语 lo：k^7 与泰语 muk^7、老挝语 mək^{10}、壮语 mak^8、水语 m̥ak^7、标语 muk^8 同源，都是中古汉语"墨"的音译借词。陈孝玲对黎语的判断是有待商榷的，因为黎语"墨"的音译词读作 mok^8，如保定话 ruk^{7}mok^8"墨斗"、nom^{3}mok^8"墨水"。

侗台语族该形式的"黑"与"熄（灯）"一词存在语音对应关系，概念意义或许存在转喻引申关系，因为"熄（灯）"与"黑、暗"存在直接关系。详见表4-22。

表4-22　侗台语族相关语言的"黑""熄~灯"

词条 ＼ 语言	壮	布依	临高	傣德	仫佬	水	毛南	黎
黑	lap⁷	lap⁷	jɔp⁷	—	ḷap⁷	—	lap⁷	loːk⁷
熄~灯	dap⁷	dap⁷	—	lap⁷	lap⁷	ʔdap⁷	dap⁸	rop⁷

加茂赛方言的"黑"为 tshei¹/tsei¹，"暗"为 tsep¹⁰，两个词可能同源，但其来源暂不可考。

4.10　热（hot）

"hot"在《百词表》中位列第93位。黎语表达"热"这一概念的词语在各方言、土语中的读音见表4-23。

表4-23　黎语代表点的"热"

保定	西方	元门	昌江石碌	中沙	黑土	陵水隆广	乐东尖峰	乐东三平
fou³	fo³	vut⁸	vo²	tshau³	tshau³	sau³	sau¹	sau¹
白沙	通什	堑对	保城	保城₂	保定	加茂	廖二弓	加茂₂
tshit⁸	tiːt⁷	tiːt⁷	tiːt⁷	tiːen⁵	hiːt⁸ 水热	hiːt⁸ 水热；ʔjuŋ¹ 天热	hiːt⁷	hiːt⁷

上述语料表明，黎语的"热"可以分为三类情形。保定话 fou³、西方话 fo³、元门话 vut⁸、昌江石碌话 vo² 为一种类型。需要指出的是，郑贻青和欧阳觉亚（1993）编著的《黎汉词典》中的保定话 vuːn³ "烫"、中央民族学院少数民族语言研究所第五研究室（1985）编写的《壮侗语族语言词汇集》中的保定话 vuːt⁷ "烫" 应该与该类型的"热"是同源词，但是塞音韵尾逐渐消失，消失过程中还经历了入声韵向阳声韵再向阴声韵转变的过程。汉语古音韵学上说得比较多的是"阴阳对转"，其实入声韵和阳声韵之间也可以对转，保定话 vuːt⁷ "烫" ＞vuːn³ "烫"便是这种演变。又比如汉语的谐声字"旦"与"怛"、"乏"与"贬"也是阳入对转，"旦"中古属于阳声韵的寒韵，"怛"中古属于入声韵的曷韵，"乏"中古属于入声韵的乏韵，"贬"中古属于阳声韵的盐韵。昌江石碌话 vo² "热"和 fo² "烫"

来源相同，本来是同一个词，但是今天出现了语音分化，其分化的方式是采取清浊对立。该形式的"热"在侗台语族其他语言中很少分布，今天只有布依语的 bo^1 "烫（手）"可与之比较。黎语该形式的"热"的原始形式，本书构拟为 *bot。

白沙话 tshit^8、通什话 ti：t^7、堑对话 ti：t^7、保城话 ti：t^7、保城$_2$话 ti：en^5、保定话 hi：t^8 水热、加茂话 hi：t^8 水热、廖二弓话 hi：t^7、加茂$_2$话 hi：t^7 是另外一个来源的词。保城$_2$话 ti：en^5 由保城话 ti：t^7 演变而来。声母 tsh- 与声母 t- 之间的演变关系，前文已经从音理和语音对应的角度进行了论述，此处不再赘述。一般来说，喉擦音 h- 只跟擦音或者同部位（也可以是相近发音部位）但发音发法不一致的辅音发生演变关系，因此加茂话 hi：t^8 水热与通什等地的 ti：t^7 没有直接的演变关系，很可能是由某个共同的原始形式演变而来的，这个原始形式应该是一个带舌根音或者喉音的双辅音，暂且构拟原始黎语该词的音节为 *ʔtit。黎语该形式的"热"在侗台语族内有比较广泛的分布。对于该词，李方桂（2011：95）便拟原始台语的声母为 *ʔd，吴安其（2002：251）拟原始侗台语的声母为 *k-dot，两位前辈的构拟思路与本书的想法是一致的。为直观起见，将侗台语族部分语言或其方言该词的具体读音罗列于表 4-24 中。

表 4-24　侗台语族相关语言的"热"

泰	武鸣	峨村	暹罗	龙州	剥隘	布依	标	布央
duɯət^9	da：t^7	tɔt^{55}	dïat	dïit	naat	da：t^8	na：t^9；lɔt^9	tɔt^{11}

值得注意的是，普通话的"热"和"烫"是两个不同的词，但这两个词在黎语里普遍对应的是同一个语音形式，如表 4-25 中两个词语的整齐对应情形。

表 4-25　黎语代表点的"热""烫"

词条 ＼ 代表点	保城$_2$	加茂$_2$	昌江石碌	陵水隆广	乐东尖峰	乐东三平	廖二弓
热	ti：en^5	hi：t^7	vo^2	sau^3	sau^1	sau^1	hi：t^{22}
烫	ti：en^5	hi：t^7	fo^2	sau^3	sau^1；thɔ̃^{1}	sau^1	hi：t^{22}

乐东尖峰话另外从汉语中借入了"烫"这个词，读作 thɔ̃^{1}。

黎语的 *ʔtit "热"可能与黎语的"辣"是同源词，因为"热"与"辣"可以存在词义上的引申关系。英语的语音形式 hot 便可以表示这两个意义。下面，我们看看部分黎语方言、土语中表示"辣"这一概念的词语：

　　　　　保定　中沙　黑土　西方　白沙　元门　通什　堑对　保城
辣　　　geṭ^7　git^7　rit^7　xet^7　xet^7　khet^7　geṭ^7　het^7　hit^8

通过比较发现，加茂话 hi:t^8 水热 "热"与保城话 hit^8 "辣"、通什话 ti:t^7 "热"与黑土话 rit^7 "辣"，语音差异极为细微，考虑词义引申关系，判定它们同源是可以的，它们的共同形式很可能是 *?rrt，?- 演变出了 g-、kh-、x-、h- 等，r- 演变出了 d-、t-、l- 等，ɪ 演变出了 i、e 等。

事实上，我们可以将侗台语该形式的"热"与汉语的"辣"比较。辣，《广韵》：庐达切，来母曷韵开口一等入声字。中古音当为 lɑt，其上古音可能为 *?rat（白一平拟作 *c-rat，郑张尚芳、潘悟云拟作 *raad）。

中沙话 tshau^3 "热"、黑土话 tshau^3 "热"、陵水隆广话 sau^3 "热"、乐东尖峰话 sau^1 "热"、乐东三平话 sau^1 "热"属于第三种形式。该形式的"热"，布依语读作 zau^3。黎语该词可以与汉语的"烧"比较，侗台语族部分其他语言中的"烧"便与此读音一致，如泰语 tsa:u^3 "烧"、标语 tsau^4 "烧"、壮语 ça:u^4 "烧"、水语 sa:u^5 "烧"、毛南语 tsa:u^2 "烧"。鉴于辅音声母 t- 系与 ts- 系之间的演变关系，本书推测，该词在有些语言中可能读成了 tau/ta:u，侗语的"烧"便读作 ta:u^3，毛南语的"烧"也有另外一个读音 ta:u^3。

汉语的"烧"与"热"在参与构成复合词时，有时可以构成等义词，如"发烧"与"发热"。

4.11 冷（cold）

"cold"在《百词表》中位列第 94 位。黎语表达"冷"这一概念的词语在各方言、土语中的读音见表 4-26。

表 4-26 黎语代表点的"冷"

保定	中沙	黑土	西方	白沙	元门	通什
kha:i^2 (天气) 冷	kha:i^2	khai^2	kha:i^2	kha:i^2	khuai^5	kha:i^5
堑对	保城	加茂	陵水隆广	乐东尖峰	乐东三平	廖二弓
kha:i^5	kha:i^5	khuai^1	ha:i^2	kha:i^2	kha:i^2	khuai^{51}

"（天气）冷"和"（水）冷"在有些语言或其方言中是用不同的语音形式表示，在另一些语言或其方言中则是用同一个语音形式表示。上述黎语方言中，保定话分别用 kha:i^2 和 gan^1 来表示"（天气）冷"和"（水）冷"，中沙、黑土、西方、白沙等 12 处的方言、土语只是用 kha:i^2 或其变体来表示"（天气）冷"和"（水）冷"，在语料中用下标加以标注，没有标注的表示"（天气）冷"和"（水）冷"的语音形式无区别。

黎语该形式的"冷"在侗台语族部分其他语言中可以找到对应的形式，见表 4-27。

表 4-27　侗台语族相关语言的"冷"

傣西	傣德	仫佬	壮龙州	掸	册亨	田州	布依	侗
$kăt^7$ (水)冷	kat^7	kak^7	kat^7	$kăt$	$kiot$	$čɔt$	$tɕɔt^7$	$ljak^7$

笔者发现侗台语族其他语言中该形式的"冷"都是塞音韵尾，但是黎语该形式的"冷"无一例外都是以高元音 i 为韵尾，它们是否有同源关系呢？本书认为两者有语音对应关系，音理上也存在演变关系，因此两者是同源词。可以参考侗台语族中的"街"的读音情况，见表 4-28。

表 4-28　侗台语族相关语言的"街"

壮	布依	临高	傣西	傣德	侗	仫佬	水	毛南	黎
$ka：i^1$	$ka：i^1$	kai^1	kat^9	$ka：t^9$	$qa：i^1$	$ca：i^1$	$qa：i^1$	$ka：i^1$	$ka：i^3$

傣西语、傣德语的"街"读成了塞音韵尾 -t，但是其他语言都是高元音韵尾-i。侗台语族的"街"可以与汉语的"街"比较。虽然中古汉语的"街"并不是入声字，但是其上古音或许就带上一个塞音韵尾，高本汉便拟其上古音为 kĕg，李方桂也拟其上古音为 krig。

黎语该形式的"冷"极有可能经历了这样的演变路径：*krɯak＞kɯak＞kɯaa/khɯaa＞kɯai/khɯai＞kai/ka：i/khai/kha：i＞ha：i。

壮语 kat^7 除表达"冰冷"意义外，还兼表"啃、腐蚀"义。《壮汉英词典》（广西壮族自治区少数民族语言文字工作委员会，2005）将壮语"咬"与"冷"处理为同一个词的两个不同义项。陈孝玲（2009：250）据此认为侗台语族该形式的"冷"是由"咬"义引申出来的。但是黎语的 $hwo：t^7$"啃"、$ka：ŋ^3$"咬"与 $kha：i^2$"冷"来源不同。

邢公畹（1999：229）使用的语料里，傣语的"冷"是另外一个形式，kat^7 指"（水）凉"。他将傣语 kat^7"（水）凉"与汉语广州话的 $li：t^8$（冽）＜ljit̚＜*ljat̚字比较。《诗经·曹风·下泉》："冽彼下泉，浸彼苞稂。"《毛传》："冽，寒也。"

保定话 gan^1"（水）冷"、保城₂话 $kha：n^1$"冷"、昌江石碌话"冷"、堑对₂话 $ha：n^1$"冷"与上一个形式的"冷"来源不同，很有可能是较晚借自汉语的"寒"字。"寒"在中古属于匣母寒韵平声字，黎语该词声调也为第一调。保定话对应汉语"寒冷"一词时的语音形式为 $kha：i^2gan^1$，其中 $kha：i^2$ 对应的是汉语"冷"语素，其中 gan^1 对应的恰好是"寒"语素。值得注意的是，黎语该词在多数方言、土语中都可以表示"凉"，见表 4-29。

表 4-29　黎语代表点的"凉"

保定	中沙	黑土	西方	白沙	通什	堑对	保城
gan¹	gan¹	gan¹	xaŋ¹	xaŋ¹	gan⁴	han⁴	han⁴

属于加茂赛方言的廖二弓话除了用 khuai¹ 表示"寒、冷、凉"之外，也用 tshem⁵¹ 表示"冷"，该形式与元门话的 tsan⁴ "凉"应该是同源词。廖二弓话 tshem⁵¹ "冷"、元门话 tsan⁴ "凉"可以与汉语的"清"比较。"清"有"凉、寒"的意思。《广雅·释诂四》："清（通'清'），寒也。"《墨子·辞过》："冬则练帛，足以为轻且煖；夏则絺绤，足以为轻且清。"一本作"清"。《庄子·人间世》："吾食也执粗而不臧，爨无欲清之人。"陆德明《释文》："清，七性反，字宜从冫。从氵者，假借也。清，凉也。'之人'言爨火为食而不思清凉。"清字这一意义的读音，《广韵》未收录，但《集韵》注：清，七正切，去声劲韵清母。今闽语仍把"凉"说成"清"，如厦门话 tshin⁵、福州话 tsheiŋ⁵。笔者的母语西南官话在说"（水）凉、冷"的时候也说成去声的 tɕhin "清"。有意思的是，黎语表达"（水）清"这一概念时，许多方言用的却是汉语"凉"的音译词，见表 4-30。

表 4-30　黎语代表点的"清"

白沙	元门	通什	保城	加茂	堑对
ɬɯŋ³	ɬɯŋ³	ɬɯːŋ³	ɬɯːŋ³	ɬaːŋ²	ɬuaŋ³

4.12　满（full）

"full"在《百词表》中位列第 95 位。表达"（容器）满"这一概念的词语，黎语各方言、土语中的读音见表 4-31。

表 4-31　黎语代表点的"满"

保定	中沙	黑土	西方	白沙	元门	通什	堑对	保城
thiːk⁷	thiːʔ⁷	thiːʔ⁷	thik⁸	thiʔ⁸	thiʔ⁷	thiaʔ⁷	thiaʔ⁷	thiak⁷

保城₂	昌江石碌	陵水隆广	堑对₂	乐东尖峰	乐东三平	加茂	廖二弓	加茂₂
thiaʔ⁷	khiːʔ⁷	thiːʔ⁷	thiːʔ⁷	thiː²	thiːʔ⁷	tshia⁵	tshia³³	çiːa⁵

上述语料表明，黎语内部表达"（容器）满"这一概念的词语只有一个，而

且方言差异除了加茂赛方言外普遍不明显。黎语该词的普遍语音形式是带上一个塞音韵尾 -ʔ 或者 -k，但加茂赛方言的"满"一律失掉了塞音韵尾，此外，乐东尖峰话 thi:²"满"也丢失了塞音韵尾，这种情况符合塞音韵尾逐渐丢失这一普遍的语音演变规律。加茂赛方言的"满"的声母，常式是一个送气的舌尖塞擦音 tsh-，但在笔者调查整理的语料里，舌尖塞擦音 tsh- 已经受高元音 -i 影响腭化为舌面擦音 ɕ-。

黎语该词在侗台语族语言中有普遍的分布，但是声母更常见地读作不送气的舌尖中塞音，见表 4-32。

表 4-32　侗台语族相关语言的"满"

临高	侗	水	毛南	峨村	佯僙	莫	布央
dik⁷	tik⁹	tik⁷	tik⁷	tiak⁵⁵	tek⁹	tik⁷	tek¹¹

吴安其（2002：251）构拟原始侗台语为 *m-dik/*m-lik，是在参考了上述侗语、临高话、保定话、峨村话的"满"以后，另外参考了仫佬语 pik⁷"满"、拉基语 m̥⁰tji²³"满"。本书认为仫佬语 pik⁷"满"可能另有来源，它可能与黔东苗语 pe³"满"、湘西苗语 pe³"满"有语源关系。因此推拟黎语的共同形式可能是*thik，侗台语共同形式则是 *tik。梁敏和张均如（1996：142）便拟原始侗台语该词为 *thik。当然，我们也可以进一步扩大比较的范围，从语音分化演变的角度构拟一个涵盖范围更大的原始形式。我们知道侗台语有另外一个表达"满"概念的词语：布依语 zim¹、傣西语 tim¹、傣德语 tem⁶、泰语 tem²、老挝语 tem¹。傣西语 tim¹ 与毛南语 tik⁷ 的区别只限于韵尾，由于阳入对转是可能的，也可以将两种不同的形式看成是同源的。这样的话，仫佬语 pik⁷"满"、拉基语 m̥⁰tji²³"满"就可以将两种语音形式联系起来，也就是说可以认为唇鼻音韵尾是前面的唇鼻音促发的（鼻音偶化规律）。王力（1982：272）在处理汉语表示"满"义的两个词"溢""盈"时，便将"溢"jiek、"盈"jieŋ（锡耕对转）看作同源词。

汉语的"实""满""溢""盈"是 4 个同义语素，可以组成 4 个现代汉语同义词："充实""充满""充溢""充盈"，但是黎语在对译现代汉语的这些词时，只有上面所述的一个形式，比如，属于加茂赛方言的廖二弓话 tshia³³ 便对译"充实""充满""充盈"三个现代汉语同义词。那么，黎语的 *tik 是否与汉语的某个字有联系呢？吴安其（2002：319）曾将汉语的"实"*g-lik>*dʑit 与侗台语 *m-dik/*m-lik 比较。陈孝玲（2009：253）则认为将侗台语该词与汉语的"溢"（*g-lig）比较更理想。本书认为，在前上古汉语里，"实""溢""盈"读音是十分近似的，它们是同源字的可能性很大，因此不需要勉强地认为侗台语的 *m-dik/*m-lik"满"与其中的哪一个字比较更理想。汉字"盈"与汉字"溢"的同源性，王力已经作了讨论，此处不再赘述。"盈"与"溢"中古皆为"以"母，古汉语音韵学界有"喻四（以）归定"的说法，也就是说中古时期的以母在上古的时候读作定母，或者说以母是从定母中分离出来的。以母与定母的关系，可以从古代经书异文、词典注释和谐声字的角度直观说明，下面略举数例。

《易·涣》："匪夷（以）所思。"

《经典释文》："夷，荀本作弟（定）。"

《尚书》中的"皋（定）谟"——《离骚》《尚书大传》《说文解字》并作"繇"（以）。

《管子·戒》中的"易（以）牙"——《大戴记·保傅篇》《论衡·谴古篇》均作"狄（定）牙"。

《释名·释亲属》："妻之姊妹曰姨（以），姨，弟（定）也，言与己妻相长弟也。"

夷（以）黄（定）谐声，舀（以）稻（定）谐声，易（以）碭（定）谐声。

"实"中古属于船母字。船母中古属于"照三"，上古属于"端组"。因此，"实"的上古读音，声母应为舌头音。

代表性音韵学家对汉语"实""溢""盈"上古音的构拟，见表4-33。

表4-33　音韵学家构拟的"实""溢""盈"上古音

音韵学家 汉字	高本汉	李方桂	王力	白一平	郑张尚芳	潘悟云
溢（以质）	diet	rit	ʎiet	ljik	lig	[g]lig
实（船质）	dhiet	djit	dʑiet	ljit	ɦlig	ɢljig
盈（以清）	dieŋ	riŋ	ʎieŋ	ljeŋ	leŋ	leŋ

显然，黎语的 thi：k^7"满"保留了上古读音的特点。汉语的"实""溢""盈"均与之同源。黎语的 thi：k^7"满"可以指"（容器）满""（果实）饱满""满足、满意"等，如保定话中：mu：n^3thi：k^7ɬom²thi：k^7za：u^3"稻谷满仓"，thi：k^7me：k^7"果实饱满"，thi：k^7hwo：k^7"满足、满意"。

4.13　新（new）

"new"在《百词表》中位列第 96 位。黎语表达"新"这一概念的词语在各方言、土语中分属两种不同的类型，第一种形式见表4-34。

表4-34　黎语部分方言、土语的"新"（A）

保定	中沙	黑土	西方	昌江石碌	乐东尖峰	乐东三平
pa：n^1	pa：n^1	ma：n^1	pa：$ŋ^1$	pa：$ŋ^1$	pa：n^1	pa：n^1

　　黎语该形式的"新"标准音为 pa：n¹，主要元音 a 一律念长音，韵尾通常为前鼻音 -n，偶尔后移为后鼻音 -ŋ。为便于表述，本书称黎语该形式的"新"为保定型。该词除在黎语的侾方言、美孚方言中分布外，还见于村语和布依语：村语 bɔn⁴、布依语 ma：n³¹²。

　　黎语第二种形式的"新"，见表 4-35。

表 4-35　黎语部分方言、土语的"新"（B）

白沙	元门	通什	堑对	堑对₂	保城	保城₂	加茂	加茂₂	廖二弓
no³	no⁶	no³	no⁶	no³	nɔ³	nɔ³	ɬau⁴	ɬau⁴	niau⁵¹

　　黎语该形式的"新"分布于本地方言、杞方言和加茂方言中。堑对话与保城话同为杞方言，廖二弓话为加茂赛方言。堑对话 no³、保城话 nɔ³、加茂话 ɬau⁴、廖二弓 niau⁵¹ 建立起了声母 ɬ 与 n 的联系，也建立起了韵母 au、ɔ、o 之间的联系。海南临高话 nau⁴ "新"显然与黎语该形式的"新"为同源词。从语音历时演变的普遍规律来看，加茂的 ɬau⁴ 应该先于白沙的 no³，具体演变路径可能是这样：lau＞ɬau＞nau＞nɒ＞nɔ＞no，lau＞ɬau。通常边音 l 清化作 ɬ 后，摩擦成分增大，进而变成边擦音 ɬ。边音 l 通过向上周边化为 j 再塞化为 ɲ 然后向前周边化为 n。依据潘悟云（2013：6）的观点："舌体中央部位的辅音，会向周边的方向变化。l->j->ʐ 是向上方的周边方向变化,ʐ->ʒ->z-是向前方的周边方向变化。"边音 l- 通过向上周边化为 j-，再塞化为 ɲ-，然后向前周边化为 n-。但是单就韵母看，韵母 -au 或许是最新的，因为从 o 到 ɔ 再到 au 恰好符合周边化这一语音演变规律。毛南语 zak⁸za：u⁴ "新郎"中的语素 za：u⁴ "新"应该与黎语的 ɬau⁴ 同源。毛南语 lja³mai⁵ "新娘"中的 mai⁵ "新"应该与 za：u⁴ "新"来源不同。

　　前辈学者习惯将临高话 nau⁴ "新"、标语 jau⁵ "新"与泰语、老挝语、傣语等的 mai⁵ "新"看作同源词，但是很少揭示导致声母差异的制约性因素。如果只是简单地将其视作同源词，就无法揭示黎语方言间何以泾渭分明地分作两种不同的类型。显然，临高话 nau⁴ "新"、标语 jau⁵ "新"、毛南语 za：u⁴ "新"，与黎语的加茂话 ɬau⁴ 关系要密切得多。我们推测它们的早期共同形式很可能是 *lo/ro。

　　台语支普遍形式 mai⁵ "新"的声母与黎语白沙型的 no³ "新"的声母根本不存在演变关系，如果硬要像梁敏和张均如（1996：282，678）、Benedict（1975：344）那样将临高话的"新"与台语支和侗水语支的"新"视为同源词，也只能是羡式演变的结果。梁敏和张均如构拟的原始侗台语 *mou 解释不了黎语白沙型的读音情况。吴安其（2002：250）将彬桥话 mauu⁵＜*məiᶜ、侗语 mai⁵、黎语黑土话 ma：n¹＜*manˆ、加茂话 ɬau⁴、旱拉哈语 *ma：lˆ 放在一起比较,并构拟原始侗台语 *mlar。复辅音 ml- 则可以解释台语支、黎语保定型和加茂型声母的差异。陈孝玲（2009：255）认为，吴安其构拟的原始侗台语 *mlar "新" 的韵母 -ar 可以演变成 -ai、au、an，因此黎语白沙型的 "新" 和台语支及侗水语支的 "新" 可能有共同来源。

其实，还可以将黎语的 "新" 与南岛语的部分语言的 "新" 比较，部分南岛语表达 "新" 这一概念的词语，见表 4-36。

表 4-36　部分南岛语的 "新"

马来-他加禄语族	印尼语	亚齐语	他加禄语	原始马来-他加禄语
	baru	baro	bāgo	*baɤu
泰雅-赛夏语族	赛考利克方言	赛德克语	原始泰雅语	
	bah	bugurah	*bagulas	
邹-卑南语族	邹语	鲁凯语	阿美语	原始邹-卑南语
	faeva	baawa	faəluh	*baława

注：原始马来-他加禄语简称 "PMT"，原始邹-卑南语简称 "PTP"

上述南岛语三个语族语料表明，多音节词在发展过程中有可能失落当中的某个音素或者音节，使得语音更为简化。赛考利克方言与赛德克语比较，失落了 -ulas；邹语、鲁凯语与阿美语比较，失落了当中的 ła。黎语保定话的 paːn[1] "新" 与白沙型的 no[3] "新" 有可能是原始共同形式失落了不同的语音部分后在各自历史演变的轨道上形成的。布拉斯特构拟原始南岛语为 *ma-baqeʁu，吴安其构拟原始南岛语为 *baɤo（吴安其，2009：286）。黎语两个类型的 "新" 在原始南岛语上均可以找到其远古基因。Benedict（1975：344）就曾粗略勾勒过临高话的 nau[4] "新" 和黎语的 maːn[1] 的历史演变轨迹：nau<*mraːu<*mbaʁu，maːn<*mbaːn<**mbaʁo。对于黎语的两类语音形式，本书略作调整：łau<ło<*ro<*baʁo，paːn<*baːn<*baʁ<baʁo。

4.14　好（good）

"good" 在《百词表》中位列第 97 位。黎语表达概念 "好" 的词语在各方言、土语中的读音见表 4-37。

表 4-37　黎语代表点的 "好"

保定	中沙	黑土	西方	白沙	元门	通什
łen[1]	łin[1]	din[1]	łen[1]	łen[1]	łen[1]	łen[1]
堑对	保城	保城₂	昌江石碌	陵水隆广	乐东尖峰	乐东三平
łen[1]	łin[1]	din[1]	łen[1]	łin[1]	łin[1]	łin[1]

　　黎语该类型的"好"均为阳声韵。侗台语族其他语言的"好"则无一例外是阳声韵的。因此学界在讨论侗台语族核心词"好"时无一例外地对黎语避而不谈。为直观起见，可以列表显示部分侗台语族语言的表达概念"好"的词语，见表4-38。

表 4-38　侗台语族相关语言的"好"

壮	布依	傣西	傣德	侗	仫佬	水	毛南
dei[1]	di[1]	di[1]	li[1]	la: i[1]	ʔi[1]	ʔda: i[1]	da: i[2]

　　但是如果考虑台语支、侗水语支的韵尾 -i 与黎语的韵尾 -n 存在一定程度对应的事实，也可以假设黎语的"好"与台语支、侗水语支的"好"存在同源的可能性。陈孝玲在讨论黎语阳声韵的 pa: n[1] "新"时，便认为其与泰语 ma: i[5] "新"、老挝语 mai[5] "新"、水语 m̥ai[5] "新"等可能同源。我们还可以找两个对应的例子：

	壮	布依	傣西	傣德	水	毛南	黎保定
容易	hei[6]	ŋa: i[6]	ŋa: i[6]	ŋa: i[6]	—	—	he: n[6]
选（种子）	—	le: i[6]	—	—	la: i[6]	la: i[6]	ɬan[1]

　　当然，我们必须承认这种可能性不是很大。我们倒是有理由将黎语该形式的"好"与汉语的"善"比较。善，《广韵》：常演切，属于禅母山摄仙韵上声字。禅母中古归入齿音，即人们常说的照系三等字。但是上古禅母则归入舌音，依据清人钱大昕提出今天已成定论的"古无舌上音"之说，"善"的上古声母当读作 t- 或者 d-，"禅"字的谐声偏旁"单"之现代汉语的声母便为 t-。"善"字的上古音 *tien 便可以直接与今天的黎语 din[1] 对应了。"好""善""美"为同义词，《广韵》便用"善""美"训"好"。《礼记·中庸》："祸福将至，善，必先知之，不善，必先知之。故至诚如神。"现代汉语与"好"同义的词语有"善""良""佳""美"等，但是今天的黎语基本上仅有 ɬen[1] 或其方言变体与这些词语相对应。

　　加茂话表达"好"这一概念的词语与其他方言不同，读作 maŋ[1]（廖二弓话读成第四调 maŋ[51]），该词可能在其他方言中也有零星保留，如保定话 ɬen[1]mɯ: n[1] "美丽"、ɬen[1]mɯ: n[1]-ɬen[1]ma: i[3] "漂漂亮亮"中的 mɯ: n[1] 应该与之是同一个词语。此外，侗语的另一个词 pja: ŋ[5] 也可与之比较。但是汉语中却难以找到合适的可以与之比较的词语。加茂话的 maŋ[1] "好"，倒是可以与南岛语系的邹-卑南语族表达"好"这一概念词语比较，因此可能是南岛语底层词，请看：

沙阿鲁阿语	排湾语	原始邹-卑南语
manʉŋʉ	naŋuaq	*ma-nuŋu

此外，少数黎语方言有借用汉语"好"的情况，如堑对话原本为 ɬen[1] "好"，但笔者调查的语料显示，今天的堑对话为 ɣəɯ[5] "好"。

4.15　圆（round）

"round" 在《百词表》中位列第 98 位。黎语表达概念"圆"的词语在各方言、土语中的读音见表 4-39。

表 4-39　黎语代表点的"圆"

保定	中沙	黑土	保城	乐东尖峰	西方	通什	元门	白沙
hwom[1]；hwaŋ[1]；zu：n[3]	hom[1]	hom[1]	hum[1]	hom[1]	ɣom[1]	gom[4]	vom[1]；bom[3]bau[3]	zom[1]

昌江石碌	乐东三平	堑对	堑对[2]	加茂	加茂[2]	廖二弓	陵水隆广
jom[1]	waŋ[1]	po[5]	po[5]	kɯ[2]la：u[1]	kɯ[2]la：u[1]	kɯ[33]-la：u[51]	lu：en[1]

上述语料表明黎语表达"圆"这一概念的词语比较复杂，下文分别予以讨论。保定话 hwom[1] "圆"、中沙话 hom[1] "圆"、黑土话 hom[1] "圆"、保城话 hum[1] "圆"、乐东尖峰话 hom[1] "圆"、西方话 ɣom[1] "圆"、通什话 gom[4] "圆"、元门话 vom[1] "圆"、白沙话 zom[1] "圆"、昌江石碌话 jom[1] "圆"为同一个形式。白沙话 zom[1] "圆"与昌江石碌话 jom[1] "圆"关系密切，其声母可能由边音 l- 演变而来，通什话 gom[4] "圆"表明该形式的原始形式存在一个塞音，喉清擦音 h- 和唇齿浊擦音 v- 均由其演变而来。因此黎语该形式的"圆"，其原始形式可能是一个复辅音 kl-。可以在侗台语族其他语言中寻找依据。"围"与"圆圈"在形状上相似，可能在有些语言里存在同源关系，壮语的 lu：n[2] 便可以兼表"圆""围""团"等义，傣德语的 lɒm[4] "围"与 lɒm[6] "圆"仅仅是声调有区别。黎语该词可以与侗台语族表达"围"概念的词语比较，具体情况见表 4-40。

表 4-40　侗台语族相关语言的"围"

泰	壮	布依	傣德	毛南	水
klom[2]	hum[4]	hum[4]	lɒm[4]	zom[3]	qom[6]lom[6]

泰语 klom[2] "围"和水语 qom[6]lom[6] "围"均可旁证黎语该形式的"圆"的共同形式应该是 klɒm[1]，后来发生了裂式音变，最后演变成今天不同的方言变体。如白沙话 zom[1] "圆"的演变路径可以初步勾勒如下：*klɒm＞lom＞jom＞zom。

加茂话的 kɯ[2]la：u[1] "圆"、陵水隆广话的 lu：en[1] "圆"可能均由 *klɒm 演变而来，前者是阳声韵演变成了阴声韵，后者是出现鼻音交替。鼻音韵尾 -m 演变成鼻音韵尾 -n 是比较常见的现象，比如，古汉语的深摄、咸摄韵尾 -m，现代汉语一律读作 -n 韵尾。又如水语方言、土语：三洞话的 qom^{6}lom^6 "围"，水岩话为 qwan^2，水庆话为 qon^2。

陵水隆广话属于侾方言，侾方言的 "圆" 基本上读作 hom^1，陵水隆广话读作 lu：en^1 是个例外，也有可能是受到其他语言影响，如壮语 lu：n^2 "圆"。该词可以与汉语的 "团" 比较，笔者母语西南官话的 "圆" 读作 luan˧。"团" 中古属于定母桓韵平声字，读作 duan。《说文解字》："团，圆也。"南朝梁吴均《八公山赋》："桂皎月而长团，云望空而自布。"

保定话 hwaŋ^1 "圆圈"、乐东三平话 waŋ^1 "圆" 来源于汉语闽方言。"圆"，今天的福州话文读音为 ₋uoŋ，厦门话文读音为 ₋uan。该词可能来自古汉语的 "丸" 字。《说文解字》："丸，圆也。"古汉语 "圆" 与 "圜" 常通用，《楚辞·离骚》："何方圜之能周兮，夫孰异道而相安？"朱熹集注："圜，一作'圆'。"王力（1982：510）指出："圆" "圜" 为 "文云旁转"，"圜" "丸" 为 "云部叠韵"，三字皆为同源字。保定话的 hwaŋ^1 除可指 "圆圈" 外，还可以表示 "框子" "箍子" "环" "弧形" 等意义。此外，hwaŋ^2 "圆（平面的）"、hwaŋ^3 "围、包围" 与 hwaŋ^1 "圆圈" 同源。这些意义均因形状相似隐喻而生。

保定话 "圆" 还有一个读音是 zu：n^3，该音是现代汉语借音。借自现代汉语 yuan^{24} 音的词，保定话一律读作 zu：n^3，如 zu：n^{3}da：n^1 "元旦"、zu：n^{3}tsek^7 "原则"、zu：n^{3}tsi^{3}bit^7 "圆珠笔"、zu：n^{3}tshu：i^3 "元帅" 等。

元门话 -bau^3 "圆"、堑对话 po^5 "圆" 是另外一种形式，该形式侗台语族其他语言中仅限于布依语，布依语的 "圆" 读作 pau^4。

陈孝玲（2009：261）将布依语 peu^4 "圆" 与汉语的 "抱" 比较，本书认为不如与汉语的名词 "包" 比较。笔者的母语西南官话将身体表面的球状隆起叫 "包"，昵称为 po˧，比如，"好大一个包" 中的 "包" 可以读作 pau˧，也可以读作 po˧，另外常将成熟女性的乳房叫作 "奶" po˧。藏语 zlum-po "圆的" 中的语素 po 或许跟堑对话的 po^5 "圆" 有关系。我们也可以将该形式的 "圆" 与南岛语比较，部分南岛语的 "圆" 见表 4-41。

表 4-41　南岛语系部分语言的 "圆"

印尼语	他加禄语	摩尔波格语	原始马来-他加禄语
bundar	bilog	bilug	*buduɣ
莫图语	塔希提语	瓜依沃语	原始美拉-密克罗尼西亚语
kuboruboru	porotaʔa	rupu	*buru

注：原始美拉-密克罗尼西亚语简称 "PMM"

吴安其（2009：287）构拟的原始马来-他加禄语 *buduɣ "圆" 和原始美拉-密克罗尼西亚语 *buru "圆" 词首音节 *bu 正好与今天的黎语堑对$_2$话 po^5 "圆" 和布依语 peu^4 "圆" 对应。

4.16　干（dry）

"dry" 在《百词表》中位列第 99 位。黎语表达概念 "干" 的词语在各方言、土语中的读音见表 4-42。

表 4-42　黎语代表点的 "干"

词条 ＼ 代表点	保定	中沙	黑土	西方	白沙	元门	通什	堑对	保城	加茂	廖二弓
干 水~	da: u^1	da: u^1	kheɯ^1	da: u^1	da: u^1	da: u^1	da: u^1	da: u^1	da: u^1	kha^1	kha^{51}
干 ~枯	khaɯ^2	khaɯ^2	kheɯ^2	kheɯ^2	khaɯ^2	khaɯ^5	khaɯ^5	khaɯ^5	khaɯ^5	kha^1	kha^{51}
干 ~旱	ra: n^2	ra: n^2	ra: n^2	ra: ŋ^2	ra: ŋ^2	ŋuat^8	ra: n^2	la: n^2	la: n^2	kha^1	kha^{51}

上述语料显示，黎语各方言、土语有三个词与汉语的核心词 "干" 对应，只是在具体的方言、土语中保留情况不同而已。多数黎语方言、土语保留了三种不同的形式，只有黑土保留了两种形式，加茂话保留了一种形式。下面以保定话为例对这三种不同形式的 "干" 分别予以讨论。

黎语的 da:u^1 "干" 相对于 "湿" 而言，通常见不到水便可以说 da:u^1 "干"，比如，nom^{3}tshu: ŋ^{3}da: u^{1}he^{1}lo^1 "井水干了"，van^{1}da: u^{1}ba: i^{3}he^1 "地已干了"，da: u^{1}phan^1 "半干不湿"，da: u^{1}thi: u^1 "口渴"，等等。

陈孝玲（2009：248，264）认为黎语该词与莫语 da:u^6 "热"、水语 ⁿdu^3 "热" 同源，并将其与汉语的 "灼" 比较。《广韵・释诂二》："灼，干也。"《玉篇・火部》："灼，热也。" 本书认为，黎语该形式的 "干" 也可以与汉语的 "燥" 字比较，笔者母语西南官话在说 "（晒）干" 时便读平调的 tsau，笔者的另一母语（梧州话）则读降调的 to，双峰话、梅县话、阳江话的 "燥" 俗读皆为阴平。"燥" 中古属于心母字，同声旁的 "躁" 则属于精母字。"中古精组字在汉语方言中读 t、th 现象的分布极为广泛，有 50 多个方言点。"（曾春蓉，2006）"燥" 最常用的意义是 "缺少水份，干燥"。《易・乾》："同声相应，同气相求。水流湿，火就燥。" 孔颖达疏："火焚其薪，先就燥处。"

黎语的 khaɯ^2 "干" 通常用于指 "柴干" "植物因缺乏水分变得干枯" 等，如 khaɯ^{2}kɯ^{3}ro^3 "干巴巴"、khaɯ^{2}kho: k^9 "干枯"。该词在加茂赛方言中是唯一表达 "干" 的词语，高元音韵尾 -ɯ 脱落，读作 kha^1。另外，黑土也用该词表示 "柴干"。对于黎语该词，陈孝玲（2009：264）将其与德宏的 xaɯ^5 "干"、壮语的 haːɯ[5] "干" 比较。但是李方桂（2011：180-184，254）使用的台语支语料读音有些变化，见表4-43。

表4-43　李方桂收录的台语支语料"干"

龙州	剥隘	寮	阿函	掸	整董	白泰	黑泰	侬	岱	武鸣	册亨
khaï	hïï	khɔɔ	kheu	khaï	xaï	xaï	khaï	khou	khou	haï	heu

　　显然台语内部语言或其方言、土语该形式的"干"韵尾是异彩纷呈，但是其声母无一例外地保留舌面后或喉音部位的塞音或者擦音色彩。李方桂拟台语该形式"干"原始形式为*xeï/xɛï。那么黎语的演变可能是这样的：*xeï/xɛï＞kheɯ/kheɯ＞khaɯ/kha。上述语料中除掸语 khaï "干" 为 A2 调类外，其余均为 B1 调类。本书认为黎语和台语该词可以与汉语的"枯"比较。今天的汉语有不少方言的"枯"读音与上述部分台语语料表达"干"概念的词语读音高度一致，比如，苏州话ₖhəu "枯"、双峰话ₖhəu "枯"、潮州话ₖou "枯"就与阿函语 kheu "干枯"、侬语 khou "干枯" 在语音和意义上近乎完全一致。现代汉语的"枯"声调为阴平，与其谐声的"苦""古"为上声，"故""固"为去声，因此调类差异不能影响黎语、台语上述形式的"干枯"与现代汉语"枯"是同源词的判断。汉语的"枯""干"意义往往相同，可以说"草木干枯"，也可以说"水井干枯"。《礼记·月令》："〔孟夏之月〕行冬令则草木蚤枯。"《荀子·致士》："川渊枯则龙鱼去之，山林险则鸟兽去之。""枯"上古音属于鱼部，王力、白一平拟为*kha，郑张尚芳、潘悟云拟为 *khaa。黎语的普遍读音 khaɯ[2] 和加茂音 kha[1] 主要元音均为前低不圆唇音 a，可能是上古底层词的遗存。

　　黎语 raːn[2] "干" 仅用在表示"干旱"这一意义上，如 fa[3]raːn[2] "天旱"。需要注意的是，该词在有些方言、土语中声母已经演变成了 t-，如陵水隆广、乐东尖峰、乐东三平三个黎语代表点均读作 taːn[2]。被称为西江黎语的临高话 daŋ[4] "旱"（《临高汉词典》第 244 页）应该与黎语该词同源。我们可以将其与泰语 lɛː ŋ[4] "干旱"、老挝语 lɛː ŋ[4] "干旱"、暹罗语 lɛɛŋ[C2] "干旱、干"、龙州话 leeŋ?[C2] "干旱、干"、剥隘话 leeŋ[C2] "干旱、干" 比较。李方桂（2011：110，111，236）拟原始台语该词为 *dlɛŋ。陈孝玲则认为侗台语该词可能与台语支另一形式的"干"（泰语 hɛː ŋ[3]、老挝语 hɛː ŋ[3]、傣西语 hɛŋ[3]、傣德语 hien[4]）在"更早的时期可能是同义来源"。

　　在核心词"干"词条下，吴安其（2002：251）将黎语通什话 daːu[1]＜*ʔdaː u[A]，与彬桥话 khaɯ[5]、武鸣话 ɣa ：u[3]、侗语 so[3]＜*khroɣ、峨村话 χa[55]＜*qha[B] 一同比较，并构拟原始侗台语为 *qhroɣ。显然他是认为几种不同的形式都来源于一个更为古老的原始形式，不仅如此，他还认为侗台语 *qh-ro-ɣ＜*qh-ro-g 与藏缅语*gra(-m)＜*g-ra存在词源关系。

5　名　　词（一）

5.1　女　　人（woman）

"woman"在《百词表》中排在第 16 位。表达该概念的词语在黎语各方言、土语中的读音可以分为以下几种情况。

（1）保定　　　　中沙　　　　白沙　　　　元门　　　　保城₁
pai^3khau^2　　pai^3khau^2　　pai^3kho^5　　pai^4kho^5　　$pai^4khɔ^5$
堑对　　　　堑对₂　　　乐东尖峰　　乐东三平
$phai^6kho^5$　　$phai^6khu^5$　　$phei^3khau^2$　　$phei^3khau^2$

（2）黑土　　　　加茂　　　　加茂₂　　　陵水隆广　　廖二弓
mei^3khau^2　　$muɯ^2ta：u^1$　　$muɯ^2ta：u^1$　　$muɯ^2ha：u^4$　　$buɯ^{51}hɔ：m^{33}$

（3）通什₂　　　西方　　　　通什　　　　昌江石碌
$łuɯ：ʔ^7kho^5$　　$łuk^7kho^2$　　$łuɯ：ʔ^7kho^5$　　$łuk^7kho^2$

（4）保城₂
$nit^4khɔ^5$

从上述所列读音情况看，黎语内部，第 1 种情况是最为普遍的，总共有 9 个代表点，它们之间尽管读音稍有差别，但是显然都有共同来源，是同一个词在不同方言、土语内的变体。首音节声母或是送气的双唇塞音 ph，或是不送气的同部位塞音 p，韵母或是 ai 或是 ei。尾音节声母均为送气的舌面后塞音 kh，主要元音或是 au 或是 o 或是 u。第 2 种情况和第 3 种情况分别包含 5 个和 4 个代表点，后音节跟第 1 种情况的后音节有共同来源，但是首音节截然不同，第 2 种情况的首音节为 muɯ 类，第 3 种情况的首音节为 łuɯ- 类。第 4 种情况也是首音节 nit 来源不同。显然，要考察清楚上述 4 种情况与其他语言的关系，只要考察清楚不同情况的首音节和有共同来源的尾音节各自的历史渊源就可以了。为方便表述，姑且称上述音节为 pai 类音节、muɯ 类音节、łuɯ- 类音节、nit 类音节、khau 音节。下文分别进行讨论。

黎语中，pai-、muɯ- 是阴性的前加成分，参与构成表示人或者动物的女性（雌性）名词。pai-、muɯ- 的具体读音在不同方言或词语里可能会出现符合音理的语音变化。这两类音节可以独立表示"母亲"这一概念，也可以参与构成其他阴性名词，但是会出现不平衡的现象，本书举几个概念略加说明，具体情况见表 5-1。

表 5-1　黎语代表点人或动物女性名词

代表点＼词条	女人	母亲	母鸡（已孵小鸡）	妻子	寡妇	舅母（母弟之妻）	姨母（母妹）	岳母
保定	pai^{3}khau	pai^3	pai^{3}khai^1	puɯ$^{(1)}$khau^2	pai^{3}tsun^1	pei^1	pei^1	pai^{3}to: ŋ^1
西方	łuɯk^{7}kho^2	pai^3	pai^3-	puɯ$^{}$khau^2; doŋ^1	pai^{3}se: ŋ^2	pe^1	ku^2	pai^{3}to: ŋ^1
通什	łɯ ʔ^{7}kho^5	pi^6	pi^6-	pai^{6}kho^5	pi^{6}pa: i^6	pei^4	pei^4	pi^{6}to: ŋ^4
保城	pai^{4}kho^5	pi^6	pi^6-	pai^{4}kho^5	pi^{6}pa: i^6	pei^4	phei^4	pi^{6}to: ŋ^4
堑对	phai^{6}kho^5	phi^6	phi^6-	pai^{6}kho^5	phai^{6}pha: i^6	phei^4	phei^4	phai^{6}thɔ: ŋ^1
中沙	pai^{3}khau^2	mei^3	mei^3-	pai^{3}kau^2; mei^{3}liu^1	meikuɯ^2-tshun^1	pei^1	pei^1	mei^{3}to: ŋ
黑土	mei^{3}khau^2	mei^3	mei^3-	mei^{3}liu^1	meikuɯ^2-tshun^1	mi^1	mi^1	mei^{3}naŋ^1
元门	pai^{4}kho^5	mei^6	mei^6-	pai^{4}kho^5	pai^{3}pu: i^6	pei^4	pei^4	tsen^2
白沙	pai^{3}kho^5	me^1	me^1-	doŋ^4	pai^{3}puai^3	pei^1	pei^1	pai^{3}tuaŋ^1
加茂	muɯ^{2}ta: u^1	ma: i^5	ma: i^5-	na: u^5	ma: i^{5}puai^4	mi^1	fi^4	ŋiən^2

上述情况表明阴性前加成分 pai-、muɯ- 这一现象在黎语中的分布是不均衡的，西方、保定、通什、保城、堑对 5 处的黎语方言一律使用 pai- 类阴性前加成分，黑土、加茂的方言则一律使用 muɯ- 类阴性前加成分，中沙、元门、白沙则两类前加成分兼而用之。两类前加成分在本语言系统中由于区别概念的需要都出现了一定程度的语音分化，特别是前加成分独立表达概念意义的时候，比如，表达"母亲""舅母/姨母"概念时，前者与后者便有所不同，中沙、元门、白沙的方言是分别用 mei^3、pei^4 独立承担概念意义，保定、西方、通什、保城、堑对的方言则是 pai 类前加成分主要元音和声调出现分化，黑土、加茂两处方言则是 muɯ 类前加成分主要元音和声调出现分化。

那么两类前加成分与汉藏语系其他语言究竟有怎样的关系呢，下文分别予以讨论。黎语的 pai^3 在泰语中也有出现，泰语"媳妇"读作 sa-phai^4。邢公畹（1999：105）和李方桂（2011：57-60）均拿汉语的"妇"与泰语比较。李方桂拟该词声母原始台语为 *b-，他指出，西南支台语中这个辅音在正常的情形下是 ph- 或 p-，并且认为这个词基本上是北支台语的词汇。该词，邢公畹将台语的傣雅语 lok^{8}paɯ^4，傣西语 -pai^4、-paɯ^4，泰语 sa-phai^4 与广州话口语 sam^{1}phou^4"媳妇"一起比较。他还指出台语的 paɯ^4 可能与汉语的"婄"字有关系。陈孝玲（2009：16）则提出台语该词还可以与汉语的"妃""妣"比较。下文对他们提出的这几个汉字分别进行讨论。

如果把黎语的 pai 类前加成分与汉语的"妇"字比较，那么黎语的 pi-、pei-

就可以看成因意义分化而出现的音变现象，这样的处理未免过于简单。考虑
"妇""妃""姁"语义相同这一因素，是否可以推测，这几个字在上古汉语里
本就是用来记录同一个概念的方言读音呢？后来随着岁月的推移，承担的概念意
义出现的条件发生分化，语音差异也逐渐加大。比如，李方桂对这几个字作上古
拟音：妇 *bjəgx、媥 *phjəgx、妃 *phədh、姁 *pjidx，显然这 4 种音差别极小，但
到了中古语音分化逐渐明显。黎语的阴性前加成分在方言系统中有对立现象，因
此本书认为 pai 类前加成分的几个变体对应于现在的不同汉字的可能性较大。
"媥"，《广韵》："妇人貌"，用于形容词，该字可以排除掉。"妇"可指已婚
女子，《诗·卫风·氓》："三岁为妇，靡室劳矣。"郑玄笺："有舅姑曰妇。"
也可泛指妇女，（汉）桓宽《盐铁论·救匮》："而葛绎、彭侯之等，隳坏其绪，
纰乱其纪，毁其客馆议堂以为马厩妇舍。"还可以指妻子，《乐府诗集·相和歌辞
三·陌上桑》："使君自有妇，罗敷自有夫。""妃"，《广韵》有两个读音：滂
母灰韵合口一等去声 *phuai（普通话 pei⁵¹），滂母微韵合口三等平声 *phujwěi（普
通话 fei⁵⁵）；前者用作动词，义为"匹配、婚配"；后者用作名词，义为"配偶、
妻子"，《左传·桓公二年》："嘉耦曰妃。"《仪礼·少牢馈食礼》："以某妃配
某氏。"郑玄注："某妃，某妻也。"后世专指皇帝的姬妾，太子和王侯的妻。
"姁"，原意为"母亲"。《广韵》："尔雅曰父曰考母曰姁。"《书·尧典》："百
姓如丧考姁。"《仓颉篇》："考姁延年。"因此，从字音和字义上来看，
"妇""妃""姁"都可以跟黎语的 pai 类阴性前加成分比较。"妇"的意义最
为广泛，黎语的"pai/phai"可能与"妇"相对应，"pi/phi/puu"可能与"姁"对
应，"pei/phei/fi"可能与"妃"对应。不过需要强调的是，这几个字有可能本是
同源字。王力（1982：426）便将"比、媲、姁、妃、配、匹"六字看作同源字。
　　黎语中 muu 类前加成分也有另外几个变体：ma：i、mei、me、mi，它们应该
与汉语的"母"字对应。李方桂、邢公畹、梁敏、龚群虎等研究壮侗语的学者都
把壮侗语中的该类读音跟汉语的"母"字比对。比如，邢公畹用傣雅语 mje⁶、傣
西语 me⁶、傣德语 me⁶、泰语 mɛ⁶、藏文语 ʔa-ma 与广州话 mou⁴（母）＜ᶜmǒu＜ᶜməg
比较。与汉语"母"同源的词在侗台语族具有普遍性：除了上述所提到的几种语
言外，还可以略举几例：壮语 me⁶，布依语 me⁶，台语系列的暹逻语 mɛɛ⁴¹、龙州
话 mee¹¹、剥隘话 mee³¹。"母"应该是原始汉藏语的共有词。
　　"母"上古读音，各家拟音分别为：高本汉 məg、李方桂 məgx、郑张尚芳
muʔ、潘悟云 muɯʔ、王力 mə、白一平 məʔ。这些都是据《广韵》莫厚切这一反
切上推、构拟所得。其根据的是《诗经》的押韵材料，古音韵学家潘悟云、温美
姬、温昌衍等已经证明"母"字在上古有另一属于鱼部的读音。《诗经·辍蝃》：
"朝隮于西，崇朝其雨；女子有行，远兄弟父母。""母"与"雨"相押，"雨"
即鱼部虞韵字。因此，上古"母"字当有另一开口度更大的音 *ma。今天的藏缅

语材料也能支持这一观点：藏语 ʔama、卡瑙里语 ama、切邦语 ma、内瓦里语 ma、迪马尔语 ama、加罗语 ama 等。王力（1982：104）引述了《广雅》和《玉篇》中的材料，指出"妈"是"母"的音转，即"之鱼旁转"。为便于说明，本书把王力的原话引录于下：

> 广雅释亲："妈，母也。"王念孙曰："集韵类篇并引广雅：'妈，母也。'今本脱妈字。"玉篇："妈，莫补且，母也。"按"妈"是"母"的音转，莫补切正是"妈"的古音。

这样的话，在黎语中，母亲一词和阴性前加成分的主要元音稍有不同就有了合理解释，即主要元音开口度由大到小稍有变化，或者是在不同方言中开口度有变化，或者是通过改变主要元音开口度这一内部曲折的方式让其意义在相关联的范围内发生分化。

金理新（2012：296）认为侗台语"母亲"一词分为两种形式：m- 型和 n- 型，并且把保定话 pai^3、通什话 pi^6、加茂话 ma：i^5 一并归入 m- 型予以讨论，认为侗台语的共同形式 *meʔ～*meh "母亲"也就是汉语的 *meʔ "母"。

保城$_2$话的 nit^{4}khɔ^5 "女人"，阴性前加成分，读音上与别处黎语很不一样，其来源可能有别。

下文讨论 ɬɯ- 类音节性质，先考察表 5-2 中的词汇材料。

表 5-2　黎语代表点的"女人""儿女""女儿"

代表点 ＼ 词条	女人	儿女（或儿子）	女儿
西方	ɬɯk^{7}khɔ^2	ɬɯk^7	ɬɯk^{7}pɯ^{3}khɔ^2
通什	ɬɯ：ʔ^{7}khɔ^5	ɬak^7/di^3	di^{3}ɬɯ：ʔ^{7}khɔ^3
保定	pai^{3}khau	ɬɯ：k^7	ɬɯ：k^{7}pai^{3}khau
中沙	pai^{3}khau^2	ɬɯ：ʔ^7	ɬɯ：ʔ^{7}khau^2
黑土	mei^{3}khau^2	dɯ：ʔ^7	dɯ：ʔ^{7}mei^{3}khau^2
白沙	pai^{3}khɔ^5	ɬɯk^8	ɬɯk^{8}pai^{3}khɔ^5
元门	pai^{4}khɔ^5	ɬɯʔ^7	ɬɯʔ^{7}pai^{4}khɔ^5
堑对	phai^{6}khɔ^5	ɬɯaʔ^7	ɬɯaʔ^{7}phai^{6}khɔ^5
保城	pai^{4}khɔ^5	di^3	di^{3}pai^{4}khɔ^5
加茂	mɯ^{2}ta：u^1	ɬiək^8	ɬiək^{8}mɯ^{2}ta：u^1

显然黎语中的 ɬɯ- 类音节原本指的是"子女"，没有性别差异，其意义与古

代汉语的"子"相同，但后来发生了分化，逐渐用来专指"儿子"，表示"女儿"这一概念时则另外加上表示"女人"这一概念的修饰性词语，其字面意义类似于"女性子女"。西方和通什两处的情况特殊。西方的"儿女"和"女儿"遵循普遍的构词规律，但是本表示"儿女"的 ɬuk^7 却出现在了"女人"ɬuk^{7}kho^2 一词中，也就是说 ɬuk^7 在"儿女"和"女儿"两个词中不分性别，但是在"女人"一词中却表示"女性"。通什也一样，其 ɬɯ：ʔ^7 也表示"女性"，同时原本表示"儿女"的 ɬɯ：ʔ^7 演变成了 ɬak^7 或者 di^3。"子女"或"儿女"一词在侗台语族中的一致性非常强，只是读音稍有差别而已。比如，壮语、布依语 luuk^8，被本地人称为西江黎语的临高话 lək^8，傣语 luk^8，泰语 lu：k^8，侗语 la：k^{10}，仫佬语、水语、毛南语 la：k^8。邢公畹（1999：121）将台语的"子女"与广州话的 tsi^3（子）<^{c}tsï<*^{c}tsjəg 对应，认为汉语的声母 ts- 对应台语的声母 l-。汉字"李"，《说文解字·木部》："李，李果也，从木子声。"普通话"子"读 tsɿ^{214}、"李"读 li^{214}，可见声母 l- 与声母 ts- 的对应关系。

与黎语的 ɬuk^7 一样，壮侗语的该词也不专指"儿子"，而是指"儿女""子女"，汉语的"子"原本也不分男女，上古汉语是指父辈对子女辈的通称，《礼记·曲礼》："子于父母，则自名也。"郑玄注："言'子'者通男女。"汉语的"子"后来逐渐虚化为名词后缀。邢公畹认为这种虚化可能在汉魏以前已经开始，并列举了《诗经》中的"舟子"和《孟子》中的"眸子"一词加以证明。侗台语族中有些语言的"子女"这一概念的词也虚化成了名词后缀，如泰语的 lu：k^{8}kra^{7}dom^1"扣子"、lu：k^{8}mo^6"碾子"。但是黎语该词并没有虚化为词缀。

黎语表达"女人"这一概念的词语中的 khau 类音节在侗台语族中难以找到对应的音节，很难考察其语源关系。黎语 khau 类音节与黎语的"姐姐"一词十分近似，如保定话 khau^3、西方话 kheɯ^3、元门话 kaŋ^6、通什话 ʔaɯ^3、堑对话 khau^3、保城话 khau^3。该音节可能与南岛语有一定的关系，泰雅语赛考利克方言 kəneril"女人"、泽敖利方言 kanajril"女人"，两处方言该词的首音节辅音均为舌面后辅音，与黎语该音节的声母发音部位一致。布拉斯特构拟的原始南岛语的 *bahi"女人"后一音节与黎语该音节的发音部位也一致。黎语表达"女人"这一概念的词语中的 khau 类音节还可能对应汉语的"媌"。杨雄《方言》："南楚人谓妇妣曰母媌也。"《广韵》："媌，母也，是支切，又尺氏切。"对于该字，诸家上古拟音如下：李方桂 thjarx、王力 tɕhia、高本汉 t'ia、潘悟云 khljalʔ。因为"媌"为三等字，故各家拟音均有介音 i 或 j，但三等字的介音在发展中是可以丢失的，如前面所举的"妇"字。黎语表达"女人"这一概念的词语中的 khau 类音节显然跟各家构拟的"媌"字上古音有较高相似度，特别是与潘悟云的构拟相似度最高，因此可能是上古时南楚方言的遗留。

5.2　男　人（man）

"man"在《百词表》中排在第 17 位。表达该概念的词语在黎语各方言、土语中的读音见表 5-3。

表 5-3　黎语代表点的"男人"

保定	中沙	黑土	西方	白沙	元门
pha³ma: n¹	pha³ma: n¹	pha³ma: n¹	łuk⁷pha³	pha³ma: ŋ¹	pha³muan⁴
通什	堑对	保城₁	加茂	保城₂	加茂₂
łɯ: ʔ⁷pha³	pha³ma: n⁴	pha³ma: n¹	phɯ¹tsə⁴	nith¹ma: n¹	phɯ¹tsə⁴
昌江石碌	乐东尖峰	乐东三平	陵水隆广	堑对₂	通什₂
łuk⁷pha³	pha³ma: n¹	pha³ma: n¹	tha¹ma: n⁵	pha³ma: n⁴	łɯ: ʔ⁷pha³

黎语"男人"这一概念在各方言中存在两个普遍性的音节：pha-和-ma: n，两个音节在有些方言中语音稍有变化。下文对这两个不同类型的音节进行讨论。

5.2.1　pha-

该音节的普遍读音为 pha³，分布的语言点有 13 个：保定、中沙、黑土、西方、白沙、元门、通什、乐东三平、乐东尖峰、堑对、保城、昌江石碌、通什₂，在加茂话中该音节演变为 phɯ¹，主要元音高化且舌位后移：a→ɯ。

pha³ 在黎语中普遍有两个义项，第一个义项是"父亲"（与"母亲"对称），比如，在保定、中沙、黑土、通什、保城等代表点"父亲"即读作 pha³，少数代表点有音变：加茂话 po⁵"父亲"、白沙话 ba²"父亲"、元门话 ba⁵"父亲"。西方话 di²"父亲"可能来源不同。

pha³、po⁵、ba²/ba⁵ 分别为同一个词在黎语不同方言中的变体，其来源是汉语的"父"。邢公畹（1999：339）便将其与汉语的"父"比对。甲骨卜辞"父"是父辈通称，与现代汉语的"父"表达的概念意义不同，如今该词的语义已经缩小了。中古，"父"属于帮母虞韵合口三等上声字，高本汉拟音 pjĭu、李方桂拟音 pju、王力拟音 pĭu、潘悟云拟音 piu、邵荣芬拟音 pio，各家拟音大同小异；各家的上古拟音为：高本汉 pĭwo、李方桂 pjagx、王力 pia、白一平 pja、郑张尚芳和潘悟云 pa。汉语的"爸"是后起字，《尔雅》与《方言》均未收录此字。王力（1982：177）认为"父"与"爸"是同源字。《广雅·释亲》："爸，父也。"清人王念孙："爸者，父声之转。"王力加按语："'爸'的元音 a 是保存下来的虞部古韵。"这样看来，

"爸"字尽管是后造字，但其读音却保留了上古读音。黎语的 pha^3、po^5、ba^2/ba^5 也应该源自上古汉语的"父"字。

pha^3 第二个义项是"表示男性或雄性的前加成分"，如"鳏夫"pha^{3}po：i^3、"酒鬼"pha^{3}pla：k^7、"男人/丈夫"pha^{3}ma：n^1、"公猪"pha^{3}pou^1、"公水牛"pha^{3}na：u^1。前述"男人"一词中的 pha^3、po^5、ba^2/ba^5 正是阳性前加成分。

侗台语族和苗瑶语族表达"父亲"这一概念普遍与汉语的"父"有同源关系，下文介绍这两个不同语族借用汉语"父"的读音情况。

侗台语族：

	壮	布依	临高	傣西	傣德	侗	仫佬	水	毛南
父亲	po^6	po^6	be?^{8}lai^3	pɒ^6	po^6/te^6	pu^4	pu^4	pu^4	tɛ^2

苗瑶语族：

	黔东苗语	湘西苗语	滇东北苗语	布努瑶语	勉瑶语	标敏瑶语
父亲	pa^3	pa^2	vai^8	pa^7	tie^5	tia^1

上述除侗台语族中的毛南语 tɛ^2 和傣德语的另外一个词 te，苗瑶语族中的勉瑶语 tie^5 和标敏瑶语 tia^1 以外（这种情况与黎语西方话的 di^2 属于同一性质，均借自汉语的"爹"），其余语言表达"父亲"概念的词显然均与汉语的"父"同源。但是，黎语之外的侗台语族语言，p- 型汉语借词很少用来作为阳性前加成分，只在布依语、傣语的少数词中能看出其有前加成分性质，并且往往发生了音变，比如，布依语 <u>pau</u>^{5}tɕ^5"老头儿"、<u>pu</u>^{4}sa：i^1"男人"、kai^5<u>pu</u>^{4}"公鸡"，傣德语 <u>pu</u>^{5}thau^3"老头儿"、<u>pu</u>^{1}tsa：i^2"男人"、kai^5<u>phu</u>^{3}"公鸡"。造成这种局面的主要原因是阳性前加成分多样化，这里不再讨论。苗瑶语族的语言却不同，黔东苗语普遍以 pa^3 为阳性前加成分，其余的语言也表现出多样化。

金理新（2012：303）认为，侗水语支的"父亲"一词和壮语的"父亲"一词是中古汉语借词，理由是这些语言的"父亲"一词与汉语"父"的中古音 byu^B 语音形式几乎相同。但是他在谈及黎语时却强调："可以说，侗台语里面只有黎语型是侗台语固有形式。"这一观点与邢公畹、梁敏、陈孝玲等的观点不同，以上三人都将黎语"父亲"一词跟台语一起与汉语的"父"比较。邢公畹（1999：339）特意强调藏语 pha"父"在黎语中读作 pha^3（<*ph-）都可与汉语比较。陈孝玲（2009：22）更是列举了可以用以比较的不少藏缅语语言：藏语 pha/ʔapha/ʔapa、缅语 bhà/ăbhà、加罗语 pha/əpa。可见原始藏缅语跟原始壮侗语及原始苗瑶语（简称"PMY"）在该词上都与汉语表现出惊人一致，最大可能是其为原始汉藏语的共有词。

5.2.2　-ma：n

吴安其（2002：252）将黎语保定话 pha^{3}ma：n^1 与水语 ai^{3}mba：n^1 比较，并拟

原始侗台语 *ba（-n），他还进一步将其与藏缅语中指"哥哥"或对男子尊称的 *ba 比较，推测可能与藏缅语存在语源关系。陈孝玲（2009：19）把黎语的 -ma：n[1]"男人"与侗语 -pa：n[1]"男人"、水语 -mba：n[1]"男人"、佯横语 -ba：n[1]、莫语 -ba：n[1]"男人"放在一起比较，但不认同将其与藏缅语中指"哥哥"或对男子尊称的 *ba 比较，认为藏缅语的 *ba 更有可能对应侗台语的"丈夫"一词。金理新（2012：303）指出，侗台语大多数语言中的"男人"已经被汉语的"父"替换了，只有少数语言保留了自己的形式。这其中的"少数语言"除保定话的 ma：n 外，还有侗南语 pa：n[1]、侗北语 wan[1]、仫佬语 ma：n[1]、水语 mba：n[1]、毛南语 mba：n[1]、佯横语 ba：n[1]、锦语 ba：n[1]、莫语 ba：n[1]。其实，金先生所列举的例子大多数并不能独立成词，而是一个构词语素，比如，黎语的 ma：n 要与借自汉语的"父"构成近义复合词共同表达"男人"这一概念。金先生拟原始侗台语为 *pa：n～ *m-pa：n，认为可以与台湾的布衣农语的 mabanana"男人"和南岛语"丈夫"一词比较，其比较的南岛语如下：

Dayak Ngayu	Cebuano	Ilonggo	Butuanon	Mansaka	Bintulu	I daán
Bana	bána	bana	banah	bana	bana	bano

本书认为金理新的假设是可以成立的，许多语言中"男人"与"丈夫"概念用同一个词表达，比如，被称为西江黎语的临高话这两个概念均读作 da[3]xiaŋ[4]，古汉语中"夫"本义为"男人"。原始南岛语"男人"一词以 ma- 音节起头，布拉斯特构拟的原始南岛语为 *ma-ʁuqanaj，17 世纪荷兰人在中国台湾记录的一种语言中读音为：ama"男人"、ina"女人"。

5.3　人（person）

"person"在《百词表》中排在第 18 位。表达该概念的词语在黎语方言、土语中的读音见表 5-4。

表 5-4　黎语代表点的"人"

保定	中沙	黑土	通什	堑对	保城	白沙	元门	加茂	廖二弓
ʔu[2]ʔa：u[1]	ŋa[1]ʔa：u[1]	ha[3]ʔau[2]	ha[3]ʔa：u[1]	ha[5]ʔa：u[1]	hu[3]ʔa：u[1]	ŋa：u[4]	ma：u[5]	ɬai[4]	ɬa：i[33]

从上述所列读音来看，黎语方言内部表达"人"这一概念的词分为两种类型：加茂、廖二弓的方言为一种类型，本书称之为加茂型；保定、中沙、黑土、通什、堑对、保城、白沙、元门的方言为另一种类型，本书以通什为代表，称为通什型，下文分别予以讨论。

5.3.1　加茂型

　　加茂型其实是黎族族名自称。各方言"黎族"自称除黑土为 dai[1]（d 乃 ɬ 的音变）外，其余各处一律读作 ɬai[1]。黎语的自称与侗台语族自称关系密切。金理新（2012：308）比较了侗台语族族群的自称情况，构拟了该族群自称可能的原始形式为 *ʔili～*ʔiliʔ。为直观起见，本节把其收录的侗台语各语言系统族群自称情况转录于表 5-5，部分语言有两种以上读音情况，第一种以外的读音摘自 1985 年中央民族出版社出版的《壮侗语族语言词汇集》。

表 5-5　侗台语族相关语言的自称

泰	老挝	傣西	傣德	文马	拉基	比丘
tai[2]	thai[2]	tai[2]	tai[2]; tǎi[2]	dai[2]	li[13]	ʔi[4]

广南	布依	水	毛南（难）	佯僙	莫	锦
ʔyai[4]	yai[4]; pu[4]ʔjai[4]	ʔai[1] sui[3]	ʔai[1]; ma: u[4]ma: n[6]; ʔai[1]na: n[6]	ʔai[1]	ʔai[3]	ʔai[3]

　　从上面所列举的侗台语族族群自称情况看，有些语言中族群自称出现多样化情形，但是基本上保留了一个带有 ai 韵母的音节，比如，布依语的 pu[4]ʔjai[4] "布依"后音节 ʔjai[4]，毛南语的 ʔai[1]na: n[6] "毛南"前音节。各种语言的声母与黎语声母有出入，但也有几种语言的声母与黎语的声母基本处于同一发音部位，如泰语、老挝语、傣语、文马语、拉基语这 6 种侗台语族中的语言。我们知道声母在历史音变中容易向同部位的声母演变，因为大量历史音变事实表明，发音方法相比较发音部位更容易发生变化。有共同来源的一个词在同一语族中的不同语言里完全有可能表现为同一部位不同声母。因此，基本上可以肯定黎语加茂型的 ɬai[4] "人"来自黎族族群的自称，该自称则是来源于原始侗台语族族群自称。

　　黎族自称 lai[1]，汉籍文献均用"黎"字记录，或许就与汉语的"黎民"之"黎"同源。汉籍记载海南黎族人情况最早见于（宋）范成大《桂海虞衡志·志蛮·黎》："山极高，常在雾霭中，黎人自鲜识之。"《宋史·蛮夷传三·黎洞》："其服属州县者为熟黎，其居山洞无征徭者为生黎。""人"这一概念，加茂型可能就是汉语的"黎"字。但是"黎族"这一族称，上述语言除黎语保留了古读音之外，其余语言均是借用现代汉语的读音 li。为论证此观点，有必要考察汉语中与"黎"同源的汉字在这些语言中的读音情况。

"黎民"之"黎"与"黑"颜色有关。《广雅·释器》："黎，黑也。"《说文解字》："黔，黎也。秦谓民为黔首，谓黑色也。周谓之黎民。"《尚书》称民均称"黎民"，共出现 8 次。《尚书·尧典》："黎民于变时雍。"蔡传："黎黑也，民首皆黑，故曰黎民。"海南黎族生活在祖国最南端，皮肤黝黑故自称为"黎民"。王力（1982：421）认为与"黎"同源的字包括"梨""鯬""犂"。《广韵》："鯬，黑而黄也。"《玉篇》："鯬，黑也。"《史记·南越列传》："犂旦。"索引："犂，黑也。天未明尚黑是也。"王力对此加按语："在黑的意义上，鯬、黎、犂实同一词。"杨雄《方言·第一》："眉、梨、耋、鲐，老也。……燕代之北鄙曰梨，……"注："梨，言面色似冻梨。"《释名·释长幼》："九十曰鲐背，背有鲐文也……或曰冻梨，皮有斑黑如冻梨色也……"可见"冻梨"一词中的"梨"也与王力所列举的三字同源。考察这几个字在在侗台语族语言中的读音情况，或许能发现些许端倪，见表 5-6。

表 5-6 侗台语族相关语言的"犂""梨""黑"

词条＼语言	傣西	傣德	临高	水	毛南	黎
犂	thăi¹	thai¹	lɔi²	kwai¹	kwai¹	lai²
梨	kɒ³	ko³	li	ɣai²	la：k⁸li²	li²
黑	dăm¹；kăm¹	lam⁶	lam¹	ʔnam¹；dam³	nam¹	lok⁷

傣德语、傣西语、黎语的"犂"和本族群自称如果不考虑声调因素读音几乎完全一样，水语、毛南语的"犂"和本族群自称稍微有些不同，但如果考虑自然音变 ʔ＞k，也可以肯定两个词乃同源关系。"梨"字读音在上述语言中出现了明显分化，临高话、毛南语、黎语借用的是现代汉语读音 li，傣语的声母则向另一个方向演变，成了舌面后塞音，只有水语的"犂""梨"与本族群自称能明显看出为同源关系。表达"黑"这一概念的词在上述语言中均有双唇鼻音韵尾，是否与汉字"鯬"为同源关系还有待考证，不过傣西语 dăm¹"黑"、kăm¹"黑"共存至少表明舌尖塞音 d 与舌面后塞音 k 之间的关系，那么傣语的 kɒ³"梨"就有可能对应另一读音 dɒ³。至此，侗台语族族群自称为"黎"，并且与"犂"为同源字已经没有疑问，侗台语族的族群自称"黎""犂""梨"的原始读音可能为 *ʔlai，与上古汉语有同源关系，或许来自共同的原始汉藏语。

5.3.2 通什型

通什型的代表性音节 ʔa：u，多数学者没有予以讨论。陈孝玲（2009：25）

认为：黎语 a：u¹ "人" 与其他语支不同源，是黎语的固有词。笔者扩大比较范围，发现黎语 a：u¹ "人" 应该属于南岛语借词。我们看看莫图语与其方言及同语支（莫图-大瓦拉语支）的梅柯澳语 "男人" 一词读音：

莫图语	柯勒布努方言	卡巴地方言	阿罗玛方言	梅柯澳语
tau	hau	kau	au	au

显然，黎语 a：u¹ "人" 与莫图-大瓦拉语支 "男人" 一词是同源。通什型的代表性音节 ʔa：u 中的喉塞音 ʔ 在上述语言中有的消失了，有的对应为 h、k、t。由于男人社会地位的独特性，不少语言习惯用表示 "男人" 概念的词表示 "人" 这一概念，如英语的 men（man 的复数）就可以表示 "人" "人类"。藏语的 ñe-n （男性亲属、同族者），沙加尔便将其与汉语的 "人" 作比较，认为它们是同源词。

黎语表示 "人们" 这一概念时是用 ʔa：u 与另一语素 khun 构成近义复合词：保定、中沙、黑土、通什、堑对、保城的方言均为 khun¹ʔa：u¹，西方话为 khuŋ¹ʔa：u¹，白沙话为 khuŋ¹ŋa：u¹，其中 khuŋ¹ 为 khun¹ 的方言变体，ŋa：u¹ 为 ʔa：u¹ 的方言变体。

khun¹ 是壮侗语词，在不同语言中表现出一定的音变，它可能与汉语的 "人" 有同源关系。下面介绍表 5-7 中该词在侗台语族语言中的读音情况。

表 5-7　侗台语族相关语言的 "人"

布依	临高	傣西	傣德	侗北	泰	龙州	邕宁
hun²; vum²	leŋ⁴hun²; hun²	kun²	kon²	kən²	khon²	kən²	hun²

可以肯定，黎语 khun¹ʔa：u¹ "人们" 一词中的 khun¹ 便是上述语言中表达 "人" 这一概念的同源词。khun¹ʔa：u¹ 是一个同义复合词，就好像临高话的 leŋ⁴hun² "人" 是壮侗语底层词 hun² 和汉语借词 leŋ⁴ 复合而成的一样。

李方桂（2011：189，236）认为原始台语存在两支方言，今声母为擦音者为北支方言 *ɣ-，今声母为塞音者为西南支和中支方言 *g-，它们的原始韵母均为 *o。梁敏和张均如（1996：451，699）拟原始台语为 *ʙɯon "人"。邢公畹（1999：429）将傣语、泰语与广州话的 ian²（人） < ȵzǐen < *ȵjin 比较。傣语 "人" 的声母 k-、泰语 "人" 的声母 kh- 与广州话 "人" 的声母表面上难以看出关系。邢公畹认为汉语音韵史上，ɣ- 与 n- 是可以相通的；他还用俞敏（1989）用以与汉语 "人" 对应的藏语 gnen "亲属" 一词来解释台语舌根浊声母与汉语舌尖鼻音声母之间的差异问题。如果邢先生的分析成立，那么侗台语 "人"、汉语 "人" 和藏语 "亲属" 就是同源关系，陈孝玲（2009：24）也赞同并强调了这一观点。

但是本书认为，黎语的 khun¹ 仍是侗台语固有词，因为侗北语为 kən²、侗南语为 nən², 后者明显为汉语借词，临高话 leŋ⁴hun² 也一样，leŋ⁴ 为汉语借词，hun² 为侗台语固有词。金理新（2012：309）也持这一观点，不过，他认为台语支的"人"，在黎语中对应的是"身体"（保定话 hu：n¹）。

5.4 鱼（fish）

"fish"在《百词表》中排列在第 19 位。此概念在欧阳觉亚和郑贻青的语音材料里，黎语各方言除加茂话为 ɬou⁴ 外，其他均读作 ɬa¹。2013 年的记音材料，保城₂话 ta¹、加茂₂话 thou¹、堑对₂话 la¹，声母已经发生了变化。该概念在侗台语族其他语言中的读音见表 5-8。

表 5-8　侗台语族相关语言的"鱼"

壮	布依	临高	傣西	傣德	侗	拉珈	大佬	朗央	普标	拉基	毛南
pla¹	pja¹	ba¹	pa¹	pa⁶	pa¹	phla¹；mom⁶	lau³³	la³¹²	pya³³	li¹³	mbjai³

概念"鱼"在上述各语言中的读音情况表明，它们表达该概念的词有同源关系。黎语的声母边擦音 ɬ- 对应大佬语、朗央语、拉基语的声母边音 l-，临高话、布依语、傣语、侗语、普标语的双唇塞音声母 b-、p-、ph- 则保留壮语、拉珈语这类读音的前置双唇塞音辅音。壮语 pla¹、拉珈语 phla¹ 宛如桥梁证明了上述两种类型读音之间的同源关系：p-←*pl-，l-←*pl-。p-←*pl-，李方桂（2011：76）对此有过讨论，他认为原始台语的复辅音 *pl- 在西南方言的暹罗语和北支方言的武鸣话、石家话中保存下来，在大多数的西南方言里简化为 p-，在大多数中支、北支方言里，在 i、e、ï 以外的元音之前变为 pj，在 i、e、ï 之前变为简单的 p-。李方桂（1977：85，275）、梁敏和张均如（1996：129，520）均构拟原始台语为*pla。黎语的 ɬa¹ 或 ɬou⁴ 应该是原始侗台语的 *pla 起始辅音 p- 消失，然后余下的 l- 擦音化后演变为今天的 ɬ-。

"鱼"这一概念，在今天的黎语方言读音里已经发生了变化，20 世纪 50 年代欧阳觉亚和郑贻青的记音材料基本上为 ɬa¹（加茂话为 ɬou⁴）。2013 年的记音材料表明，声母已经发生了分化：保城话与加茂话的声母由边擦音演变成了舌尖中塞音：保城话 ɬa¹＞ta¹，加茂话 ɬou⁴＞thou⁴；昌江石碌话和堑对话声母变成了边音：堑对话 ɬa¹＞la¹；陵水隆广话、乐东尖峰话和乐东三平话仍然保留了原来的 ɬa¹；通什₂话显得有些特别，读作 ka¹，声母演变成舌根塞音。

黎语的这种音变现象应该符合音理。这几个音在其他语言中能够找到对应的音，比如，湘西苗语 ta¹ "鱼"，侗北语 ta¹ "鱼"；五指山番香村话 ka¹ "鱼"，

声母与景颇语 ηa^{55} "鱼"、哈尼语 ηa^{55} "鱼"、义都语 ηa^{55} "鱼"的声母为同一部位。

黎语表达"鱼"这一概念的词显然与绝大多数的汉藏语系的语言有同源关系。黄树先（2007：242-244）在其《汉藏语论集》中便提出："在整个汉藏语乃至阿尔泰语中，'鱼'的早期面貌都是相同的。"黎语的 ɬ- 来自侗台语族的 pl-，后者与原始汉藏语存在对应关系。吴安其（2002：308，注释②）指出上古汉语的舌根鼻音 *ŋ- 与其他支系的 *pl-、*bi-、*m-l- 有对应关系。这种对应关系是这些语言之间存在同源关系的有力证据。

黎语的 $ɬa^1$ "鱼"，正对应汉语的"鱼"。邢公畹（1999：324）认为汉语本身 *ŋ-与*l- 也有交替关系，如"鲁"从"鱼"声（依段玉裁、朱俊声说）。《广韵》：鱼，疑母遇摄鱼韵合口三等平声字，说文曰水虫也。鲁，来母遇摄模韵合口一等上声字。

5.5　鸟（bird）

"bird"在《百词表》中排列在第 20 位。概念"鸟"在黎语各方言或土语中的读音大体分为两种情况，见表 5-9。

表 5-9　黎语代表点的"鸟"

保定	中沙	黑土	通什	堑对	保城	保城₂	乐东尖峰
tat^7	tat^7	tat^9	tat^7	tat^7	tat^7	tat^7	tat^7

乐东三平	陵水隆广	堑对₂	通什₂	白沙	西方	昌江石碌	加茂
tat^7	tat^7	tat^7	tat^7	$tshat^8$	sat^7	sat^7	$nɔ:$ k^9

表 5-9 前 15 个代表点应该属于同一个大类，声母 t-、tsh-、s-是语音演变过程中的方言音变现象。比如汉语，上古没有舌上音知彻澄娘，只有舌头音端透定泥，前者从后者演变而来，"长"今读 $tshaŋ^{35}$，《尔雅》郭璞注："长，丁丈切。"《广韵》："长，知丈切。"可见"长"上古声母为舌尖塞音 t-，后来才逐渐演变为今天的音。白沙话 $tshat^8$ "鸟"、西方话和昌江石碌话 sat^7 "鸟"都是后起的读音，其演变路径为：t>ts>s。

那么黎语的 tat^7 "鸟"跟其他语言究竟有没有关系呢？从事汉藏语同源研究的学者对此多有回避，李方桂、邢公畹、吴安其等无一例外。金理新（2012：324）只提及："黎语保定的'鸟'来源不明。"陈孝玲（2009：28）认为黎语的"鸟"来自原始侗台语 *mrok "鸟"（梁敏构拟），黎语的 t- 是流音塞化导致。当然这只是一种假设，她并未加以论证。流音塞化从音理上可以理解，但是为什么 *mrok "鸟" 在今天的侗台语里，主要元音除黎语外均为舌面后的合口元音呢？而且黎语加茂话的 nɔːk⁹ "鸟" 跟一般的侗台语一致。合理的解释应该是保定话 tatɕ⁷ "鸟" 与一般侗台语的 "鸟" 来源不一样。本书认为黎语 tatɕ⁷ "鸟" 应该与汉语的 "鸟" 同源，并且保留了中古以前的读音。同为借自汉语的元门话 ɳaːu⁴ "鸟" 则是借自近代以后的汉语 "鸟"。"鸟" 中古属于端母效摄萧韵四等字，邵荣芬拟广韵音为 teu。高本汉拟 "鸟" 的上古音为 tivg，李方桂拟 "鸟" 的上古音为 tiəgwx，白一平拟 "鸟" 的上古音为 tiwʔ。"鸟" 字中古以前均保留了声母 t-，上古韵母有一塞音韵尾，这一音节格局跟黎语的 tatɕ⁷ "鸟" 完全一致，只是韵母的开口度变大了而已。曾晓渝等（2010：442）主编的《侗台苗瑶语言的汉语借词研究》收录的汉语借词博罗畲语 lɔ⁴taŋ¹ "鸟"、博罗客家话 tiau¹ "鸟"、奉顺畲语 tau³ "鸟" 与黎语的 tatɕ⁷ "鸟" 声母和主要元音都相同。黎语 naŋ² "阴茎" 与一些地方的苗瑶语表达 "鸟" 概念的读音一致：梅珠 naŋ²²、陶化 neŋ²¹。

　　"鸟" 这一概念，欧阳觉亚和郑贻青整理的元门音为 ɳaːu⁴，如前述，该音为近代汉语以后借。笔者母语西南官话（湖南永州江华县白芒营镇）"鸟" 字便读作降调的 ɳaːu，该读音与现代汉语 "鸟" 的读音一致。

　　"鸟" 这一概念，黎语加茂话为 nɔːk⁹，欧阳觉亚和郑贻青（1983：58）记录的音和笔者记录的音没有区别，《壮侗语族语言词汇集》记载的黎语音为 noːk⁹。该读音与侗台语族其他语言的读音具有广泛的一致性，见表 5-10。

表 5-10　侗台语族相关语言的 "鸟"

壮	布依	临高	泰	傣西	傣德	仫佬
ɣok⁸	zɔk³³	nok⁸	nok⁸	nok⁸	lok⁸	nɔk⁸

水	毛南	侗南	侗北	锦	莫	拉珈
nok⁸	nɔk⁸	mok⁸	no³	nok⁸	nok⁸	mlok⁷

　　根据侗台语中 "鸟" 这一概念的读音情况，梁敏和张均如（1996：319，391）拟原始侗台语为 *m-rok，潘悟云和邵敬敏（2005：264）拟原始侗台语为 *mlok。黎语的 noːk⁹ 显然与侗台语族其他语言有共同来源。吴安其（2002：317，323）认为原始侗台语 *m-nuk 与原始苗瑶语 *m-nok 有同源关系，并明确指出侗台语的 "鸟" 是汉藏语词。金理新（2012：323）甚至认为侗台语、苗瑶语的 "鸟" 跟原始马来语（简称 "PMP"）有关系，并举印尼语 manuk "鸟" 为例证。

　　邢公畹将侗台语族中的泰雅语 nok⁸、傣西语 nok⁸、傣德语 lok⁸、泰语 nok⁸ < *nl/r- 与汉语的广州话 niːu³（鸟）< ᶜtieu < *ᶜtiəgw 作比较。他认为汉语声母的 t

与台语声母 *nl/r- 有对应关系，并指出汉语"鸟"的声母从 t- 变成 n- 大概始于元代，其上古声母是什么存疑。金理新（2012：322）认为苗瑶语的"鸟"未必与汉语的"鸟"有关系，汉语的"鸟"现代音为 niau^{214} 可能与后来演变为"男性生殖器"而避讳改读有关。

郑张尚芳和潘悟云将侗台语表达概念"鸟"的词与汉语的"鹜"比较。考察"鹜"的中古和上古读音，两位前辈的比较是很有道理的。

《广韵》中，"鹜"有两个反切：亡遇切、莫卜切。释义时，《广韵》为："鹜，鸟名，又音目。""目"字为明母屋韵合口三等入声字，李方桂拟作 mjuk、王力拟作 mǐuk、潘悟云拟作 miuk。各家拟音与今天的仫佬语的另一读音 mjɔk^8 十分一致。

这样，黎语表达概念"鸟"的词就有三个不同来源：一是来自汉语"鸟"的上古音，二是来自汉语"鹜"的上古音，三是借自汉语"鸟"的近现代音。

5.6　狗（dog）

"dog"在《百词表》中排列在第 21 位。概念"狗"在黎语各方言或土语中的读音见表 5-11。

表 5-11　黎语代表点的"狗"

保定	中沙	黑土	西方	白沙	元门	通什	堑对	保城
pa^1	pa^1	ma^1	pa^1	pa^1	pa^4	pa^4	pha^4	pa^4

加茂	保城$_2$	加茂$_2$	昌江石碌	乐东尖峰	乐东三平	陵水隆广	堑对$_2$	通什$_2$
pou^4	pa^4	pou^4	pa^1	pa^1	pa^1	pa^4	pha^4	pa^4

从上面所列的读音情况看，概念"狗"在黎语各方言或土语中的读音存在两种情况：两类音节主要元音一致，声母均为双唇音，一种为双唇塞音，另一种为双唇鼻音。双唇鼻音清化后容易演变为同部位的塞音（m＞m̥＞p/ph），因此，黎语表达"狗"这一概念在方言中的读音有所不同，实际上为同一个词的方言变体。两相比较，黑土话 ma^1 "狗"要比以保定话为代表的 pa^1 "狗"稍显古老。

黎语的 ma^1 "狗"在侗台语族语言中普遍存在，见表 5-12。

表 5-12　侗台语族相关语言的"狗"

临高	壮	布依	傣西	傣德	水	毛南	锦	莫	巴央	居佬	普标	大佬
ma^1	ma^1	ma^1	ma^1	ma^1	ma^1	ma^1	ma^1	ma^1	ma^{31}	mu^{31}	mu^{31}	mpau^{33}

表 5-11 中侗台语族语言前 10 种表达概念"狗"的读音都是第一调的 ma^1。居佬语 mu^{31}"狗"和普标 mɯ^{31}"狗"韵母变为后高元音。大佬语 mpau^{33}"狗"衍生出了塞音声母 p-，以前的声母 m- 蜕化为冠音，韵母也因为双唇音声母的缘故衍生出后高元音韵尾 -u。大佬语 mpau^{33}"狗"很好地证明了黎语 ma^1＞pa^{1}的可能。

表达概念"狗"的词，侗台语族有几种语言与上述所列语言的读音差别较大：

侗南	侗北	仫佬	比佬	拉珈
ŋwa^1	kwa^1	ŋ̊wa^1	ŋəɯ^{31}	khwɔ̃^{1}

上述音节格局，韵母中的无擦通音 w，又称为半元音，是双唇鼻音声母 m 对后面韵母 a 产生影响衍生出来的一个介音，这个介音的存在暗示这类音节与壮侗语 ma^1"狗"之间的语音演变关系。侗南语 ŋwa^1"狗"、仫佬语 ŋ̊wa^1"狗"、比佬语 ŋəɯ^{31}"狗"中的舌面后声母保留鼻音特征，拉珈语 khwɔ̃^{1}"狗"原先的鼻音声母 m 已经消失，但其鼻音影响了主要元音，使得主要元音 ɔ 鼻化。侗南语 ŋwa^1"狗"与侗北语 kwa^1"狗"之间的不同很好理解，因为鼻音声母从音理上很容易演变为同部位的塞音声母，上面我们在讨论黎语的 ma^1"狗"与 pa^1"狗"演变关系时已经有过论述。问题是侗台语族中分布十分广泛的 ma^1"狗"与分布范围相对要小得多的 ŋwa^1、kwa^1、ŋ̊wa^1、ŋəɯ^{31}、khwɔ̃^{1} 声母之间的演变关系怎么解释。本书认为，表达概念"狗"的原始侗台语应该还有一个声母为发音部位靠后的塞音的非词根音节。"狗"，金理新（2012：331）便拟原始侗台语为 *q-ma（q 为小舌舌根塞音）。这个构拟是合理的。侗台语的 *q-ma 与汉藏语系其他语族的语言关系不明显，可能是侗台语族的自有词。吴安其（2002：249）拟原始台语为 *m̥a^A，原始侗台语为 *k-ma，与金理新构拟的格局一致。

郑张尚芳（1995：452）将侗台语的 *ma "狗"与古汉语的 *maaʔ "莽"比较。"莽"为会意字，其义应与"犬"有关。《广韵》有三个反切：莫补切、模朗切、莫厚切。在解释模朗切这一读音时，《广韵》引《说文解字》："莽，说文曰：'南昌谓犬善逐兔於草中为莽。'"郑张先生认为台语的 *ma 是专名"猎犬"转化为通名。那么这是否预示着台语的 *ma "狗"与汉藏语有一定的语源关系呢？《说文解字》说的是当时南昌一地的读音，这个音的性质很有可能并非汉语方言性质，杨雄所著的《方言》并未收录该词，今天的南昌话"狗"读作 ckieu。南昌在公元前 3000 多年前已经形成了古代南昌居民聚居区，而公元前 202 年，汉高祖刘邦始命颍阴侯灌婴驻守南昌一带，修筑"灌城"，并取"昌大南疆"和"南方昌盛"之意，定名"南昌"。可见汉时南昌音 *maaʔ "莽"为土著"越人"的土语音。谭晓平（2006）在其《汉藏语系的"狗"》一文中指出，郑张先生用于跟侗台语 *ma 比较的 *maaʔ "莽""极有可能是侗台语底层词"，因为"汉以前南昌郡地的主要居民为越人，而其后裔则为唐宋时代出现的侗台语系诸民族。"陈孝玲（2009：

34）肯定了谭晓平的观点，强调侗台语 *ma 是本民族固有词。

本书发现表达"狗"这一概念，类似黎语 ma^1 读音的情况在侗台语族之外的语言中也零星存在，如金理新先生（2012：331）引述的马领哥语 k^{h}uma "狗"。但是原始南岛语（简称"PAN"）为 *asu。马领哥语 k^{h}uma "狗"在南岛语中是孤例，应该是属于古侗台语借词。陈孝玲（2009：33）也引录了吴清河（2000：61）所列与侗台语族读音相近的几种藏缅语的古方言音，本书照录于后：

僳僳语　拉祜语　苏龙路巴语　那加语　博多语

na^{31}　phɯ^{53}　boh^{53}　　fa　symá

僳僳语的声母 n 由 m 演变而来：n-<*m-。如"疮"，僳僳语为 bɯ^{44}na^{44}，弥勒彝语为 bu^{33}mo^{33}；"爱"僳僳语为 ni^{35}nu^{33}，哈尼语为 mi^{55}mɣ^{31}。吴清河（2000）据此断定"藏缅语古方言中也有把'狗'叫做 *ma 的"。

吴安其（2002：317）拟原始侗台语"狗"为 *k-ma。认为侗台语"狗"的读音与南岛语无关，"其来历可能是古汉藏语的方言"。吴安其先生列举了 4 个藏缅语语言的例子予以佐证。

喜马拉雅语支的巴拉里语 kō-chū-mā "狗"，东马里语 kū-ti-mā "狗"。加绒语 khə-na "狗"，博多语 sŭi-mā "狗"。结合吴清河、吴安其所列举的例子来看，"狗"读作 ma 有比较广泛的覆盖范围，因此侗台语的"狗"肯定与藏缅语存在同源关系。考虑藏缅语内部的复杂性，可能是藏缅语内部支系南下受侗台语影响吸收古南方语言词汇的可能性比较大。吴安其（2008）对自己原来所持观点进行了修正："藏缅语不同支系的语言……有一部分是史前南下时吸收的南方语言词汇的底层词，与侗台语'狗'接近的藏缅语方言大概应属这类情况。"

5.7　虱　　子（louse）

"louse"在《百词表》中排在第 22 位。黎语的"虱"分为"身虱"（或"衣虱"）和"头虱"。

概念"身虱"或"衣虱"在黎语各方言或土语中的读音见表 5-13。

表 5-13　黎语代表点的"身虱"或"衣虱"

保定	中沙	黑土	西方	白沙	元门	通什	堑对	保城	加茂
than^1	than^1	then^1	thaŋ^1	thaŋ^1	than^1	than^1	than^1	than^1	ten^1

该类词语本指身上的虱子，但近几年的调查材料表明"虱子"已经不分"身虱"和"头虱"，而是由"头虱"一词作为构词语素，如廖二弓话"头虱"读作 tɔk^{31}tau^1。

该词为侗台语族同源词，在侗台语族各语言及其方言中有鲜明的对应关系，见表5-14。

表5-14 侗台语族相关语言的"身虱"

临高	壮	布依	傣西	傣德	侗	水	仫佬
don²	nan²	nan²	min²	min²	nan¹	nan²	nan²

毛南	锦	莫	拉珈	朗央	巴央	普标	拉基
nan¹	nan²	nan²	ŋwan¹	te³¹²	nan³²²	nan⁵⁴	tiã²⁴

侗台语族该词普遍有前鼻音韵尾，主要元音为前元音，并且低元音 a 覆盖范围很广，不同语言或方言的不同或是元音开口度稍有差别，或是声母稍有差别。黎语"虱子"的声母均为舌尖中清塞音，其中加茂话 ten¹ 为不送气清塞音，其余方言为送气清塞音。被称为西江黎语的临高话 don²/dɔn²、朗央话 te³¹²、拉基话 tiã² 声母的发音部位和发音方法与黎语基本一致。壮、布依、侗、水、仫佬、毛南、锦、莫、巴央、普标等语言声母为同部位的鼻音声母 n-。傣语与其他语言比较差异最明显，不仅主要元音高化为舌面元音 i，而且声母为双唇鼻音 m。双唇鼻音的存在暗示古侗台语中该词存在一个声母为 m- 的非词根音节，这个音节后来促使词根音节的声母在一些语言中演变为前鼻音声母 n-。因此本书构拟古侗台语的"虱子"一词为 *m-dan。金理新（2012：341）拟原始侗台语为 *m-lan～*mdan。加茂话 ten¹ "虱"应该比以保定为代表的 than¹ "虱子"更为底层。吴安其（2002：249）认为通什话 than¹ "虱子"由*tenᴬ 演变而来，且拟原始侗台语*m-den。梁敏和张均如（1996：318，624）拟原始侗台语为*mlen，原因是泰语"虱子"为 len²，邕宁壮语"虱子"为 mlan²。边音 l- 塞化是汉藏语演变的常见现象：*mr-/ml->*t-/d-。邢公畹（1999：213）也认为泰语 len² "虱子"声母由*ml/r- 演变而来。他将傣语 min² "虱子"、泰语 len² "虱子"与广州话的 man²<ˎmjuən<*ˎmjən "蚊"比较。他认为泰语"蚤""虱"同词，汉语常说"蚤虱""蚤蚊"。邢先生据《说文·虫部》对"蚤""虱""蟊""蚊"概念意义的注释，认为"虱"包括"蚤"和"蟊"，"蟊"即"蚊"。邢公畹的观点可以很好地解释傣语的读音，但对侗台语族其他语言及其方言"虱子"一词的读音缺乏解释力。本书认为侗台语的*m-dan "虱子"跟汉语的"虱子"没有联系，应该属于远古南方语言的固有词。

藏缅语和汉语一般不区分"身虱"和"头虱"，但是侗台语族和苗瑶语族均区分"身虱"和"头虱"。与古南方语言关系密切的苗瑶语族语言和侗台语族语言，在表达"虱子"这一概念上关系密切。下面看看这一概念在苗瑶语族语言中的读音情况，见表 5-15。

表 5-15　苗瑶语族相关语言的"身虱"

黔东苗语	川黔苗语	东北苗语	布努瑶语	勉瑶语	标敏苗语	长垌	多祝
kaŋ¹ɬe³	to³	tu³	ka¹tuŋ³	tam³	dan³	taŋ⁵³	taŋ³³

湘江	长坪	东山	三江	大坪	养蒿	文界	
taŋ⁵³	tam⁵³	dan³⁵	dan³⁵	dam²⁴	tɛ³⁵	nɜ³¹	

黎语表示"身上虱子"的词语显然与苗瑶语关系密切，特别是西方话、白沙话的 thaŋ¹，后鼻音在侗台语族语言中少见，但是在苗瑶语族语言中却极为常见，如长垌、多祝苗语和湘江、布努瑶语。考虑苗瑶语该词存在 -m 韵尾，吴安其（2002：288）拟原始苗瑶语*tomʔ。

本书认为原始侗台语 *m-dan 与原始苗瑶语 *tomʔ 应该都来自远古南方民族使用的语言。吴安其（2002：317，323）将侗台语*m-den"衣虱子"与缅文 tθan³ < *sran "虱子"比较，认为苗瑶语 *tomʔ 来自孟高棉语。意思是说，侗台语中该词可能来自汉藏语系，而苗瑶语中该词则来自南亚语系，理由并不充分。

金理新（2012：337-340）也认为苗瑶语跟台湾南岛语"虱子（身上）"一词应该有共同来源。身上的"虱子"，原始南岛语为 *ţuma。该词在今天台湾南岛语里的情况见表 5-16。

表 5-16　台湾南岛语的"身虱"

排湾	鲁凯	邹	阿眉斯	布农	邵	卑南	耶眉
tatsu	datsu	teotsu	tumɘʃ	tumbus	tumbuʃ	daraţu	tuma

显然，台湾高山族内部语言分歧较大，金理新先生认为苗瑶语"虱子"一词是由耶眉语 tuma 的形式演变而来的。但为什么不能做相反的判断呢？台湾南岛语的"虱子"首音节的声母均为舌尖塞音，苗瑶语"虱子"一词的声母也基本上为舌尖塞音，故有苗瑶语与台湾南岛语"虱子（身上）"一词应该有共同来源的判断。但是侗台语"虱子"一词各方言或土语为同源关系也是不争的事实，只是声母更为多样化而已。苗瑶语族和侗台语族肯定有共同来源，否则就无法解释为什么从古侗台语 *m-dan 演变而来的黎语"虱子"一词何以跟大量苗瑶语"虱子"一词读音相同。更好的理解应该是南岛语、苗瑶语、侗台语该词同源，而不是苗瑶语"虱子"一词是由耶眉语 tuma 形式演变而来。毕竟"台湾南岛文化的源头在大陆"（吴安其，2009：1）。

"头虱"在黎语各方言或土语中的读音见表 5-17。

表 5-17　黎语代表点的"头虱"

保定	中沙	黑土	西方	白沙	元门	通什	堑对	保城
fou^1	tshou^1	tshou^1	fou^1	fou^1	fhou^1	fou^1	tshou^1	tshou^1

加茂	保城$_2$	加茂$_2$	昌江石碌	乐东三平	陵水隆广	堑对$_2$	通什$_2$	廖二弓
tau^1	tsəu^1	tau^1	pəu^1	fəu^1	səu^1	səu^1	sip^5	tau^1

乍看，黎语内部"头虱"一词颇为复杂，但考虑同部位的声母容易相互演变的语音演变特点，上述方言中的不同读音可以做个简单归类：①fəu^1、pəu^1、fou^1、fhou^1，②tshou^1、səu^1、tau^1，③sip^5。

f、h 均为擦音，不少语言或方言容易混读，如汉语西南官话遇合口呼便 f、h 不分。元门话 fhou^1 的存在表明"头虱"一词在黎语方言中有可能演变为 fou^1 或者 hou^1，而在韵母不变的情况下 hou^1 可能演变为 ɣou^1 或者 kou^1（也有可能是相反的演变方向）。当然在声母不变的情况下，韵母完全有可能发生旁转。舌尖前塞擦音 tsh- 可以演变为同部位的擦音 s 或 z，也可以分化出舌尖塞音 t-。堑对话便由 tshou^1 演变为 səu^1。这些情况在整个侗台语族语言中肯定会有所表现，见表 5-18。

表 5-18　侗台语族相关语言的"头虱"

壮	布依	临高	傣西	傣德	侗	仫佬	锦	莫	拉珈
ɣau^1	zau^1	kat	hǎu^1	hau^1	ta: u^1	khɣo^1；khɣəu^1	təu^1	təu^1	cou^1

黎语 tshou^1 "头虱"一词在苗瑶语中能找到十分近似的对应音，如川黔滇苗语 tʂhəu^3 "头虱"、石门话 ŋtʂhau^{55} "头虱"、枫香话 ntshou^{55} "头虱"。这种情况应该不是偶然，但是所有从事汉藏语同源研究的学者都未对此注意。金理新（2012：337-342）拟语词"头虱"的苗瑶语共同形式为 *m-syeʔ，原始侗台语共同形式为 *q-tu，构拟前者列举了石门、枫香的语音材料，构拟后者列举黎语的材料"头虱"的读音为 fou^1 而非 tshou^1。本书认为黎语方言中的"头虱"tshou^1、səu^1、tau^1 一类均为汉语借词"蚤"。"跳蚤"一词，加茂话为 tau^{1}pou^4，廖二弓话为 tau^1。

黎语的汉语新借词，通常把汉语 ts、tʂ、s、ʂ 声母对译为 t 声母，如表 5-19 中的几个汉语借词。

表 5-19　黎语代表点的汉语借词

汉语借词　代表点	保定	中沙	黑土	西方	白沙
胜利	teŋ^{2}li^1	teŋ^{1}li^1	teŋ^{1}li^1	teŋ^{3}li^3	toŋ^{1}loi^2
书记	tu^{2}ki^2	tu^{3}ki^2	tu^{3}li^2	tu^{1}ki^1	toi^{3}koi^1
总理	toŋ^{3}li^3	toŋ^{3}li^3	toŋ^{3}li^3	toŋ^{3}li^3	toŋ^{2}li^2

续表

汉语借词＼代表点	元门	通什	堑对	保城	加茂
胜利	teŋ⁵li⁵	teŋ⁵li⁵	teŋ⁵li⁵	teŋ⁵li⁵	teŋ⁵li⁵
书记	tu¹ki⁵	tu¹ki³	tu¹ki³	tu¹ki³	tu³ki¹
总理	toŋ⁴li⁴	toŋ⁴li⁴	toŋ⁴li⁴	toŋ²li²	toŋ²li²

石门话 ŋʈʂhau⁵⁵ "头虱"、枫香话 ntshou⁵⁵ "头虱" 表明，韵母 -au 可以演变为 -ou，表 5-18 中侗台语族语言的 "头虱" 韵母多为 -au 或 -ou 也证明了这一点。黎语方言中的 "头虱" tsəu¹、tshou¹、səu¹ 可能反映的是较为古老的汉语借词。下面介绍表 5-20 中汉语效摄章母字 "照" （用灯照）在黎语方言中的读音情况。

表 5-20　黎语代表点汉语借词 "照"

保定	中沙	黑土	白沙	元门	通什	堑对	保城	加茂
tsiː u²; tshau¹	tsiː u²	tsiu³	tsiu²	tsiu⁵; tshau¹	tsiː u⁶; tshaŋ¹	tsio⁶	tsiə⁶	tsiə⁴

保定、元门、通什的方言 "照" 的第二种读音明显是新借汉语读音，第一种读音则是早期汉语借词读音。

"跳蚤" 一词，加茂话为复合词 tau¹pou⁴，证明 tau¹ 和 pou⁴ 为来源不同的两个词，即黎语方言中的 "头虱" fəu¹、pəu¹、fou¹、fhou¹ 这一类与来自汉语借词 "蚤" 的 "头虱" tshou¹、səu¹、tau¹ 这一类有不同来源。黎语方言中的 "头虱" fəu¹、pəu¹、fou¹、fhou¹ 这一类可能与壮语、傣语、仫佬语和南岛语之间存在语源关系，下文对相关语言 "头虱" 读音进行比较，见表 5-21。

表 5-21　侗台语族、南岛语系的 "头虱"

侗台语族语言	保定	元门	昌江石碌	乐东三平	廖二弓	壮	临高	傣西	傣德	仫佬	拉珈
	fou¹	fhou¹	pəu¹	fəu¹	tau¹pou⁴	ɣau¹	kat	hǎu¹	hau¹	khɣo¹; khɣəu¹	cou¹
南岛语系语言	排湾	鲁凯	邹	阿眉斯	布农	邵	卑南	耶眉			
	ʔutsu	kutsu	ʔətsuu	kutu	kutu	kuəu	kuʈu	kutu			

海南临高话 kat、仫佬语 khɣo¹ 或 khɣəu¹、拉珈语 cou¹ 的音节起始辅音与上述南岛语系诸语言起始辅音都为发音部位靠后的清塞音。"头虱" PAN 为 *kuʈu，PMP 为 *kutu。这暗示侗台语的该词与南岛语同源，后因尾音节脱落保留起始

音节*ku，逐渐演变成今天的音节格局。其演变路径大概是这样：kuʈu/quʈu＞kut/qut＞ku/qu＞kou/qou/cou＞xou/ɣou/hou＞fou＞pou（所有音节中的韵母都可能发生旁转）。

通什$_2$话"头虱"sip^{5}应该是借自闽南话的"虱"字读音。闽南话的"虱"有两读：sap^7、sat^7。

5.8　树（tree）

"tree"在《百词表》中排在第23位。表达"树"这一概念的词，黎语各方言或土语的读音见表5-22。

表 5-22　黎语代表点的"树"

保定	中沙	黑土	西方	白沙	元门	通什	堑对	保城	加茂
tshai^1	tshai^1	tshai^1	tshai^1	tshai^1	tshai^1	tshai^1	tshai^1	tshai^1	tshai^1

保城$_2$	加茂$_2$	昌江石碌	乐东尖峰	乐东三平	堑对$_2$	陵水隆广	通什$_2$	廖二弓	
tsai^1；sai^1	nau^{2}tshai^1	tshai^1	khɯːŋ^{2}tshai^1	sai^1	tsai^1	ʈai^1；kuŋ^{3}ʈai^1	sai^5	tshai^{51}	

欧阳觉亚和郑贻青整理的黎语语音材料里，表达"树"这一概念的词均读作tshai^1，本书整理的黎语方言读音表现出一定的方言差异，有双音节，也有单音节，主要构词词根有 tsai^1、tshai^1、sai^1、ʈai^1。这 4 个读音不同的词根从音理上看，应该属于有共同来源的同一词根在不同方言中的语音变体。

为方便考察黎语与侗台语族语言之间的关系，相关语言的读音见表5-23。

表 5-23　侗台语族相关语言的"树"

壮	布依	临高	傣西	傣德	侗	仫佬	水	毛南
fai^4；mai^4	fai^4；ko^{1}fai^4	dun^3	kɔ^{1}măi^4	ton^{3}mai^4	məi^4	mai^4	mai^4	mai^4

锦	莫	大佬	普标	比佬	巴央	拉基	拉珈	黎
mai^4	mai^4	tai^{33}	tai^{53}	ta^{33}	ti^{33}	tie^{33}	tsei^5	tshai^1；tsai^1 sai^1；ʈai^1

fai^4"树"的分布比 mai^4"树"的分布要狭窄得多。龙州、邕宁壮语mai^4"树"，武鸣、柳江壮语fai^4"树"，表明fai^4"树"由mai^4"树"演变而来。李方桂（2011：66）指出北支台语以 f- 代替 m-，不知道是在什么条件产生这种不

同演变，他认为北支的 f- 前一阶段可能为 *mw-。拉珈语 tsei[5] "树" 与黎语 tsai[1] "树" 读音十分相似，只是主要元音开口度稍小而已，这表明，黎语 "树" 的读音并非孤例。大佬语 tai[33]、普标语 tai[53]、比佬语 ta[33]、巴央语 ti[33]、拉基语 tie[33] 声母均为舌尖清塞音 t，这表明这几种语言的 "树" 来源相同，其中大佬语 tai[33]、普标语 tai[53] 与陵水隆广话 ʈai[1] 近乎完全一致。t-/ʈ- 类音在上述语言中的分布相对而言也比较广泛，这种情况表明该类音可能是较为底层的音。因为一般而言，如果一个词在有亲缘关系的不同语言中出现的范围越广，就越有可能是底层的读音；反之，如果一个词只是在有亲缘关系的语言中的个别语言中出现，这个词就有可能来源不同，或者是后起的语音变体。tshai、sai 仅仅在黎语中出现，应该是黎语内部的方言变体。黎语 "树" 的演变应该是这样：ʈai[1]>tsai[1]>tshai[1]>sai[1]。tai（或者其变体）与 mai（或者其变体）在侗台语族语言中较为广泛存在暗示两类音可能存在一定的关系。最有可能是在原始侗台语中表达 "树" 这一概念的词语同时含有 m- 音节和 t- 音节，后来出现音节脱落现象。

　　属于黎语赛方言的廖二弓话 "木" "木材" "木料" 为 ma[33]tshai[51]，"棺木" "棺材" 为 tɔ：ŋ[51]tshai[51]，"树" 为 ma[11]tshai[1]。据金理新（2012：368）介绍，布央语 ma[0]ti "树"、ma[0]tibaŋ[322] "桃树"、mai[322]coŋ "松树"，拉基语 m[33]tie "树"、m[33]tie[33]va[33] "棕树"、mi[33]sɛ[55] "椿树"。可见，黎语方言和侗台语族中部分其他语言中都保留了 "树" 读作双音节的情况。吴安其（2002：249）据彬桥话 mai[4]<*mai[B]、黎语 tshai[1]<*tai[A]、贞丰仡佬语 mo[42]tai[42]<*m-tai[B]，构拟 PKT*m-taɣ。邢公畹（1999：473）将泰语、傣语 mai[4]（树）<*mw- 与广州话 mok[8]（木）<*muk₆ 比较，认为 " '树' '木' 同词，汉语台语一致"。本书认为邢公畹的观点有待商榷，因为侗台语族中有些语言，同时存在两个不同的词。比如，壮语表示 "木" 这一概念的有 fai[4] 和 mok[8]，而临高话 "树" 与 "木" 分别为 dun[3]、mok[8]，毫无疑问 mok[8] 为汉语借词 "木" 的读音。

　　侗台语族中覆盖面较广的 mai[4] "树" 在黎语和临高话中与表达 "甘蔗" 概念的词语近似，临高话 mai[3] "甘蔗"，黎语 ma：i[3] "甘蔗"。白保罗（1984：364）记录临高话 "甘蔗" 为 moi，黎语 "甘蔗" 为 *maɣ，并将它们放在台语 *maɣ "树，木，（阿函语）竹子，蔗" 词条内，视为同源。陈孝玲（2009：39）接受白保罗先生的观点。

　　本书认为，黎语的 tshai[1] "树，木" 应该来自原始侗台语，其可能的演变路径是：*m-taɣ>ʈai[1]>tsai[1]>tshai[1]>sai[1]，甘蔗则是：*m-taɣ>*maɣ>mai。

　　乐东尖峰语 khɯ：ŋ[2]tshai[1] "树" 是个同义复合词，khɯ：ŋ[2] 可作 "树" 义词根参与构成 "树" 的下位词，如 khɯ：ŋ[2]tha：u[3] "桃树"、khɯ：ŋ[2]li[3] "李树"、khɯ：ŋ[2]li[2] "梨树"。khɯ：ŋ[2] 和 tshai[1] 均可表达 "茎" "秆子" 概念，比如，黎语保定话 khɯ：ŋ[2]tsɯ[2?]jun[2] "椰子树茎"、khɯ：ŋ[2]tsɯ[2]lu：k[9] "玉米秆"，廖二弓

话 tshai⁵¹pe¹¹ "玉米秆"。khɯːŋ² 还可以用作树木的量词，如 tsɯ²khɯːŋ²tshai¹ "一棵树"。这种由实体名词转化为量词现象反映出人类的共同心理，汉语的量词"棵"原意便是"断木"（《广韵》释义）。

黎语 khɯːŋ² "茎" "秆子" 可与侗台语的泰雅语 tɕiŋ⁵ "树枝"、泰语 kiŋ⁵ "树枝"、傣西语 kiŋ⁵ "树枝"、傣德语 kiŋ⁵ "树枝" 比较。陈孝玲（2009：37-40）便将黎语 khɯːŋ² "树枝" 与同词条下的侗台语族其他语言进行比较，并引述梁敏和张均如（1996：161，708）构拟的原始侗台语 *kiŋ "树枝" 为证。邢公畹（1999：463）将傣语和泰语的 "树枝" 与汉语的 "茎" 比较：广州话 haŋ²＜ ᵧeŋ＜ ᵧriŋ。广州话 "茎" 白读 kiŋ⁵，厦门话 "茎" 读 kiŋ°。本书赞成陈孝玲和邢公畹的观点。黎语 khɯːŋ² "树" "茎" 应该与汉语的 "茎" 有同源关系。《说文·艸部》："茎，枝柱也。"《广韵》："茎，草木榦也。"《楚辞·九歌·少司命》："秋兰兮青青，绿叶兮紫茎。"

5.9 果子/种子（seed）

"seed" 在《百词表》中排在第 24 位。表达 "果子/种子" 这一概念的词，黎语各方言读音见表 5-24。

表5-24 黎语代表点的 "果子/种子"

词条 ＼ 代表点	保定	中沙	元门	通什	堑对	保城
种子	fan¹	fan¹	fan¹	fan¹	fan¹	fan¹
果子	tshoːm¹	tshoːm¹	tshuam¹	tshoːm¹	tshɔːm¹	tshɔːm¹

词条 ＼ 代表点	黑土	西方	白沙	加茂	廖二弓
种子	phen¹	faŋ¹	faŋ¹	tshan¹	tshan⁵¹
果子	tsham¹	tshoːm¹	tshuam¹	mɯat⁷	mɯat⁵⁵

黎语表达 "种子" 和 "果子" 概念的词在黎语方言内部是对立的，但是方言之间存在交叉现象。加茂、廖二弓的黎语方言 tshan "种子" 在其他黎语方言中表示 "果子" 这一概念，加茂、廖二弓的 mɯat "果子" 在其他黎语方言中却没有出现。下面分别予以讨论。

fan¹ "种子" 在黎语方言中分布最为普遍，黑土话 phen¹，西方话、白沙话 faŋ¹ 均是 fan¹ "种子" 的方言变体。黎语该词在侗台语族语言中存在类似的音，参见表 5-25。

表 5-25　侗台语族相关语言的"种子"

泰	老挝	仫佬	侗	毛南	临高	水	莫	布依	傣德
phan^2	phan^2	pən^3	pan^1; wan^2	pən^3; van^1	mak^8 vɔn^2	wan^1	van^1	hɔn^1	fan^2

傣德语 fan^2 "种子"与黎语 fan^1 "种子"一词的读音最为一致，其他语言的读音尽管有所不同，但明显都有共同来源。李方桂（2011：71）指出，原始台语 *v- 在西南方言中，通常轻化为 f-，只有阿函跟掸语是 ph-，除了土语读 v- 外，中支方言通常都是读 f-，北支方言也是读 f-。李方桂把原始台语"种子"一词构拟成 *v- 可以解释 f-（田州 fan）、h-（凌云 hɔn、册亨 hon）的演变关系，但是无法解释 ph-（阿函语 phan、掸语 phǎn）何以由 v- 演变而来。比较而言，梁敏和张均如（1996：19）构拟的原始台语 *bwən 要有更强的解释力：*bw->b->p->ph->f-> h- 和 *bw->w->v->f->h-。历史比较语音学存在这样一个语音演变规律：发音部位相同的而发音方法不同的辅音可以相互演变，发音方法相同而发音部位不同的辅音可以相互演变，前者一般是塞音＞塞擦音＞擦音，后者一般是发音部位前移，但是也不排除反向演变的情况，如汉语的"姐" tɕ-<*ts-、"主" tʂ-<*tɕ-。吴安其（2002：249，317）拟早期黎语 *pan^A，认为其来自原始侗台语 *p-len，甚至强调侗台语 *p-len 与上古汉语 *b-loŋʔ "种"读法相近，怀疑它们之间存在同源关系。泰语表达"种子"概念有两个词：phan^2 和 ma^{2}let^8，这两个词语音差异太大明显有不同来源，将 let^8 与黎语 fan^1、侗语 pan^1 等侗台语比较显然不合适。泰语 ma^{2}let^8 "种子"又可以读作 met^8、let^8，其实当与汉语的"米"比较。李方桂便将泰语的 ma^{2}let^8 和汉语的"米"比较。邢公畹（1999：200，201）对此作了详细讨论，今摘其精要引述：

郭沫若（《殷契粹编考释》页 37）："'米'盖读为'类'，'类'从'颣'声，'颣'从'米'声，例可通假。《周礼·大祝》（按见《十三经》页 808）：'一曰类'，《注》云：'类，祭名也。'《小宗伯》（《十三经》页 768）：'类社稷宗庙'，则宗庙之祭亦得用之。"以谷种祭宗庙盖取其种类滋生之意。《荀子·礼论》："礼有三本，天地者生之本也，先祖者类之本也；……"《注》："类，种也。"

现代汉语中，"种类"为同义复合词，作"种类"解时，"类"与"种"能作同义替换，如"同一类人"可以替换为"同一种人"。

黎语 fan^1 "种子"及其方言变体来自原始侗台语 *bwən，与汉语的"蕃"可能存在同源关系。"蕃"之义可与"种"相通。《广韵》："蕃，息也滋养也又音藩。"《易·坤》："天地变化，草木蕃。"孔颖达疏："谓二气交通，生养万物，故草木蕃滋。""蕃"中古音为并母元韵合口三等平声字，中古声母为 p-（邵荣芬拟）或 b-

（潘悟云拟）或 bh-（王力拟），现代汉语音为 fan，其读音与黎语 fan^1 "种子"完全一致。邢公畹（1999：249）便将傣语 fan^2 "种子"、阿含语 phān "种子"与汉语广州话的 fa：n^2（番）<ˌbjwɐn<*ˌbjan 比较。

黎语 tsho：m^1 "果子"及其方言变体是汉语借词，对应于汉语词"种"。黑土话 $tsham^1$ "果子"，加茂话 $tshan^1$ "种子"其实是同一个词，但是因为加茂表达"果子"概念保留了黎语底层词 $muat^7$，因此 $tshan^1$ 就对应现代汉语的"种子"。其实黎语的"果子"指的就是"某些植物花落后，含有种子的部分。"（《汉黎字典》第 66 页）黎语"果子"有时候直接说成 tsho：m^1tshai^1（《壮侗语族语言词汇集》第 70 页），其字面意思便是"树的种"。普通话"种"韵母为 -uŋ，汉语方言中也多为后鼻音韵母，少数方言为前鼻音韵母，并且主要元音不同，如长沙话读作 ˈtsən "种"、双峰话读作 ˈtan "种"。加茂话 $tshan^1$ "种子"、廖二弓话 $tshan^{51}$ "种子"与汉语"种"的对应关系十分清楚。黎语其他方言借用汉语词"种"的情形不容易发现，因为音义发生了较为显著的变化。黑土话 $tsham^1$ "果子"的音义显示了其与加茂话 $tshan^1$ "种子"的联系，两处黎语方言只是韵尾的不同，汉语韵母的韵尾 -n 在黎语中普遍对应为韵尾 -m。请看表 5-26 中黎语汉语借词的例子。

表 5-26　黎语中的汉语借词

代表点 ＼ 词条	参加	海南（岛）	经验	缺点	主任
保定	$tsham^3ke^3$	ha：i^3nam^3	$keŋ^2ni：m^1$	khu：$i^2di：m^3$	tu$zi：m^1$
中沙	$tsham^3ke^3$	ha：i^3nam^3	$keŋ^3ŋiam^1$	$khoi^{27}diam^3$	tsu^3zin^1
黑土	tsha：m^2ke^2	ha：i^3nam^3	$keŋ^2niam^1$	khu：i^1diam^3	tu^3zin^1
西方	$tsham^3ke^3$	ha：i^3nam^3	$keŋ^2niam^1$	kho：i^2diam^3	tu^3zem^1
白沙	$tsham^3ka^3$	hoi^{3}na：m^4	$kian^3ŋiam^2$	$khit^8diam^1$	tsi^3zin^3
元门	$tshiam^4ke^1$	hai$^4nam^4$	kiŋ^{1}ni：n^5	khu：i^3diam^4	tu^4zum^5
通什	tsha：m^1ke^1	ha：i^4nam^4	$keŋ^1niam^5$	khu：i^5diam^4	$tu^4zi：m^5$
堑对	$tsham^1ke^1$	ha：$i^4na：m^2$	$keŋ^1niam^5$	khu：i^5diam^4	$tu^4zi：m^5$
保城	tsha：m^1ke^1	ha：$i^2na：m^4$	$keŋ^1niam^5$	khu：i^5diam^2	$tu^2zi：m^5$
加茂	tsha：m^3ke^3	ha：$i^2na：m^4$	$keŋ^3ŋiam^5$	$khuəi^1diam^5$	$tu^2ziəm^5$

加茂话 $muat^7$ "果子"与廖二弓话 $muat^{55}$ "果子"在侗台语族其他语言中可以找到同源词，见表 5-27。

表 5-27　侗台语族相关语言的"果子"

临高	壮	傣西	傣德	布依	泰	老挝	布央
mak^8	ma：k^7	mak^8	ma：k^9	ma^5	ma：k^9	ma：k^9	ma：k^{11}

梁敏和张均如（1996：286，541）拟原始侗台语为 *mak "果子"。邢公畹（1999：465，557-563）拟原始台语 "果子" 的声母为 *hm-，将台语该词与汉语的 "木" 字比较，详细地讨论了《诗经·木瓜》中 "木瓜" "木桃" "木李" 中的 "木" 其义为 "果实" 之 "实"。邢公畹认为古代称 "果实" 为 "木"，并举现代安庆方言称 "果实" 为 "果木" 加以佐证。广州话 mok[8]（木）< *muk < **moog，与今多数侗台语 ma：k "果子" 的读音仍比较一致。因此该词前上古汉语与原始侗台语是有同源关系的。黄树先（1995，2003）也赞同邢公畹的观点。陈孝玲（2009：44-48）对前人的观点作了详细陈述，并在此基础上提出了自己的观点。她认为汉语的 "木" 本身并无 "果实" 义，侗台语的 ma：k[9] 不能与汉语的 "木" 比较，并以壮语 "木瓜" 的两种读法（mok[8]kva[1] 和 ma：k[9]suŋ[1]）为例证明 mok[8] "木" 与 ma：k[9] "本" 是对立的。陈孝玲采纳了沙加尔的观点，认为上古汉语部分谷实和水果名称前带有前缀 *m-，上古汉语用 "木" 表示 "果实" 的用法其实是借 "木" 字记录果类前缀类似 *m- 的模糊音。

本书认为陈孝玲的观点有一定的道理。词义的变化不外乎隐喻和转喻两条路径，上古汉语的 "木" 本表示今义的 "树"，由 "树" 义引申到 "果实" 义是没有道理的，上古汉语用 "木" 来表示 "果实" 义其实是语音隐喻，也就是俗话说的 "假借" 用法，但至少表示上古汉语部分果实名词前带有类似 "木" 读音的前缀。考虑现代侗台的 "木" 与 "果" 读音并不一致，现代汉语的 "木" 也无 "果实" 义，本书认为黎语的 muuat[7] "果子" 来自原始侗台语 *mak "果子"，与汉语没有发生学关系。

5.10　叶（leaf）

"leaf" 在《百词表》中排在第 25 位。表达 "叶子" 这一概念的词，黎语各方言或土语的读音见表 5-28。

表 5-28　黎语代表点的 "叶子"

保定	中沙	黑土	西方	白沙	元门	通什	堑对	保城	加茂
beɯ[1]	beɯ[1]	beɯ[1]	beɯ[1]	beɯ[1]	beɯ[1]	beɯ[1]	beɯ[1]	beɯ[1]	pi[1]

廖二弓	昌江石碌	乐东三平	乐东尖峰	陵水隆广	堑对₂	通什₂	保城₂	加茂₂	廖二弓
pi：[755]	meɯ[1]	Meɯ[1]	meɯ[1]	beɯ[1]	beɯ[1]	meɯ[1]	beɯ[1]	pi[1]	pi：[755]

黎语方言表达 "叶子" 这一概念显然分三种情况：①beɯ[1]；②meɯ[1]；③pi[1]（或 pi：[755]）。后两种情况都可以看成是第一种情况的方言音变。黎语 beɯ[1] "叶子" 可以隐喻为像 "叶子" 一样宽扁状的物体，如 beɯ[1]khok[7] "鼻翼"、beɯ[1]zai[1] "外

耳"；可以转喻为叶子突出的蔬菜和其他草本植物，如 beɯ¹ɯːm¹ "苋菜"、beɯ¹taːi³ "蔬菜"、beɯ¹ŋaːi³ "艾草" 等。

为了研究表达 "叶子" 这一概念的黎语与侗台语族语言究竟是怎样的关系，先看表 5-29 中该概念在侗台语族其他语言中的表达情况。

表 5-29　侗台语族相关语言的 "叶子"

壮	布依	傣雅	傣西	傣德	泰	临高	侗	仫佬	水	毛南
baɯ¹; mai¹ 邕宁; bə¹ 柳江	baɯ¹	vaɯ¹	bai¹	maɯ⁶	bai²	bɔ²	pa⁵	fa⁵	wa⁵	va⁵

侗台语族的两个语支区分得很清楚，台语支多保留了高元音韵尾，侗水语支无韵尾。黎语 beɯ¹ "叶子" 与台语支的关系更为密切。陈孝玲（2009：50-54）和金理新（2012：377-380）都是分两种类型加以讨论的，而且都认为侗水语支和藏缅语的 "叶子" 有同源关系。

邢公畹（1999：194）将台语 "叶子" 与汉语的 "枚" 字比较，认为《诗经》"施于条枚" 中的 "条枚" "当是连枝带叶的总称"。他还认为：泰语 bai¹ "叶" 有 "（船）帆" 义，汉语 "船帆" 又称 "帆叶"，唐代农学家陆龟蒙的诗句 "让王门外开帆叶，义帝城中望戟枝"，甲骨卜辞有 "枚舟" 文，郭沫若解释为 "汎舟"。"帆" 有 "受风吹拂义"。陈孝玲引述了邢公畹的观点，没有另外论述。

黎语与台语支其他语言的 "叶子" 同源没有疑问，问题是它跟侗水语支有没有关系，与其他语系语族有没有关系。金理新（2012：379）认为侗台语的 "叶子" 跟南岛语的 *biraq "叶子" 有共同来源，那是基于他对侗台语共同形式的构拟。金先生依据侗台语中木佬语 le⁵³ "叶子"、仡佬语比贡方言 lɛ³¹ "叶子" 认为侗台语 "叶子" 一词原先含有一个流音，因此构拟侗台语的共同形式为 *b(i)la＞*bia。但是笔者发现类似木佬语 le⁵³ "叶子"、仡佬语比贡方言 lɛ³¹ "叶子" 在侗台语族台语支中的情况十分少见，与台语支其他语言 "叶子" 一词的读音差距太大，相反与藏缅语彝语支的读音十分近似，请看：

彝语　撒尼　纳西　哈尼　拉祜　基诺
la⁵⁵　lɔ¹¹　le⁵⁵　la³¹　la³¹　la⁴²

彝语支 "叶子" 保留了藏缅语原有形式。白保罗构拟的原始藏缅语为 *la 或 *s-la。金理新（2012：376）认为藏缅语 "叶子" 的这一形式跟南亚语 "叶子" 相似，关于它们之间到底是接触还是同源关系，没有明确的结论；但在讨论侗台语 "叶子" 跟南岛语关系时却明确说有共同来源，显然其证据并不充分。

黎语 beɯ¹、meɯ¹ "叶子"，韵母 eɯ 的韵尾在侗台语中有为 -ɯ 和 -i 的，除了上面所列举的例子之外，另有暹罗语 bai "叶子"、龙州话 baï "叶子"、剥隘话 maï "叶子"。双唇鼻音声母 m-，应该是由塞音声母 b- 演变过来的。李方桂（2011：61）拟原始台语的声母为 ʔb-，他指出 ʔb- 在一些台语方言中还有保存，例如，武鸣语读带前喉塞音的吸入性双唇塞音，暹罗语、龙州话中演变成了 b-，而在剥隘话与掸语中变成了 m-。黎语的 "叶子" 在有些方言中在韵母不变的情况下便演变成了 m-，即使在有些方言中仍读 b-，但是会在由 "叶子" 一词分化而来的词语中演变为 m-，如保定、中沙、黑土、西方、白沙、通什、保城方言的 "手" 读音为 meɯ¹，加茂话的 "手" 读音为 kɯ²ma¹。这里的 "手" 指 "手掌"，因为 "手掌" 与 "叶子" 外形上相似，由于人类共同的隐喻心理使得许多语言中的 "叶子" 和 "手掌" 仍由同一个读音表示，如英语单词 palm，既可以指 "手掌" 又可以指 "棕榈叶"。加茂话 kɯ²ma¹ "手"、pi¹ "叶" 表面上看语音相差很大，但是把它们与其他方言读音情况比较，仍可以断定 ma¹ 和 pi¹ 实际上是同源词。请看下面的直观比较：

	通什	五指山番香村	加茂
叶子	beɯ¹	meɯ¹	pi¹
手	ʔɯ³meɯ¹	meɯ¹	kɯ²ma¹

上述黎语三种方言中的 "叶子" 和 "手" 两个概念的读音情况恰好表明词语分化和声韵演变情况。"叶子" 和 "手" 两个概念在五指山番香村话中是同一个词的两个不同义项，在通什话和加茂话中则是两个不同的词，因为概念的不同导致语音最后出现了分化。ma¹、pi¹、meɯ¹、beɯ¹ 黎语方言中的这 4 个词毫无疑问是由同一个读音演变而来的，考虑主要元音在侗台语中普遍存在，黎语 beɯ¹ "叶子"、meɯ¹ "叶子" 中的 eɯ 来自 a 的可能性大，金理新（2012：379）便认为 "黎语保定的 eɯ 韵母来自侗台语的 *a 元音"。

如果扩大比较范围会发现，尽管侗台语族语言 "叶子" 一词出现明显分化，但是 "手" 一词的读音却十分近似，见表 5-30。

表 5-30　侗台语族语言的 "手"

壮	布依	临高	傣西	傣德	侗	仫佬	水	通黎	加黎
fɯŋ²	fɯŋ²	mɔ²	mɯ²	mɯ²	mja²	nja²	mja¹	meɯ	ma¹

这种高度的一致性可能暗示了侗台语的 "叶子" 可能是由 "手" 隐喻而来的，后来因为词义不同导致语音在部分语言或方言中逐渐出现分化。那么侗台语 "叶子" 一词的原始面貌可以从 "手" 这个词的读音情况去推测构拟。邢公畹（1999：100，101）将傣雅语、傣西语、傣德语、泰语的 mɯ² "手"，侗榕语 mja²，水岩语 mja¹ "手" 与汉语广州话 mou⁴（拇）< ᶜməu < *ᶜməg 比较。他认为上古汉

语的"拇"义为"手"，今引述其文于下：

> 《周易·解》（《十三经》页 52）："九四，解而拇，朋至斯孚。"《经
> 典释文》（页 26）："解，佳买反"，则义为"解脱，解散"。"拇，茂后反，
> 陆云足大拇指；王肃云手大指。荀作母"。按，"拇"义当为"手"，"解
> 而拇"即解汝所束之手"，这里承上文"自我致戎"为说。但手为绳束，
> 不可以自解，必侍"朋至"，"孚"义为舒展。

5.11　根（root）

"root"在《百词表》中排在第 26 位。表达"根"这一概念的词与表达"筋"
概念的词关系密切，黎语各方言读音见表 5-31。

表 5-31　黎语代表点的"根""筋"

词条＼代表点	保定	中沙	黑土	西方	白沙	元门	通什	堑对	保城
根	kei^1	gi: u^1	ri: u^1	kei^1	rip^8	rip^8	van^4	van^4	van^1
筋	gi: u^1	gi: u^1	ri: u^1	ziu^1	n̠iu^1	n̠iu^4	van^4	van^4	van^1

词条＼代表点	保城₂	昌江石碌	乐东三平	乐东尖峰	陵水隆广	通什₂	堑对₂	加茂	
根	ŋaŋ^1	khən^2	kei^1	n̠iu^1	gi: u^1	van^4	van^4	tat^7	
筋	ŋaŋ^1	ri: u^1	—	n̠iu^1	gi: u^1	van^4	van^4	tat^7	

黎语绝大多数方言的"根""筋"是同一个词，只在保定、西方、白沙、元
门、昌江石碌例外。这种情况在侗台语族其他语言中很不一样，见表 5-32。

表 5-32　侗台语族相关语言的"根""筋"

词条＼语言	壮	布依	临高	傣西	傣德	侗	仫佬	水	毛南
根	ton^3; kon	za^6	ŋa^2	hak^8; kău^4	ha: k^8	sa: ŋ^1	ta: ŋ^1	ha: ŋ^1	sa: ŋ
筋	ŋin^2	n̠in^2	na^2	ʔin^1	ʔen^6	ʔən^1	cən^1	jin^1	ʔjin^1

黎语"根"不仅与侗台语族其他语言很不一样，而且方言内部也十分复杂，
研究侗台语族的学者一般对黎语避而不谈。本书认为，黎语一些方言中的"根"
与汉语的"荄""本"关系密切。

通什话 van^4"根"、堑对话 van^4"根"、保城话 van^1"根"可以与汉语的
"本"比较。《说文解字》："木下曰本。"《周礼·天官·醢人》疏："本，根

也。"。"本"，中古音，高本汉、李方桂、蒲立本、董同龢、王力等拟为 puən，潘悟云拟为 *puon，上古音各家构拟出入较大，潘悟云和郑张尚芳为 *pɯɯnʔ。藏缅语的"根"和"筋"为同义词，这一点和黎语一样。载瓦语 pun[51]"根"、浪速语 pan[31]"根"、勒期语 pɔn[33]"根"这一类藏缅语对应汉语的 *punʔ"本"没有问题。缅语支的浪速语 pan[31]"根"，韵母与黎语 van[4]"根"恰好相同，说明"本"的韵母 -uən 演变为 -an 没有问题。双唇的 -p 演变为唇齿的 -v 也符合音理。其演变路径可能是：*punʔ > puən > vən > van。

黎语方言中，保定、西方、乐东三平的方言 kei[1]"根"可以与汉语的"荄"比较。《说文解字》："荄，草根也。"《广韵》："荄，草根也，古哀切。""荄"在《广韵》中属于见母平声皆韵开口二等字，拟音 kɣɛi（潘悟云），上古音 kɯɯ（潘悟云）、kəg（李方桂）。

保城₂话 ŋaŋ[1]"根"可能借自当地的苗语，保城是保亭政治经济文化中心，保亭属于黎族苗族自治县。金理新（2012：374）指出词语"根"的词首辅音苗瑶语族仍有不少方言读舌根音，如苗语虎型山话 kuŋ[33]、滚董话 koŋ[33]，瑶语大坪方言 kɔŋ[33]。

昌江石碌话 khən[2]（调值 55）"根"应该是汉语借词"根"。黎语"根"的形式 gi：u[1]、ri：u[1]、ziu[1]、n̠iu[1] 声母有些差别，但是韵母和调类一致，不仅分布比较普遍，而且通常还可以表示"筋""静脉血管"义，可能来源于一个共同的原始黎语词。

白沙话、元门话 rip[8]"根"，加茂话 tat[7]"根"来源暂不可考。

5.12　皮（bark/skin）

《百词表》中位列第 27 位的是"bark"，位列第 28 位的是"skin"。"bark"本义为树皮，后引申为人或动物的皮肤；"skin"本义为人或动物的皮肤，后引申为树皮、果皮。两个词的意义有重叠，因此将其放在一起讨论。黎语各方言、土语表达"皮"概念的词语读音见表 5-33。

表 5-33　黎语代表点的"皮壳""皮肤"

词条　代表点	保定	中沙	黑土	西方	白沙	元门	通什	堑对	保城	加茂
皮壳	fe：k[7]	fe：ʔ[7]	pha：ʔ[7]	fɯ[2]	deʔ[8]	fiaʔ[7]	fe：ʔ[7]	fe：ʔ[7]	fe：ʔ[7]	pua[5]
皮肤	no：ŋ[1]	no：ŋ[1]	naŋ[1]	no：ŋ[1]	nuaŋ[1]	nuaŋ[4]	no：ŋ[1]	no：ŋ[4]	no：ŋ[1]	na[1]

黎语表达瓜果"皮壳"概念的词可以分两种情况：保定型和白沙型。下文分别予以讨论。

保定型分布最为广泛，包括保定、中沙、黑土、西方、元门、通什、堑对、保城几个黎语代表点。保定型可以与侗台语族其他语言进行比较，见表 5-34。

表 5-34　侗台语族相关语言的"皮壳"

泰	老挝	傣西	傣德	龙州	武鸣	布依	黎保定	黎黑土	黎加茂
pluɯək⁹	puɯːak⁹	pək⁹	pək⁹	pək⁹	plaːk⁷	pja⁵	feːk⁷	phaːʔ⁷	pua⁵

上述形式在本语言或方言中均可指植物、果实的"皮""壳"，如保定话 <u>feːk⁷</u>tsɯ²hjau¹ "豆荚"、<u>feːk⁷</u>tsɯ²tshoːi³ "荔枝皮"、<u>feːk⁷</u>hweːk⁷ "芭蕉皮"、<u>feːk⁷</u>zɯːm¹ "蛋壳"。需要指出的是，侗台语族台语支的上述形式逐渐被另一形式 naŋ 所覆盖，比如，"树皮"，壮语 naŋ¹-、布依语 naŋ¹-、傣西语 nǎŋ¹-（傣德语仍为 pək⁹）、黎语 noːŋ¹-。

"皮、壳"，黎语保定型（黎加茂语 pua⁵ 是个例外，塞音韵尾脱落）和台语支的上述形式均保留了塞音韵尾，该类型可以与汉语的"朴"比较。《说文·木部》："朴，木皮也。"《广韵》："同朴，又厚朴，药名，皮角且。"汉代崔骃《博徒论》："肤如桑朴，足如熊蹄。"《汉书·司马相如传上》："亭奈厚朴。"颜师古注："张揖曰：'厚朴，药名。'朴，木皮也。此药以皮为用，而皮厚，故呼'厚朴'云。""朴"，中古音各家多拟为 phɔk，潘悟云拟为 phɤok；上古音，李方桂拟为 phruk、王力拟为 pheok、白一平拟为 phrok、郑张尚芳与潘悟云拟为 phroog。现代汉语的"肤"指人的皮，声母为唇齿擦音 f-，古属帮母字，似乎可以跟黎语保定型比较，但是因为是平声字没有塞音韵尾，所以可以排除。"朴"为并母字，演化成轻唇音是没有问题的。黑土话 phaːʔ⁷ 应该比保定话 feːk⁷ 更为古老。

"皮、壳"，黎语白沙型 deʔ⁸ 与保定型音 feːk⁷ 看不出有什么关系，相反跟苗瑶语语音相似度高。为直观起见，请参看表 5-35 中几处苗瑶语"皮"的读音。

表 5-35　苗瑶语族语言相关语言的"皮"

江底	罗香	长坪	湘江	三江	勉瑶语	标敏瑶语	川黔滇苗语
dop⁵⁵	dup⁵⁴	dəp⁵⁴	dəu⁵⁴	te³⁵	dop⁷	din⁷	teu⁵

苗瑶语"皮"共同形式为 *tup，看不出其跟汉藏语系其他语族有什么关系，金理新（2012：207）认为它是苗瑶语的独创。白沙话"皮、壳" deʔ⁸ 应该是来自海南苗语。海南苗语属于汉藏语系苗瑶语族中的瑶语支，俗称金门瑶。

黎语表达"人或动物的皮肤"这一概念，方言之间可能稍有不同，但都是一个词的方言音变。如不考虑调值差异则方言间仅表现为韵母的不同，音 noːŋ 分布最广，包括保定、中沙、西方、通什、堑对、保城 6 个代表点，白沙、元门音nuaŋ，加茂音 na^1。加茂的音变化最大，鼻音韵尾消失，同时合口呼变成了开口呼。

黎语该词与侗台语族台语支表达"皮"概念的词读音十分一致，毫无疑问是有共同来源的一个词，请看表 5-36 中照录的台语支读音。

表 5-36　侗台语族台语支的"皮"

壮	布依	临高	傣雅	傣西	傣德	暹罗	剥隘
naŋ^1	naŋ^1	naŋ^1	naŋ^1	naŋ^1	laŋ^1	naŋ^1	naŋ^1

黎语和台语支语言的该词可以与汉语的"囊"比较。邢公畹（1999：377）、金理新（2012：208）便将台语该形式的"皮"与汉语的"囊"比较。在笔者母语西南官话中称松弛耷拉着的皮肤为"囊囊"或"囊巴"，皮肤因肥胖而松弛下垂的样子则称"肥囊囊"。"肥囊囊"还见于陕西南部的安康方言（主要有中原官话、西南官话和江淮官话是这个方言系统）（杨静，2008）。下垂的皮肤整体上像一个空荡荡的袋子，因此又可引申为袋子，普通话"皮囊"即"皮袋子"。因为意义分化会导致表达不同义项时出现声调差异。普通话"囊膪"（猪胸腹部肥而松的肉）中的"囊"为阴平调，"囊空如洗"中的"囊"读阳平调。"囊"，《广韵》只有一个反切："奴当且"。笔者母语西南官话中的"囊囊"既可以读阴平又可以读阳平，以读阴平为多。但是古代的字书和韵书中，"囊"只有"袋子"这个意义。"囊"，《广韵》："袋也，说文曰，囊橐也。"从"囊"声的"膿"，《广韵》："肥，蜀人云。"《说文·肉部》："益州鄙人言盛讳其肥，谓之膿，从肉襄声。""囊"与"膿"最初应该是同音的，与"膿"同音同义的"瀼"，《集韵》中便有两读，一为阳韵"尼娘切"，二为唐韵"奴当切"。

汉语的"肤"在"肥胖"义上与"囊"相同，邢公畹（1999：377）对皮肤之"肤"的"肥胖"义有过讨论：

"肤"字本身有"肥胖"义，《诗经·狼跋》（《十三经》页 400）："公孙硕肤，赤舄几几。"毛《传》："硕，大；肤，美也。"马瑞辰《通释》："硕肤者心广体胖之象。"

根据章太炎学派的"娘日归泥"理论，"囊"与"膿"至少在上古是同音的，因此中古时"膿"的"肥胖"义才会在今天西南官话中的"囊"中得以保留。《说文解字》与《广韵》均说"肥胖"义的"膿"为四川方言，并非中原音，今笔者的母语西南官话与四川的西南官话口音近乎一致。因此推测，黎语与台语支语言表达人与动物"皮肤"概念的这个词与西南官话的"囊"可能有发生学上的关系，均发端于上古时生活在古蜀地一代的民族语言。

5.13　肉（flesh）

"flesh" 在《百词表》中排在第 29 位。黎语各方言、土语表达"肉"这一概念的读音见表 5-37。

表 5-37　黎语代表点的"肉"

词条 ＼ 代表点	保定	中沙	通什	加茂	元门	西方	白沙	堑对	保城	黑土
肉	gom^3	gam^3	gam^6	kə：m^1	kham^3	xam^3	xam^3	ham^6	ham^6	mam^2
肉（瓜果）	me：k^7	me：ʔ^7	me：ʔ^7	muua^5	mia^{78}	muu^2	me^{28}	me：ʔ^8	me：ʔ^7	ma：ʔ^7

欧阳觉亚和郑贻青（1983）整理的语音材料里，"肉"与"肉（瓜果）"是两个不同的词。《壮侗语族语言词汇集》中黎语保定话语料"肉"有三个词：ʔa：k^7、gom^3、mam^2，另有 me：k^7 "肌肉"；具体指某种动物的肉时多用 ʔa：k^7，如 ʔa：k^{7}pou^1 "猪肉"、ʔa：k^{7}pa^1 "狗肉"、ʔa：k^{7}khai^1 "鸡肉"、ʔa：k^{7}ŋiu^1 "黄牛肉"、ʔa：k^{7}ze：ŋ^1 "羊肉"等；表达"肥肉""瘦肉"时，ʔa：k^7、mam^2 都可以，比如，ʔa：k^{7}guei^3、mam^{2}gu：i^4 "肥肉"，ʔa：k^{7}lei^3、mam^{2}lei^3 "瘦肉"。

黎语"肉（瓜果）"与动物的"肉"有分别，但是基本上与"肌肉"是同一个词，比如：

保城　　乐东尖峰　　堑对$_2$　　通什$_2$　　保定
me：ʔ^7　　me：ʔ^9　　me：ʔ^9　　me：ʔ^9　　me：k^7

黎语保定话 gom^3 "肉"在其他方言、土语中有音变，但是基本格局不变（黑土话 mam^2 与陵水隆广话 mom^2 除外），声母发音部位都相同只是发音方法有别，韵母均为阳声韵尾 -m。为方便表述，本书称之为 gom^3 型。gom^3 型在侗台语族中没有发现类似的音，但与泰语和老挝语的一个词可能有同源关系。泰语 kla：m^3 "肌肉"、老挝语 ka：m^4 "肌肉"。廖二弓话属于加茂赛方言，其"肉"与"肌肉"都是同一个词 "kə：m^{51}"，恰好与泰语、老挝语的读音与意义都一致。金理新（2012：219）认为黎语的 g 与排湾语的 ɭ 对应很整齐，黎语的 gom^3 型对应排湾语的 qaɭum "脂肪、油"。动物的"脂肪"与"肉"存在联系，汉语许多地方方言中，便用"肥肉"表示动物的"脂肪"。因此，金先生从语音对应和语义联系的角度得出上述结论是可行的。

但是，我们可以将黎语表达"肉"这一概念的 gom^3 型词与南岛语系部分语言的"肌肉"一词比较。"肌肉"一词梅柯澳语读作 kiki（肉）、汤加语读作 kakano。它们与表达"鱼"概念的词关系非常密切。"鱼"，印尼语、占语书面语为 ikan，那大语、布鲁语为 ika，PMT 为 *ika-n；汤加语为 ika，PMM 为 *ika（吴安其，2009：248）。语言中的"肉"概念往往与"肉"最常取自的动物有关系，海岛民族肉类食物主要是鱼类，因此常与"鱼"义有相关引申，大陆民族肉类食物主要是兽类，因此常与"兽"义相关引申。"据刘根辉先生（1998）研究，汉语和藏缅语中'肉'与'兽（动物）'同源。……一些藏缅语族语言也可证实'肉'与'兽'的同源关系，如：土家语 si^{21} 兼表'肉''野兽'，拉祜语 $ɔ^{31}ɕa^{54}$ '肉'，$ɕa^{54}$ '野兽'，努苏怒语 $ʂa^{55}$ '肉'，$de^{55}ʂa^{55}$ '野兽'等。"（陈孝玲，2009：65）PMT *ika-n 与 PMM*ka 应该是同源词，但在发展过程中出现了分化，其分化主要体现为韵尾的有无。黎语 gam "肉"与印尼语 ikan "肉"也只是韵尾的不同，但都是阳韵尾，它们存在同源关系的可能性是很大的。我们还可以做一个大胆的假设，南岛语系与汉藏语系最初是同源的，概念"肉"有两个来源，一个由"兽（或其下位动物）"转喻而来，另一个由"鱼"转喻而来。汉语的"肌""肉"最初可能分别与"鱼""兽"有关。

肌，《说文解字》："肉也。从肉，几声。"肌，《广韵》：居夷切，见母脂韵重钮三等开口平声字。肌，中古拟音为 kyi（潘悟云），上古拟音为 krir（潘悟云）。今汉语南方方言声母仍为舌面后塞音：广州话 ₌kei、福州话 ₌ki。

肉，黎语 gom、gam、kəːm、kham、xam、ham，梅柯澳语 kiki，汤加语 kakano，广州话 kei、汉语中古音 kyi（潘悟云），表面上看韵尾差别很大，但不能据此否定它们之间存在同源性的可能。因为阳韵尾的不同、阳韵尾和元音韵尾的有无在音理上都是可以解释的。在此举"喊"在汉语方言中的读音情况为例：北京话 ˎxan、武汉话 ˎxan、南昌话 ˎhan、广州话 hamˀ、厦门话 hiamˀ₌、福州话 ˎxaŋ、苏州话 hɐˀ、温州话 ˎha，中古的 ɦɣɛm（潘悟云）在今天的汉语方言中已经是千姿百态了。

黑土话 mam^2 "肉"与陵水隆广话 mom^2 "肉"的鼻音韵尾 -m 与本方言的"肉（瓜果）"塞音韵尾不同，是否有共同来源暂且存疑。陈孝玲（2009：66）将黑土话 mam^2 "肉"（所标声调为第 3 调，疑有误）与保定话 gom^3 "肉"、通什话 gam^6 "肉"一起讨论，并提出疑问：该类词是否与侗水语支的 *mom "鱼（或肉）"有联系？拉珈语 mom^6 指"肉"。今天的五指山番香村话 $ŋam^6$ "肉"可以解释黑土话 mam^2 "肉"声母与通什话 gam^6 "肉"声母之间的关系。一般而言，发音部位相同发音方法不同的辅音之间、发音方法相同发音部位不同的辅音之间，可以发生直接或间接的演变关系。辅音 g、k、kh、x、ŋ 均是舌面后辅音，m 与 ŋ 均是浊鼻音，因此理论上讲 gam 可以演变成 mam，五指山番香村话 $ŋam^6$ "肉"的存在恰好暗示了这一演变路径。其辅音演变的途径可能是这样的：g>ŋ>m。

乐东三平与保定有另一个词 $ʔaːk^7$ "肉"，该词可能与 gom^3 型来源不同。欧阳觉亚和郑贻青编著的《黎汉词典》《黎语调查研究》及中央民族学院少数民族语言研究所编的《壮侗语族语言词汇集》对保定话"肉"的记载不一样，《黎汉词典》

（第1页）为 a：k[7]，《黎语调查研究》仅有 gom[3]，《壮侗语族语言词汇集》（第88页）为 ʔa：k[7]。笔者发现，保定话中，ʔa：k[7]"肉"与 gom[3]"肉"的具体所指是有区别的，前者指动物的肉，如 ʔa：k[7]pou[1]"猪肉"，后者指动物的内脏，如 gom[3]u：k[8]"下水"。

　　黎语 ʔa：k[7]"肉"与瑶语的"肉"相似度很高，见表5-38。

表5-38　瑶语的"肉"

江底	湘江	罗香	长坪	览金	十里香	红沟	瑶山
ɔ[53]	ɔ[53]	a[53]	a[53]	a[53]	ʔɔ[545]	ʔa[53]	a[545]

　　瑶语的"肉"主要元音是 a，古瑶语形式为 *uaʔ（金理新，2012：217）。乐东三平与保定 ʔa：k[7]"肉"可能借自瑶语系统。

　　黎语"肉"还有一个很特殊的词语，见表5-39。

表5-39　黎语代表点的"肉"

代表点 词条	乐东尖峰	保城₂	加茂₂
肉	si[1]	kham[6]	kə：m[1]
瘦肉	si[1]mɛ[2]	kham[6]ɕija[2]	kə：m[1]ɕija[2]

　　表达"瘦肉"概念，乐东尖峰话 si[1]为大名（黎语构词法为修饰性语素在后，中心语素在前），保城₂话 kham[6]为大名，加茂₂话 kə：m[1]为大名。保城₂话和加茂₂话修饰性语素 ɕija[2]在乐东尖峰话中变读为大名 si[1]。乐东尖峰话 si[1]mɛ[2]"瘦肉"中的 mɛ[2]在黎语方言、土语中均表示"肌肉"，其变体在多数方言、土语中也作为"瘦肉"概念的构词语素，如五指山番香村话 me[3]ŋa：m[6]"瘦肉"、昌江石碌话 mieʔ[7]xam[3]。

　　黎语方言中的 si[1]"肉"及其变体 ɕija[2]在南岛语系中的泰雅语族中可以找到关系词，见表5-40。

表5-40　泰雅语族部分语言和部分黎语方言的"肉"

赛考利克方言	泽敖利方言	赛德克语	原始泰雅-赛夏语	乐东尖峰	保城₂	加茂₂
hiʔ 肌肉	hiʔ 肌肉	Hije 肉	*sijiʔ 肌肉	si[1] 肉	-ɕija[2] 肉	-ɕija 肉

注：原始泰雅-赛夏语简称"PAS"

　　保定话 me：k[7]"肉（瓜果）"在黎语方言、土语中一致性很强，其基本上有另一义项"肌肉"。该词可以与汉字"脄、脢"比较。"脄"，《说文解字》："背肉也。"《五音集韵》："脊侧之肉。"《礼·内则》："擣珍，取牛羊麋鹿麕肉必脄。""脄"，《广韵》：脊侧之肉。"脄"，《广韵》：莫杯切，同脄。"脄、脄"上古音，高本汉拟作 məg，李方桂拟作 məgh。

5.14　血（blood）

"blood"在《百词表》中排在第 30 位。黎语各方言、土语表达"血"这一概念的读音见表 5-41。

表 5-41　黎语代表点的"血"

黑土	保定	中沙	通什	堑对	保城	元门	加茂
da: t^7	ɬa: t^7	ɬa: t^7	ɬa: t^7	ɬa: t^7	ɬa: t^7	ɬuat^7	ɬuət^8
西方	保城₂	昌江石碌	乐东尖峰	陵水隆广	通什₂	加茂₂	
ɬo: t^7	ɬa: t^7	do: t^7	sa: t^7	sa: t^7	ɬa: t^7	phɣ: t^8	

黎语"血"在各方言、土语中的读音已经发生了比较大的变化，《黎语调查研究》中的声母主要是边擦音 ɬ-，但在今天的乐东尖峰和陵水隆广话中声母演变成了舌尖前擦音 s-。加茂₂话 phɣ: t^8 在黎语诸方言、土语中显得很特殊，它们之间究竟是什么关系，在系统内看不出端倪。我们看看该词在侗台语族其他语言中的读音情况，参见表 5-42。

表 5-42　侗台语族相关语言的"血"

泰	壮	布依	傣西	傣德	侗
luɯət^{10}	lɯ: t^8	li: t^8	lɣt^8	lət^8	pha: t^9
仫佬	水	毛南	居佬	比佬	拉基
paɣa: t^7	pha: t^7	phja: t^7	pla^{35}	ple^{31}	plo^{35}

侗台语族壮泰语支的声母与黎语多数方言、土语的声母关系密切，前者为边音，后者多为边擦音，但是主要元音前者主要是高元音，后者主要是低元音，这表明它们之间有共同来源但后来出现了分化。侗水语支的声母为双唇音，与今天的保亭加茂话一致，其主要元音多为低元音 a，又与黎语多数方言、土语的主要元音一致。台语支与侗水语支是否存在同源关系呢？居佬语 pla^{35} "血"、比佬语 ple^{31} "血"、拉基语 plo^{35} "血"的复辅音声母 pl- 暗示了这两个语支存在同源关系。上述诸语言之间的声母差异表明该词在原始壮侗语中应该存在复辅音声母。梁敏和张均如构拟原始侗台语"血"的韵母为 *uat。金理新（2012：228）将侗

台语共同形式构拟为*p-ɯlat。吴安其（2002：349）便据彬桥话 lə：t^8<*lət^D、水语 phja：t^7、通什话 ɬa：t^7<plat^D、贞丰仡佬语 pja^{42}，拟 PKT 为*plat。黎语的演变路径可能如下：*plat>lat>ɬa：t>sa：t；plat>lat>ɬuat^7>ɬuət^8>ɬo：t^7；*plat>lat>da：t>dua：t>do：t^7。

"血"为侗台语同源词应该没有疑问，陈孝玲（2009：68）认为，"在其他亲属语的比较中，尚未找到理想的对应，可能是侗台语固有词"。

黎语堑对话、保城话的 ɬa：t^7"血"有另一个义项："红色"。金理新认为原始侗台语 *ɯlat 应该跟"红"有关系，因此进一步将其与台湾泰雅语 mataquɬa"红"、赛德语 matanah"红"、邵语 maquɬa"红"、赛复语 ŋaŋilæh"红"、PAN *talah"红"比较。金先生推测侗台语的"红"与南岛语的"红"有语源关系是有道理的。

5.15　骨（bone）

"bone"在《百词表》中排在第 31 位。黎语各方言、土语表达"骨"这一概念的读音见表 5-43。

表 5-43　黎语代表点的"骨"

保定	白沙	元门	通什	保城	堑对	中沙	黑土	西方
vɯɯ：k^7	fuɯk^8	fɯ：ʔ^8	fɯ：ʔ^8	fɯ：ʔ^8	fɯɯʔ^8	rɯ：ʔ^7	rɯ：ʔ^7	ɣɯk^7

加茂	加茂$_2$	昌江石碌	乐东尖峰	乐东三平	陵水隆广	通什$_2$	堑对$_2$
liək^{10}	vi：ʔ^{10}	vɯk^7	vɯk^7	vɯ：ʔ^7	dɯ：ʔ^7	fɯʔ^8	fɯɯʔ^8

概念"骨"，黎语各方言、土语读音有差别，但显然都是方言音变性质的差异，需要解释的是它们之间是如何演变的。在说明这个问题之前，先看表 5-44 中该词在侗台语族中的读音情况。

表 5-44　侗台语族相关语言的"骨"

泰	壮	布依	临高	傣西	傣德	侗	仫佬	水	毛南
du：k^9	do：k^7	do^5	ʔua？^{8}	duk	luk^7	la：k^9	hɣa：k^7	ʔda：k^7	da：k^7

侗台语族各语支中，主要元音不同，台语支主要元音为后高圆唇元音 u/o，侗水语支为前低元音 a，黎语主要元音则是后高不圆唇元音 ɯ，但是该词在各语支中的音节格局十分相似：存在舌尖音声母、都有塞音韵尾。侗台语中表达概念

"骨"的词为同源词应该没有疑问。那么该词的原始侗台语形式究竟是怎样的呢？李方桂（2011：129，267）拟原始台语为 *ʔdl/ruok，梁敏和张均如（1996：264）拟原始侗台语为 *ʔdluak。两位先生的构拟差别在主要元音上，都能够解释声母为舌尖音的情况，但是对黎语 vɯːk⁷"骨"、临高话 ʔuaʔ"骨"缺乏解释力。金理新（2012：213）构拟的侗台语共同形式 *ʔuḷak，能很好地解释各语支情形。

仫佬语 hɣaːk⁷"骨"暗示侗台语共同形式存在一个非词根音节。黎语保定型 vɯːk⁷"骨"、黎语白沙型 fuuk⁸"骨"、临高话 ʔuaʔ"骨"是一致的，f- 由 v- 演变而来，v- 则来自词首元音 u。

黎语表达概念"骨"的词在各方言、土语中显然有两条不同的演变路径，中沙、黑土、加茂的方言为一种路径，其他方言、土语则为另一种路径。前者遗失了词首非词根音节，后者则丢失了词根音节的辅音声母。前者的演变路径大体为：*ʔuḷak＞ḷak＞liək/rɯ：ʔ＞rɯ：；后者的演变路径大体是：*ʔuḷak＞ʔuak＞ɣuək＞ɣuuk＞ɣuuk/uuk＞vuuk/vuʔ＞fuuk/fuʔ。

研究侗台语的学者普遍认为原始侗台语表达概念"骨"的词与汉语的某个字存在联系。潘悟云和邵敬敏（2005：264）认为黎语支与台语支为一类，与汉语的"角"为同源词，侗水语支为一类，与汉语的"骼"同源。陈孝玲（2009：60）接受潘悟云和邵敬敏的观点。

黄树先（2007：11）在分析藏缅语核心词时，将缅文的"骨骼"khraŋ² 与汉语的"骼"*khraaks、"吕"*g-raʔ 比较。看来，学者普遍认为侗台语和藏缅语表达"骨骼"概念的词语与汉语存在同源关系。属于藏缅语的达让僜话 rɯ³¹"骨"、缅语 rɯ"骨"、浪速话 ruk⁵⁵"骨"、怒苏话 ɣrɯ⁵⁵"骨"，与黎语的读音比较的确十分相似。

本书认为将黎语和整个侗台语表达"骨"概念的词与汉语的"骼"进行比较较为合适。因为主要元音的差别并不是来源不同而是分化不同，临高话和黎语后高元音和前低元音都存在，这种情况在其他语族中也存在，如表 5-45 中的藏缅语族。

表 5-45　藏缅语族语言的"骨"

拉萨	巴塘	文浪	景颇	载瓦	勒期	阿昌	仙岛
ry¹³	zụ¹³	ra³⁵	ʒa³³	vui²¹	you³³	zạu³¹	zạu³¹

今天汉语的"骨"与"滑稽"之"滑"音不同，但二者在汉代时读音却一致。"滑"，《说文解字》："又音骨，滑稽也，户八切。"

黎语表达"骨"概念的词跟侗台语族其他语言一样，普遍具有舌根塞音或喉塞音韵尾。汉字中，意义和音节特点都与之相关的是"骨"和"骼"。下面看看汉语"骨""骼"的语音与语义情况，见表 5-46。

表 5-46 汉字"骨""骼"的古音义

古音义 汉字	《说文解字》注释	《广韵》反切	中古拟音	上古拟音
骨	肉之覈也	古忽切	kuət (李方桂)；kuot (潘悟云)	kwət (李方桂)；kuu (潘悟云)
骼	禽兽之骨曰骼	古伯切	kɐk (李方桂)；ɣɐk (潘悟云)	krak (李方桂)；kraag (潘悟云)

汉字"骼"中古音和上古音均为舌根塞音韵尾，各家构拟的上古音复合声母有一舌尖颤音 r，此语音格局很容易演变为今天的侗台语格局。显然，该词在黎语与侗台语族其他语言中一样，跟汉语的"骼"是同源词。

5.16 油 脂（grease）

"grease"在《百词表》中排在第 32 位。动物体内和油料植物种子内的油脂，黎语均用同一个词表示。黎语各方言、土语表达"油脂"这一概念的读音见表 5-47。

表 5-47 黎语代表点的"油脂"

保定	中沙	通什	加茂	堑对	保城	西方	黑土	白沙
gwei³	guː i³	guː i⁶	kui¹	huː i⁶	huː i⁶	xui³	ruː i³	zou¹

元门	保城₂	加茂₂	乐东尖峰	陵水隆广	通什₂	堑对₂	廖二弓	
zou⁴	ɣuei³	kui¹	ŋuei¹	guei³	uei⁶	xuei³	kuː i⁵¹	

白沙话、元门话的读音对应汉语的"油"音，是中古汉语借词。"油"是以母字，黎语借入的汉语以母字，声母多数对译为舌尖浊擦音 z，少数对译为喉塞音 ʔ。请看表 5-48 中的几个汉语以母字。

表 5-48 黎语代表点借入的汉语以母字

代表点 汉字	保定	中沙	黑土	西方	白沙	元门	通什	堑对	保城	加茂
药（以）	za¹	za¹	za¹	za¹	za¹	za²	ʔuː³za⁴	za⁴	za¹	tso¹
医（影）	za¹	za¹	za¹	za¹	za¹	za²	za⁴	za⁴	za¹	ʔi³
也（以）	—	—	—	—	za¹	za⁴	—	zia¹；ʔia¹	ʔja¹	ʔia³
跃（以）	zaː u²	zaː u²	zaː u¹	zaː u¹	zaː u³	zaː u⁵	zaː u⁵	zaː u³	zaː u³	zaː u¹
又（以）	—	—	—	—	—	ziu³	—	—	—	ziu⁴

白沙话、元门话之外的黎语方言、土语表达"油脂"概念的词语是同一个词，

只是声母、调值略有区别而已。该词对应汉语的"肥"字，也是汉语借词。比较该词在"油脂""肥胖"这两个义项下的读音，便能发现端倪，见表 5-49。

表 5-49　黎语代表点的"油脂"与"肥胖"

代表点 词条	保定	中沙	通什	加茂	堑对	保城	西方	白沙	元门
油脂	gwei³	guː i³	guː i⁶	kui¹	huː i⁶	huː i⁶	xui³	zou¹	zou⁴
肥胖	gwei³	guː i³	guː i⁶	kui¹	huː i⁶	huː i⁶	xui³	xui³	khui³

代表点 词条	保城₂	加茂₂	乐东尖峰	陵水隆广	通什₂	堑对₂	黑土	廖二弓	
油脂	ɣuei³	kui¹	ŋuei¹	guei⁶	uei⁶	xuei³	ruː i³	kuː i⁵¹	
肥胖	ɣuei³	kui¹	ŋuei¹	guei⁶	uei⁶	xuei³	ruː i³	kuː i⁵¹	

黎语表示动物肥和地肥都是用表达"油脂"概念的词。比如，"（猪）肥"或者"（地）肥"，保定话都读作 gwei³。

闽南话"肥"有两个读音，如厦门话 ₕhui 文、ₚpui 白（海南话读作 bui²）。今厦门话和潮州话把普通话的唇齿声母 f 一律念成喉擦音 h。可见黎语保定话的 gwei³"油脂"及其方言、土语变体应该是转借自闽南话的近古汉语借词。

陈孝玲（2009：72）将黎语该词与泰语、老挝语的"油脂、骨髓"khai¹ 比较，并将这些词与汉语"脂"*kji 比较。吴安其（2002：249）则认为可将黎语通什话的该词 guː i⁶<*gruɣ 与汉语"油"上古音 *c-lug（余幽）比较。他们的理由不充分。

由"脂肪多"转喻为"脂肪""油"，隐喻为"肥沃"，这是一个正常的意义引申方式，在其他语言中普遍存在。壮语里借自汉语的 pi²"肥"便可以指"肥胖""肥沃""脂肪""油"等义项。

5.17　卵/蛋（egg）

"egg"在《百词表》中排在第 33 位。黎语表达"卵/蛋"概念的词在各方言、土语中的读音见表 5-50。

表 5-50　黎语代表点的"卵/蛋"

保定	中沙	黑土	保城	通什	西方	白沙	元门	堑对	加茂
zuː m¹； veː k⁷ 姚词	zuː m¹	zuː m¹	zuː m¹	zuː m⁴	zum¹	zum¹	zum⁴	zum⁴	tsum¹

廖二弓	保城₂	加茂₂	昌江石碌	乐东尖峰	乐东三平	陵水隆广	通什₂	堑对₂	
tsum¹	ŋuː m¹	tsum²	zuum¹	zuː m¹	veː k⁷	zuː m¹	zuː m⁴	luon⁴	

黎语各方言、土语内部，表达“卵/蛋”的概念显然有三个不同来源。乐东三平话 veː k^7婉词、堑对$_2$话 $luon^4$ 为特殊现象，最为普遍的是 zɯː m^1 和其方言变体。下面分别予以讨论。

对于 veː k^7婉词，陈孝玲（2009：75）认为可能与泰语 kok^7“孵”、印尼语 endok“蛋”有共同来源，并将其与汉语的“㲉”比较。“㲉”，《广韵》：“卵也。”中古属于溪母屋韵合口一等入声字，拟音 *khuk，上古拟音 *khrowg。邢公畹（1999：473）将侗台语族的泰雅语 $khai^5$、傣西语 xai^5、傣德语 xai^5、泰语 $khai^5$＜*khr- 与汉语广州话的 hok^7（㲉）＜khuk꜀＜*khuk꜀比较，他指出，该词在侗水语支语言中的变读情况（侗语 $kəi^5$、仫佬语 $kɣəi^5$），但强调黎语为 veː k^7。黎语读作 veː k^7 其实可以这样理解：傣语里的 x-、广东话里的 h-，可能在黎语里读作 f-＞v，舌根擦音或者是喉擦音在有些语言或方言中变读为唇齿擦音是很常见的现象。

堑对$_2$话 $luon^4$“卵/蛋”借自现代汉语的“卵”。黎语保定话 zɯː m^1“卵/蛋”和该词在其他方言、土语的变体显然在黎语中分布最为广泛。该词跟侗台语族其他语言比较同样显得特殊，但仍然能找到可以比较的情况：

保定	加茂	临高	拉珈	巴央	朗央
zɯː m^1	$tsum^1$	$n̥um^1$	loː m^6	ram^{32}	tam^{54}

上述语言拿来比较的表达“卵”概念的词为同源词的可能性很大，可能是原始侗台语底层词。该词可以与台语支的“睾丸”一词比较：

傣西	傣德	龙州	武鸣	布依	陵乐
ham^1	ham^1	ham^1	$ɣam^1$	ham^1	lam^1

有些语言“蛋”与“睾丸”发生了分化，有些语言是同一个词。台语支语言是发生了分化，黎语和临高话则是同一个词。我们推测，“圆”“卵/蛋”“睾丸”三个概念在不少语言中原本就是同一个词的不同义项，三个义项属于隐喻引申或转喻引申所得。后来在不同的语言里，为区别概念的需要，有些出现了分化，其分化的途径主要是语音曲折，即改变声母、韵尾、声调等，另一方式就是换用其他词。请看表 5-51。

表 5-51　黎语代表点的“圆”“卵/蛋”“睾丸”

词条＼代表点	保定	中沙	黑土	西方	保城	白沙
圆	pluː n^1zom^1	hom^1	hom^1	$ɣom^1$	hum^1	zom^1
睾丸	zɯː m^1	zɯː m^1	zɯː m^1	zum^1	zɯː m^1	zum^1
卵/蛋	zɯː m^1	zɯː m^1	zɯː m^1	zum^1	zɯː m^1	zum^1

代表点 词条	傣西	傣德	龙州	武鸣	布依	
圆	mun²	lɒm⁶；mon²	—	—	pau⁴；zan²	
睾丸	ham¹	ham¹	ham¹	ɣam¹	ham¹	
卵/蛋	xai⁵	xai⁵	khyai⁵	ɣai⁵	tɕai⁵	

藏缅语也存在类似的情况，"卵/蛋"的读音独龙语 lɯm⁵³、阿侬语 lim⁵⁵、博嘎尔珞巴语 tum 睾丸。景颇语、缅语的"心脏"（心脏是圆形的）与上述语言表达"卵/蛋"概念的词同源，分别读作 lum³³、lum³¹（阿昌）。"景颇语支语言的 *s-lum"心"，在其他藏缅语族语言中其意义已经是"圆"，如藏语 zlum。"（金理新，2012：220）

黎语表达概念"圆"和"卵/蛋"的词语读音高度对应，绝对不是偶然的现象，尤其是白沙话的 zom¹"圆"和 zum¹"卵/蛋"仅仅是主要元音开口度稍微有别而已。黎语的 zum¹"卵/蛋"和藏语的 zlum"圆"也绝非偶然的高度相似。黎语 zuː m¹"卵/蛋"及其其他方言变体可以说是更原始的汉藏语底层词。金理新（2012：361）认为布央语与黎语就语词"卵/蛋"而言，不能构成语音对应关系，因此是来源不同的词，并且为黎语的"卵/蛋"构拟了一个原始形式 *ʔ-yuː m。这一观点是有待商榷的。

吴安其（2002：249）构拟原始黎语的"卵/蛋"为 gləmᴬ，原始侗台语为*g-lam。就"卵/蛋"这一概念而言，原始黎语与侗台语族的关系不言自明。吴安其（2002：317）构拟的原始侗台语与原始藏缅语的"卵/蛋"均为*g-lam。可见，吴先生的观点与本节的观点一致。

5.18　角（horn）

"horn"在《百词表》中排在第 34 位。黎语各方言、土语表达"角"概念的词一律为 hau¹（唯独加茂话调类有别，读作 hau⁴）。

该词在侗台语族内部一致性很强，见表 5-52。

表 5-52　侗台语族相关语言的"角"

泰	老挝	傣德	傣西	壮	布依	临高	侗南	侗北	水	仫佬
khau¹	khau⁵	xau¹	xau¹	kau¹	kau¹	vau²	pau¹	ŋau¹	qauu¹	ku¹

毛南	佯僙	莫	拉珈	比佬	居佬	朗央	木佬	普标	黎	
ŋau¹	pau²	ka: u¹	kou²	hɔ³³	vu³¹	qou⁵⁴	xau³¹	qau⁵⁴	hau¹	

　　李方桂（2011：167，255）将台语该词拟为 *khəu。他指出原始台语的声母 *kh- 在西南方言里一般都读送气的塞音 kh-，只有整董话和白泰话常常读擦音 x-；在北支方言规则性地读不送气的 k-。李方桂所指出的这几种声母在上述所列举的侗台语四支中能找到相应的读音。黎语的 hau[1] 声母对应李方桂所指的擦音 x-。他指出，原始台语韵母 *əu 在其所列举的三种方言（暹罗语、龙州话、剥隘话）里一般都读 au，许多情况下 *ə 降低为 a 是正常的。侗台语"角"的语源关系，邢公畹、吴安其、金理新对其进行过讨论。

　　邢公畹（1999：474，475）直接将泰语 khau[1]"角"、傣语 xau[1]"角"、水语 qa：u[1]"角"、毛南语 ŋa：u[1]"角"、仫佬语 ku[1]"角"、黎语 hau[1]"角"与汉语的"角"比较，并由泰语 khau[1]"山谷"联想到汉语的"谷"。"角"，段玉裁："旧音如毂，亦如鹿。""谷"，《广韵》："又音鹿。"邢公畹据此拟"角"上古音 *kruk₈，"谷"上古音 *kluk₈，最后列出泰语与广州话的对应式：

　　广州话：kɔ：k[7]（角）＜*kruk₈，kɔk[7]（谷）＜kluk₈；

　　泰语：khau[1]（角）＜*kh-，khau[1]（山）＜*kh-。

　　吴安其（2002：249，317）拟原始侗台语为 *C-qo"角"，从语音对应的角度得出侗台语的"角"为南岛语底层词。金理新（2012：357）拟侗台语共同形式为 *p-qu，强调侗台语的小舌塞音跟南岛语的舌根鼻音之间存在某种对应关系，因此将侗台语的"角"与台湾南岛语比较，他列举的有：邹语 suŋu、沙语 uʔuŋu、卡语 uʔuŋu、鲁凯语 laoŋo、Yavaese（suŋu）、Murut（saŋaw）、Gorontalo（tuŋe）、Manam（toŋi）。

　　陈孝玲（2009：76）认为印尼语的 kerbau"水牛"、lembu"黄牛"可与侗语的 pau[1]"角"比较，语音面貌非常接近，语义差别大。但是从词义引申的角度看，可能有关系，牛的明显身体特征是有角，古汉字"牛"便是像牛角的形状。

　　以上各家意见都有一定的道理。但我们更接受邢公畹先生的观点，下面我们补充两个理由。

　　一是跳出侗台语看其他语族语言，可以发现在汉藏语系范围内，有与侗台语族相关语言读音极为类似的词。

　　藏缅语族的语言：

彝语	拉祜	纳西
fu[33]	khɔ[33]	kho[33]

苗瑶语族的语言：

先进	石门	高坡	瑶里	黄洛	大坪
ko[43]	ku[55]	ku[25]	cɔ[42]	ku[33]	kou[44]

　　从上面所列举的读音来看，汉藏语系藏缅语族、侗台语族、苗瑶语族显然关系密切。彝语 fu[33]"角"与居佬语 vu[31]"角"，仫佬语 ku[1]"角"与石门语

ku⁵⁵"角"，壮语 kau¹"角"与大坪语 kɔu⁴⁴"角"的读音高度一致，没有理由否定它们来源不同。但是目前汉藏语学者是普遍把三大语族的"角"看成有不同来源的词。比如，金理新（2012：354-357）认为藏语型与缅语型的"角"语源关系明显，苗瑶语的*k-loŋ"角"跟藏缅语的*ruŋ/*k-ruŋ"角"只能说是偶合词。苗瑶语的"角"更应该是汉语"角"的共源词或偶合词，而侗台语的"角"与南岛语的"角"存在对应关系。

其实，本书认为三大语族的"角"都可以看成与汉语的"角"有对应关系。因为不同语族的区别主要在于声母和韵尾。但是两者都可以解释：上古汉语的复辅音声母 *kr- 完全可以演变为今天三大语族语言中的不同情形，塞音韵尾有些保留、有些消失、有些变成了鼻音韵尾，这在历史演变中都不是问题。《广韵》中，"角"有两读：来母通摄屋韵合口一等入声字，庐谷切；见母江摄觉韵开口二等入声字，古岳且。可见中古以前，"角"字已经出现了分化。藏语 ru"角"正是保留了《广韵》中的第一类读音。侗台语则保留了第二种读音。归入江摄和通摄正好表明古汉语中"角"的韵尾与鼻音韵尾的关系。

如果以邢公畹所拟的上古音 *kruk 为源头，分化路径可能如图 5-1 所示。

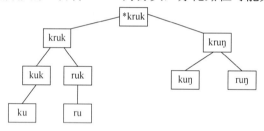

图 5-1　上古音 *kruk 分化路径

图 5-1 语音历时分化只是反映音节结构格局的分化，主要元音的变化并没有反映出来，任何一个音节结构格局其声母、元音、韵尾都可以有合理的变化，如藏语的麻羌话 ᵖɐɹ、博嘎尔话 rɐŋ、格曼僜话 kɹɑŋ 便分别是 ruk、ruŋ、kruŋ 这三种格局的音变。

二是在黎语系统内部比较黎语的"角"与汉语有无对应关系。黎语借自现代汉语见母的字一律读为塞音声母，如保定话 kok⁷"国家"、ka²zok⁷"教育"、ka：i²ki：p⁷"阶级"、ki²ʔu：i³"计划"。较为古老的汉语见母借词则有读作舌面后擦音的情况，见表 5-53。

表 5-53　黎语的汉语见母借词

代表点／汉字	保定	中沙	黑土	西方	白沙	元门	通什	堑对	保城	加茂
脚（居勺切）	khok⁷	khuk⁷	khok⁷	khɔk⁷	khɔk⁸	khɔk⁷	khok⁷	kho²⁷	khɔk⁷	hɔ：k⁹
个（古货切）	hom¹	hom¹	hom¹	hom¹	hom¹	hom¹	hom¹	hom¹	hum¹	kɔ：m⁴

考虑塞音韵尾消失、韵母读音与现代汉语完全一致这一事实，本书认为黎语 hau[1] "角"借自近代汉语的可能性较大。比如，现代汉语声韵与"角"一样的"教"，保定话有两个词，即 ka：u[1] 和 tun[1]，前者无疑借自近代汉语。

黎语 hau[1] "角"的义项与汉语的"角"的义项几乎是对应的，一般有 4 个义项：①动物的犄角；②棱角；③触角；④号角。下面举几个词为例：hau[1]ro：i[3] "鹿角"、hau[1]tso[1] "桌子角"、hau[1]pla[3] "额角"、hau[1]puɪkit[7] "蚱蜢的触角"。黎语该词还可以表示 hau[1]fi：ŋ[1] "太阳穴"（字面意义"面颊的角"）、hau[1]va：u[1] "颧骨"（字面意义"最大角"）。

5.19　尾（tail）

"tail" 在《百词表》中排在第 35 位。概念"尾巴"在黎语各方言、土语的读音见表 5-54。

表 5-54　黎语代表点的"尾"

保定	中沙	黑土	通什	堑对	西方	白沙	元门	保城
tshuɪt[7]	tshuɪt[7]	tshuɪt[7]	tshuɪt[7]	tshuɪt[7]	tshot[7]	tshot[8]	tshət[7]	tshuɪt[7]

加茂	保城₂	加茂₂	昌江石碌	乐东尖峰	乐东三平	陵水隆广	通什₂	堑对₂
tshuɔt[9]	suɪt[7]	loŋ[1]suɔ：t[9]	tshət[7]	sot	so：t[7]	sot[7]	sot[7]	tshuɪt[7]

黎语各方言、土语表达概念"尾"的词都是来源相同的同一个词，但在各方言、土语中有一定的音变。在欧阳觉亚和郑贻青的语音材料里，各方言、土语的声母均为舌尖前塞擦音，不同点主要表现为主要元音的圆展和开口度大小。今天的黎语各方言、土语与半个多世纪前的语音相比，声母多数情况下由当初的舌尖前塞擦音演变成了同部位的擦音 s-，比如，保城 tshuɪt[7]＞保城₂suɪt[7]，加茂 tshuɔt[9]＞加茂₂suɔ：t[9]，通什 tshuɪt[7]＞通什₂ sot[7]。"尾"概念在侗台语族其他语言中的读音情况见表 5-55。

表 5-55　侗台语族相关语言的"尾"

侗	水	毛南	仫佬	佯僙	拉珈	莫	泰	傣西	傣德	龙州	邑宁
sət[7]；sat[7]	hot[8]	sət[7]	khət[7]	thət[7]	sɛ：t[9]	zwət[9]	sut[7]；ha：ŋ[1]	sut[7]；ha：ŋ[1]	sut[7]；ha：ŋ[1]	ɬut[7]；ha：ŋ[1]	tsho：t；thu：ŋ[1]

显然，黎语与侗水语支表达"尾"概念的词语是同源词。台语支有两个来源不同的词，第一种情况目前已经基本上用来表示引申义"末尾"，表示动物的尾巴则用第二种情况。加茂₂话 loŋ[1]suɔ：t[9] "尾巴"应该是一个同义复合词，其第一个音节恰好与台语支的"尾巴"一词同源。黎语两个来源不同的词都可以用于引

申义，如廖二弓的加茂赛方言"树梢" lɔŋ⁵¹tshai⁵¹、"最后" mɔ：n⁵¹tshɔ：t³¹、"年尾" mɔ：n⁵¹tshɔ：t³¹ma⁵¹。

对于侗台语这两个词的来历，学者们往往有不同的看法，下面对几种不同的看法略作介绍。

吴安其（2002：249，318）在拟原始彬桥话为*khlaŋ^A，原始黎语为*s-rut^D之后，拟原始侗台语为*C-dut，并认为原始侗台语*C-dut应该来自南岛语，并且列举印尼语"尾巴"buntut、他加禄语（Tagalog）（金先生译为他加洛语）buntot为证。

有趣的是，金理新（2012：351，352）却用印尼语 buntut "尾巴、末端、尾端"、他加禄语 buntot 与苗瑶语的"尾巴"（金先生拟苗瑶语共同形式为*s-tuʔ）比较。金先生认为台语支"尾巴"的第二种情况共同形式 *q-ta：ŋ 属于台语支的创新，其原型是跟侗水语支同源的第一种情况。他认为侗台语共同形式*q-sut̠ 跟南岛语的 *ikur 没有共同来源的可能。

陈孝玲（2009：76-78）将台语支的"尾巴"的第二种情况跟汉语的"丙"比较，将侗语型的侗台语"尾巴"与汉语的"雪""彗"比较。理由是"尾巴"与"扫""扫帚"可能有联系，比如，侗语 sət⁷ 可以表示"尾巴、扫、扫把"三个义项；黎语的 kut̠⁷ "扫地"与 tshut̠⁷ "尾巴"关系也很近。

侗台语族台语支中表达"尾巴"概念的两个词语音差异太大，说第二种情况是侗语型这种情况的创新形式明显过于牵强，因为创新的依据是什么无法说清楚。将该词与汉语的"丙"比较是可以接受的。丙字金文，状如鱼尾，故为鱼尾的代称。《尔雅·释鱼》："魚尾謂之丙。"丙字中古属于帮母庚韵字，其各家上古拟音与台语支的"尾巴"第二种读音相似度很高，见表5-56。

表5-56　"丙"的上古音构拟

高本汉	李方桂	王力	白一平	郑张尚芳	潘悟云
piǎŋ	pjiaŋx	pyaŋ	prjaŋʔ	praŋʔ	pkraŋʔ

潘悟云的拟音 pkraŋʔ 可以很好地解释今天台语支的读音情况，舌面后塞音 k- 可以与喉擦音 h- 建立起联系。

至于以侗语型为代表的侗台语族的"尾巴"一词，本书认为与苗瑶语族的"尾巴"和南岛语的"尾巴"均为同源词。先看看苗瑶语族语言的具体读音，见表5-57。

表5-57　苗瑶语族语言的"尾"

黔东苗语	湘西苗语	川黔滇苗语	滇东北苗语	布努瑶语	勉瑶语	标敏苗语
qp¹tɑ³	pi³⁷dɑ³⁷	ku⁵du³	a³tsaɯ⁴	ku¹tau³	tuei³	ko⁴duai³

苗瑶语族语言的"尾巴"一般包含两个语素，后语素为词根，勉瑶语仅保留了词根 tuei³。金理新（2012：350）收录的苗瑶语便只保留了词根：先进 tu⁵⁵、高坡 tɯ¹³、枫香 tu⁵³、瑶里 taə³³、文界 tɣ³¹。

再看看南岛语语言表达"尾巴"概念的词语读音，见表 5-58。

表 5-58　南岛语的"尾"

他加禄语	爪哇语	孙丹语	马图语	印尼语
buntot	buntut	buntut	buntu?	buntut

显然，苗瑶语的"尾巴"对应于上述南岛语的"尾巴"，词根在苗瑶语中塞音韵尾消失了。"尾巴"，侗台语的共同形式，吴安其拟作 *C-dut、金理新拟作 *q-suṭ，格局大体一致，其词根跟南岛语该词词根的演变关系可以得到合理解释。属于侗台语族的佯僙语 thət⁷ "尾巴"、属于苗瑶语族的文界语 tɣ³¹ "尾巴"便暗示了侗台语与苗瑶语之间的联系。黎语"尾巴"今天的读音可能经历过这样的演变轨迹：*C-dut＞tut＞thut＞tshut＞sut。

6 名　词（二）

6.1　羽/毛（feather）

"feather"在《百词表》中排在第 36 位。概念"羽/毛"在黎语各方言、土语的读音见表 6-1。

表 6-1　黎语代表点的"羽/毛"

保定	中沙	黑土	通什	堑对	保城	西方	白沙	元门	加茂
hun¹	hun¹	hun¹	hun¹	hun¹	hun¹	ŋoŋ¹	ŋoŋ¹	mən⁴	hɔːŋ⁴

廖二弓	保城₂	加茂₂	昌江石碌	乐东尖峰	乐东三平	陵水隆广	通什₂	堑对₂	
hɔːŋ³³	hun¹	hɔːŋ⁴	ŋoŋ¹	hun¹	hun¹	fiun¹	hun¹	hun¹	

黎语表示禽类和兽类的体毛都用同一个词，即"羽"与"毛"不分，人的体毛和植物的茸毛都用该词表达，比如，保定话的"眉毛、睫毛"hun¹tsha¹，"鬓角"hun¹miːŋ¹，"谷芒"hun¹muːn³；廖二弓话的"牛毛"hɔːŋ³³tshəːi⁵¹、"鸭毛"hɔːŋ³³bet⁵⁵。从上面所列读音情况看，黎语各方言、土语大体上可以分为两类：一类为前鼻音韵尾，另一类为后鼻音韵尾。但是两类应该是同一来源的变体。具体演变的情况可能是这样的：主要元音低化导致舌位后缩后，前鼻音演变为后鼻音，喉擦音演变为舌根鼻音则是受后鼻音韵尾的影响。加茂话的 hɔːŋ⁴ 与西方话的 ŋoŋ¹ 能够揭示喉擦音 h- 与鼻音 ŋ- 之间的关系。元门话 mən⁴ 可能是声母由 h 而 f 然后鼻音化所致。吴安其（2002：250）把元门话 mən⁴ "毛"看成是与其他方言、土语来源不同，但是与峨村话 mui⁵³ "毛"来源相同的一个词，并构拟该词的原始侗台语形式 *k-mur，并且将其与原始藏语的"毛"*s-mul 比较。

黎语该词的读音与侗台语族台语支的西南支和中支的语言表达"羽/毛"概念的词相似度极高。李方桂（2011：58）认为北支则用另外一个词（如剥隘话"毛、羽毛"pïn^A1），是关系极为密切的同源词，见表 6-2。

表 6-2　侗台语族台语支的"羽/毛"

泰	傣雅	傣西	傣德	暹罗	寮	阿含	掸
khon¹	xun¹	xun¹	xon¹	khon^A1	khon	khun	khon

续表

整董	白泰	龙州	侬语	岱语	土语	天保	
xun	xun	khun¹	Khôn; khuôn	khuon	khon	khon	

从读音看，北支台语、侗水语支与黎语的读音差距都很大，但是音节整体格局相似度仍然很高，主要表现为主要元音相近、韵尾相同、声调大多数为A1调，见表6-3。

表6-3　侗台语族相关语言的"羽/毛"

邕宁	武鸣	柳江	布依	临高	侗	水	仫佬	毛南	佯僙	锦
phun¹	fun¹	pun¹	puun¹	vun¹	pjən¹	tsən¹	tsən¹	sən¹	sun¹	zun¹

　　笔者发现表达"羽/毛"概念的词语有一个规律：中支台语声母为唇音，侗水语支（侗语除外）声母为舌尖音，黎语和台语支其他语言的声母则为舌面后音或喉音。李方桂先生是把台语北支和南支看作两个来源不同的词；梁敏和张均如（1996：462）则将其视为同一个词（并构拟原始侗台语为*xkwon），但均未对其解释；陈孝玲（2009：77-80）采纳了梁先生的观点，并且将侗水语支一道视为同源词；金理新（2012：348）也将上述三类音视为同源词，并且构拟了这一词语的共同形式*q-pun/p-qun。

　　一般而言，舌根音与唇音关系密切，从音理上容易解释，然而唇音声母与舌尖音声母的演变关系很难有合理的解释。构拟带流音的原始复辅音是用来解释这三类辅音语源关系的可行办法。比如，汉字"髟"中古音有两个反切："甫遥反"和"所衔反"，邢公畹先生（1999：303，546）在处理这个字的古音时便折合出 *pram 这个音。本书参考邢公畹先生的构拟思路，将原始侗台语的"羽/毛"一词构拟为 *k-prun。黎语演变轨迹可模拟如下：*k-prun＞pun/puun＞phun/phuun＞vun＞fun/fuun＞hun/xun＞khun；hun/xun＞hon/xon＞hɔ：ŋ/hoŋ＞ŋɔ：ŋ/ŋoŋ。

　　李方桂先生从自己的系统出发，在构拟原始台语复辅音声母 *pl- 时，指出北支台语的武鸣话跟石家话年轻一代读 pr-，在大多数中支、北支台语里，在 i、e 以外的元音之前变为 pj-，在田州读 c-，但在 i、e、ï 之前仍旧是 p-。李先生的构拟的角度与本书不一样，但是他指出的 pl、pr、pj、p、c 这几个音的渊源关系，恰好证明了本书构拟带流音的复辅音的合理性，因为后几个音在侗台语族的"羽/毛"一词中就有出现。吴安其（2002：250）拟黎语共同形式为 *phunᴬ，拟原始侗台语为 *k-plər。复辅音的构拟跟本书构拟的情况类似。

　　黎语的"羽/毛"可能与汉语存在语源关系。邢公畹（1999：215）将泰语 khon¹、傣雅语 xun¹、傣西语 xun¹、傣德语 xon¹ 与汉语的"㐱""緷"对应。该字可以指羽毛、也可指头发。《说文解字》："㐱，稠发也。从彡从人。《诗》曰：'㐱发如云'。"㐱亦作鬒，《广韵》中两字均为"章忍反"，音同义近。"鬒"，今普通话读 tsən²¹⁴。"緷"也有"毛""羽"义，广州话 kwan3（緷）<*ᶜkuən<*ᶜkwən。龚群虎（2001：148）将泰语 khon¹ 与汉字"翰"对应。"翰"义为鸟类的长羽毛。陈孝玲（2009：80）更是大胆地认为侗台语的"羽/毛"可能与汉语的"根"有联系。

6.2　发（hair）

"hair"在《百词表》中排在第 37 位。跟现代汉语一样，黎语表达"头发"的词是个复合词，由表示"发"概念的词根与表示"头"概念的词根组合而成（表 6-4）。

表 6-4　黎语代表点的"发"

保定	中沙	黑土	西方	白沙
dan²gwou³	tom¹gau³	nom¹rau³	rom¹γo³	rom¹vo³
元门	通什	堑对	保城	加茂
mən⁴vo³	dan⁵go⁶	dan⁵ho⁶	dan⁵hɔ⁶	tiəm³ki: u¹
保城₂	加茂₂	昌江石碌	乐东尖峰	廖二弓
dan⁵hɔ⁶	dan³ki: u⁶	mo²	tom¹gau³	na: m⁵¹ki: u
乐东三平	陵水隆广	通什₂	堑对₂	
mən¹vo³	tom¹gau³	fa⁵ŋao⁶	hu³	

元门话、乐东三平话的"发"与元门话的"毛"是同一个词。通什₂话 fa⁵"发"是现代汉语借词。堑对₂话 hu³"头发"是海南话借词，闽方言把现代汉语普通话的 f 读成 h。汉语方言也存在类似情况，比如，温州话"发"ho₂，双峰话"发"ₓxo 白、ₓxua 文，福州话"发"xuoʔ₂白、xuaʔ₂文。双峰和福州的白读音主要元音舌位均比文读音高，据此可以推测，堑对₂话 hu³"头发"应该是借自近代的闽南话（海南话属于闽方言）。昌江石碌话 mo²"发"是借自海南话"毛"的读音。加茂话 tiəm³ki: u¹、加茂₂话 dan³ki: u⁶、廖二弓话 na: m⁵¹ki: u⁵¹，廖二弓话也属于加茂赛方言，从上述三处加茂话的"头发"一词的读音情况看，表示"发"概念的词根似乎存在一定的关系。但是今天的加茂话 dan³ki: u⁶"头发"中的 dan³ 显然跟同一个县的保城读音 dan⁵hɔ⁶"头发"中的 dan⁵ 读音是一致的，该音在半个多世纪里没有变化。保定、保城、通什、堑对、加茂₂方言的 dan"发"，可能与别的方言、土语的"发"来源不同。保定话的 dan²"发"还有另外两个意义，①条：tsu²dan²do:

i¹ "一条绳"、tsɯ²dan²nom³ "一条河"；②成条的东西：dan²mu：n³ "稻穗杆儿"、dan²ve：ŋ³ "上衣下摆一条条的穗子"、dan²pi：n¹ "野麻纺成的纱线"。廖二弓话的量词 <u>thiən</u>⁵¹ "条" 可能是与保定话的 dan² "条" 为同一个来源的词，但读音有差别，请看：km³³<u>thiən</u>⁵¹tui⁵¹ "一条绳"、kɯ³³<u>thiən</u>⁵¹lu³³na：m⁵¹ "一条河"。该词可以与汉语的 "条" 比较。"条" 之本义为 "细长的树枝"，汉代王褒《九怀·蓄英》："秋风兮萧萧，舒芳兮振条。"人的头发宛如细长的树枝一样，因此可以隐喻为 "头发" 的 "发"。这与把植物的 "根" 隐喻为 "发" 道理是一样的，《说文解字》："发，根也。"

　　"条" 为定母效摄萧韵开口四等平声字。黎语早期借自汉语的萧韵字，韵母多对应为鼻音，见表 6-5。

表 6-5　黎语早期借自汉语的萧韵字

汉字＼代表点	保定	中沙	黑土	西方	白沙	元门	通什	堑对	保城	加茂
吊	ri：ŋ³	ri：ŋ³	ri：ŋ³	riŋ³	riŋ³	riŋ⁶	riaŋ⁶	liaŋ⁶	liaŋ⁶	lin⁴
钓	roŋ³	ruŋ³	ruŋ³	rɔŋ³	—	—	roŋ⁶	loŋ⁶	luŋ⁶	ləŋ²
叫鸟~	ro：ŋ¹	ro：ŋ¹	raŋ¹	ro：ŋ¹	ruaŋ¹	ruaŋ⁴	ro：ŋ⁴	lɔ：ŋ¹	lɔ：ŋ⁴	—
叫~做	tsa：n¹	tsa：n¹	tsa：n¹	tsa：ŋ¹	tsa：ŋ¹	tuan¹	tsa：n¹	tsa：n¹	tsa：n¹	—
条一~河	dan²	dan²	den²	dan²	daŋ²	dan⁵	dan⁵	dan⁵	dan⁵	tiən¹

　　其余方言、土语表达 "发" 概念的词根则来自原始黎语的共同形式，但有不同的音变，不考虑声调大体可分三类方言变体：nom/na：m、tom/tiəm、rom。原始黎语可能为 *lom。黎语该词语应该来自原始侗台语。请看黎语部分方言与侗台语族部分语言，见表 6-6。

表 6-6　黎语部分方言和侗台语族部分语言的 "发"

泰	傣雅	傣西	龙州	武鸣	彬桥	布依	侗南	侗北	水	仫佬
phom¹	phum¹	phum¹	phum¹	plom¹	phjum¹	pyɔm¹	pjam¹ pyam¹	tyəm¹	pyam¹	pɣam¹

毛南	佯僙	莫	锦	黑土	西方	白沙	加茂	乐东尖峰	陵水隆广	廖二弓
pyam¹	pəm¹	pyam¹	pyam¹	**nom¹**	**rom¹**	**rom¹**	**tiəm³**	**tom¹**	**tom¹**	**na：m⁵¹**

注：表中的黑体字是黎语方言

　　台语支的 "头发" 主要元音普遍为高元音，侗水语支则普遍为低元音。黎语上述方言、土语主要元音也主要是高元音。侗北话的 tyəm¹ 与加茂话的 tiəm³，武鸣话的 plom¹ 与西方话的 rom¹ 语音相似度最高，可以为构拟原始侗台语提供现实依据。邢公畹（1999：303）构拟该词原始台语的声母为复辅音 pl/r-。吴安其（2002：248）认为彬桥话由原始壮语 *phlum[1] 演变而来，进而参照黎语西方话 rom[1]，构拟原始侗台语*p-lum。金理新（2012：113）构拟侗台语这一形式的"头发"一词的共同形式为 *p(u)-ram。

金理新先生将加茂话 tiəm[3] "头发"、通什话 tom[3] "辫子"排除在上述侗台语之外，而是与比佬语 sai[33]、居佬语 suŋ[31]、普标语 sam[53]、标语 θam[55]、朗央语 çam[54]、拉基语 çaŋ[55]、巴央语 dɦam[54] 这一类仡佬语、布央语的"头发"一词比较，并构拟它们的共同形式为 *sam[A]。显然，他没有看到侗北话的 tyəm[1] 与加茂话的 tiəm[3]、武鸣话的 plom[1] 与西方话的 rom[1] 之间的对应关系。

吴安其（2002：315）认为原始侗台语"头发"*p-lum 可以与原始汉藏语的 *c-ram 比较。古汉语的"髟"指长发，《广韵》有"甫遥反""所衔反"两个反切，可能正是从原始汉藏语 *c-ram 分化而来。这一看法是可取的。

本书认为，上述黎语方言、土语的"头发"来自原始侗台语 *p-lum 没有疑问。由 l- 演化为 r-/n-/t- 在音理上也很容易得到合理的解释。黎语中常有某个词在某些方言中声母为 l-，在其他方言中则为声母 r- 的情况，比如"窝"，通什、堑对、保城、加茂的方言为 lu：ʔ[8]，保定、中沙、黑土的方言则为 ru：ʔ[7]。

6.3　头（head）

"head"在《百词表》中排在第 38 位。黎语表达概念"头"的词语在各方言、土语中的读音见表 6-7。

表 6-7　黎语代表点的"头"

保定	中沙	通什	黑土	西方	堑对	保城	白沙	元门	加茂
gwou[3]	gau[3]	go[6]	rau[3]	yo[3]	ho[6]	hɔ[6]	vo[3]	vo[3]	ki：u[1]

廖二弓	保城₂	加茂₂	昌江石碌	乐东尖峰	乐东三平	陵水隆广	通什₂	堑对₂	
kɯ[33]ki：u[51]	hɔ[6]	məki：u[1]	mo[3]	hgou[3]	hwoʔ[3]	gau[3]	hɔgɔ[6]	hotsuvaʔ[5]	

加茂话 ki：u[1]、廖二弓话 kɯ[33]ki：u[51]、加茂₂话 məki：u[1] "头"、昌江石碌话 mo[3] "头"，表明黎语加茂话的"头"存在一个非词根音节。kɯ[33]- 为名词前缀，黎语多数方言均存在此词缀，比如，廖二弓话 kɯ[33]tɔ[11] "头脑"、kɯ[33]tset "物体顶端"；保定话 kɯ[3]li：u[1] "八哥"、kɯ[3]li：ŋ[2] "圈子"、kɯ[3]lo：p[7] "手镯"。加茂₂话 məki：u[1] "头"中的 mə- 是表示生命体的非词根音节，读轻声，该非词根音节在昌江石碌话 mo[3] "头"则独立承担了概念意义。值得注意的是，非词根音

节 m- 在藏语中也存在。藏语"头"有好几个形式，其中一个是 m-go。藏语 m-go "头"在其方言中也表现出多样化，比如：拉萨话 ko¹³"头"、夏河话 ngo "头"、巴塘话 ŋgu⁵³"头"、文浪话 go "头"。加茂₂话 məki: u¹"头"与藏语的 m-go "头"应该存在同源关系。金理新（2012：99）认为汉语的 *m-go-n "元"跟藏语的 m-go "头"有语源关系。乐东尖峰话 hgɔu³"头"、通什₂话 hɔgɔ⁶"头"、堑对₂话 hotsuvaʔ⁵"头"表明黎语的"头"还存在另一个非词根音节 h-，该非词根音节在藏语中同样存在，藏语"起初、前头、起首"为 ɦi-go、"工头、领头人"为 ɦi-go-pa。黎语该类形式的"头"在其方言、土语中演化成三种情况：保留非词根音节加词根音节，非词根音节承担概念意义的同时词根音节脱落，非词根音节脱落。三种情况的声母和韵母都在音理范围内演变。

黎语表达概念"头"的词与侗台语族其他语言表达概念"头"的词关系如何，见表6-8。

表6-8　侗台语族相关语言的"头"

泰	傣雅	傣西	傣德	武鸣	柳江	邕宁	暹罗	龙州	剥隘
huə¹	ho¹	ho¹	ho¹	ɣau³	kjau³	hlau⁵	klau^{C1}; hua^{A1}	kjau^{C1}; hu^{A1}	čau^{C1}

布依	临高	侗北	侗南	仫佬	水	毛南	黑土	西方	堑对
tɕau³	hau³	ka: u³	hau³	kɣo³	ku³	Ko³	**rau³**	**ɣo³**	**ho⁶**

注：表中黑体字为黎语方言

李方桂（2011：107，191）认为侗台语的"头"有两个不同来源，以暹罗话、龙州话为例，说明第一种情况读一类阴调，原始声母为 *thr-，这个复辅音在今天大多数西南方言里为 h-，阿函话 ru "头"，在北支方言中演变成 r-、l-、ɣ-，侬语 hu "头"或 hua "头"，岱语 thua "头"或 hua "头"，土语 thua "头"，天保话 thuu "头"，在中支方言里变成了 th-、h-。第二种情况读三类阴调，原始声母为 *kl-，大部分西南方言流音失落，中支方言中有些方言保存复辅音，大部分中支方言中的流音 l- 变成 j-，北支方言有保存复辅音的，但石家话变为 tl- 或 tr-，大部分北支方言流音变成 -j-，kj- 进一步腭化变为 č。梁敏和张均如认为泰语和傣语型的"头"与侗台语其他语言的"头"应该属于同一形式的变体。考虑黎语的情况，西方、保城、元门、白沙的方言的"头"与中沙话、陵水隆广话的"头"在调类上并没有李方桂所说的有严格的区分，本书赞同梁敏和张均如的观点。金理新（2012：104）拟侗台语"头"的共同形式为 *k-lu²/*q-lu²，认为保定话的 g- 并非直接来自侗台语的舌根音或小舌音，而是来自侗台语的舌尖边音 l-。而他解释泰语的喉擦音 h- 时，认为泰语的 h- 对应邕宁话的 hl-，实际上是失落了边音 -l-，即 h-＜hl-。这样说来金先生的意思就是黎语的 g- 与台语的 h- 是来源不同的辅音。本书认为，保定话的 g- 仍然来源于舌根音，而黎语的 h- 则是词首非词根音节的遗留，黑土话 rau^3 "头"的舌尖颤音 r- 则是古流音的遗存音变。

"头"，李方桂拟侗台语第二种情况的原始音为 *kləu^{C1}，张敏拟原始侗台语为 *kruəu，金理新拟侗台语共同形式为 *k-ḻu$^?$/*q-ḻu$^?$，吴安其依据泰语 hua^1、武鸣壮语 kjau^3、通什话 go^6、峨村话 ʔa^{0}ðu^{11} 拟原始侗台语为 *g-loɤ。

考虑到乐东尖峰话 hgou^3 "头"、通什$_2$ 话 həgo^6 "头"、堑对$_2$ 话 hotsuvaʔ^5 词首非词根音节，以及黑土话 rau^3 "头"的舌尖颤音，本书拟黎语共同形式为 *hgloʔ。或许该词原始侗台语甚至原始汉藏语就存在一个非词根辅音 h-。

侗台语的"头"与汉藏语的"头"的关系密切。学者拿来与侗台语"头"比较的汉语词有"头""首""元""髑髅"等。潘悟云认为侗台语的"头"与汉语的"头""首""元"均为同源词。邢公畹、郑张尚芳、金理新将侗台语的"头"与汉语的"首"比较，陈孝玲将其与汉语的"髑髅"比较。吴安其认为原始侗台语 *g-loɤ 由始汉藏语 *C-lo-g 演变而来。王力先生（1982：190）也讨论了汉语"头、首、髑髅、项颅"的同源关系问题。下面是王力先生给这几个字和合音字的拟音：

do 头；

sjiu 首（定审临纽，侯幽旁转）；

Dok-lo 髑髅（侯屋对转）；

dak-la 项颅：do-klo 髑髅（铎屋旁转、雨侯旁转）。

《说文解字》："头，首也。"《广雅·释亲》："首谓之头。"

《说文解字》："髑髅，顶也。"《广雅·释亲》："项颅谓之髑髅。"朱骏声："髑髅之合音为头字。"王力加按语："朱骏声说甚是。"髑髅的初意应即头，后来词义分化，髑髅指死人的头骨。《庄子·至乐》："庄子至楚，见空髑髅。"

"髑"溪母字，"项"疑母字，"髅""颅"来母字，上古汉语的"髑髅"与"项颅"的确暗示了远古汉语与今侗台语的关系。

黎语的"头"引申义与汉语类似，可以表示组织的"头目"和物体的两"端"意，比如，保定话：gwou^{3}ploŋ^3 "家长"、gwou^{3}mun^1 "首领"、gwou^{3}kom^1 "头人"、gwou^{3}nom^3 "水源"、gwou^{3}tsei^1 "奶头"。

6.4　耳　　朵（ear）

"ear"在《百词表》中排在第 39 位。黎语表达概念"耳朵"的词语在各方言、土语中的读音见表 6-9。

表 6-9　黎语代表点的"耳朵"

保定	中沙	黑土	西方	白沙	元门	通什	堑对	保城	加茂
zai^1	zai^1	zai^1	zai^1	zai^1	tsai^4	ɬai^4	ɬai^4	ɬai^4	kɯ^{2}ko^1

廖二弓	保城₂	加茂₂	昌江石碌	乐东尖峰	乐东三平	陵水隆广	通什₂	堑对₂
kɯ^{33}ko^{51}	xai^4	kɯ^{2}ko^1	pɯzai^1	zai^1	zai^1	zai^1	khai^4	khai^4

上述黎语方言、土语中表达"耳朵"概念的词语为同一个词，只是在方言、土语中表现出不同的音变而已，其中声母 z-、ɬ-、ts-、kh- 在黎语方言、土语内部存在明显的对应关系，见表 6-10。

表 6-10　黎语代表点声母 z-、ɬ-、ts-、kh- 对应例词

词条＼代表点	保定	中沙	黑土	西方	白沙	元门	通什	堑对	保城	加茂
断折~	tsha:u^1	tsha:u^1	tsha:u^1	tsha:u^1	tsha:u^1	tsa:u^1	tsa:u^1	tsa:u^1	tsa:u^1	kha:u^5
变	zaɯ^2	zaɯ^2	zeɯ^2	zaɯ^2	zeɯ^2	tsaɯ^2	ɬaɯ^2	—	—	—
脖子	zoŋ^8	zuŋ^3	zoŋ^3	zoŋ^3	zoŋ^3	tsoŋ^6	ɬoŋ^6	ɬoŋ^6	ɬoŋ^6	tsoŋ^2
翻身	zaɯ^2	zaɯ^2	zeɯ^2	zeɯ^2	zaɯ^2	tsaɯ^5	zaɯ^1	—	—	tsa:m^4
二第~	zi^3	zi^3	zi^3	ɬau^3	—	zi^4	zi^1	zi^1	ɬau^3	zi^3
心脏	ɬa:u^3	ɬa:u^3	ɬa:u^3	ɬa:u^3	ɬa:u^3	ɬa:u^3	ɬa:u^3	ɬa:u^3	ɬa:u^3	tsiau^1
原谅	za:ŋ^2	za:ŋ^1	za:ŋ^1	za:ŋ^3	zaŋ	zaŋ^5	za:ŋ^1	za:ŋ^5	za:ŋ^5	za:ŋ^5
耳朵	zai^1	zai^1	zai^1	zai^1		tsai^4	ɬai^4	ɬai^4	ɬai^4	-ko^1

上述词语在黎语方言、土语中语音的对应情况表明，黎语声母的演变规律如下：ɬ->z->ts-/tsh->k-/kh-。从历史的角度看，堑对话 ɬai^4 到堑对₂话 khai^4，通什话 ɬai^4 到通什₂话 khai^4，保城话 ɬai^4 到保城₂话 xai^4 恰好证明了这一演变路径。加茂话的 ko^1 则是属于韵尾脱落主要元音高化现象。韵尾脱落是一种常见的音变现象，如汉语的"大"古泰韵的读音在现代汉语里便读作 a 韵母了。

黎语的"耳朵"在侗台语族其他语言中可以找到类似的读音，见表 6-11。

表 6-11　侗台语族侗水语支的"耳朵"

临高	侗南	侗北	仫佬	水	毛南	佯僙	大佬	郎央	普标
sa^1	kha^1	ka^1	khɣa^1	kha	kha^1	kha^1	zau^{55}	ðza^{312}	za^{33}

黎语的"耳朵"与侗台语族侗水语支的"耳朵"语音相似度最高，显然是同源词，它们都保留主要元音 a，黎语普遍带韵尾 -i，侗水语则普遍为单元音韵母。被称为西江黎语的临高话的 sa^1 与昌江石碌话的 -zai^1 相比较，除却韵尾的有无外，

声母差异只是体现在清浊上，普标的 ẓa^{33} 与昌江石碌话的 -zai^{1} 相比较则体现为声母发音部位的细微差异。

侗水语支的拉基语（有人认为属于仡央语支）lu^{35}“耳朵”有些特别，主要元音与表 6-11 中诸语言的主要元音不同，可能是主要元音发音部位后移然后高化所致：a＞ɒ＞ɔ＞u。拉基语韵母 -u 与侗水语支语言韵母 -a 有整齐的对应关系，金理新（2012：116）列举了“田、弩、外公、祖母、菌子、肩膀”等几个词作为例证。拉基语的 lu^{35}“耳朵”可以作为用来解释台语支的“耳朵”与侗水语支的“耳朵”为同源词的一个根据。部分台语支语言的“耳朵”读音情况见表 6-12。

表 6-12　侗台语族台语支的“耳朵”

泰	傣雅	傣西	傣德	龙州	邕宁	暹罗	剥隘
hu^{1}	hu^{1}	hu^{1}	hu^{1}	hu^{1}	hli^{2}	huu^{A1}	lïï^{A2}

黎语保城$_{2}$话 xai^{4}“耳朵”是由保城话 ɬai^{4}“耳朵”演变而来的，舌面后擦音 x- 与边擦音 ɬ- 是历史演变的关系。但是泰语的 hu^{1}“耳朵”与剥隘话 lïï^{A2}“耳朵”的声母关系不一样，属于复辅音声母的分化关系，最可靠的依据是邕宁壮语 hli^{2}“耳朵”。台语支的共同形式可以拟为*khlï̯u。李方桂（2011：231）提到暹罗话 huu^{A1}“耳朵”的长音 uu 可能是从复元音演变而来，例如，*ï̯u（重音在 u），把原始台语声母拟为*xr-，故其原始台语的“耳朵”拟音为*xrï̯u。吴安其（2002：248）拟黎语共同形式为*mlai^{A}，壮语共同形式为*khlu^{A}，原始侗台语为*q-mla/*pla。金理新（2012：115）拟侗台语“耳朵”的共同形式为*q-ɭv（v 表示未定元音）。

吴安其拟黎语共同形式为*mlai^{A}，双唇鼻音的构拟不知道其具体依据是什么。如果吴先生的构拟成立，那么黎语该词就可以与汉语的“耳”建立对应关系，“耳”上古音为*mljɯʔ（潘悟云）。郑张尚芳先生（1995：455）用汉语的*k-lɯ“颐”与台语 hu^{1}“耳朵”对应。邢公畹（1999：333）用汉语的*^{c}gwjag“聏”与台语对应。本书认为可以拿来与侗台语“耳朵”对应的汉字还可以选择 $_{c}$ɣau（聕）＜*guuʔ/ɣuuʔ。聕，《玉篇》：“胡老切，音浩，耳也，一曰耳闻。”此汉字与台语的“耳朵”在音意上对应得更加贴切。

金理新（2012：116-118）据南岛语辅音或元音换位这一常见现象，指出原始南岛语 *ʈaŋila“耳朵”应该是 *ʈaŋiɭa。构拟的南岛语词根音节 -ɭa 则与侗台语建立起了联系，金先生列举了“头、耳朵、八、种、线、寻找、挖”这几个概念在南岛语中的排湾语、阿眉斯语、巴宰语和侗水语支的水语、仫佬语、普标语、朗央语及保定话之间的具体读音，以此证明南岛语“耳朵”与侗台语“耳朵”的声母存在对应关系。金先生还指出，黎语只有加茂话的“耳朵”跟其他侗台语一致，

黎语的 -ai 韵母并不对应侗水语支的 -a，黎语的"耳朵"跟侗台语族其他语言的"耳朵"元音已经换位，即黎语的"耳朵"是 *qałi。金先生的观点很新颖，但是无法解释 *qałi 如何演变成 łai^4。此外，南岛语几乎所有语言的"耳朵"主要元音 a 均与舌根鼻音 ŋ 相拼，只有卑南语与舌尖后边音 ɭ 相拼（taɲiɭa），显然就"耳朵"这一概念而言，南岛语辅音或元音换位现象只是孤例。

6.5　眼　　睛（eye）

"eye"在《百词表》中排在第 40 位。概念"眼睛"在黎语各方言、土语中的读音见表 6-13。

表 6-13　黎语代表点的"眼睛"

保定	中沙	黑土	西方	白沙	元门	堑对	通什	保城	加茂
tsha^1	tsha^1	tsha^1	tsha^1	tsha^1	tsha^1	tsha^1	tshu^{3}tsha^1	tshu^{3}tsha^1	kɯ^{2}tou^1

廖二弓	保城$_2$	加茂$_2$	昌江石碌	乐东尖峰	乐东三平	陵水隆广	通什$_2$	堑对$_2$	
kɯ^{33}tou^{51}	sa^1	kɯ^{2}tou^1	tsha^1	sa^1	sa^1	sa^1	tsha^1	tsha^1	

黎语的"眼睛"读音分三种情况：加茂话词根为 -tou^1，乐东尖峰、乐东三平、陵水隆广话词根为 sa^1，其余黎语方言、土语词根为 tsha^1。sa^1"眼睛"由 tsa^1"眼睛"演变而来，欧阳觉亚和郑贻青的语音材料记录的通什话为 tshu^{3}tsha^1（tshu^3 为汉语的语素"珠"），今天的通什话（通什$_2$话）为 tsha^1。加茂话的 -tou^1"眼"与其他黎语方言的 tsha^1 表面上似乎看不出语音联系。但是，加茂话的声母 t-（或者其他方言的 t-）与其他黎语方言的 tsh- 通常存在对应关系，见表 6-14。

表 6-14　黎语加茂话声母 t- 与其他方言声母 tsh- 的对应例词

代表点 词条	中沙	黑土	西方	白沙	元门	堑对	通什	保城	加茂
买	tshat^7	tshat^7	tshat^7	tshat^8	tshat^7	tshat^7	tshat^7	tshat^7	ta：t^9
赎	tshau^3	tou^3	tsho：m^3	tshuam^3	tshuam^3	thiak^3	tsho：m^3	tsho：m^3	tiam^1
外祖父	tsha^3	tsha^3	tsha^3	tsha^3	tsha^3	da：ʔ^7	tsha^3	tsha^3	tə
芽	tsha^1	tsha^1	tsha^1	tsha^1	tsha^1	tsha^1	tsha^1	tsha^1	tɔk^7

可见，加茂话 -tou^1"眼"与其他黎语方言 tsha^1、sa^1"眼睛"属于同一个来源的词。黎语的"眼睛"与"芽"一般用同一个语音形式表达，两个概念存在隐喻引申的关系，果树上初绽的"芽"正像可爱的"眼睛"。保定、中沙、黑土、元门、

保城等9处的黎语方言、土语的"眼睛"与"芽"均为tsha^1，加茂话的tɔk^7"芽"与 -tou^1"眼"已经出现了分化，但是仍能看出同源关系。加茂的 -tou^1"眼"与其他黎语方言、土语的 tsha^1、sa^1"眼睛"应该保留着更为古老的侗台语读音情况，下面请看表 6-15 中侗台语族其他语言表达"眼睛"这一概念的具体读音。

表 6-15　侗台语族相关语言的"眼睛"

泰	傣雅	傣西	傣德	壮	布依	临高	侗	仫佬	水	毛南
ta^1	ta^1	ta^1	ta^6	ta^1	ta^1	da^1	ta^1	ɭa	da^1	nda^1

锦	莫	拉珈	比佬	居佬	朗央	巴央	普标	拉基	暹罗	剥隘
dya^1	dya^1	pla^1	zɯ^{33}	tɯ^{31}	ta^{54}	da^{33}	te^{54}	tiu^{55}	taa^{A1}	taa^{A1}

加茂话 -tou^1"眼"与居佬语 tɯ^{31}"眼睛"读音最为相似，加茂话的 -tou^1 实际读音为央元音 ə，两种语言该词的韵尾皆为后高元音，只是圆唇与展唇的区别而已。从上面所列语言的读音情况看，侗台语的"眼睛"内部读音高度一致。与其他语言相比较，黎语的语音差异是最大的，但是黎语加茂话的 -tou^1"眼"揭示了黎语的"眼睛"与侗台语族其他语言的"眼睛"之间的关系。

李方桂（2011：105，222）拟原始台语的"眼睛"为 *tra。邢公畹（1999：315）也认为泰语的"眼睛"的声母由 *tr- 演化而来。吴安其先生（2002：248）则拟原始台语为 *pra^A，原始侗台语也为 *pra。金理新（2012：124）认为南部壮语 tha^1"眼睛"，送气清塞音应该来自原始侗台语的非词根音节 m-，因而构拟侗台语"眼睛"的共同形式：*m-ţa>p-ţa>p-la。拉珈语 pla^1"眼睛"可以证明复辅音声母的存在，仡佬语 mu^{33}tɯ^{31}、布央语 ma^{0}ta^{54}"眼睛"可以构拟非词根音节 *m- 的合理性。笔者认为这样的构拟还可以解释水语、毛南语 nda^1"眼睛"的前置辅音 n-。梁敏和张均如（1996：337，518）、潘悟云和邵敬敏（2005：262）拟原始侗台语的"眼睛"为 *mpra，也是考虑了鼻冠音问题。但是金先生和梁先生、潘先生在处理辅音 m- 与辅音 p- 的关系上的思路明显是不一样的。黎语堑对$_2$话的"眼睛"读作 va^{2}tsha^1，非词根音节 va^2 应该与布央语"眼睛"的非词根音节 ma^0 有关系。我们知道中古汉语的微母便是由上古汉语的明母演变而来的。

侗台语的"眼睛"与南岛语的"眼睛"关系密切，应该是同源词，金理新先生（2012：124）指出，眼睛，"是侗台语、南岛语区别汉藏语的标志性语词之一"。请看表 6-16 中部分南岛语"眼睛"一词的读音。

表 6-16　南岛语的"眼睛"

印尼语	亚齐语	他加禄语	邹语	鲁凯语	排湾语	卑南语	布农语	莫图语	汤加语
mata	mata	mata	mətsoo	matsa	matsa	maţa	mata	mata	mata

黎语堑对₂话 va²tsha¹ "眼睛" 与南岛语系的鲁凯语、排湾语 matsa "眼睛" 显示了黎语与南岛语之间的密切关系。从黎语 tsha＞sa 的演变规律看，南岛语也应该可以找到类似演变的例子，如赛夏话 masa² "眼睛"、邵语 maөa "眼睛"。

黎语的 tsha¹ "眼睛" 除隐喻为 "芽" 外，还可以隐喻为 tsha¹tshai¹ "树疙瘩"（直译 "树的眼睛"）、tsha¹hwan¹ "太阳"（直译 "天的眼睛"）。陈孝玲（2009：88）指出：大部分侗台语的 "眼睛" 都可以表示 "（竹）节" "（树）疤"，而且印尼语、汉语、缅语的 "眼睛" 也可以这样引申，可以比较；藏缅语，甚至英语表达概念 "眼睛" 的词语也可以表示 "芽" 这一概念。这应该属于人类隐喻性思维的共同表现，与语源关系无关。

学者们普遍拿汉字 "矑" 与侗台语的 "眼睛" 比较，如邢公畹（1999：315）、吴安其（2002：315）、潘悟云和邵敬敏（2005：262）、陈孝玲（2009：88）。"矑"，《广韵》："落胡切，目童子也。" 上古属于鱼部字。《文选·扬雄〈甘泉赋〉》："玉女亡所眺其清矑兮，宓妃曾不得施其娥眉。" 李善注引服虔曰："矑，目童子也。" 上古属于鱼部字，各家拟音如下：李方桂 *lag、王力 *la、郑张尚芳 *braa、潘悟云 *[b]raa。考其音义，确实与侗台语 *mpra（潘悟云拟）关系密切。

黎语表示 "眼镜" 概念时，各方言、土语多采用汉语借词 "目架"：中沙话 mak⁸kie²、元门话 mak⁷kia³、通什话 mak⁷kia⁶、堑对话 mak⁷kia⁶、保城话 ma：ʔ⁷kia⁶、加茂话 ma：k⁹kia⁴。《释名·释形体第八》："目，默也，默而内识也。" 以 "默" 训 "目"，"默" 为职部一等入声字，一等字主要元音开口度大，黎语的 -ak 正好与汉语的职部对应。今闽南话 "目" 白读音 mak⁸ 正与黎语上述汉语借词 "目" 字读音一致。可见黎语该词借自海南话。

6.6　鼻（nose）

"nose" 在《百词表》中排在第 41 位。黎语表达概念 "鼻子" 的词语在各方言、土语中的读音见表 6-17。

表 6-17　黎语代表点的 "鼻子"

保定	中沙	黑土	西方	白沙	元门	通什	堑对	保城	加茂
khat⁷	khat⁷	khet⁷	khak⁷	khak⁷	khat⁷	khat⁷	khat⁷	khat⁷	kɯ²hɔ：t⁹

廖二弓	保城₂	加茂₂	昌江石碌	乐东尖峰	乐东三平	陵水隆广	通什₂	堑对₂	廖二弓
kɯ³³hɔ：t³¹	khat⁷	kɯ²hɔ：t⁹	khak⁷	khat⁷	khat⁷	ha：t⁷	khat⁷	khat⁷	kɯ³³hɔ：t³¹

黎语表达概念"鼻子"的词根据韵尾可以分为保定型和西方型。保定型 khat[7]
分布最为广泛，19 个代表点中有 16 个代表点以 -t 韵尾。但是部分方言、土语的
主要元音或声母发生了变化，陵水隆广话的声母由送气塞音演变为喉擦音 h，加
茂话、加茂[2]话、廖二弓话均为加茂赛方言，其声母由送气塞音 kh- 演变为喉擦音
h，同时主要元音发音部位后移圆唇化为长元音 ɔ，黑土话的主要元音由 a 高化为
e。西方型 khak[7] 还分布于元门话和昌江石碌话，其韵尾应该是受声母发音部位的
影响而演变为与声母同部位的塞音 -k。黎语的"鼻子"在方言、土语内部演变的
梗概应该是这样的：khat＞khak；khat＞ha：t＞hɔ：t；khat＞khet。

　　黎语的"鼻子"在侗台语族诸语言中的读音最为特殊，难以找到类似的读音。
金理新（2012：134）将保定话和通什话的 khat[7]"鼻子"、加茂话的 hɔ：t[7]"鼻子"
与比佬语 ŋuei[31]"鼻子"、居佬语 ŋe[35]"鼻子"、大佬语 ntɕan[13]"鼻子"、巴哈语 ŋ̊at[33]
"鼻子"、拉基语 n̠ia[54]"鼻子"、木佬语 n̠e[55]"鼻子"看作同一形式，梳理出仡佬-
布央语和黎语之间的语音关系：*ŋ-＞ŋ̊-＞kh-＞h，构拟这一形式的"鼻子"一词
的共同形式为 C-ŋat，并且认为这一形式的"鼻子"对应南岛语卑南语的 mənaq
"呼吸"。金先生的推拟有一定道理，因为巴哈语 ŋ̊at[33]"鼻子"的确可以与黎语 khat[7]
建立联系，清化的舌根鼻音 ŋ 塞化为同部位的清音是语音自然演变的一条规律。
但是，把巴哈语 ŋ̊at[33]"鼻子"、拉基语 n̠ia[54]"鼻子"、木佬语 n̠e[55]"鼻子"放在一
起来讨论，这样处理显然是进入类似先入为主这样的认识上的误区。拉基
语 n̠ia[54]"鼻子"、木佬语 n̠e[55]"鼻子"完全可以与藏缅语的"鼻子"进行比较，
如属于藏语方言的贵琼语 nə[55]"鼻子"、纳木兹语 ni[31]"鼻子"、史兴语 ŋɜ[53]"鼻
子"，可是金理新先生（2012：126）采纳白保罗构拟的藏缅语共同形式为 *s-na，
也就是说贵琼语 nə[55]（鼻子）＜*s-na，木佬语 n̠e[55]（鼻子）＜*C-ŋat，这样的处
理方式或许过于简单。

　　那么，黎语的"鼻子"与南岛语是否有关系呢？先看看南岛语诸语言的具体
读音情况，见表 6-18。

表 6-18　南岛语的"鼻子"

印尼语	亚齐语	他加禄语	加莱语	邹语	鲁凯语	布农语	莫图语	塔几亚语
hiduŋ	idoŋ	iloŋ	adǔŋ	ŋutsɨ	ŋuŋua	ŋutus	udu	ŋudu

　　显然南岛语内部也有不同的形式，马来-他加禄语为一种形式，原始马来-他
加禄语为 *hiduŋ，邹-卑南语与美拉-密克罗尼西亚语为另一种形式，原始邹-卑南
语与原始美拉-密克罗尼西亚语分别为 *ŋutu、*ŋudu。这两种形式跟侗台语都有语
源关系。原始马来-他加禄语跟侗台语族台语支和侗水语支表达"鼻子"概念的词
语音相似度很高，关系比较明显，见表 6-19。

表 6-19 侗台语族相关语言的 "鼻子"

泰	傣雅	傣西	傣德	龙州	武鸣	布依	临高	峨村	郎央
daŋ¹	laŋ¹	daŋ¹	laŋ⁶	daŋ¹	daŋ¹	dan¹	loŋ¹	ʔa⁰tiŋ³³	tiŋ²⁴

普标	邕宁	侗	水	仫佬	佯僙	锦	莫	拉珈	
taŋ³³	naŋ¹	naŋ¹	naŋ¹	naŋ¹	naŋ¹; ʔnaŋ¹	naŋ¹	naŋ¹	naŋ¹	

塞音 d- 在侗台语中往往演变成边音 l-，然后再演变成鼻音 n，因此邕宁壮语跟龙州、武鸣壮语便表现为 n- 与 d- 的不同。原始侗台语可以构拟为 *ʔ-daŋ，毫无疑问与原始马来-他加禄语 *hiduŋ 为同源词。吴安其（2009：41）指出这个词可能是汉藏语先传入南岛语，再由南岛语借入侗台语。其理由是汉藏语也存在这一形式的读音：藏语 gdoŋ "脸、鼻梁"、墨脱门巴语 doŋpa "脸"、达让登语 ŋaŋ⁵⁵ "脸"。侗台语该词在黎语中也转指 "脸"，比如：保定话 daŋ¹、黑土话 doŋ¹、加茂（廖二弓）话 thiəŋ³³。

邹-卑南语 *ŋutu "鼻子" 与原始美拉-密克罗尼西亚语 *ŋudu "鼻子" 跟黎语 khat⁷ "鼻子"、巴哈语 ŋ̊at³³ "鼻子" 是有语源联系的。黎语、巴哈语的塞音韵尾在南岛语中强化成了一个独立音节，卑南语的 məŋaɖ "呼吸" 后一词根应该是由 *ŋutu "鼻子" 演变而来，其塞音韵尾 -ɖ 正是由音节 -tu 或者-du 弱化所致。黎语的 khat⁷ "鼻子" 或许就是借自古南岛语。

侗台语族台语支的 *ʔ-daŋ "鼻子" 对应黎语的 daŋ¹ "脸"。台语支的 *s-na "脸" 则是藏缅语的*s-na "鼻子"，比如：泰语 na³ "脸"、壮语 na¹ "脸"，巴塘藏语 na⁵³ "鼻子"、文浪藏语 na⁵⁵ "鼻子"。黎语的 "鼻子" 读音情况特殊，从共时层面在侗台语其他语言中和汉藏语其他语族的语言中，都难以找到分布广泛的对应形式，唯独前面提到的布央语西部方言巴哈语和同属于侗台语黎语支的村语与黎语对应：保定话 khat⁷、巴哈语 ŋ̊at³³、村语 khat²。但是既然能够在中国西南地区的布央族语言中找到对应形式，它就不可能是黎语的自有词，应该与其有一个共同的历史来源。前文推断了黎语的 "鼻子" 与南岛语的一个形式的 "鼻子" 之间可能存在同源关系，那么是否与上古汉语也存在某种关系呢？

"鼻"，《广韵》："毗至切，並母脂韵字"，上古归于质部字，与黎语的 khat⁷ 无法从自然音变上获得解释。可以拿来与保定话 khat⁷ "鼻子"、巴哈语 ŋ̊at³³ "鼻子"、村语 khat² "鼻子" 比较的汉字显然不是 "鼻"。"自" "臬" "頞" "齃" 可供选择。

"鼻"，从自从畀，应该是一个后起字，从造字的角度看，形声字要晚于象形字和指示字。自，《说文解字》作 "鼻" 本字，《五音集韵》："古文鼻字。"《说文解字》："鼻引气自畀也。"《释名》："鼻嘒也，出气嘒嘒也。"鼻的初始意义可能与用鼻呼气、吸气有关，后转指呼气与吸气的器官。另一种可能是，上古汉语有两个表示"鼻子"这一概念的等义词。金理新（2012：125）便认为："自"和"鼻"是训读关系，即汉语有两个不同语音形式的"鼻子"。臬，《说文解字》："射准的也，从木从自。"《康熙字典》解释为"从木，自声。""准"有"鼻子"义。《战国策·中山策六》："若乃其眉目准頞权衡，犀角偃月，彼乃帝主之后，非诸侯之姬也。"鲍彪注："准，鼻。"汉王充《论衡·骨相》："高祖隆准，龙颜、美鬚。左股有七十二黑子。"显然，"臬"的音义均与"自"有联系。"臬"，《广韵》五结切，疑母屑韵开口四等入声字，其中古音、上古音的代表性拟音如下：

	高本汉	李方桂	王力	潘悟云
（中古）	ŋiet	ŋiet	ŋiet	ŋet
（上古）	ŋiat	ŋiat	ŋyat	ŋeed

"臬"的古音恰好与巴哈 ŋat³³ "鼻子"吻合，并且其四等字的身份暗示其古音有一介音 -i-，此介音可以导致前面的辅音声母腭化，这样就可以解释布央语群的拉基话ɲia⁵⁴ "鼻子何以声母为ɲ。"臬"的古音还可以与 PAN *ṣəŋaz "呼吸"对应。金理新（2012：127）便明确指出："汉语的 *ŋet '鼻子（臬）'对应的应该是 PAN 的 *ṣəŋaz '呼吸'。"这样就可以把黎语、南岛语、古汉语表达"鼻子"这一概念的词联系起来了。本书认为黎语的 khat¹ "鼻子"很可能是汉藏语先传入南岛语，再由南岛语借入黎语的。

陈孝玲（2009：91）认为黎语和村语的"鼻"可以与汉语的"頞""齃"对应。《说文解字》："頞，鼻茎也。"《广韵》："頞，同齃。"《康熙字典》引《史记·蔡泽传》："唐举相蔡泽蹙齃。"并注：鼻蹙眉也。"頞"为影母曷韵开口一等入声字，各家拟音均为 *ʔat。

"臬""頞"同为山摄，上古同为月部字，牙音疑母与喉音影母关系密切，甚至难以分清。比如，"唐西域僧人神珙《四声五音九弄反纽图》把牙音字'我鄂（疑母）刚歌各（见母）可康（溪母）'归在喉音；把喉音字'行幸（匣母）亨（晓母）'归在牙音。"（朱声琦，1998）因此，"臬""頞"或许就是两个同源词，后因意义和声音发生分化，采用了两个不同字形。

6.7　嘴（mouth）

"mouth"在《百词表》中排在第 42 位。黎语表达概念"嘴"的词语在各方言、土语中的读音见表 6-20。

表 6-20　黎语代表点的"嘴"

保定	中沙	黑土	西方	白沙	元门	通什
pom^3	pam^3	mom^3	pom^3	pom^3	pom^6	pam^6
堑对	保城	加茂	廖二弓	保城$_2$	加茂$_2$	昌江石碌
pham^6	pam^6	kɯ^{2}muəŋ^4	tshuŋ^{51} kɯ^{33}muəŋ^{11}	pam^6	kɯ^{2}muəŋ^4	pom^3
乐东尖峰	乐东三平	陵水隆广	通什$_2$	堑对$_2$		
pam^3	pam^3	pam^3	pam^6	pham^6		

　　除加茂话、黑土话外，黎语各方言、土语表达概念"嘴"的词语为同一个词，并且读音比较一致。为方便表述，分别称之为加茂型 muəŋ、黑土型 mom、保定型 pom。加茂型与黑土型比较，主要体现为韵尾的不同，但都是鼻音韵尾。我们知道，不同的鼻音韵尾在汉藏语系语言的语音演变中可以相互演变，这暗示了加茂型和黑土型可能是一个同源词。保定型和黑土型的区别则体现为辅音声母的不同，前者为 p-，后者为 m-，都为双唇音声母，它们之间是否存在演变关系呢？如果它们之间存在演变关系，那么黑土型和保定型也可能是同源词。这样保定型、加茂型、黑土型就都是同一个词的方言变体。保定型内部也有三种形式的方言变体：pom、pam、pham，它们的同源性质无须证明。

　　本书认为，黑土 mom^3 可能由保定型的 pom^3 演变而来，双唇音 p- 受后面的双唇鼻音 m 韵尾的影响鼻音化为同部位的 m-。这种演变必须有两个条件：第一，声母为双唇音；第二，音节中存在双唇鼻音韵尾。布央语巴哈方言 mam^{31} "嘴巴"，正好与黑土话 mom^3 "嘴巴"读音一致。金理新（2012：138）也认为："黎语的'嘴巴'跟巴哈 mam^{31} '嘴巴'来源相同。"而且，金理新先生（2012：137-139）还拿壮语柳江话 moːm^6 "咂嘴"，傣西语 maːʔm^6 "嚼"与黎语的"嘴巴"对应。不过，金先生拿来比较的是保定话 pom^3 "嘴巴"、通什话 pam^6 "嘴巴"，他的观点正好佐证了本书主张的黑土型和保定型为同源词的猜测。声母 p- 与声母 m- 的相互演变关系在黎语中还可以找到其他例子予以证明，比如，保定话 puɭ^7 "蚂蚁"、中沙话 puɭ^7 "蚂蚁"、通什话 puɭ^8 "蚂蚁"、保城话 puɭ^8 "蚂蚁"，而黑土话 muɭ^7 "蚂蚁"。

　　黎语的"嘴巴"与侗台语相关语言的"嘴巴"是否存在语源关系呢？先请看表 6-21 中侗台语其他语言表达"嘴巴"这一概念的词语。

表 6-21　侗台语族相关语言的"嘴巴"

临高	泰	壮	傣西	傣德	布衣	侗	水	毛南	仫佬	锦	莫	佯僙
bak^7	paː k^9	paː k^9	paː k^7	—	pa^5	paː k^7	paː k^7	paː k^7	paː k^7	paː k^7	bəp^9	bəp^7

　　显然，从表面上看，除上述的黎语、巴哈语之外，侗台语族几个语支中表达概念"嘴巴"的词是同一个来源的词，侗台语的"嘴巴"普遍带塞音韵尾，或是舌根塞音或是双唇塞音，极个别语言韵尾脱落，如布衣语。黎语和巴哈语的"嘴巴"是双唇鼻音韵尾。鼻音韵尾之间容易演变，塞音韵尾之间也可以演变。鼻音韵尾与塞音韵尾之间是否有演变关系呢？学者一般很少考虑它们之间有演变关系，要么是直接予以否定，要么是语焉不详。陈孝玲（2009：95）仅仅提及："黎语 pom³ '嘴'，村语 boŋ⁴ '嘴'可能同源，与其他语支不同。"吴安其（2002：248）在讨论侗台语核心词"嘴"的时候，只是如此表述："彬桥话 paːk⁷<*pak^D，侗语 paːk⁹，通什话 pam⁶<*bam-ɣ。PKT *C-bak。"吴先生的意思可能是认为黎语通什话与壮语彬桥话、侗语都来自原始侗台语 *C-bak。金理新（2012：137-139）也是将黎语、巴哈语与侗台语族台语支和侗水语支分开讨论。本书认为黎语方言中，塞音韵尾与鼻音韵尾存在一定的对应关系，这种对应关系表明塞音韵尾与鼻音韵尾之间存在演变关系，请看表 6-22 中的黎语例词。

表 6-22　黎语塞音韵尾与鼻音韵尾对应例词

代表点 / 词条	保定	中沙	黑土	西方	白沙	元门	通什	堑对	保城	加茂
抱~小孩	ʔop⁷; ʔuːn³	ʔom³	—	ʔuŋ³	ʔop⁸	ʔop⁷	ʔuːn³; ʔom³	ʔui³	ʔɔm³; ʔoi³	ʔun⁵
铲	kap⁷	tshe¹	kap⁸	kham³	tsham³	tsham³	kham³	kom³	khɔm³	khɔm¹
搓~绳	phat⁷; phan¹	phat⁷; phan¹	phat⁷; phen¹	phat⁷; phan¹	phat⁸	phat⁷	phat⁷; phan¹	phat⁷; phan¹	phat⁷; phan¹	bɔːn¹
低头	ŋut⁷	ŋut⁷	ŋut⁷	ŋom²	ŋuam³	muam⁶	ŋut⁷	ŋom⁴	ŋut⁹	kuʔkɔn¹
堆砌	goːp⁷	goːp⁷	goːp⁷	xoːp⁷	xuap⁶	kaʔ⁷	goːp⁷	hoːm⁴	hoːp⁸	kəp⁷
盖	—	—	—	—	—	khop⁷	khop⁹; khoːm⁶	khɔp⁷		khɔp
溅	tshen²	tshin³	tshen²	tshen²	tshen²	tshen⁵	tshen⁵	tshen⁵	tshin⁵	tshit⁷
结巴	khaːt⁷	khap⁷	khap⁷	khaːk⁸	khɔn³	khɔn³	khaː⁵	ŋaːʔ⁹	—	—

　　至此，可以说黎语支与侗台语族其他语支的"嘴巴"毫无疑问存在对应关系，几个语支的"嘴巴"来自原始侗台语某个共同形式。吴安其先生拟其共同形式为 *C-bak，金理新先生拟其共同形式为 *paːk。

　　在黎语里，*paːk "嘴"在演变为 *pam "嘴"后，其原来的形式则发生了词义转移，转移为量词"口"，比如，"一口饭"的"口"，保定话为 feːk⁷，通什话为 feːʔ⁷。

　　至于原始侗台语与其他语族语言的关系，学者多有讨论。邢公畹（1999：350）将傣雅语 paːk⁷ "嘴"、傣西语 paːk⁷ "嘴"、泰语 paːk⁷（嘴）<*p- 与汉语

广州话"白"比较。广州话 pa：k⁷（白）<pek₈<*prak₈。汉语的"白"有"讲、说、告诉"义，《玉台新咏·古诗为焦仲卿妻作》："妾不堪驱使，徒留无所施，便可白公姥，及时相遣归。"泰语的 pa：k⁷ 也有"讲、说"义。陈孝玲（2009：93，94）不赞同邢公畹先生的观点，她认为"白"不能表示"嘴"，仅有"告诉"义。《广韵·陌韵》："白，告也。"《广雅·释诂一》："告，语也。"吴安其（2002：316）将原始侗台语*C-bak"嘴"与古占语*babah"嘴"和原始南岛语 baqbaq "嘴"比较。郑张尚芳先生（2003：116）扩大了词义比较的范围，认为侗台语的"口"与印尼语 pe-pak"咀嚼"、古占语 bah"口"、缅文 paah"颊"、上古汉语 *baʔ"辅"、佤语 s-baʔ"颊"、嘉戎语 tə-ʒ-ba"颊"、嘉戎语的茶堡话 tə>ɣ>m>ba"颊"，都能对应。陈孝玲（2009：94）还将比较的词义扩展到"堤岸""边缘"。金理新先生（2012：138）提出侗台语的 *pa：k"嘴巴"是否跟汉语的"辅"有联系值得思考。此外，他还将词义"嘴唇"拿来比较，认为佯僙语、莫语的"嘴"可能来自"嘴唇"，还有可能与南岛语的"嘴""嘴唇"有关系，南岛语的"嘴唇"也指嘴。

我们发现南岛语里表达"嘴"这一概念的词语与侗台语"嘴"具有同源关系的情况分布并不广泛，只出现在马来-他加禄语族占语支和他加禄语支的语言里：巴塔克语 baba、亚齐语 babah、他加禄语 bigbig、摩尔波格语 babaʔ。这种情况比较合理的解释是这部分南岛语的"嘴"是从古侗台语族中借用的，借用后用重叠词的形式来表示"嘴"这一概念。吴安其先生应该也持类似看法，因为他讨论大陆语言的南岛语底层词时并未言及"嘴"这一概念。

"嘴唇"这一概念在黎语中是后起的，因此黎语表达"嘴唇"概念的词都是不同时期借自其他语言的，当然主要是借自汉语。请看表 6-23。

表 6-23　黎语代表点的"嘴唇"

保定	中沙	黑土	西方	白沙	元门	通什	堑对	保城	加茂
tun³ 上唇；tsho：i¹ 下唇	tun³	tun³	soŋ³ 上唇；tsho：i¹ 下唇	tshoŋ³	tshu：i¹	tun³tsha：i¹	tun³	tuɯn³	na¹tshuŋ¹

tun³、tshoŋ³、tuɯn³、tshuŋ¹ 均来自汉语的"唇"字，tshu：i¹、tsho：i¹、tsha：i¹ 则来自汉语的"嘴"字。

6.8　牙　　齿（tooth）

"tooth"在《百词表》中排在第 43 位。黎语表达概念"牙齿"的词语有三个不同来源，下文分别予以讨论。

黎语第一类"牙齿"见表 6-24。

表 6-24　黎语代表点的"牙齿"（A）

保定	中沙	黑土	白沙	元门	通什	堑对
fan^1	fan^1	phen^1	faŋ^1	fhan^1	fan^1	fan^1

保城	保城₂	乐东尖峰	乐东三平	陵水隆广	通什₂	堑对₂
fan^1	fan^1	fan^1	fa^1	fan^1	fan^1	fan^1

黎语这一类"牙齿"分布最为广泛，覆盖了 19 个代表点中的 14 个。黑土话 phen^1"牙齿"暗示黎语该词是由重唇音演变为轻唇音的。乐东三平话 fa^1"牙齿"则表明该词在黎语部分方言里韵尾有逐渐脱落的现象。黎语该词来自原始侗台语，因为该词在侗台语族语言里分布比较广，见表 6-25。

表 6-25　侗台语族相关语言的"牙齿"（A）

泰	老挝	壮武鸣	仫佬	侗南	水	佯僙	拉珈	侗北	临高
fan^2	fan^2	fan^2	fan^1	pyan^1	vjan^1	ven^2	wan^1	tyan^1	tin^1

泰语、老挝语、壮语、仫佬语的"牙齿"与保定等地的黎语是一样的，均为轻唇声母。水语和佯僙话"牙齿"声母则为唇词的浊音。侗南语 pyan^1"牙齿"也保留了与黑土话 phen^1"牙齿"一样的重唇音，只不过是送气与不送气的区别而已。侗北语 tyan^1"牙齿"与侗南语 pyan^1"牙齿"的不同体现在声母上，双唇不送气塞音与舌尖前不送气塞音难以从语音演变上获得解释，这两个音很可能是从复辅音中分离然后各自演变而成的，也就是说它们之间的关系是分离关系而不是线性演变关系。无独有偶，临高话 tin^1"牙齿"的声母也是舌尖中不送气塞音，因此该形式的原始侗台语的"牙齿"应该是一个复辅音 *pl-。黎语的演变路径可能如此：*plen＞*pen＞phen＞fan＞fa。声母轻唇化，主要元音周边化。"元音的演变通常是央元音向着周边元音的方向变化。"（潘悟云，2013：4）吴安其（2002：248）拟黎语共同形式为 *pan^A。金理新（2012：149）指出 fan^2"牙齿""在壮语诸方言中分布并不广泛，但北部和南部方言都有。可见，壮语'牙齿'一词更早的形式是 fan^2"。但是该词在黎语、仫佬语中是最为基本的形式。这暗示，*plen 可能是侗台语的固有形式。

黎语 phen^1"牙齿"在南岛语中也可以找到广泛的对应形式，请看表 6-26。

表 6-26　南岛语的"牙齿"

赛德语	布农语	萨斯特语	他加禄语	摩尔波格语	雅卡语	马奔语	伊那白嫩语
rupun	nipun	nəpən	ĩpin	nipun	impen	impon	impon

　　吴安其（2009：281）拟原始马来-他加禄语 *nipun "牙齿"，原始南岛语 *nipen "牙齿"，布拉斯特拟原始玻利尼西亚语 *ipen "牙齿"。上述南岛语的"牙齿"词根显然与黎语的 phen[1] "牙齿"、侗台语 *plen "牙齿"严格对应。金理新（2012：151）、吴安其（2002：316）、陈孝玲（2009：96）均主张侗台语该词与南岛语有共同来源。这一结论应该没有什么疑问。

　　黎语第二类"牙齿"见表6-27。

表6-27　黎语代表点的"牙齿"（B）

西方	昌江石碌	加茂	廖二弓	加茂₂
sen[1]	sen[1]	tshan[1]	tshan[51]	tshan[1]

　　该形式，加茂赛方言（廖二弓话属于加茂赛方言）内部一致，欧阳觉亚和郑贻青的语音材料和今天的语音材料没有分别。西方话、昌江石碌话的"牙齿"与黎语加茂赛方言的"牙齿"读音有所不同，这种不同是该形式"牙齿"的方言变体，内部存在历史演变关系。该形式的"牙齿"在侗台语其他语言中也有分布，金理新（2012：151）罗列了部分侗台语族中的具体读音情况，本书照录于表6-28。

表6-28　侗台语族相关语言的"牙齿"（B）

比佬	居佬	朗央	巴央	普标	拉基	保黎	通黎	加茂
zɔ³¹	zuŋ³¹	ҫoŋ⁵⁴	ʐoŋ³²²	suan⁵⁴	si⁵⁵	ro:ŋ¹	ro:ŋ¹	tshan¹

　　保定话和通什话的 ro:ŋ¹ 跟笔者获得的语料不同，但不影响其跟加茂赛方言和西方话为同一个词的方言变体这一基本判断。比佬语 zɔ³¹ 与居佬语 zuŋ³¹ 也是仡佬语的方言变体。朗央语 ҫoŋ⁵⁴、巴央语 ʐoŋ³² 是布央语的方言变体。普标 suan⁵⁴ 保留了大部分语言的合呼特色，但主要元音与今天黎语加茂赛方言一致。黎语该词其原来意义可能指"犬牙"，但是现在已经指一般总名的"牙齿"，其引申意义"排列像牙齿形状的东西"还保留了从"犬牙"引申的痕迹。金先生将该词侗台语的共同形式构拟为 *q-ʂo:ŋ。

　　如果扩大比较范围，我们会发现侗台语族中的比佬 zɔ³¹ "牙齿"与拉基 si⁵⁵ "牙齿"在藏缅语族中也可找到对应的形式，见表6-29。

表6-29　藏缅语族相关语言的"牙齿"

藏语	拉萨	巴塘	缅语	怒苏	格曼僜
so	so⁵³	su⁵³	swa	sua⁵⁵	si⁵⁵

白保罗（1984：112）将藏缅语"牙齿"一词的共同形式构拟为*s-wa。金理新（2012：148）认为藏缅语"牙齿"的更早形式为*s-Ga＞*s-wa。这样的构拟其实是将侗台语族拉基语 si^{55}"牙齿"与藏缅语族格曼僜缅语的 si^{55}"牙齿"视为来源不同的两个词。拉基语 si^{55}"牙齿"与格曼僜缅语的 si^{55}"牙齿"音义完全一样，比佬语 zo^{31}"牙齿"与拉萨话 so^{53}"牙齿"仅仅是声母清浊的不同，这样的处理是有待商榷的。本书认为侗台语该形式的"牙齿"与藏缅语"牙齿"是同源词。它们的共同形式可能是*suŋ，后来走上两条不同的语音演变路径：保留阳声韵尾，或阳声韵尾脱落。只有这样才能解释何以在分属不同语族的语言里，同一个词既有迥然不同的语音形式又有完全相同的语音形式，而且这两种形式在历史音变上也可以获得符合音理的解释。否则只能用偶合或者借用来简单处理。

黎语该词的共同形式可能是*soaŋ，其演变路径如下：*soaŋ＞soŋ＞ro：ŋ；*soaŋ＞saŋ＞san＞sen；*soaŋ＞saŋ＞tshaŋ。

黎语第三类"牙（牙齿）"见表 6-30。

表 6-30　黎语代表点的"牙刷"

黑土	中沙	堑对	加茂	加茂$_2$
ŋe^{3}tshua^1	ŋe^{3}tshuaʔ^7	ŋe^{4}tshua^5	ŋe^{4}tshua^1	ŋa^{4}tshua^1

表 6-30 中黎语方言"牙刷"一词中的"牙"为汉语借词，大概"牙刷"是现代文明的生活用品，黎族人从汉语中借用了这个词，借用的方式有借义不借音的，如：西方话 sut^{7}sen^1"牙刷"、白沙话 sun^{2}faŋ^1"牙刷"；有音义及语法结构均借用的，黑土、中沙、堑对、加茂、加茂$_2$方言的"牙刷"一词便是这样，尤其加茂$_2$话的 ŋa^4"牙"跟今天的广东话（ŋaa^4）、闽南话（ŋa^2、ŋo^2）读音一样，该音与中古汉语（*ŋä）的读音是一致的。黎语该形式的"牙"应该是借自海南话（闽南话）。

6.9　舌（tongue）

"tongue"在《百词表》中排在第 44 位。黎语表达概念"舌"的词语在黎语各方言、土语中的读音见表 6-31。

表 6-31　黎语代表点的"舌"

保定	中沙	黑土	西方	白沙	元门	通什	堑对	保城	加茂
ɬi：n^3	ɬi：n^3	di：n^3	ɬiŋ^3	ɬiŋ^3	ɬin^3	ɬi：n^3	ɬi：n^3	ɬi：n^3	ɬi：n^4

廖二弓	保城$_2$	加茂$_2$	昌江石碌	乐东尖峰	乐东三平	陵水隆广	通什$_2$	堑对$_2$
thi：n^{33}	li：n^3	tap^{2}thi：n^3	biŋ^3	ɬi：n^3	li：n^3	ɬi：n^3	ɬi：n^3	li：n^3

　　从表 6-31 中的方言、土语表达概念"舌"的词语读音情况看，黎语方言内部表达概念"舌"的词只有一个，并且内部读音颇为一致，没有太大的语音差异。若排除声调差异，方言变体有 6 个，按照包括的代表点个数依次是：ɬiːn 或 ɬin（10 个代表点）、liːn（3 个代表点）、ɬiŋ（2 个代表点）、thiːn（2 个代表点）、diːn（1 个代表点）、biŋ（1 个代表点）。显然，黎语表达"舌"概念的词语，标准音是 ɬiːn^3。西方话、白沙话 ɬiŋ^3"舌"主要元音持时变短，鼻音后移至舌根位置。保城$_2$话、堑对$_2$话、乐东三平话 liːn^3"舌"的声母由标准音的边擦音演变为边音 l。到底是 ɬ>l，还是 l>ɬ，可能存在争议。因为从语音演变情况看，辅音一般向发音强度大的方向变化，因为"发音强度的物理性质表现为收紧点后面的口腔气压，气压越大，收紧点就越用力，语音就越清晰"（潘悟云，2013：7）。擦音的强度要比流音的强度大。但是对边擦音和边音而言可能是个例外，不仅多数汉语方言不存在边擦音，就连黎语边擦音也多向边音演变。20 世纪 50 年代欧阳觉亚和郑贻青的语音材料中，堑对话 ɬiːn^3、保城话 ɬiːn^3，笔者调查整理的语音材料里堑对$_2$话 liːn^3、保城$_2$话 liːn^3；这种情况表明两地 ɬiːn^3"舌"如今已经演变为 liːn^3"舌"。乐东尖峰话 ɬiːn^3"舌"与乐东三平话 liːn^3"舌"的并存表明在乐东县，黎语的"舌"声母正处于由边擦音过渡到边音的演变过程中。联系前面在讨论某个核心词语时发现的塞擦音向擦音演变的事实，本书认为在辅音的历时演变过程中，应该有两条互相矛盾的规律：一是辅音向发音强度大的方向变化，旨在增强辨识度；二是辅音向发音强度小的方向演变，旨在经济、省力。

　　黑土话 diːn^3"舌"与标准音 ɬiːn^3"舌"的关系，加茂话 ɬiːn^4"舌"和今天的加茂$_2$话 thiːn^3"舌"、同属于加茂赛方言的廖二弓话 thiːn^{33}"舌"之间的关系，表明在少数方言里，边擦音向同部位的（舌尖中）的塞音发展，因为塞音是同部位的几个音中发音强度最大的音。

　　昌江石碌话 biŋ^3"舌"很特殊，该音与标准音 ɬiːn^3"舌"的声母相差较大，它们之间的演变关系难以说清，是否暗示了在标准音之前存在一个复辅音的阶段还是属于语音周边化的结果，这需要更多的语料来证明，我们暂时搁置。下面我们讨论黎语的 ɬiːn^3"舌"与侗台语族其他语言的关系。侗台语族语言的"舌"见表 6-32。

表 6-32　侗台语族相关语言的"舌"

临高	泰	老挝	傣雅	傣西	傣德	龙州	武鸣	邕宁	柳江	布依
lin^4	lin^4	liːn^4	lin^4	lin^4	lin^4	lin^4	lin^4	lin^4	lin^4	lin^4

　　显然，侗台语族台语支的"舌"跟黎语的"舌"是同一个词，不过声母都是边音 l-，这一点跟黎语标准音边擦音声母 ɬ 不同。侗台语族侗水语支的"舌"则是另一种形式，如侗语 ma^2"舌"、水语 ma^2"舌"、毛南语 ma^2"舌"、莫语

ma² "舌"、锦语 ma² "舌"。上述侗水语支的"舌"与台语支的"舌"是否有语源关系呢？布央语 ma⁰lɛn¹ "舌"暗示了两个语支之间的联系。陈孝玲（2009：101）认为两个语支的"舌"可能是由一个复合词分化所致，她提出了布央语 ma⁰lɛn¹ "舌"和泰语的诗歌用词 mlin⁴ "舌"为证。

昌江石碌话 biŋ³ "舌"跟标敏瑶语 blin⁴ "舌"很相似，后者如果脱落起始辅音 b- 便是侗台语族台语支的实际读音。苗瑶语的"舌"声母普遍有一个双唇音，有些甚至由三个辅音共同构成一个复合声母，如先进话 mplai²⁴ "舌"、高坡话 mple¹³ "舌"、长垌话 mpli³² "舌"、三只羊话 mpla⁴² "舌"。这个复杂的复辅音声母在苗瑶语方言中会发生不同的裂式演变，即向双辅音、单辅音方向演变，如东山话 blin⁴²、湘江话 byet²¹、长坑话 pi³⁵、小寨话 mi³¹、梅珠话 li⁵⁴。

苗瑶语裂式音变旁证了侗台语裂式音变的可能。侗水语支的共同形式可能是 *ma，台语支的共同形式可能为 *lin，黎语支的共同形式可能为 *bɬin，整个侗台语族的共同形式可能是 *mblin。苗瑶语与侗台语的"舌"应该有共同来源。吴安其（2002：248）便据彬桥话 lin⁴<*linᴮ、通什话 ɬiː n³<*C-linᶜ、布央郎架话 ma⁰lɛn¹¹<*m-linᶜ，构拟原始侗台语为 *m-lin。

金理新（2012：143-145）根据语音对应关系论证了苗瑶语的"舌头"一词跟汉语的"舌头"一词共源。既然这样，那么侗台语的"舌头"也很可能与汉语的"舌头"共源。

现代汉语中，以"舌"为偏旁的字，如以声母为标准有两个系列：舌根音系列和舌尖音系列。前者如活、姡、佸、刮、括、栝（古活切）、鸹、趏、铦（古活切）等；后者如甜、恬、舔、栝（他玷切）、餂、铦（他玷切）等。下面看看上述汉字在《广韵》中的音韵情况。

　　佸：户括切，入末，匣；古活切，入末，见。
　　姡：户括切，入末，匣；下刮切，入鎋，匣。
　　活：户括切，入末，匣；古活切，入末，见。
　　鸹：古活切，入末，见。
　　括：古活切，入末，见；苦活切，入末，溪。
　　铦：古活切，入末，见；息廉切，平盐，心；他玷切，上忝，透。
　　趏：户括切，入末，匣。
　　栝：古活切，入末，见；他玷切，上忝，透。
　　刮：古兑切，入鎋，见。见《说文解字》。
　　甜：徒兼切，平添，定。
　　餂（舔）：他点切，上忝，透；徒兼切，平沾，定。
　　恬：徒兼切，平添，定。
　　上述汉字均为形声字，"舌"均为声旁，但是读音有明显分野，可见中古以前，"舌"字有两个不同读音，这两个不同读音保存在上述以"舌"为声旁的汉字中。但是"舌"本字，《广韵》："食列切，入声薛韵船母。"可见，"舌"字声母在中古已经演变成船母。"銛""栝"在《广韵》中均有两个不同类型的反切，表明即使以"舌"为声旁的同一个汉字也存在舌根音和舌尖音两个不同声母系列的读音。这两个汉字不同的反切表达的义项略有不同，但是总体上意义联系紧密，可能是出于区别意义的需要采用了"舌"字不同的两个音。"銛"：古活切，断取，（宋）张耒《竹夫人传》："（皇后等）共荐竹氏，上使将作大匠銛，拜竹氏职为夫人。"他玷切，挑取，《方言》第三："銛，取也。"郭璞注："谓挑取物，音忝。"（清）翟灏《通俗编·杂字》："銛：俗失鏁钥，而以他物探之。""栝"：古活切，木名，即桧。《书·禹贡》："杶榦栝柏。"孔传："柏叶松身曰栝。"《广雅·释木》："栝，栢也。"他玷切，木杖。（唐）李白《大猎赋》："摆桩栝，开林丛。嚆嚆呷呷，尽奔突于场中。"

　　"舔"为后起形声字，其古字为"餂"。"餂"：他点切，取，《孟子·尽心下》："士未可以言而言，是言餂之也；可以言而不言，是以不言餂之也。是皆穿踰之类也。"赵岐注："餂，取也。"朱熹集传："餂，探取之也，今人以舌取物曰餂，即此义也。"《方言》："銛，取也。"朱骏声云："（銛）谓挑取也。""銛"也作"餂"，金理新（2012：140）据"銛"的不同反切（中古音 siem^A、them^B），推拟"餂"的上古音为 *sem。"'舌头'汉语还有一个 *m-zem 的形式。"

　　金先生这种推拟显然是以假设"息廉切"和"他玷切"存在历史音变为前提的。他的构拟跟许多音韵学家的构拟有出入：

高本汉	李方桂	王力	白一平	郑张尚芳	潘悟云	金理新
餂 thiam	thiamx	thyam	them?	lheem?	l̥eem?	sem

金先生的构拟无法解释"餂"在今天的一些汉语方言和少数民族语言中的读音情况，但是其他音韵学家的构拟又无法揭示"餂"字与"舌"字的语音演变关系。我们将"餂"的上古音构拟为 *slem，这样就将"餂"字与"舌"字的语音关系联系上了，因为"舌"为船母字，船母字演变为同部位的擦音并不少见。潘悟云将"舌"上古音构拟为 *sbljd。

　　下面我们讨论概念意义"舌头"与"以舌取物"在侗台语及相关语言中的表达情况。

　　一般而言，语言中表达"舌头"和"以舌取物"概念的词语是从同一个词语分化出来的。潘悟云和邵敬敏（2005：263）比较过许多语言的"舌头"和"舐"。郑张尚芳先生（2005）也广泛地讨论过苗瑶语、藏缅语"舌"与汉语"舔"的关系，并且把这种由同一词根分化产生的词叫作孳孳词或同源异形词。Benedict（1975：328）把台语的 *lin～*lit "舌头"与台湾 Paz.语 *lia "舔"、原始苗瑶语 *mblet/mbret "舌头"比较。陈孝玲（2009：102，103）在引述前人论述之后强调：

"'舌'与'舐'由同一个词分化出来关系密切,这一点语言学家们讨论得比较充分。'舌'这个核心词是华澳语系假说的有力证据之一。"

黎语与侗台语其他语言的"餂"与"舌"对应工整,语音差别主要体现在韵尾交替和声调差异上,具体情况见表 6-33。

表 6-33　黎语及侗台语族相关语言的"舌""舐"

词条＼黎语	保定	中沙	黑土	西方	白沙	元门	通什	堑对	保城	加茂
舌	ɬiː n³	ɬiː n³	diː n³	ɬin³	ɬin³	ɬin³	ɬiː n³	ɬiː n³	ɬiː n³	ɬiː n⁴
舐	ziː m²	ziː m²	ziː m²	n̩im²	n̩im²	lei²	ɬiː m²	leː m¹	ɬiː m²	ɬeː p⁸

词条＼侗台语	泰	老挝	傣西	傣德	龙州	邕宁	布依
舌	lin⁴	liː n⁴	lin⁴	lin⁴	lin⁴	lin⁴	lin⁴
舐	liː a²	liː a²	le²	le²	li²	li²	zie²

黎语部分方言的"餂"声母为舌尖前浊擦音 z-,但韵母与其他方言相同。无独有偶,布依语的"餂"声母也是舌尖前浊擦音 z-。这种情况用本书构拟的"餂"的上古音 *slem 可以得到十分合理的解释。

事实上,表达"以舌取物"这一概念的词语声母读作边音的情况并不局限于少数民族语言,汉语方言中也存在这种情况。笔者母语湖南江华县西南官话和笔者妻子母语湖南道县西南官话均把"舐"读作 liaᴮ(又音 thiaᴮ),这一读音与毫无接触关系的泰语 liː a²、老挝语 liː a²、台湾 Paz.语 *lia "舐"几乎完全一致。这只能从发生角度而非接触借用角度来解释。

6.10　爪(claw)

"claw"在《百词表》中排在第 45 位。黎语表达"爪子"概念的词在各方言、土语中的读音见表 6-34。

表 6-34　黎语代表点的"爪"

保定	中沙	黑土	西方	白沙	元门	通什	堑对	保城
tsɯ²liː p⁷	kɯ²liː p⁷	liː p⁷	kɯ³lip⁷	lip⁸	lip⁸	ʔɯ³liː p⁷	liː p⁸	kɯ²liː p⁷

加茂	廖二弓	保城₂	加茂₂	乐东尖峰	乐东三平	陵水隆广	通什₂	堑对
lep⁷	kɯ³³lep⁵⁵; kɯ³³kau³³	liː p⁷	tap²liː ap⁷	liː p⁷	liː p⁷	liː p⁷	liː p⁷	liː p⁸

上述黎语方言、土语中表达"爪子"概念的词有些读作双音节，有些读作单音节，所有双音节的前一音节都是非词根音节，kɯ-、ʔɯ- 是身体部位名词的前缀，tsɯ²-为汉语名词后缀"子"的音译语素、tap²为汉语词缀"头"的音译语素。排除非词根音节的干扰，黎语表达"爪子"概念的词在各方言、土语中有两个：li：p、kau。

黎语 li：p "爪"另有三个方言变体：lip、lep、li：ap。西方话 lip⁷"爪"、白沙话 lip⁸"爪"、元门话 lip⁸"爪"与保定音为代表的标准音 li：p⁷"爪"相比，主要元音不变，但读作短元音 i-；加茂话和廖二弓话的 lep⁷"爪"，加茂₂话的 li：ap⁷"爪"主要元音开口度逐渐变大。黎语该词的共同形式应该是*li：p。黎语该词跟海南村话、临高话的"爪"，与侗台语族台语支表达同一概念的两个词中的一个词是同源词，读音十分相似，见表 6-35。

表 6-35　侗台语族相关语言的"爪"

村	临高	泰	傣雅	傣西	傣德	壮龙州
lip²	lip⁸	lep⁸； ki：p⁹ 蹄	lep⁸	lep⁸	lep⁸	lip⁸；rip⁸； kjap⁸ 鱼鳞

侗台语族侗水语支的"爪"与上述黎语支和台语支的"爪"一样也是同源词，但是语音差异要大得多，这表明，从历史关系看，黎语支的"爪"与台语支的"爪"要密切得多。下面请看表 6-36 中部分侗水语支的"爪"的具体读音。

表 6-36　侗台语族侗水语支的"爪"

侗	水	毛南	仫佬	佯僙	锦语	莫	拉珈	拉基
nəp⁷	lyap⁷	dip⁷	n̩əp⁷	rip⁸	zip⁷	zip⁷	pli：p⁷	le³¹

邢公畹（1999：291）采纳了李方桂构拟原始台语"爪"的原始声母 *dl-，并且将台语的"爪"与汉语广州话的 ka：p⁷"甲"字比较。吴安其（2002：250）据彬桥话 lip⁸、通什话 ʔɯ³li：p⁷、峨村话 ʔe³³n̩a：p⁵⁵，拟原始侗台语为*k-lip。*k-的构拟显然参照了通什话、峨村话非词根音节。显然他们对该词词首辅音的构拟不一致。邢先生考虑"铠甲"在泰语、藏语中的复辅音声母均为 khr-，怀疑台语的 *d- 是后起的，如今天的毛南语 dip⁷"指甲"。邢公畹先生的怀疑无疑是有道理的，因为 d-、l-、n- 与 r- 的演变关系从音理上很容易解释。

的确，在不少语言中，"爪子"和"指甲"两个概念原先都是用同一个语音表示，后来逐渐发生分化。今天的黎语中，这两个概念仍然是同一个词语的两个不同义项。例如，黎语廖二弓话（加茂赛方言）的 kɯ⁵⁵lep⁵⁵ "指甲"、kɯ⁵⁵lep⁵⁵hɔ：k³¹ "趾甲"；保定话的 tsɯ²li：p⁷ "指甲"、tsɯ²li：p⁷teʈ⁷ "趾甲"。

　　黎语的 "爪子" 与 "鳞" 原来也是同一个词的不同义项，后来语音发生分化，但是它们之间的同源关系是显然的，比如，保定话的 lo：p⁷ "鳞" 与 li：p⁷ "爪" 只是主要元音发生分化而已，其余语音要素均未发生变化。

　　黎语 *li：p⁷ 还可以指 "蹄"，但是只是存留于中沙话、黑土话等极少数方言里，而大部分方言已经为另一个词 tshi：n 或 tshiŋ 替换。"蹄" 的中沙话 kɯ³le³、黑土话 kɯ²le³，le³<lep<li：p。

　　本书赞同邢公畹先生将台语的 "指甲" 与汉语 "甲" 比较的观点。黎语的 *li：p "爪子""指甲" 也可以与汉语的 "甲" 比较。上古汉语文献中，"甲" 字可表示 "人手指和足趾前端的角质层"，《管子·四时》："西方曰辰，其时曰秋，其气曰阴，阴生金与甲。" 尹知章注："阴气凝结坚实，故生金为爪甲。"《法苑珠林》卷五一："我苦行六年，手足爪甲不剪，皆长七寸许。""甲" 字还可以指 "某些动物身上的鳞片或硬壳。"《山海经·中山经》："有兽焉，其状如犬，虎爪，有甲，其名曰猲。" 郭璞注："言体有鳞甲。" 汉语 "甲" 字上古文献中的这些意义在侗台语中均一一对应。黎语和侗台语族其他语言的 "爪" 或 "指甲" 一词在读音上与汉语 "甲" 的古音也极为相似。汉语 "甲"，《广韵》：古狎切，入声狎韵见母字。"甲"，高本汉、周法高、董同和、邵荣芬、蒲立本等音韵学家中古拟音为 kap，潘悟云中古拟音多一介音 i-，为 kiap；上古音，李方桂、白一平拟作 krap，郑张尚芳、潘悟云拟作 kraab。显然侗台语族表达 "爪""指甲" 等概念的词语与上古汉语的 "甲" 关系密切，都可以从汉语 "甲" 字上古音那里获得历史音变的合理解释。比如壮语分化出来的三个音：lip⁸、rip⁸、kjap⁸。

　　黎语 *li：p⁷ "爪" 可能经历过这样的演变路径：lip<*li：p<*ljap<*laap<*raap<*kraap。

　　下面看看黎语表达 "爪子" 概念的另一个词 kau³³ _{廖二弓}。

　　廖二弓话 kɯ³³lep⁵⁵ "爪" 指 "指甲或趾甲"，kɯ³³kau³³ "爪" 则指 "鸟兽的脚趾"，比如，kɯ³³lep⁵⁵ma⁵¹ "手指甲"、kɯ³³kau³³vei¹¹ "鹰爪"。在欧阳觉亚和郑贻青整理的语料里，加茂话的 "蹄" 与廖二弓 "鸟兽的脚趾" 是同一个词，读作 kɯ²ka：u⁵ "蹄"。该词在保定话里指动物和植物种子外面的硬壳：gau³tshei¹ "贝壳"、gau³ʔjun² "椰子壳"、gau³thau² "龟甲"。保定话 gau³ "壳" 进一步引申为形容词 "空的"，比如：plɔŋ³gau³ "空房子"。该词，在侗台语族语言中很少见，目前仅见于侾僙语 kɛu² "爪"。廖二弓话 kɯ³³kau³³ "爪子"、加茂话 kɯ²ka：u⁵ "蹄子" 可以与南岛语的 "爪""指甲" 比较。陈孝玲（2009：104）曾将回辉话 kau¹¹ "爪"、拉德语 k'kau "爪"、原始占语 *kukəu "爪"、印尼语 kuku "指甲、爪、蹄" 与侾僙语 kɛu² "爪" 比较。金理新（2012：170）也将苗瑶语的 *ku "爪"

跟印尼语 kuku "指甲"、台湾南岛语的 "爪" 比较。为直观起见，本书将陈女士、金先生用于比较的南岛语的 "爪子" 一词以表6-37的形式引述于下。

表6-37　南岛语的 "爪" "指甲"

语言 词条	印尼语	原始 占语	回辉话	德赛	沙语	布农	赛夏	邵	耶眉	PAN
爪	kuku	kukəu	ku	kukuh	ʔałuku	kuskus	kaklokœh	kuku	kukuɖ	*kukus
指甲	kuku	kukəu	ku	kukuh	ʔaluku	kuskus	kaklokœh	kuku	kuku	*kukus

从语义引申的逻辑看，身体名词往往能引申出一个与该身体部位有关的动词，该动词是由该身体部位做出的动作。如汉语的 "头<u>顶</u>" 与 "<u>顶</u>起来"、"爪" 与 "抓"、"手<u>指</u>" 与 "<u>指</u>着" 等。黎语表达 "用手指甲轻刮" 这一概念的词语，部分方言的读音与廖二弓话 kɯ³³kau³³ "爪" 的词根 kau 关系密切，应该是同一个词意义引申然后语音差异化所致，比如，对译汉语的 "搔" "挠"，廖二弓话为 kɯat⁵⁵，保定话为 kɯːt⁷。黎语的 kau³³ "爪" 在侗台语族其他语言中多半指 "搔" "挠"，这种情况揭示了黎语与侗台语族语言的亲缘关系，见表6-38。

表6-38　侗台语族相关语言的 "搔/挠"

泰	老挝	壮	傣西	傣德	布依	黎
kau¹	kau¹	kau¹	kau¹	kau¹	kau¹	kau³³

本书认为黎语廖二弓话的 kau³³ "爪" 或其方言变体应该是保留了南岛语底层词。

6.11　脚（foot）

"foot" 在《百词表》中排在第 46 位。黎语方言、土语表达 "脚" "腿" 概念的词语读音情况很复杂。为方便表述，本节围绕黎语表达概念 "脚" 的词语来讨论。黎语的 "脚" 大体分三种类型：保定型 khok、保城₂型 din、通什₂型 fek。下面分别予以讨论。

6.11.1　保定型 khok

保定型 khok 分布最为广泛，共覆盖上述 18 个代表点中的 16 个代表点，各方言、土语间有一定的语音差异，排除声调因素，包括 7 个变体：保定话、黑土话、通什话读作 khok，西方话、白沙话、元门话、保城话读作 khɔk，中沙话、乐东尖峰话读作 khuk，堑对话、堑对 2 话读作 khoʔ，昌江石碌话读作 hɔk，加茂话、廖二弓话、加茂 2 话读作 hɔːk，陵水隆广话读作 huk。为直观起见，请参见表 6-39。

表 6-39　黎语代表点的"脚"

保定	黑土	通什	堑对	堑对 2	西方	白沙	元门
khok^7	khok^7	khok^7	khoʔ^7	khoʔ^7	khɔk^7	khɔk^8	khɔk^7

保城	昌江石碌	加茂	廖二弓	加茂 2	中沙	乐东尖峰	陵水隆广
khɔk^7	hɔk^7	hɔːk^9	hɔːk^{31}	hɔːk^9	khuk^7	khuk^7	huk^7

堑对话与堑对 2 话的"脚"读音没有变化，与保定、黑土、通什三个地方的黎语比较，只是韵尾稍有差别，前者为喉塞音，后者为舌面后塞音。西方、白沙、元门等 8 处黎语的"脚"主要元音为舌面后半低圆唇元音 ɔ，昌江石碌美孚方言、加茂赛方言声母演变成喉擦音，并且后者元音读作长元音。乐东尖峰话、陵水隆广话的"脚"主要元音高化为后高元音 u，陵水隆广话的声母也读作喉擦音。黎语保定型的"脚"在不同的方言、土语中的语音差异显然符合语音自然演变的规律。其演变路径可能是这样的：khok＞khɔk＞khuk；khok＞khoʔ；khɔk＞hɔk＞hɔːk；khuk＞huk^7。

保定型的"脚"在有些黎语方言、土语里与"腿"关系密切，见表 6-40。

表 6-40　黎语代表点的"脚"与"腿"（A）

词条 ＼ 代表点	保定	黑土	通什	堑对	堑对 2	西方	白沙	元门	保城
脚	khok^7	khok^7	khok^7	khoʔ^7	khoʔ^7	khɔk^7	khɔk^8	khɔk^7	khɔk^7
腿	ha^1	—	ha^1	ha^1	hu^{6}ha^1	ha^1	ha^1	ha^1	ha^1

词条 ＼ 代表点	昌江石碌	加茂	廖二弓	加茂 2	乐东尖峰	陵水隆广	保城 2	通什 2
脚	hɔk^7	hɔːk^9	hɔːk^{31}	hɔːk^9	khuk^7	huk^7	—	—
腿	hak^7	hɔːk^9	hou^{11}	hou^{11}	—	—	kha^1	hɔ^3

汉语的"脚"一般指"人与动物腿的下端，接触地面、支持身体和行走的部分"。"腿"则指"胫和股的总称"。但是在汉语不少的方言里"脚"与"腿"并非界限分明，比如，笔者的母语西南官话，平时并不区分这两个概念，如果说"脚疼"，有可能指整个下肢的任何地方，必须加以区分则以"脚底板""小腿""大腿"来区别。黎语加茂话的"脚"和"腿"便是同一个词 hɔːk^9。昌江石碌话 hɔk^7"脚"、hak^7"腿"只是主要元音有区别，整个音节结构却完全相同，

这种情况可能表明，因为概念区别的需要才使语音逐渐发生了分化。我们不能因为主要元音的不同简单地认为黎语的"脚"和"腿"是来源不同的两个词。通什$_2$话 ho^3 "腿"的存在便表明了后元音 ɔ 与前元音 a 的演变关系，其演变路径可能是这样的：o>ɔ>ɒ>ɑ>a。

保定型 khok "脚"与侗台语族其他语言是怎样的关系呢？下面看看侗台语族其他语言表达概念"脚"的读音类似的词语，见表6-41。

表6-41 侗台语族相关语言的"脚"（A）

村	临高	巴央	比佬	居佬	拉基
khok^7	kok^7	kok^{55}	qo^{13}	ko^{35}	ko^{11}

保定型"脚"显然与村语 khok^7 "脚"是同一个词。被称为西江黎语的临高话 kok^7 "脚"、巴央语 kok^{55} "脚"、比佬语 qo^{13} "脚"、居佬语 ko^{35} "脚"、拉基语 ko^{11} "脚"与黎语、村语的 khok^7 "脚"比较有一定的语音差异，但同源性仍很明显，因为同部位的不送气塞音与送气塞音容易相互演变，塞音韵尾的脱落也是语音演变的自然规律。金理新（2012：178）便把保定话 khok^7、加茂话 ho：k^7、通黎语 khok^7 与巴央语 kok^{55}、比佬语 qo^{13}、居佬语 ko^{35}、大佬语 qa^{13}、拉基语 ko^{11}、临高话 kok^7 一起比较，并且指出"黎语型的'脚'分布在黎、仡佬、布央等语言里面"。

黎语保定型的"脚"在侗台语族台语支的部分语言中指"根"，如泰语 kok^7 "根"、老挝语 kok^7 "根"、傣西语 kok^7 "根"、壮语 kok^7 "根"。把植物的根与动物的脚联系起来符合人类隐喻思维习惯。对于汉语的"根"与"跟"，王力（1982：82）将其归为一对同源词，并引录《释名·形体》："足后曰跟，在下方著地，一体任之，象木根也。"陈孝玲（2009：106）也将泰语、老挝语、西双版纳傣语、壮语的"根"与黎语、村语的"脚"归入有同源关系的一类词，并引述其导师黄树先先生尚未发表的观点来佐证概念"根"与"足"的密切关系。

黎语保定型的"脚"在侗台语族中普遍对应的是另一个形式，论者多将其与黎语的 ha^1 "腿"归为一类，见表6-42。

表6-42 侗台语族相关语言的"脚"

泰	老挝	傣西	傣德	龙州	武鸣	邕宁	布依	锦语	莫语
kha^1	kha^5	xa^1	xa^2	kha^1	ka^1	ha^1	ka^1	ka^1	ka^1

从音节结构上看，上述语言或方言的"脚"与黎语的 ha^1 "腿"的确对应十分

工整。一些学者也强调主要元音 a 与黎语型"脚"主要元音 o 的区别。但是，这样的区别不是绝对的，比如，学者普遍归入黎语型"脚"的大佬语 qa^{13} "脚"音节结构与黎语保定型的 ha^1 "腿"更一致，而金理新（2012：178）认为区别于黎语型"脚"的南部壮语文马话 kho^2 "脚"，主要元音却与黎语型的"脚"的主要元音一致。a 与 o 并非语源不同导致的对立，而是词义分化促使同源词语音差别化导致的对立，前文在讨论黎语的"脚"与"腿"的关系时已经论述。前辈学者李方桂、邢公畹、龚群虎等普遍将侗台语该形式的"脚"与汉语的"股"字比较。"股"上古属于鱼部字，除高本汉外各家拟音主要元音均为 a，如李方桂 *kagx、王力 *ka、白一平 *kaʔ、郑张尚芳 *klaaʔ、潘悟云 klaaʔ。中古以后，"股"演变成上声模韵合口一等字。汉语"股"字的这种演变事实也证明了黎语保定型的"脚"和黎语的"腿"是一种历史演变关系。

黎语保定型的"脚"在藏缅语中也可以找到对应的词，如景颇话 ko^{33} "脚"、格西话 ṣko "脚"，缅语 khɑk "树枝"、波拉话 kɔʔ^{55} "树枝"、勒期话 kaʔ^{55} "树枝"、浪速话 xɔʔ^{55} "树枝"。"树枝"与"股"也属于词义隐喻引申的关系。某些汉语方言也有管"树枝"叫 kha 的，如笔者的母语西南官话。

本书认为黎语保定型的 khok^7 "脚"与 ha^1 "腿"是由一个共同的词分化而来，这个共同的词来自原始汉藏语。汉语的"股"可能与"脚"有共同来源。《广雅·释亲》："股，脚，胫也。""股"与"脚"不仅语义上有联系，上古语音也有联系，见表 6-43。

表 6-43　古音韵学家构拟的"股""脚"上古音

古音韵学家 汉字	高本汉	李方桂	王力	白一平	郑张尚芳	潘悟云
股（鱼部字）	ko	kagx	ka	kaʔ	klaaʔ	klaaʔ
脚（铎部字）	kiak	kjak	kiak	kjak	kag	kag

6.11.2　保城₂型 din^3 "脚"

保城₂话 din^3 "脚"只局限于 2013 年保亭保城人陈达语的发音材料。该词是新借自壮语的词。除却个别方言外，壮语的"脚"在诸方言中基本是 tin^1。黎语与壮语 tin^1 原本同源的词，转指"蹄子"了。前面提到的欧阳觉亚和郑贻青整理的黎语加茂话之外的 9 个代表点的 tshi:n "蹄子"或 tshiŋ "蹄子"就是与原始侗台语 *C-tin 同源的词。金理新（2012：177）就指出"壮语型的'脚'在黎语里面意义已经演变为'蹄子'，如保黎 tshin^3、通黎 tshin^3 '蹄子'"。但是今天的部分黎语方言的"蹄"也被汉语借词"蹄"所替代，如保城 $_2$ 话 tet^8"蹄子"、加茂 $_2$ 话 tet^8"蹄子"。吴安其（2002：249）将通什话 ɯ^{3}tet^7"脚"与壮语武鸣话、侗语、水语的 tin^1 视为源于原始侗台语 *C-tin"脚"的同源词。如果是这样，无法解释为何同一黎语方言前后半个多世纪里会出现两个不同语音形式的同源词：保城话 tshi：n^3"蹄子"、保城 $_2$ 话 tet^8"蹄子"。一个合理的解释就是保城话 tshi：n^3"蹄子"、保城 $_2$ 话 tet^8"蹄子"为异源词。本书的观点是保城 $_2$ 话 tet^8"蹄子"是借自汉语"蹄"的借词。"蹄"中古属于齐韵定母开口四等平声字，主要元音各家均拟作 e 或 ɛ，如蒲立本、郑张尚芳、潘悟云拟作 dei；该字上古音的声调是否为入声存在分歧，比如，潘悟云和郑张尚芳拟上古音为 dee，高本汉拟上古音为 dieg，李方桂拟上古音为 dig。今广州话"蹄"读作 tai^4，闽南话读作 due^2，客家话读作 tai^2。汉语非入声字借入黎语中读作促声调的还有别的例子，比如，欧阳觉亚和郑贻青整理的黎语 10 个方言、土语代表点的汉语新借词中的元门话 baŋ^{1}to?^{7}"帮助"的"助"（去声），保定话 tu^{3}tsi：k^7"组织"、中沙话 tsu^{3}tsek^7"组织"、黑土话 tsu^{3}tsit^7"组织"、白沙话 tsu^{3}tse?^{8}"组织"、元门话 tu^{4}tsi：t^7"组织"等方言中的"织"（去声）。

6.11.3　通什 $_2$ 型 fek "脚"

通什 $_2$ 话 fek"脚"在部分黎语方言中转指"腿"，见表 6-44。

表 6-44　黎语代表点的"脚"与"腿"（B）

词条 ＼ 代表点	中沙	黑土	通什	乐东尖峰	陵水隆广	通什 $_2$
脚	khuk^7	khok^7	khok^7	khuk^7	huk^7	fek^5
腿	fe：ŋ^2	pe：ŋ^2	fe：ŋ^1	fen^1	fe^{1}jaŋ^1	hɔ^3

该词在侗台语中可以找到对应词，如泰语 ba：t^9"脚"、老挝语 ba：t^9"脚"、水语 fa：n^3"脚板"、侗北语 pan^3"脚板"、仫佬语 pan^3"脚"、拉珈语 pa：n^2"脚板"。

金理新（2012：179）认为侗台语该词原意为"脚板"，侗台语共同形式为 *（i）pan?，台湾南岛语的"脚"与侗台语该词同源：鲁凯语 ɖa?al、卑南语 ɖapal、排湾语 dzapal、沙语 sapaɫu、赛夏语 rapal。陈孝玲（2009：108）将泰语、老挝语 ba：t^9"脚、根基"与汉语"番""蹯"对应。《说文解字》："番，兽足谓之番。"《尔雅·释兽》："狸、狐、貒，貈丑。其足蹯，其迹厹。"蹯，《广韵》："附袁切，平声元韵奉母字，兽足掌。"《左传·文公元年》："王请食熊蹯而死。"杜预注："熊掌难熟，冀久将有外救。"

6.12　膝（knee）

"knee"在《百词表》中排在第47位。黎语表达"膝盖"概念的词在各方言、土语中的读音见表6-45。

表6-45　黎语代表点的"膝盖"

保城₂	加茂₂	昌江石碌	乐东尖峰	乐东三平	陵水隆广	通什₂
ha^{6}lou^4	haː p^{9}lu^4	kɯ^{3}rou^1	ŋɔ^{3}tou^1	ŋɔ^{3}tou^1	ŋɔ^{3}tou^1	ŋɔ^{2}tou^1
堑对₂	保定	中沙	黑土	西方	白沙	元门
ho^{6}lou^4	gwou^{3}rou^1	gau^{3}rou^1	rau^{3}rou^1	kɯ^{3}rou^1	rou^4	vo^{3}rou^1
通什	堑对	保城	加茂	廖二弓		
go^{6}rou^4	ho^{6}lou^4	hɔ^{6}lou^4	thɔk^{9}lu^4	hɔː k^{31}lu^{11}		

白沙话 rou^4 "膝盖"表明黎语上述各方言、土语中的后一音节是承载"膝盖"这一概念意义的主要词根。西方话 kɯ^{3}rou^1 "膝盖"、昌江石碌话 kɯ^{3}rou^1 "膝盖"中的首音为非词根音节。保定话 gwou^{3}rou^1 "膝盖"、中沙话 gau^{3}rou^1 "膝盖"、黑土话 rau^{3}rou^1 "膝盖"、元门话 vo^{3}rou^4 "膝盖"、通什话 go^{6}rou^4 "膝盖"、堑对话 ho^{6}lou^4 "膝盖"、保城话 hɔ^{6}lou^4 "膝盖"等词中的首音节与本方言、土语中的核心词"头"是同一语音形式。保城₂、加茂、乐东尖峰、乐东三平、陵水隆广、通什₂、堑对₂方言的"膝盖"首音节与本方言、土语的"头"比较，语音发生了分化，但其同源性仍很明显。因为膝盖在两根骨头的一端（或"一头"），所以前一词根与"头"或"首"语音形式相同，这种结构类似于汉语"膝盖头"的结构。黎语的"头"也可以指"端"，前文在讨论核心词"头"时已经作了论述。"头"以隐喻的方式参与"膝盖"概念的构词这种形式在许多语言中都可以找到，比如，滇东北苗语 fao^3 "头"、fao^{3}tɕao^6 "膝盖"，布努瑶语 fa^3 "头"、fa^{3}ca^6 "膝盖"。廖二弓话 hɔː k^{31}lu^{11} "膝盖"的首音节与 hɔː k^{31} "脚"为同一个语音形式，可能廖二弓 hɔː k^{31}lu^{11} "膝盖"直译为汉语是"脚膝盖"，其组合方式显然受到汉语偏正结构的影响。

不考虑声调因素，黎语 rou "膝盖"共有4个变体：rou、lou、lu、tou，其中 rou 分布最广，共覆盖8个代表点，并且其中的7个代表点为欧阳觉亚和郑贻青半个多世纪前整理的语料。堑对和堑对₂、保城和保城₂的"膝盖"词根均为 lou^4。通什话"膝盖"的词根为 rou^4，通什₂话"膝盖"的词根为 tou^1。这种情况显示黎语 rou "膝盖"逐渐演变成了 lou 或 tou，lou 进一步演变为 lu。因此，黎语的共同形式音该是 *C-rou "膝盖"。

　　黎语的 *C-rou "膝盖" 仅就词根考察，在侗台语族中显得很特殊，但是如果与非词根音节一起考察，会发现它与侗台语族其他语言表达概念 "膝盖" 的词语之间的关系，见表6-46。

表6-46　侗台语族相关语言的 "膝盖"

中沙	通什	临高	龙州	武鸣	布依	侗语	仫佬	毛南	拉珈	巴央
gau³rou¹	go⁶rou⁴	kau⁴	khau⁵	ho⁵	ho⁵	kau⁵	ko⁵	ko⁶	kou⁶	ru

　　黎语 "膝盖" 的非词根词头显然与大部分侗台语族语言的 "膝盖" 词根语音基本一致。这种情况暗示原始侗台语的 "膝盖" 可能是一个复合词，后来在演变过程中出现了裂式演变。黎语、巴央语的趋势是保留后音节，前音节则逐渐专指 "头" "首" "端"。而大部分侗台语则是保留前音节，因为区别意义的需要，与表达 "头" "首" 概念的词语比较则逐渐差异化，比如，临高话 hau³ "头"、kau⁴ "膝"，侗语 kau³ "头"、kau⁵ "膝"，武鸣话 ɣau³ "头"、ho⁵ "膝"。这种差异化川黔滇苗语有最为鲜明的痕迹，川黔滇苗语的 "头" 为 həu⁵，"膝盖" 有两个不同读音：həu³dzəu⁶、hau³dzəu⁶，先是声调差异化，进而主要元音差异化。侗台语这种分裂式演变关系可以从语音对应的角度加以考察。表6-47 的语音对应材料，来源于金理新（2012：187）的专著《汉藏语系核心词》。

表6-47　侗台语部分语言语音对应词条

语言＼词条	笑	小腿	犬牙	肠子	蟑螂	窝	膝
通什	ta: u⁴	ten⁶	ro: ŋ⁴	ra: i⁶	—	ru: ʔ⁷	rou⁴
普标	sa: u⁵³	qa⁰ɕin⁵³	suaŋ⁵³	sai³³	siap³³	so³³	qau²¹³

语言＼词条	蟑螂	窝	蜈蚣	吊	膝
通什	—	ru: ʔ⁷	ru: ʔ⁷	riaŋ⁶	rou⁴
临高	lap⁷	luk⁸	lip⁸	liŋ³	kau⁴

语言＼词条	笑	肠子	窝	蜈蚣	膝
通什	ta: u⁴	ra: i⁶	ru: ʔ⁷	ru: ʔ⁷	rou⁴
巴央	ru⁵⁴	ri³²²	rau⁴⁵	θip⁵⁵	ru³³

　　黎语声母 r-/t-，临高话对应的是 l-，巴央语对应的是 r- 或 θ，普标语对应的是擦音 s- 或 ɕ。巴央话 ru³³ "膝" 与黎语 rou⁴ "膝" 对应，但是临高话 kau⁴ "膝"、普标语 qau²¹³ "膝" 却无法与黎语对应，这表明临高话与普标语的 "膝" 与黎语的 "膝" 来源不同。从对应规律看，临高话、普标语的 "膝盖" 应该分别是

*kau⁴lou⁴、qau²¹³sou⁵³。

　　吴安其（2002：249）据彬桥话 khau⁵、布依语 ɣo⁵＜*khluᶜ、水语 qu⁵、通什话 go⁶rou⁴、峨村话 hu⁵³，构拟原始侗台语 *g-lu²。这一构拟是符合语言事实的。

　　如果扩大比较范围就会发现，侗台语的"膝盖"与苗瑶语的"膝盖"存在一定的对应关系，见表 6-48。

表 6-48　苗瑶语族相关语言的"膝盖"

黔东苗语	川黔滇苗语	滇东北苗语	布努瑶语
qə⁸tɕu⁶	hau³dzəu⁶； həu³dzəu⁶hand	fao³tɕao⁶	fa³ca⁶

　　苗瑶语的塞擦音 tɕ-/dʑ-/dz 与舌尖塞音存在一定的演变关系，比如，罗香瑶语"膝" tɕwai¹¹，东山瑶语读作 ȶwai⁴²，枫香苗语 tɕou⁵³"烧"，养蒿话 ȶu³⁵"烧"、先进话读作 tou⁵⁵"烧"、高坡话读作 to¹³"烧"、瑶里话读作 ta⁵⁴"烧"。这样就可以把苗瑶语的"膝盖"和侗台语的"膝盖"联系起来了，两个不同语族的该词可能有共同来源。吴安其（2002：316）便提出：侗台语核心词"膝盖"与苗瑶语读法相近，可能来自某种古越语。

　　邢公畹（1999：400）最早将侗台语的"膝盖"与汉语的"骹"比较，并举广州话 ha：u¹（骹）＜ȶkhau＜*ȶkhragw、建阳闽语 khau¹"脚"为证。此后学者多持该观点。

6.13　手（hand）

　　"hand"在《百词表》中位列第 48 位。黎语表达概念"手"的词语有两个不同类型，本书分别予以讨论。18 个代表点中的 15 个代表点为一种类型，具体读音见表 6-49。

表 6-49　黎语代表点的"手"

保定	中沙	黑土	西方	白沙	元门	通什	通什₂
meɯ¹	meɯ¹	tha¹meɯ¹	meɯ¹	meɯ¹	meɯ⁴	ʔu³meɯ¹	məɯ¹

堑对	保城	保城₂	昌江石碌	加茂	加茂₂	廖二弓	
thap⁷meɯ⁴	tha³meɯ¹	məɯ¹	məɯ¹	ku⁵ma¹	ma⁵	kuɯ³³ma⁵¹	

　　表 6-48 中的黎语各方言、土语表达概念"手"的词语的词根均为同一类型，主要读音为 meɯ，加茂赛方言（廖二弓话也属于加茂赛方言）为 ma，主要元音

开口度最大化，由 e 演变成 a，并且高元音韵尾 ɯ 脱落。有些方言的"手"附有一非词根词头，该词头有脱落趋势，比如，保城话为 tha³meɯ¹"手"，保城₂话为 məɯ¹"手"，加茂话为 kɯ²ma¹"手"，加茂₂话为 ma⁵"手"。加茂赛方言的单元音韵母 a 在黎语其他方言、土语中普遍对应韵母有高元音韵尾 -ɯ，见表 6-50。

表 6-50　黎语加茂话单元音韵母 a 与其他方言、土语元音韵尾 -ɯ 对应词条

代表点＼词条	保定	中沙	黑土	西方	白沙	元门	通什	堑对	保城	加茂
后~天	-ɲeɯ¹	-ɲeɯ¹	-ɲeɯ¹	-ɲeɯ¹	-ɲeɯ¹	-ɲeɯ⁴	-ɲeɯ¹	-ɲeɯ⁴	-ɲeɯ¹	-na¹
回~来	peɯ¹-	peɯ¹-	meɯ¹-	—	paɯ¹-	paɯ⁴-	pa:ɯ⁴	pheɯ⁴	—	pə⁴; pa⁴
近	plaɯ³	laɯ³	leɯ³	pleɯ³	plaɯ³	plaɯ³	plaɯ³	paɯ³	plaɯ³	la¹
灵魂	hweɯ¹	heɯ¹	heɯ¹	ŋeɯ¹	ŋeɯ¹	ŋeɯ¹	gweɯ¹	veɯ¹	hweɯ¹	ha⁴
女婿	ɬeɯ¹	ɬeɯ¹	deɯ¹	ɬeɯ¹	ɬeɯ¹	ɬeɯ¹	ɬeɯ¹	ɬeɯ¹	ɬeɯ¹	ɬa⁴

黎语该类型的"手"在侗台语族中分布广泛，见表 6-51。

表 6-51　侗台语族相关语言的"手"

泰	老挝	傣雅	傣西	傣德	临高	壮龙州	壮武鸣	壮柳江
mɯ²	mɯ²	mɯ²	mɯ²	mɯ²	mɔ²	mɯ²	faɯ²	fuŋ²

布依	侗	水	锦	莫	普标	拉珈	拉基	
fuŋ²	mya²	mya²	mi²	mi²	mhi²¹	mie	mi¹³	

表 6-51 中侗台语族语言的"手"，声母均为唇音，声调均为 A 调类，韵母略有区别，但不少语言存在一个舌面后高展唇元音 ɯ，特别是泰语、老挝语、壮龙州语、傣语读音 mɯ²"手"与黎语 meɯ¹"手"语音高度一致。既然加茂赛方言 ma"手"与黎语 meɯ"手"的演变关系可以解释，那么侗台语族其他语言的"手"的历史演变关系也可以获得合理的解释。壮龙州语 mɯ²"手"与壮武鸣语 faɯ²"手"显示了声母 m- 与声母 f- 的演变关系，前文相关章节已经讨论过，发音部位相同的辅音声母容易发生演变关系。壮武鸣语 faɯ²"手"与壮柳江语 fuŋ²"手"的存在又显示了这两个音之间的演变关系，后鼻音 -ŋ 可能是词首辅音 m- 和舌面后展唇高元音 ɯ 共同引发出来的，这种情况绝非孤例，布依语 fuŋ²"手"便是佐证。金理新（2012：162）认为壮柳江语 fuŋ²"手"是鼻音偶化的结果，因为词根辅音 m- 往往会引起鼻音偶化。金先生没有看到高元音 ɯ 在促发后鼻音 -ŋ 的作用，事实上词首辅音 m- 后面的元音如果是低元音的话是难以促发后鼻音的，如汉语 ma"妈"就找不到读 maŋ"妈"的例子。南部壮语有读作 mɯŋ²"手"的可以作为佐证我们观点的一个

论据。李方桂先生（1977：74，265）便认为武鸣话的 faɯ² 和柳江话的 fuɯ² 是一对同源词，-ŋ 尾是受了展唇后元音 ɯ 的影响被同化所致，李先生拟原始侗台语该词为 *mɯ。Benedict（1975：309）拟台语"手"为 *mɨ，并且与黎语 *ma "五"对应。白保罗先生的构拟虽然考虑了侗台语不少语言该词的高元音 ɨ 的实际情况，但是他拿来对应的黎语数词"五"的假设读音是不可取的，何况所有语料显示黎语的"五"声母是 p- 或 ph-，本书认为不如拿加茂赛方言的 ma "手"与之对应更好。吴安其（2002：249，316）在处理黎语与其他侗台语关系时犹豫不决，既依据彬桥话、侗语南部方言、北部方言、黎语通什话、拉基语、峨村话构拟 PKT 为 *m-lak 或 *m-laɣ，又依据布央语郎架话、峨村话拟原始侗台语"手"为 *m-lag，并且指出 *m- 是原始台语身体部位名词的前缀，*-lag 与藏缅语同源。对于黎语，则提出："黎语通什话'手'ɯ³meɯ¹，加茂话 kɯ²ma¹，很难肯定来自南岛语 *lima。"陈孝玲（2009：114）转述了各家的观点但未予以评论。

本书认为布央语郎架话 ŋɛk¹¹ "手"、峨村话 ȵiak⁵⁵ "手"与藏缅语关系密切，而与大多数侗台语的"手"并非同源词。本书赞同李方桂先生构拟的 *mɯ "手"。声母 m- 与韵母 -ɯ 之间一定会衍生出一个过渡元音，随着过渡元音逐渐清晰化，后高元音 ɯ 就逐渐弱化为韵尾直至脱落。这样黎语"手"的演变路径可以这样推拟：mɯ＞meɯ＞məɯ＞mə＞mʌ＞ma。

上述侗台语的"手"与南岛语的"手"，可以对应，后者的具体读音见表 6-52。

表 6-52　南岛语的"手"

邵语	雅美语	巴厘语	摩尔波格语	鲁凯语	卑南语	布农语	莫图语	汤加语	平埔语
rima	lima	limə	lima	l̪ima	l̪ima	ima	ima	nima	rima

显然南岛语的"手"均有一核心词根 -ma，巴厘语 mə 为其变体。原始南岛语"手"，吴安其（2009：281，282）拟为 *lima，并将其与布拉斯特构拟的（qa）lima 比较，显然他们构拟的词根均为 -ma。19 世纪末伊能嘉矩记录的中国台湾西部平原现在已经消亡的道卡斯语，"手"为 rima；荷兰人 17 世纪在中国台湾记录的一种语言，"手"也是 rima。因此，本书认为两位学者对南岛语"手"词根的构拟是可行的。南岛语 *-ma "手"的单元音韵母可能与加茂赛方言 ma "手"单元音言一样与黎语存在整齐的对应关系，当然这需要对应语料加以证实。如果是这样，黎语 meɯ "手"与南岛语的"手"就具有同源关系。

邢公畹（1999：100）将傣语、泰语的 mɯ² "手"与汉语的"拇"比较，并举广州话 mou⁴ "拇"为例。"拇"一般指"手或足的大指"。《易·解》："解而拇，朋至斯孚。"孔颖达疏："拇，足大指也。"邢先生认为"拇"义当为"手"，

"解而拇"即"解汝所束之手"。现代汉语称"大指"为"拇指"。

黎语"手"的另一类型，见于四个代表点：乐东尖峰、乐东三平、陵水隆广的 tsiŋ² "手"，堑对₂的 khieŋ¹ "手"。

显然，上述四个代表点表达概念"手"的词语是与前一种类型不同的另一类型。乐东尖峰话中的"手"和"手指"均是 tsiŋ²，乐东三平话为 tsŋ²tsiŋ² "手指"、陵水隆广话为 çi²tsiŋ² "手指"、堑对₂话为 tsia⁵₂khiaŋ² "手指"。

黎语该类型的"手"在其他方言、土语中指"手指"，见表 6-53。

表 6-53　黎语代表点的"手指"

保定	中沙	黑土	西方	白沙	元门
ziːŋ²	ziːŋ²	ziːŋ²	ziŋ²	ziŋ⁵	tsiŋ²

通什	堑对	保城	加茂	保城₂	昌江石碌
go⁶łiaŋ²	łiaŋ²	hɔ⁶łaŋ²	tsap⁹tsia⁴	hɔ⁶thiaŋ²	ziŋ²

该类型的"手"当初兼指"手指"概念，后来出现了分化，因此在多数黎语方言、土语中只是保留在"手指"或者少数其他复合概念中，概念"手"则为第一种类型，保定话 ziːŋ² "手指"、duːn³ziːŋ² "手背"、phaːn³ziːŋ² "手纹"三个词语便是明证。值得注意的是，保定话多数新造复合概念中的"手"已经是借用汉语的"手"音，如 tshiu³biːu³ "手表"、tshiu³phe² "手绢"。保定话 zeːŋ¹meɯ¹ "手心、手掌"前一词根 zeːŋ¹ "掌"跟 ziːŋ² "手指"可能存在同源关系。笔者推断该词可能是早期汉语借词，即借自汉语的"掌"字。

"掌"，中古属于阳韵上声开口三等章母字，其上古拟音多为 *tjaŋʔ，今天的潮汕话 tsiên²、闽南话 tsioŋ³ 与今天的黎语读音基本一致。

6.14　腹（belly）

"belly"在《百词表》中位列第 49 位。黎语表达概念"腹"的词语在各方言、土语中的读音见表 6-54。

表 6-54　黎语代表点的"腹"

保定	中沙	黑土	西方	白沙	元门	通什	堑对	保城	昌江石碌
pɔk⁷	pɔk⁷	mɔk⁷	pɔk⁷	pɔk⁸	pɔk⁸	pɔk⁸	phɔʔ⁸	pɔk⁸	pɔk⁷

乐东尖峰	乐东三平	陵水隆广	通什₂	堑对₂	加茂	廖二弓	保城₂	加茂₂	
pɔn²	pɔk⁷	pɔːn²	pɔk⁸	phɔʔ⁷	lɯi⁴	lɯi³³	laːi⁶	lɯi⁴	

上述语料表明黎语表达概念"腹"有两个来源不同的词。保定、中沙、黑土等 15 个代表点是汉语借词，即借自汉语的"腹"字。汉语的"腹"字，侗台语少数语言和藏缅语少数语言都有借用，比如：

| 临高话 | 村语 | 泰语 | 老挝语 | 拉珈语 | 缅语 |
| boΩ^8 | bɔk^7 | phuŋ^2 | phuŋ^2 | po: ŋ^2 | puk^4 |

"腹"，《广韵》："方六且，入声屋韵非母字。"黎语普遍仍读入声，乐东尖峰和陵水隆广两个代表点演变为舒声调，韵尾由原来的塞音韵尾变为前鼻音韵尾。因此，黎语最迟应该是在 8 世纪前后开始借入的。"腹"，俗称"肚子"，《易·说卦》："乾为首，坤为腹。"

加茂话 luɯi^4"腹"、廖二弓话 luɯi^{33}"腹"、保城$_2$话 la: i^6"腹"、加茂$_2$话 luɯi^4"腹"为另一来源，该词语与黎语表达概念"肠子"的词语为同一语音形式，应该属于近义引申关系。先请看表 6-55 中黎语诸方言、土语的"肠子"。

表 6-55　黎语代表点的"肠子"

保定	中沙	黑土	西方	白沙	元门	通什	堑对	保城	加茂	廖二弓	保城$_2$	加茂$_2$
ra: i^3	ra: i^3	ra: i^3	ra: i^3	ra: i^3	ruai^6	ra: i^6	la: i^6	la: i^6	luɯi^4	luɯi^{33}	la: i^6	luɯi^4

黎语该词与侗台语族各语言及其方言的"肠子"普遍对应，见表 6-56。

表 6-56　侗台语族相关语言的"肠子"

泰	傣	壮	布依	侗	水	毛南	锦	莫	巴央	普标	拉基
sai^3	sai^3	θai^3	sai^3	sai^3	ha: i^3	sa: i^3	za: i^3	za: i^3	ri^{33}	sai^{53}	çi^{53}

金理新（2012：199）对侗台语"肠子"有过讨论，但是没注意到黎语中该词可以用来表达"腹"这一概念。

黎语的"肚子"可以通过隐喻的方式引申为外形或功能像肚子一样的东西，比如：保定话 pok^{7}mu: n"谷粒"、pok^{7}lok^7"小坛子"、pok^{7}ren^3"腿肚子"；廖二弓话 kɔŋ^{51}lo^{51}luɯi^{33}"大坛子"。

6.15　颈（neck）

"neck"在百词表中位列第 50 位。黎语表达概念"脖子"或"颈"的词语在各方言、土语中的读音见表 6-57。

表 6-57　黎语代表点的"颈/脖子"

保定	中沙	黑土	西方	白沙	昌江石碌	乐东尖峰	乐东三平
tsɯ²zoŋ⁸:	kɯ³zuŋ³	kɯ²zoŋ³	zɔŋ³	zoŋ³	zoŋ²	zuŋ¹	zuŋ¹

通什	堑对	保城	陵水隆广	通什			
ʔɯ³ɬoŋ⁶	ŋo²ɬoŋ⁶	kɯ²ɬoŋ⁶	kɯ³ɬoŋ⁶	ʔɯ³ɬoŋ⁶			

元门	保城₂	加茂	加茂₂	堑对₂	廖二弓	通什₂	
tsoŋ⁶	tshoŋ³	tsaŋ²	kɯ³tsaŋ³	tshoŋ³	kɯ³³tsaŋ¹¹	khoŋ⁶	

乍看该词在黎语中有三类不同的读音，但是这三类读音的声母存在严格的对应关系，因此上述黎语方言、土语表达概念"脖子"的词为同源词，其差异属于方言变体性质。为直观起见，请看表 6-58 中的对应语料。

表 6-58　黎语方言、土语的对音例词

代表点 / 词条	保定	中沙	黑土	西方	白沙	元门	通什	堑对	保城	加茂
变	zaɯ²	zaɯ²	zaɯ²	zaɯ²	zaɯ²	tsaɯ²	ɬaɯ²	—	—	—
耳朵	zai¹	zai¹	zai¹	zai¹	zai¹	tsai⁴	ɬai⁴	ɬai⁴	ɬai⁴	—
尖刀	ziu³	ziu³	ziu³	ziu³	zeu³	tsi: u⁶	ɬiu⁶	ɬiu⁶	ɬiu⁶	—
剩余	za¹	za¹	za¹	za¹	za¹	tsa⁴	ɬa⁴	teŋ⁵	teŋ⁵	tsou⁴
铁锹	za: u²	za: u²	za: u²	za: u²	za: u²	tsa: u²	ɬa: u²	ɬa: u²	ɬa: u²	za: u⁴
脱~衣	za: u²	za: u²	za: u²	za: u²	zot⁸	tsət⁸	ɬa: u²	ɬa: u²	ɬa: u²	tsuət¹⁰
野性	zi: u¹	zi: u¹	ziu³	ziu³	ziu³	tsiu⁴	ɬi: u⁴	ɬiu²	ɬi: u⁴	tsi: u⁴

黎语的边擦音声母在有些方言中演变成了浊擦音 z，在有些方言中又进一步塞化成 ts、tsh，但是在其他语言中普遍对应的是边音 l。金理新（2012：154）给黎语归纳过"次浊音黎语清化"的语音演变规律。根据通什话 ʔɯ³ɬoŋ⁶"脖子"、堑对话 ŋo²ɬoŋ⁶"脖子"，我们推拟黎语该词的共同形式可能是 *g-ɬoŋᶜ。吴安其（2002：247-249）拟原始黎语为 *g-loŋᶜ，并且据通什话 ʔɯ³ɬoŋ⁶"脖子"、峨村话 ʔa⁵⁵lɔŋ¹¹"脖子"构拟原始侗台语为 *g-loŋɣ。

上述黎语方言、土语的"脖子"也出现在侗台语少数其他语言中，如拉基语 laŋ⁵⁵、普标语 luaŋ³⁵、巴央语 roŋ³²² 等。黎语这类形式的"脖子"在苗瑶语族和南岛语系中也能找到对应形式，见表 6-59。

表 6-59　苗瑶语族、南岛语系的"脖子"

苗瑶语族				南岛语系		
川黔滇苗语	滇东北苗语	布努瑶语	标敏瑶语	马奔语	马洛语	班吉尼·沙马语
tɕe²tloŋ¹	hi⁵tɬaɯ	tɬɤŋ¹	klaŋ¹	kalloŋ	kaloŋ	kolloŋ

金理新（2012：155）将这一形式的"脖子"与汉语的"项"对应。"项"，《广韵》："胡讲切，上声江韵匣母字。"《说文解字》："项，头后也。""项"上古属于东部字，其音与今天的通什话 $?ɯ^3łoŋ^6$ "脖子"、峨村话 $?a^{55}loŋ^{11}$ 语音一致性很强，请看表 6-60 中代表性音韵学家的上古拟音。

表 6-60　音韵学家构拟的"项"字上古音

李方桂	王力	白一平	郑张尚芳	潘悟云
gruŋx	ɣeoŋ	groŋʔ	grooŋʔ	grooŋʔ

从自然语音的演变规律看，上古汉语的"项"演变为今天的黎语是完全可行的。因此，本书认为黎语的"脖子"为古汉藏语底层词。

保城话 $kɯ^2łoŋ^6$ "脖子"发展到保城 $_2$ 话 $tshoŋ^3$ "脖子"，堑对话 $ŋo^2łoŋ^6$ "脖子"发展到堑对 $_2$ 话 $tshoŋ^3$ "脖子"，清晰地反映出该词声母的演变轨迹。通什 $_2$ 话 $khoŋ^6$ "脖子"与其他代表点的读音都不一样，难以从通什话 $?ɯ^3łoŋ^6$ "脖子"的演变音理上获得合理的解释，本书认为可能是受海南闽语或粤语读音的影响，"项"，闽方言读 $haŋ^4$，粤语读 $hoŋ^6$。

黎语"脖子"的整个历史演变轨迹可能如下：$*g\text{-}rooŋʔ > *g\text{-}rooŋɣ > *g\text{-}łoŋ > łoŋ > soŋ > zoŋ > tsoŋ/tshoŋ$。后 4 个阶段，主要元音开口度都可能有增大趋势，如 $tsoŋ > tsɔŋ > tsɒŋ$。

6.16　胸/乳房（breast）

"breast"在《百词表》中位列第 51 位。英语单词"breast"有两个常用义："胸"和"乳房"，因此本节同时讨论黎语表达这两个相关概念的词语。跟英语不一样，黎语各方言、土语的"乳房"和"胸"都是来源不同的两个词、因此对黎语的"胸"和"乳房"分别予以讨论。

6.16.1　胸、胸膛

黎语各方言、土语的"胸"读音见表 6-61。

表 6-61　黎语代表点的"胸"

保定	中沙	通什	保城	陵水隆广	通什 $_2$	元门	西方	白沙	乐东尖峰
fan^3；$khe:ŋ^3$	fan^3	fan^3	$\underline{fan}^3te:ŋ^4$	fan^3	fan^3	$fhan^3$	$faŋ^3$	$faŋ^3$	$faŋ^1$

续表

黑土	加茂	廖二弓	保城₂	加茂₂	昌江石碌	堑对	堑对₂	乐东三平	
pen³	paŋ¹tsai⁴	ŋan⁵¹paŋ⁵¹	paŋ³phε⁴	phaŋ¹tsai⁴	paŋ²	khe：ŋ³	khe：ŋ³	khe：ŋ³	

从表 6-61 可以看出黎语的"胸"有两个基本的词根，本节称为保定型和堑对型，下面分别予以分析。

保定型 faŋ³ "胸" 共覆盖上述 16 个代表点，相互间语音差异不大，声母为轻唇音 f- 或和 fh- 的覆盖 10 个代表点，声母为重唇音 p- 或 ph- 覆盖 6 个代表点，韵尾为前鼻音的覆盖 12 个代表点，韵尾为后鼻音的覆盖 4 个代表点。重唇音与轻唇音的关系、前鼻音和后鼻音的演变关系很容易理解。本书推测保定型的"胸"，黎语的共同形式应该是*paŋᴮ，后来在方言中出现了自然音变式的语音分化。

保定型"胸"在侗台语族所有其他语言中、甚至汉藏语其他语言中都找不到对应的形式，让人感觉该词源自黎语的自创。不过从语义引申的角度考虑，在黎语内部还是能够发现端倪。黎语该词的语音形式在各方言、土语中都与"件"（一件衣）这一概念严格对应，见表 6-62。

表 6-62　黎语代表点的"胸"和"件"

词条 ＼ 代表点	保定	中沙	通什	保城	元门	西方	白沙	黑土	加茂
胸	faŋ³	faŋ³	faŋ³	faŋ³-	fhaŋ³	faŋ³	faŋ³	pen³	paŋ¹-
件	faŋ³	faŋ³	faŋ³	faŋ³	faŋ³	faŋ³	faŋ³	pen³	pa：n¹

保定的量词 faŋ³ "件" 只是用于上衣，显然这是一个借用量词，也就是说该量词是借用衣服的"附着物"这个名词，这是汉藏语量词产生的一个途径，比如，汉语说"一身汗水""一头雾水""一树梨花"等，量词"身""头""树"都是借用被附着物这一名词。衣服是穿在上身的，"胸"是上身的代表性部位，因此黎语便借用"胸"这一名词作为衣服的量词。这种情况并非孤例。傣德语 ha：ŋ⁶ "件—件衣服"、ho¹ʔok⁹ "胸脯"，侗语 məi⁴ "件—件衣服"、mi³ "乳房"，仫佬语 məi⁶ "件—件衣服"、ne⁶ "乳房" 两个概念借用痕迹仍很明显。当然，侗台语族不少语言中该词已被汉语借词替代，比如，壮语 tiu² "件衣"、ki：n⁶ "件事" 分别借自汉语的"条"和"件"，被称为西江黎语的临高话 kin⁴ "件衣"、xin⁴ "件事" 均借自汉语的"件"。

黎语保定型的 faŋ³ "胸"，可以与古汉语的"胖""膰"比较。"胖"，《说文解字》："半体肉"；《广韵》："普半切，音判，牲之半体"；《增韵》："肋侧薄肉"。"膰"，《广韵》："附袁切，祭余熟肉"；《玉篇》："肝也"。如同现代汉语有"胸脯"一词,其中的"脯"原意便是"干肉"。脯,《广韵》仅有一个读音,方矩切。《诗·大雅·凫鹥》:"尔酒既湑,尔殽伊脯。"《汉书·东方朔传》:"生肉为脍,干肉为脯。"脯,《集韵》:蓬逋切,胸脯。(元)尚仲贤《柳毅传书》的第一折:"嗔忿忿腆着胸脯,恶狠狠竖着髭须。"

堑对型的 khe：ŋ³ "胸"只覆盖表 6-61 的 5 个地方(保定也有该类型),并且读音很一致。保城话 fan³ɬe：ŋ⁴ 可以表示"胸脯"和"心口"两个不同概念,显然-ɬe：ŋ⁴ 是汉语"心"的音译词。堑对话 ɬi：n³fan³ "心口"的 ɬi：n³-、西方话 ɬiŋ³bet⁷ "心口"的 ɬiŋ³- 都是汉语"心"音译借词。陈孝玲(2009：125)提出可将黎语 khe：ŋ³ "胸"与汉语的"胸"*qhoŋ 比较,但又因元音差异而疑虑。侗台语存在借用汉语"胸"的现象,如傣西语 uŋ³ "胸"、傣德语 oŋ⁴ "胸"、壮语 ɣuŋ³ "胸"。汉语的"胸",《广韵》认为属于通摄钟韵字,黎语不同时期借入的钟韵字读音不一样,请看表 6-63 中的几个例子。

表 6-63　黎语借入汉语钟韵字举例

汉字 ＼ 代表点	保定	中沙	黑土	西方	白沙	元门	通什	堑对	保城	加茂
春~米	tshe：k⁷	tshe：ʔ⁷	tsha：ʔ⁷	suŋ³	tshuŋ³	tshuŋ³	tshe：ʔ⁷	tshe：ʔ⁷	tshe：ʔ⁷	tshuu⁵
封	ba：ŋ³	ba：ŋ³	baŋ³	va：ŋ³	foŋ¹	baŋ¹	ba：ŋ¹	baŋ¹	ba：ŋ¹	ba：ŋ³
共	ʔu：ŋ²	ʔu：ŋ²	ʔuŋ²	ʔuŋ²	ʔuŋ²	—	ʔu：ŋ⁵	ʔuaŋ⁵	ʔu：ŋ⁵	len⁵
龙	taŋ¹	taŋ¹	noŋ¹	taŋ¹	taŋ¹	tɔŋ⁴	taŋ⁴	thaŋ⁴	taŋ⁴	tə：ŋ⁴
容~易	—	—	—	—	—	zuŋ³zi⁵	—	—	zuŋ⁴zi⁵	zuŋ⁴zi⁵

显然黎语早期借入的钟韵字与近现代借入的钟韵字读音不同,近现代借入的主要元音一律读 u/o,早期借入的则读开口,而且仍体现出借入时代差异。"春(米)"比"封"借入的时间显然更早,因为前一概念比后一概念要产生得早,"封"用于组成短语"一封信""封建主义"等。"龙"是汉族图腾,有悠久的历史,但是与表示日常生活概念的"春(米)"比较,显然也是较晚引入的概念。"春""龙""封""容"体现出鲜明的借入时间层次。黎语"春"主要元音以长音 e：为主,"龙"在加茂话中也保留了古老的元音 ə：。加茂话 tə：ŋ⁴ "龙"、保定话 tshe：k⁷ "春春米"、堑对话 tshe：ʔ⁷ "春春米"可以佐证堑对型的 khe：ŋ³ "胸"是早期汉语钟韵字"胸"的音译借词。

6.16.2　乳房

黎语各方言、土语表达"乳房"概念的词语读音见表 6-64。

表 6-64　黎语代表点的"乳房"

保定	西方	中沙	黑土	白沙	通什	堑对	保城	乐东尖峰
tsei¹	tsei¹	tsi²	tsi²	tsi³	tsi⁵	tsi⁵	tsi⁵	tsi²

元门	加茂	廖二弓	加茂₂	保城₂	陵水隆广	堑对₂	乐东三平	通什₂
ti³	n̠en⁵	nen³³	n̠an⁵	n̠i¹	n̠i¹	nœ⁶tsi⁵	fe:i¹	fi²

值得注意的是，保定型的 tsei¹"乳房"，加茂话是参与构成 pan¹tsai⁴"胸膛"的词根，加茂₂话 ŋan⁵"乳房"是参与构成廖二弓话 ŋan⁵¹pan⁵¹"胸膛"的词根，可见黎语的"乳房"与"胸"也存在交叉现象。

黎语的"乳房"有两种不同来源的类型，保定、西方、中沙、黑土、白沙、通什、堑对、保城、乐东尖峰、元门、乐东三平、通什₂为一种类型，廖二弓、加茂₂、保城₂、陵水隆广、堑对₂为另一种类型。为便于表述，前者称为保定型，后者称为加茂型。

保定型 tsei¹"乳房"在侗台语族语言中也存在，参见表 6-65。

表 6-65　侗台语族相关语言的"乳房"

壮柳江	壮来宾	壮贵港	壮连山	壮隆安	壮上林	壮都安	佯僙	巴哈	拉基	锦	莫	毛南
tsi⁴	tsi³	tsi³	tsi³	tsi³	çi³	çi³	tsu⁴	tsɯ³³	tɕo³³	çu⁴	se⁴	se¹; tse⁵

邢公畹、吴安其都未注意侗台语这一形式的"乳房"。金理新（2012：193）认为柳江 tsi⁴ 型的"乳房"是侗台语的固有形式，并且与原始南岛语 *susu "乳房"有共同来源。为直观起见，将部分南岛语语料引录于表 6-66。

表 6-66　南岛语的"乳房"

印尼语	爪哇语	他加禄语	鲁凯语	卑南语	汤加语	东雯济语	Sekar	Maisin
susu	susu	sũso	ɵuɵu	susu	susu	suðu	susi	susi

保定型"乳房"作为词根参与表达概念"乳头"与"乳汁"，保定型"乳头"为 pom³tsei¹、"乳汁"为 nom³tsei¹。加茂型的"乳房"则是汉语借词"奶"。侗台语族语言大部分表达"乳房"这一概念的词都逐渐为汉字"奶"所取代。比如，壮武鸣语 na:u⁵"奶"、kjau³na:u⁵"奶头"、ɣam⁴na:u⁵"奶汁"，临高话 no?⁷"奶"、bak⁷no?"奶头"、nam⁴no²⁷"奶汁"，仫佬语 ne⁶"乳房"、ne⁶piŋ⁵"奶头"、kɣo⁵ne⁶"奶汁"。同为加茂赛方言的加茂话 n̠en⁵"奶"、廖二弓话 nen³³"奶"声母稍有不同，因为鼻音偶化致使韵母变为前鼻音阳声韵尾。堑对₂话 nœ⁶tsi⁵"乳房"与保定话 nom³tsei¹"乳汁"结构类似，均是原有词根与借用词根同义复合而

成，但是从字义上看，nœ⁶是"乳房"，nom³是"汁水"，不过这关系不大，因为汉藏语里，"乳房"与"乳汁"本是同一个词的不同义项。保城₂话ni¹"乳房"、陵水隆广话n̩i²"乳房"语音有些特别，但仍可以看成是汉语"奶"的借词。"奶"，原本写作"乃"，是个象形字，《广韵》中属于咍韵泥母开口一等字，中古音潘悟云拟作 nəi，上古音潘悟云拟作 nɯɯʔ。泥母在汉语方言中读作舌面鼻音是常见现象。主要元音为 i，是舌位高化所致，可以列举壮语方言为例：柳江、宜山、环江、河池、南丹、来宾、贵港等地的方言借用汉语的"奶"读作 ne，但是钦州话的"奶"则读作 ni。汉语方言的"奶"韵母也有读单元音 i 的例子：潮州话"奶"读作 ᶜni̋白。

6.17 心 脏（heart）

"heart"在《百词表》中位列第 52 位。黎语表达概念"心脏"的词语在黎语各方言、土语中的读音见表 6-67。

表 6-67 黎语代表点的"心脏"

保定	中沙	黑土	西方	白沙	元门	通什	堑对
ła：u³	ła：u³	tem³	ła：u³	ła：u³	ła：u³	ła：u³	ła：u³

保城	加茂	廖二弓	保城₂	昌江石碌	通什₂	堑对₂	
ła：u³	tshiau¹	tshiau⁵¹	Ta：u³	la：u³	ła：u³	ła：u³	

上述黎语、土语表达概念"心脏"的词语，除黑土话 tem³外，其余各处方言、土语均为同一个词语的方言变体。黑土话 tem³"心"是汉语"心"的借词，汉语的心母字借到黎语中往往对译为舌尖塞音，请看表 6-68 的几个例字。

表 6-68 黎语借入汉语心母字举例

代表点 汉字	保定	中沙	黑土	西方	白沙	元门	通什	堑对	保城	加茂
小	—	—	—	tik⁹	tɔk⁷	tɔk⁸	tɔk⁸	tok⁸	thoʔ⁸	tɔk⁸
写	tha：i³	tha：i³	te¹			tia⁴	tha：i³	tia⁴	tha：i³	tia²
信	ti：n²	—	—	sen³	tɔn¹	ti：n³	ti：n⁶	ti：n⁶	ti：n⁶	tiən⁴
心			tem³							

以保定话 ła：u³"心"为代表的读音在黎语中覆盖的代表点最为广泛，包括保定、中沙、西方、白沙、元门、通什、堑对、保城、通什₂、堑对₂ 10 个。加

茂话 tshiau[1] "心" 和同属于黎语加茂赛方言的廖二弓话 tshiau[51] "心" 代表黎语该词的一种演变方向，保城₂话 ta：u[3] "心" 则代表另一种演变方向。昌江石碌话与西方话同属于黎语美孚方言，前者 la：u[3] "心" 与后者 ɬa：u[3] "心" 之间的历史演变关系存在争议。以潘悟云先生为代表的学者认为边擦音 ɬ 是由边音 l 清化而来，比如，各家构拟的上古心母字 "廯" 声母均为 s-，而潘悟云先生参考南方少数民族语言该字借音构拟声母为复辅音 sl-。心母字 "信"，郑张尚芳先生构拟的上古音为 hljins，潘悟云先生构拟的上古音为 sliŋs，李方桂、王力则分别构拟为 sjinh、sien。中沙话 "信" 读作 ɬin[2]。对于 "廯"，保定话 le：m[2]、堑对话 le：m[2]、保城话 le：m[2] le：m[5]、加茂话 le：m[5]、通什话 ɬe：m[2]。如果采纳潘悟云先生的构拟，边擦音 ɬ 显然较边音 l- 后起。但如果采用其他学者的构拟，黎语 "信""廯""心" 的边擦音 ɬ- 的擦音性质则是来源于汉语的擦音性质，边音 l- 是擦音 ɬ- 浊化所致。清化和浊化是两条相反的辅音演变规律，清化是语言经济性的要求，浊化则是语音区别化的要求（l- 的响度显然高于 ɬ- 的响度，区别化更明显）。基于上述分析，本书认为昌江石碌话 la：u[3] "心" 显然是后起的，欧阳觉亚和郑贻青整理的语料里，黎语 "心" 就没有读作边音 l- 的现象。黎语 "心" 的共同读音应该是 ɬa：u[3]，其声母演变轨迹可能如下：ɬ->l->t-；ɬ->ç>s>ts。

黎语 ɬa：u[3] "心" 来源于侗台语自有词。该词可以跟侗台语族一些语言及其方言比较，可参见表 6-69。

表 6-69 侗台语族相关语言的 "心"

泰	老挝	傣西	傣德	布依	比佬	居佬	大佬	三冲	拉基
tsai[2]	tsai[1]	tsai[1]	tsaɯ[6]	çɯ[1]	lau[55]	ɬei[31]	ɬɯ[55]	ɬu[53]	le[33]

陈孝玲（2009：127）只把黎语 ɬa：u[3] "心" 与泰、老挝、傣、壮、布依 5 种语言的 "心" 比较，金理新（2012：221）则只把黎语 ɬa：u[3] "心" 与比佬、居佬、大佬、三冲、拉基等仡佬语比较。金先生认为侗台语只有仡佬语和黎语保留了 "心脏" 一词的固有形式。根据加茂话 tshiau[1] "心" 与保定话 ɬa：u[3] "心" 的对应关系，以及黎语方言间边擦音 ɬ- 与塞擦音 ts- 的对应关系，本书将金先生、陈先生认为的侗台语两类不同来源的 "心" 归为同源词。

吴安其（2002：249）依据泰语 tɕai[1]、布依语 tsɯ[1]、通什话 ɬau[3]、贞丰仡佬语 phəu[42]、旱拉哈语 lul[C1]，拟原始侗台语 *p-lur。

如果扩大比较范围可以发现黎语、仡佬语的 "心" 可以与苗瑶语 "心" 比较，具体情况见表 6-70。

表 6-70　苗瑶语族相关语言的 "心"

黔东苗语	滇东北苗语	勉瑶语	先进	瑶里	西关	高坡	养蒿	黎语	比佬语
lju³	tɬoey⁵	ŋou³	pleu⁵⁵	tlou³²	plɣu⁵⁵	plə⁴²	lu³⁵	ɬa: u³	lau⁵⁵

　　吴安其（2002：310）拟原始苗瑶语的 "心" 为 *ploʔ。金理新（2012：221）拟苗语支 "心脏" 一词的共同形式为 *p-lo^B。侗台语 *p-lur "心" 与苗瑶语 *ploʔ "心" 极有可能存在同源关系，或许均源自古越语。

　　金理新（2012：221）还将苗瑶语、侗台语 "心脏" 与藏缅语的 "肺" 对应。"肺"，藏语读作 glo。人类祖先在呼吸器官上有这样的认知：人呼出的 "气" 是从 "心" 生经由 "鼻子" 发出的，因此一些语言中 "气" 这一概念与 "心脏" 这一概念有关。汉语的 "息" 字，从造字法上看其字义便与 "心脏" 和 "鼻子" 有关。"息" 的本义便是 "呼吸"，后引申为 "气息"。《汉书·苏武传》："武气绝，半日复息。" 颜师古注："息，谓出气也。"《庄子·逍遥游》："野马也，尘埃也，生物之以息相吹也。" 成玄英疏："天地之闲，生物气息更相吹动，以举于鹏者也。" 陈孝玲（2009：127）便指出：壮语 ҫau¹ 为 "气，气息"（壮语 "心" 已经为汉语借词 sim¹ 所取代，壮武鸣语 ҫau¹ "气息"、壮大新语 ҫɯ¹ "气息"），布依语 ҫɯ¹ 兼表 "心" 和 "气"，"藏缅语 '心'、'呼吸'、'气息' 也有关联"。现代科学证明呼吸器官是 "肺" 而不是 "心"，因此从词义转喻引申的角度看，将苗瑶语、侗台语 "心脏" 与藏缅语的 "肺" 对应是可行的。

　　邢公畹（1999：101）、龚群虎（2001：171）先后将汉语的 "志" 与泰语 "心" 比较。邢公畹先生指出，泰语 tҫai¹<*tҫ- 有三个主要义项：心脏、志向、心意。"台语 tҫai¹，西南支义为 '心脏'，中支有 '心脏'、'气息' 两个意义，北支义多为 '气息'，如武鸣 ҫau¹ '呼吸'。汉语 '志气'、'气息'、'心气' 也常连用。" 颜延年《五君咏》（《文选》第 303 页）："阮公虽沦迹，识密鉴亦洞。" 李善注："识，心之别名。湛然不动谓之心，分别是非谓之识。" 又段玉裁《说文·心部》注："意者志也，志者心之所至也。意与志，志与识，古皆通用。" 志，《广韵》："职吏切，去声志韵章母字。" 今天的厦门话、建瓯话读作 tsiˀ，福州话读作 tseiˀ。

6.18　肝（liver）

　　"liver" 在《百词表》中位列第 53 位。黎语各方言、土语中表达概念 "肝" 的词语的读音见表 6-71。

表 6-71　黎语代表点的"肝"

保定	中沙	黑土	西方	白沙	元门	通什	堑对	保城
ŋa: n^1	ŋa: n^1	ŋa: n^1	ŋa: ŋ^1	ŋa: ŋ^1	ŋua: n^4	ŋa: n^1	ŋa: n^4	ŋa: n^1

加茂	廖二弓	保城₂	昌江石碌	乐东尖峰	乐东三平	陵水隆广	通什₂	堑对₂
ŋuən^1	ŋən^{51}	ŋa: n^1	ŋa: ŋ^1	ŋa: ŋ^1	ŋa: n^1	ŋa: ŋ^1	ŋa: n^1	ŋa: n^4

上述语音材料显示，黎语表达"肝"概念的词语只有一个类型，方言差异主要表现在韵头和韵尾上，比如，元门话 ŋua: n^4 "肝"与多数黎语方言比较衍生出一个韵头 u，该韵头应该是舌根声母触发的，韵尾的差异则是前鼻音与后鼻音的差异。侗台语族语言表达"肝"这一概念的词普遍读作 tap，内部一致性极强，各家拟原始侗台语的"肝脏"为 *tap 或 *təp。黎语该词显然与其他侗台语截然不同，本书认为是早期汉语借词"肝"，因为汉语新词"干部"，黎语借用该词采用的是汉语读音，如保定话 kan²bu¹ "干部"、中沙话 ka：n²bu¹ "干部"、白沙话 kuan¹phu² "干部"。

侗台语族有少数语言跟黎语一样在表达"肝"这一概念时借用汉语的"肝"字，如村语 ŋɔn¹、临高话 kan³、标语 kɔn³。但是临高话显然是近代借词，如新词 kan³jiam² "肝炎"、kan³ŋam¹ "肝功能"、kan³ŋən²hua² "肝硬化"。

黎语、村语的"肝"声母为舌根鼻音，与舌根塞音属于同一声类，同一声类的音相互间是可以演变的。陈孝玲（2009：130）找到同为"干"声旁的汉字"犴""豻"来解释舌根鼻音与舌根塞音之间的关系。"犴""豻"为异体字，《广韵》中属于疑母字，而"肝"属于见母字。黎语内部也能显示舌根鼻音与舌根塞音和其他舌根辅音之间的关系，请参见表 6-72。

表 6-72　黎语舌根音对应例词

代表点 / 词条	保定	中沙	黑土	西方	白沙	元门	通什	保城	堑对	加茂
安装	ŋop^7	ŋap^7	ŋap^7	ŋap^7	ŋap^8	ŋap^8	ŋap^7	ŋap^7	kap^7	ka: p^7
柄用具	hwou^2	hau^2	hau^2	ŋo^2	ŋo^2	ŋo^2	ŋo^5	ho^5	vɔ^5	—
草	kan^3	kan^3	ŋen^3	kan^3	kan^3	kan^6	kan^6	kan^6	khan^6	kə: n^4
炊烟	hwo: n^1	ho: n^1	han^1	ŋo: ŋ^1	ŋuan^1	ŋu: n^4	ŋo: n^1	ho: n^1	vɔ: n^1	huan^4
到处	kom^1-	kom^1-	ŋom^1-	kom^1-	—	—	kom^1-	—	khom^1-	—

上面 5 个词语，黎语各方言、土语的读音表明，舌根塞音或舌根擦音可以演变为同部位的鼻音，演变的条件不受其后韵母韵尾的影响。

黎语元门话 ŋua：n⁴"肝"、加茂话 ŋuən¹"肝"与其他方言、土语不同，有一韵头 u，可能是受汉语闽方言的影响，当然开合的转化在语音的自然演变中也是正常的语音现象。"肝"，厦门话读作 kan 文、kũã 白、福州话读作 kaŋ、建瓯话读作 xuŋ。

7 名　　词（三）

7.1 太　　阳（sun）

"sun"在《百词表》中位列第 72 位。黎语表达"太阳"这一概念的词语在各方言、土语中的读音见表 7-1。

表 7-1　黎语代表点的"太阳"

保定	中沙	黑土	西方	白沙	通什
tsha^{1}hwan^1	tsha^{2}van^1	tsha^{1}ven^1	tsha^{3}vaŋ^1	tsha^{1}vaŋ^1	tsha^{1}van^4
堑对	保城	加茂	保城$_2$	加茂$_2$	昌江石碌
tsha^{1}van^4	tsha^{1}van^1	tou^{1}vɔː n^1	tsa^{1}van^1	tou^{1}vɔː n^1	tsha^{1}vaŋ^1
乐东尖峰	陵水隆广	通什$_2$	堑对$_2$	乐东三平	元门
sa^{2}van^1	sa^{2}van^1	tsha^{1}van^4	tsa^{5}van^4	van^1	van^4

上述语料表明，黎语表达"太阳"概念的词语除却元门和乐东三平两个代表点之外，都是一个复合词，由一个表示"眼睛"的语素和一个表示"白天"的语素复合而成，直译为"白天的眼睛"。这种隐喻的造词方式反映了侗台语族群普遍的认知心理，如部分其他侗台语族语言表达"太阳"概念的词语：临高话 da^{1}vən^2、傣西语 ta^{1}van^2、侗语 ta^{5}man^1、水语 da^{1}wan^1。黎语表达"眼睛"概念的词语，前文已经作了详细讨论，这里我们主要讨论黎语"太阳"的后一个语素。如同前面的举例，该语素显然与侗台语族多数语言同源。除了黎语元门话和乐东三平话中可以以该语素独立表达"太阳"概念外，傣德语 van^2"太阳"也是以其独立表达"太阳"概念，这一情况表明该语素当初应该是可以直接表示"太阳"这一概念的，后来由这一概念意义逐渐引申表达"日子""日（量词）""天（量词）"这类概念。以保定话为例，黎语的 hwan^1 与汉语的"日""天"对应，如 tsɯ^2 hwan^1"一天"、hwan^{1}nei^2"今天"、taː n^{3}ʔjoː m^{2}hwan^1"日食"、hwaː n^{2}hwan^1"日晕"。侗台语的这种引申路径就汉语而言是完全一样的，汉语的"日"本义为太阳，现在指"日子"和"日（量词）"。

根据侗语 ta^{5}man^1"太阳"、保定话 tsha^{1}hwan^1"太阳"，我们推测，后一词根其原始形式的声母极有可能是带喉塞音和双唇音的复合辅音声母，但是今天普遍演变成了半元音 w 或者是唇齿浊擦音 v。台语支语言今天表达"天空"概念的词语或许与表达"太阳"概念的后一词根有关系。暹罗语 bon^{A1} "天空、上面"、剥隘话 min^{A1} "天空、上面",台语中支岱语 bon^{A1} "天空"、土语 bən^{A1} "天空"。李方桂(2011:61-64)在这些语料的基础上指出原始台语 *ʔb- 在暹罗语、龙州及其他一些方言中变成浊的 b,同时声门紧束,喉头下降,偶尔还有内向的破裂。在剥隘话及掸语中,它变成 m-,跟原来的鼻音合流。据此可以构拟原始侗台语表达"太阳"概念的词语的后一词根为 *ʔban。吴安其(2002:248)拟原始侗台语为 *pra*blan "太阳"(*pra "眼睛",*ʔban "天")。事实上吴安其(2009:5)后来将侗台语的"天"改拟为 *ʔban,与本书的构拟完全一致。吴安其先生(2009:5)指出:"侗台语与南岛语词汇方面的对应关系使一些学者相信侗台语和南岛语有发生学关系。……这些词是古代沿海南岛语与侗台语的接触关系留在侗台共同语中的底层词。比如,'太阳',黎、壮傣、侗水语普遍采用南岛语'天的眼睛'的语义构词。"

黎语的"太阳"还可以表示"阳光"义,如保定话 tsha^{1}hwan^1、加茂话 tou^{1}vɔ:n^1 便可以指"阳光",正如汉语"太阳"也有"阳光"义一样。保定话、通什话表达"阳光"概念的另一词语为 łɯ:ŋ^1,可以与莫语 li:ŋ^1 "阳光"、锦语 li:ŋ^1 "阳光"、佯僙语 lyɛ:ŋ^1 "阳光"、普标语 qa^{0}ła:ŋ^{53} "阳光"、甚至壮武鸣语 kya:ŋ^3 "阳光"、朗央语 qa:ŋ^{54} "阳光"、侗南语 kha:ŋ^1 "阳光"、侗北 łaŋ^1 "阳光"比较。金理新(2012:232)认为普标语 qa^{0}ła:ŋ^{53} 是它们彼此之间联系的纽带,并拟侗台语"阳光"一词的共同形式为 *q-liaŋ < *q(i)la:ŋ,并且进一步与原始南岛语 *silaŋ 比较,认为它们之间有同源关系。黎语"日历"一词是汉语借词,如保定话 zi:t^{9}le^1。

邢公畹(1999:251)拟台语支傣雅语、傣德语、傣西语的 van^2 "白天、日子"和泰语的 wan^2 "白天、日子"的原始声母为 *ŋw,应该是没有考虑侗语 ta^{5}man^1 "太阳"的情况。侗语 ta^{5}man^1 "太阳"与水语 da^{1}wan^1 "太阳"显然是同源词,侗语 -man^1 与水语 wan^1 的声母差异暗示了 m > w 的演变情况,汉语明母字便遵从这样的演变规律。邢公畹先生还将台语该词与汉语的"元"比较,认为"元"和"天"字义极近,并且上古音"天"在真部,"元"在元部,同为授 -n 尾的字。邢公畹先生运用了一处《淮南子》高诱的注语为证,《淮南子·本经》:"元元至砀而运转",高诱注:"元,天也。"本书认为,邢先生的比较有较高的可信度,但还可以为之添加几个理由。"元"的本义为"首",《说文解字》指出其"从一从兀",而"兀"从一在人上。"天"的甲骨文字形是一正面的人形,其义重在突出人的头顶。因此"元"与"天"均与人首有关。《说文解字》:"完,从宀元声;玩,从玉元聲。"现代汉语普通话的"玩""完"均读作 wan^{55},读音与台语支的 wan^2 "白天、日子"完全一致。今天的厦门话"元"读作 guan^2,声母为舌根浊塞音，保留了古代疑母字的痕迹，而保定话的 hwan[1] "日、日子"声母也保留了这一特色。

郑张尚芳先生（1995：455）用汉语的"圆（圓）"与泰语的 wan[2] "白天、日子"比较。《说文·口部》段玉裁注："圆者天体。天屈西北而不全。圆而全，则上下四旁如一。是为浑圆之物。"屈原《天问》："圆则九重，孰营度之。"

据陈孝玲（2009：132）引述黄树先先生的未刊材料可知，黄先生曾经将类似泰语 bon[2]、壮语 bum[1]、水语 bən[1]、侗语 mən[1] 的侗台语的"天"与汉语的"颁"*bun 比较，《说文·页部》："颁，大头也。从页，分声。一曰鬓也。诗曰：有颁其首。"其比较的语义引申思路与邢公畹先生的是一致的。

7.2　月（moon）

"moon"在《百词表》中位列第 73 位。黎语表达"月亮"这一概念的词语在各方言、土语中的读音见表 7-2。

表 7-2　黎语代表点的"月亮"

保定	中沙	黑土	通什	保城	堑对	乐东尖峰	乐东三平	西方
ɳa: n[1]	ɳa: n[1]	ɳa: n[1]	ɳa: n[1]	ɳa: n[1]	ɳa: n[1]	ɳa: n[1]	ɳa: n[1]	ɳa: ŋ
白沙	昌江石碌	元门	加茂	加茂₂	堑对₂	陵水隆广	保城₂	通什₂
ɳa: ŋ[1]	ɳa: ŋ[1]	ɳuan[4]	nuən[4]	nuən[1]	na: n[4]	na: n[1]	ɳa: n[1]	tsha[1]ɳa: n[1]

上述语料显示黎语方言内部表达"月亮"这一概念的词根同源，但是存在一定的方言差异。保定、中沙、黑土、通什、保城、堑对、乐东尖峰、乐东三平 8 个代表点读作 ɳa: n[1]，占的比例最大，其他代表点的读音则出现不同的音变，构成音节的几个要素都有可能发生变化。其中，西方、白沙、昌江石碌三个代表点读 ɳa: ŋ[1]，韵尾变为后鼻音；元门、加茂两处衍生出了一个合口高元音韵头 u，其中加茂话的韵腹还在高元音韵头的影响下舌位上移，演变成了央元音 ə；加茂话、堑对₂话、陵水隆广话的声母前移为舌尖中鼻音 n；保城₂话、通什₂话的声母后移为后鼻音 ŋ。堑对话 ɳa: n[1] ＞堑对₂话 na: n[4]，保城话 ɳa: n[1]＞保城₂话 ɳa: n[1]，通什话 ɳa: n[1] ＞通什₂话-ŋa: n[1]，这种情况表明，舌面鼻音声母 ɳ- 是不稳定的，它有可能前移为鼻音声母 n-，也有可能后移为鼻音声母 ŋ，这符合语音"周边化"的普遍规律。

黎语的词根 ɳa: n[1] "月"与侗语的词根 ɳa: n[1] "月"一样，只不过侗语管"月亮"叫 kwa: ŋ[1]ɳa: n[1] "月光"罢了。仫佬语 kɣa: ŋ[1]njen[2] "月亮"、水语 nja: n[2] "月亮"、毛南语 ni[4]njen[2] "月亮"的词根 njen[2]/nja: n[2] "月"与黎语词根ɳa: n[1] "月"

也是同源词，其介音 j 可能是触发舌面鼻音声母 ȵ 的原因。显然，黎语与侗水语支语言的"月"是同源词。台语支语言的"月"与黎语、侗水语支语言比较，差异比较大，见表7-3。

表7-3　侗台语族台语支的"月亮"

壮	布依	傣西	傣德	泰	老挝
dɯː n¹	zoŋ⁶diː n¹	dɣn¹	lən⁶	dɯː an²	dɯː an¹

$$dɯːn^1 \quad zoŋ^6diːn^1 \quad dɣn^1 \quad lən^6 \quad dɯːan^2 \quad dɯːan^1$$

与黎语、侗水语支语言不同，上述台语支语言表达"月"概念的词根声母都不是鼻音声母，而是舌尖塞音 d 或边音 l。对两类不同声母间的关系，学界存在两种不同的看法。一种是怀疑二者之间不存在同源关系，比如，梁敏和张均如（1996：793）便认为台语支和侗水语支该词是否存在同源关系还无法确定。另一种认为存在共同原始共同语词，持这一观点的学者占多数。本书认为，黎语支、侗水语支、台语支中该词同源，只是前两个语支关系更为密切而已，可以从台语支该词元音 ɯ 的介音性质，边音 l 与鼻音 n 之间的演变关系找到线索。《壮侗语族语言词汇集》的壮语词汇材料主要是武鸣话，"月亮"记作 dɯː n¹。金理新（2012）的武鸣话语料，"月亮"为 dɯən¹。可见舌面后高不圆唇元音 ɯ 介音色彩明显，泰语 dɯː an² "月亮"、老挝语 dɯː an¹ "月亮"也可以佐证。这一音节结构可以跟元门话的 ȵuan⁴ "月亮"和加茂话的 nuən¹ "月亮"建立起联系，ɯ 和 u 只是展唇和圆唇的不同。傣西语 dɣn¹ "月亮"与傣德语 lən⁶ "月亮"这两处傣语方言表现为声母的不同。侗南语 nan¹ "月亮"与侗北语 lyan¹ "月亮"这两处侗语方言也表现为声母的不同。这样就让声母 d-、l-、ȵ-、n- 建立起了联系，d-、n-、l- 同为舌尖中音。辅音有这样一条演变规律：在遵循最大共性原则下，发音部位相同，发音方法不同的辅音可以相互演变；发音方法相同，发音部位不同的音可以相互演变。这种情况在汉语方言中可以找到很多例子，此处不再列举。李方桂（2011：81，82）选用的台语语料中，暹罗语的 d- 与剥隘话的 n- 是对应的，这种对应情形也可以证明辅音声母 d- 与 n- 之间的历史演变关系。请看：

	除草	醃	月/月亮	肚脐	胆
暹罗语	daai	dɔɔŋ	dïan	sa-dïi	dii
剥隘话	naai	nooŋ	nïin	nïi	nii

吴安其（2002：248）将通什话 ȵaː n¹ "月亮"、版纳傣语（傣西）dən¹ "月亮"、壮语龙州话 bɯː n¹ "月亮"、布央语峨村话 tiː n¹¹ "月亮"放在一起比较，并且构拟原始侗台语 *C-blin。邢公畹（1999：218）认为傣雅语 lən¹ "月亮、月份"、傣西语 dən² "月亮、月份"、傣德语 lən⁶ "月亮、月份"、泰语 dɯan¹ "月亮、月份"的声母都是由原始台语声母 *ʔbl/r- 演变而来。邢先生采纳的是李方桂

先生构拟的原始台语声母。李先生构拟两个复辅音 *ʔbl-、ʔbr- 考虑的是该词台语西南方言常常显示两种演变，如寮语是 b- 或 d-，掸语是 m- 或 l-、整董是 b- 或 d-。本书不论证台语内部是怎么分化的，只需要阐述清楚，黎语的"月亮"跟侗水语支关系密切，与整个侗台语族语言的"月亮"同源即可。

黎语的"月亮"同时可以表示时间名词"月份"，这种引申与汉语一致。此外，还可以表示时令、时节，比如保定话：ɲaː nˈaŋ¹ "春天"、ɲaː nˈfou³ "夏天"、ɲaː nˈta² "农忙时节"、ɲaː nˈdan³ "秋收时节"。属于加茂赛方言的廖二弓话 nən⁵¹ "月球"还可以表示"形状像月亮的""圆的"这一意义。陈孝玲（2009：235）怀疑印尼语 bulan "月亮"与 bulat "圆"有词源上的联系。廖二弓话可以作为佐证材料。

黎语的月亮是否与汉语的"月"存在某种语源关系呢？吴安其（2002：315）强调汉语"月"*ŋat 可能由*plat 演变而来，这样就与侗台语*C-blin 和南岛语（"月亮"：古占语 *bulaːn，印尼语 bulan）相近。陈孝玲（2009：135）则认为"侗台语'月'，内部一致性很强，与印尼语对应关系明显，与汉语关系稍远"。

汉语的"月"为入声字，与阳声韵迥然不同，因此陈孝玲认为关系疏远。但是，"月"韵属于"山"摄，与阳声韵并不遥远，汉语方言中可以找到"月"韵字中阳声韵痕迹。比如，鄂东通城方言的五里、隽水、马港、九岭 4 个语言点的咸深山臻四摄的入声字喉塞音韵尾 -ʔ 前都有一个鼻音韵尾 -n，请看表 7-4 中几个山摄的例字（张勇生，2012）。

表 7-4　鄂东通城方言山摄入声例字

山摄例字＼方言	五里	隽水	马港	九岭
（曷定）达	danʔ³⁵	danʔ³⁵	danʔ³⁵	danʔ³⁵
（薛群）杰	ʑienʔ³⁵	ʑienʔ³⁵	ʑienʔ³⁵	ʑienʔ³⁵
（屑精）节	tɕienʔ⁵⁵	tɕienʔ⁵⁵	tɕienʔ⁵⁵	tɕienʔ⁵⁵
（末定）夺	dœnʔ³⁵	dønʔ³⁵	dœnʔ³⁵	dœnʔ³⁵
（月疑）月	nenʔ⁵⁵	nenʔ⁵⁵	nenʔ⁵⁵	nenʔ⁵⁵

上述入声字如果脱落塞音韵尾 -ʔ，"月"字的读音就与黎语堑对₂话naːn⁴ "月"、黎语陵水隆广话 naːn¹ "月"近乎完全相同了。张勇生指出 -nʔ、-lʔ 的 -ʔ 尾比较松散。曹志耘（2011）记录的麦市方言鼻边音韵尾带喉塞音，但指出入声韵尾 -n、-l 后面的 ʔ 尾表示一种紧张色彩，不是独立喉塞音。吴宗济（1936）、董为光（1987）记录的通城鼻边音韵尾则不带喉塞尾。吴宗济先生 70 多年前所记录的"十里市"（今更名"石板铺"）"答挖盒接不骨立日"等入声字的 -l 尾，在今天张永生先生的记录材料里已经读作 -n 尾。通城话的塞音韵尾事实上经历了这样的

演变轨迹：-t>-l?>n?>n。张勇生指出"t 和 1 都是舌尖中音，其上腭接触点是相同的，两者的区别在于 t 是以闭塞作为特征的。从 t 到 1 的演变只需改变舌头与上腭的接触方式则可实现，即在 t 尾弱化过程中，舌尖上升的速度较缓，作势要发出塞音，结果未能紧抵齿龈，导致气流从两边流出"。应该说这样的解释是科学的。

汉语方言"月"声母读作舌面鼻音的也不少见，通城方言麦市话"月"读作 ȵiɛʔ^{55}，南昌话读作 ȵyɔt^{21}。

7.3 星（star）

"star"在《百词表》中位列第 74 位。黎语表达"星星"这一事物的词语在各方言、土语的读音见表 7-5。

表 7-5 黎语代表点的"星星"

保定	中沙	黑土	西方	白沙	元门	通什	乐东三平	陵水隆广	通什₂
raːu¹	raːu¹	raːu¹	raːu¹	raːu¹	raːu⁴	raːu⁴	raːu¹	raːu¹	raːu⁴

昌江石碌	堑对	保城	保城₂	乐东尖峰	堑对₂	加茂	加茂₂	廖二弓	
raːu¹	tap⁷laːu⁴	laːu⁴	laːu⁴	gɔːu¹	lip⁷laːu⁴	thap⁷tsin⁵	tsap⁸tsi⁵	tap³¹tsin³³	

上述语料表明，黎语的"星星"可以分为两种情形：raːu 类和 tsin 类。第一种类型分布最为广泛，覆盖了 19 个代表点中的 15 个（堑对话、保城话的 -laːu⁴"星星"，乐东尖峰话 gɔːu¹"星星"为这一类型的方言变体，故包括在内）。黎语该词与侗台语族台语支的"星星"关系密切，见表 7-6。

表 7-6 侗台语族相关语言的"星星"

壮	布依	傣西	傣德	傣雅	泰	老挝
daːu¹dai⁵	daːu¹di⁵	dau¹	laːu⁶	laːu¹	daːu¹	daːu¹

黎语共同语的"星星"与上述侗台语族语言的"星星"为同源词应该没有疑问，只是黎语的舌尖颤音 r-，在其他语言中对应的是舌尖塞音 d- 或者边音 l- 罢了。黎语的舌尖颤音 r-，在保城话中也演变成了边音 l-，在乐东尖峰话中进一步塞化并后移为舌根塞音 g-。堑对话 tap⁷laːu⁴"星星"、加茂话 thap⁷tsin⁵"星星"、加茂₂话 tsap⁸tsin⁵"星星"、廖二弓话 tap³¹tsin³³"星星"的前置语素性质相同，可能与表达"熄（灯）"这一概念的词关系密切。为直观起见，将黎语各方言、土

语表达"熄（灯）"这一概念的词语罗列于表 7-7。

表 7-7　黎语代表点的"熄（灯）"

保定	中沙	黑土	西方	白沙	元门	通什	堑对	保城	加茂
rop^7; $tsop^7$	$tsap^7$	zop^7; $tsap^7$	rop^7	$tsap^8$	tap^7	$tsop^7$	$tsap^7$	$tsep^7$	$tsep^7$

表达"熄（灯）"这一概念的词语在侗台语族中普遍一致，比如：

壮　布依　傣德　仫佬　水　毛南

熄~灯 dap^7　dap^7　lap^7　lap^7　$?dap^7$　dap^8

堑对 $_2$ 话 $lip^7la:u^4$ "星星"前置语素与半个多世纪前堑对话 $tap^7la:u^4$ "星星"前置语素有所不同，但是与表达"闪（电）"概念的词语一致，本书认为黎语的"闪（电）""熄（灯）"可能是来源相同的词语，后来随着语义分化而导致了语音差异化，请看表 7-8 中黎语各方言、土语表达"闪（电）"概念的词语。

表 7-8　黎语代表点的"闪（电）"

保定	中沙	黑土	西方	白沙	元门	通什	堑对	保城	加茂
$ɬip^7$	zip^7	zip^7	zep^7; lep^7	lip^7	$ɬip^7$	$ɬip^7$	$ɬip^7$	$ɬip^7$	lip^7

该词也以词根的形式分布于侗台语族其他语言中，请参见表 7-9。

表 7-9　侗台语族相关语言的"闪（电）"

布依	临高	傣西	侗	仫佬	水	毛南
$?jap^7pja^3$	$liap^7$	$fa^4mä^6lep^8$	$\underline{la:p^9}$	$jap^8\underline{lap^8}lin^6$	$wa^3?\underline{da:p^7}$	$va^3\underline{la:p^7}$

需要注意的是，黎语有些方言已经开始使用海南话借词来表达"星星"这一概念，比如，堑对 $_2$ 话便有使用海南话 se^4 "星星"的情况。

汉语"星斗"的"斗"可以与黎语的 $ra:u^1$ "星星"和其变体比较。"斗"古为星宿名。因象斗形（古代酒器），故以为名。指北斗七星。《易·丰》："丰其蔀，日中见斗。"李鼎祚集解引虞翻曰："斗，七星也。"《诗·小雅·大东》："维南有箕，不可以簸扬。维北有斗，不可以挹酒浆。"孔颖达疏："箕斗并在南方之时，箕在南而斗在北，故云南箕北斗。"后来泛指星辰。如满天星斗。今天部分汉语方言"星斗"之"斗"，读音便与侗台语表达"星星"概念一词的读音十分一致，如温州话 ^ctau "斗"、广州话 ^ctɐu "斗"、厦门话 ^ctau "斗"、潮州话 ^ctau "斗"、福州话 ^ctau 白 "斗"和 ^ctɐu 文 "斗"。龚群虎（2001：145）使用汉语

"星斗"之"斗"与泰语 da：u[1]对应。

黎语加茂话的 thap[7]tsin[5]"星星"或其变体，因为前一词根表示"熄（灯）""闪（电）"之类的意义，所以核心词根 tsin[5]意义应该与"光"有关。该词根可以与汉语的"晶"比较。《说文解字》："晶，精光也。"《广韵》："晶，光也。""晶"为精母字，黎语汉语借词中的精母字，早期借入的读作舌尖中音，晚期借入的为舌尖前音，如表 7-10 中的精母字。

表 7-10　黎语汉语借词中的精母例字

代表点\汉字	保定	中沙	黑土	西方	白沙	元门	通什	堑对	保城	加茂
精~明	tsen[3]	tsin[3]	tsin[3]	le：ŋ[1]	tsen[1]	tshoŋ[1]	tsen[1]	tsen[1]	tsen[1]	tsen[3]
溅	tshen[2]	tshin[3]	tshen[2]	tshen[2]	tshen[2]	tshen[5]	tshen[5]	tshen[5]	tshin[5]	tshit[7]
进~步	tsi：n[2]	tsin[2]	tsin[2]	tsin[2]	tson[1]	tsen[3]	tsi：nt[6]	tsi：n[3]	tsi：n[3]	tsiən[1]
节~约	tat[7]	tat[7]	ta[2]	tat[7]	tat[7]	tat[7]	tat[7]	tat[7]	tat[7]	tat[7]
积~极	tsek[7]	tsek[7]	tsek[7]	tsek[7]	tsek[7]	tsek[7]	tsek[7]	tsek[7]	tsek[9]	tsek[7]
箭	ti：p[7]	ti：p[7]	ti：p[7]	tip[7]	tship[8]	tship[7]	ti：p[7]	ti：p[7]	ti：p[7]	—
借	te[1]	te[1]	te[1]	te[1]	tia[1]	tshuan[1]	tsiu[5]	tsio[27]	tsiə[27]	tsiə[27]

黎语加茂赛方言 thap[7]tsin[5]"星星"中的词根 -tsin[5]极有可能是晚期从汉语借入的词根"晶"。属于加茂赛方言的廖二弓话，表达"光线"概念的词为 din[51]；黎语保定话表达"光亮"概念的词为 den[3]，或许是早期音译汉语词"晶"。

7.4　水（water）

"water"在《百词表》中位列第 75 位。黎语表达概念"水"的词语在黎语各方言、土语中的读音见表 7-11。

表 7-11　黎语代表点的"水"

保定	中沙	黑土	西方	白沙	元门	通什	堑对	保城	加茂
nom[3]	nam[3]	nom[3]	nam[3]	nam[3]	nam[6]	nam[3]	nam[6]	nam[3]	na：m[1]

廖二弓	保城₂	加茂₂	昌江石碌	乐东尖峰	乐东三平	陵水隆广	通什₂	堑对₂	
na：m[51]	na：m[1]	nam[2]	nam[1]	nom[1]	na：m[3]	nam[3]	nam[3]	nam[6]	

黎语各方言、土语表达概念"水"的词语显然都是来源相同的同一个词，语音差异不大，内部一致性很强。方音差别主要体现为韵腹长短音的差异，其次体

现为韵腹舌面前后的差异。不考虑声调差异的话，音节 nam 在黎语内部分布最为广泛，可视为黎语代表性读音或标准音。该词在侗台语族三个语支中都有广泛分布，它们之间的语音差异也不大，见表 7-12。

表 7-12　侗台语族相关语言的"水"

壮	布依	临高	傣西	傣德	侗	仫佬	水	毛南	佯僙	黎
ɣam^4	zam^4	nam^4	nam^4	lam^4	nam^4	nəm^4	nam^3	nam^3	ram^4	nom^3; nam^3

《壮侗语族语言词汇集》中的壮语词汇主要是以武鸣话为依据，该词汇集中的壮语 ɣam^4 声母 ɣ 与其他语言比较显得有些特殊，辅音 ɣ 可能与舌尖颤音存在演变关系，陈孝玲（2009：138）引录的武鸣话语料"水"读作 ram^4。李方桂（2011：116）在讨论原始台语的复辅音声母 *nl/r- 时便指出："这个复辅音在西南及中支方言中规则性地读作 n-，但是在北支按方言不同，分读为 r-、l-、ð 或 ɣ-，可以假定原来是原始北支方言的 r-。"

侗台语的"水"与汉语的"水"看不出有同源关系的迹象。邢公畹先生将其与汉语的"霝""滥"比较。但是"霝""滥"与"水"在意义上只是有相关性而已，并不存在意义引申关系，因此本书认为邢先生的比较有些牵强。陈孝玲（2009：138）也不赞同这样的比较。吴安其先生（2002：248，315）构拟原始台语的"水"为 *nam^B＜PKT*namɣ，并将其与南岛语部分语言的"水"比较。本书认为吴先生的比较思路是合理的。下面请看表 7-13 中南岛语部分语言表达概念"水"的词语读音情况。

表 7-13　南岛语的"水"

摩尔波格语	巴拉望语	布农语	邵语	排湾语	莫图语	马绍尔语
danam	danam	danum	saðum	dzalum	ranu	ræn

看来南岛语系的几个语族的语言的"水"均有一个词根与侗台语的"水"高度相似。吴安其（2009：277-280）拟原始邹-卑南语为 *dənum，原始南岛语为 *danum。布拉斯特构拟原始玻利尼西亚语为 *danum，原始南岛语为 daNum。侗台语的"水"来自南岛语的可能性最大。藏缅语族的错那门巴语 nam^{35} "雨"、独龙语 nam^{53} "雨"应该是族群南下时从侗台语族语言中借得的。"雨""水"不分是语言中比较常见的现象，笔者母语之一的瑶族梧州话（又称寨山话）便把"下雨"称为"落水"（按照汉语字面意义翻译）。

黎语的"水"与汉语的"水"在词义的引申逻辑上是一致的，可以指"江河"

"汁液通称"等，如保定话：tsui²dan²nom³ "一条河"、nom³plo：ŋ² "精液"、nom³bit⁷ "墨汁"。类似的引申义上古汉语早已有之。从字形上看，"水"为水流之形，与"江河"相合。《书·禹贡》："漆沮既從，灃水攸同。"一切汁液皆可流动，其物理属性与"水"相同，故"水"又可以泛指"汁液"。普通话"墨汁"可以称为"墨水"，"汗"称"汗水"，"汤"称"汤水"，其理皆同。《史记·孝武本纪》："其牛色白，鹿居其中，巂在鹿中，水而洎之。"张守节正义："水，玄酒也。"晋葛洪《抱朴子·仙药》："服五云之法，或以桂葱水玉化之以爲水，或以露于铁器中，以玄水熬之爲水⋯⋯服之一年，则百病愈。"

7.5　雨（rain）

"rain"在《百词表》中位列第 76 位。黎语表达"雨"概念的词语在各方言、土语中的读音见表 7-14。

表 7-14　黎语代表点的"雨"

保定	中沙	黑土	西方	白沙	元门	通什	堑对	保城	加茂
fun¹	fun¹	pun¹	foŋ¹	foŋ¹	fhən¹	fun¹	fun¹	fun¹	pɔŋ¹

廖二弓	保城₂	加茂₂	昌江石碌	乐东尖峰	乐东三平	陵水隆广	通什₂	堑对₂
pɔŋ⁵¹	fun¹	fun¹	pun¹	fən¹	foŋ¹	fun¹	fun¹	fun¹

上述语料表明，黎语的"雨"只有一个具有共同来源的词，黎语方言间的语音差异，体现了该词在黎语各方言、土语内部的演变路径。半个多世纪前的语料加茂话 pɔŋ¹ "雨"与今天调查的语料加茂₂话 fun¹ "雨"之间的语音差异，暗示黎语表达概念"雨"的词语的唇齿音 f- 是由双唇音 p- 演变而来的，前鼻韵尾 -n 则是由后鼻韵尾 -ŋ 演变而来的。黎语的"雨"，早期共同形式应该是 *puŋ，黎语后来可能经历了这样的演变轨迹：puŋ¹＞poŋ¹＞pɔŋ¹；puŋ¹＞pun¹＞fun¹＞fən¹；puŋ¹＞foŋ¹。

黎语的"雨"与侗台语族其他语言的"雨"均为同一个来源的词，内部一致性很强，多数语言该词声母均为 f-，韵尾为前鼻韵尾 -n。具体情况参见表 7-15。

表 7-15　侗台语族相关语言的"雨"

泰	老挝	壮	布依	临高	傣西	傣德	侗	莫	水	毛南	佯僙
fon¹	fon¹	fuun¹	hun¹	fun¹	fun¹	fon¹	pjən¹	vin¹	wən¹	fin¹	vun¹

李方桂（2011：69）拟原始台语该词的声母为 *f-，并指出"在台语西南方言里，通常是 f-，在中支方言里正常的读法是 ph-，在北支方言里它或者是 f-、v，或者是 w-，如一些布依语，偶尔读 h-"。吴安其（2002：248）拟原始台语为 *pən^A，原始侗水语为 *C-plən^A，古黎语为 pun^A，原始侗台语为 *p-run。客观地说吴先生的构拟比较合理。

如果扩大比较范围能够发现苗瑶语族瑶语支语言的"雨"似乎与侗台语存在亲缘关系，见表 7-16。

表 7-16　苗瑶语族瑶语支的"雨"

江底	三江	罗香	长坪	湘江	览金	大坪
byuŋ^{13}	pyɔŋ^{12}	bluŋ^{11}	bloŋ^{22}	buŋ^{11}	buŋ^{43}	biŋ^{22}

元门话 fhən^1"雨"、乐东尖峰话 fən^1"雨"与分布广泛的黎语 fun^1"雨"的不同显然只是方言之间的不同，主要元音之间存在演变关系。吴安其先生将台语支与侗水语支严格地加以区分是值得讨论的。黑土话 pun^1"雨"、加茂话 pɔŋ^1"雨"与上述瑶语支语言的"雨"语音高度相似（尤其是湘江、览金两处瑶语）应该不是偶然的。本书认为瑶语的"雨"与侗台语的"雨"是同源词。

邢公畹先生（1999：215）认为台语的 fun^1"雨"与汉语的"雾"（广州话读作 fan^1）同源。"雾"本义指"雾气"。《素问·六元正纪大论》："川泽严凝，寒雾结为霜雪。"《说文解字·气部》："雾，祥气也。从气分声。雾，氛或从雨。"《段注》："按此为《小雅》：'雨雪雰雰'之字……""雾"字从"雨"自然与"雨"有关。"上天同云，雨雪雰雰"中的"雰雰"用作形容词，其义为雨雪"飘落貌"。将台语的 fun^1"雨"与汉语的"雾"比较主要基于语音相似度。"雾"，《广韵》中属于滂母臻摄文韵平声字。黎语借自汉语文韵帮组的字，读音也高度相似，如表 7-17 中的例字。

表 7-17　黎语借自汉语文韵帮组的例字

代表点 \ 汉字	保定	中沙	黑土	西方	白沙	元门	通什	堑对	保城	加茂
分ㄍ~	hun^3	hun^3	hun^2	hun^3/fun^3	hun^1	hu：n^1	hu：n^1	hu：n^1	hu：n^1	huən^3
粪~箕	bun^3	bun^3	pan^2	fon^2	fon^2	bun^3	bun^3	bun^1	bu：n^5	buən^1

显然，从黎语语音对应的角度佐证邢公畹先生的比较是比较合理的。当然，还可以将黎语的"雨"与汉语的"霶"比较。《字汇补》收录了一个"霶"字的异体字，该字与"霶"字结构一样，只是当中的偏旁"旁"为"并"所取代，该字的意思为"大雨"。《康熙字典》也收录此字，并将其与"霈"组合成复合词，注

其义"大雨也"。《汉语大词典》收"霶霈"一词，义项之一为"大雨"，并摘引汉焦赣《易林·巽之离》"隐隐大雷，霶霈为雨"。"霶"，厦门话读 $_{\mathrm{c}}$poŋ，福州话读 $_{\mathrm{c}}$puoŋ。黎语特别是黎语加茂赛方言的 poŋ[1] "雨"或许跟汉语的"霶"同源。

7.6 石（stone）

"stone"在《百词表》中位列第 77 位。表达"石"这一概念的词语，黎语各方言、土语中的读音见表 7-18。

表 7-18 黎语代表点的"石"

保定	中沙	黑土	元门	通什	堑对	保城	加茂	加茂₂	西方
tshiːn[1]	tshiːn[1]	tshiːn[1]	tshin[1]	tshiːn[1]	tshiːn[1]	tshiːn[1]	tshiːn[1]	hɔm[1]tshiːn[1]	tshin[1]

白沙	昌江石碌	保城₂	乐东尖峰	乐东三平	陵水隆广	通什₂	堑对₂	廖二弓	
tshiŋ[4]	tshiŋ[1]	siːn[1]	hɔm[1]siːn[1]	siːn[1]	siːn[1]	ŋɔm[4]siːn[1]	hoŋ[1]tshiːn[1]	tshiːn[51]	

上述语料中，加茂₂、乐东尖峰、通什₂、堑对₂ 4 处方言的"石"表面上看由两个语素构成，但是事实上第一个语素是量词，该量词可以与汉语的"块""个"对应，4 处方言的"石"可以按字面意义直译为"个石""块石"。汉语量词"个"可以用于物与人，但是黎语与此对应的量词用于物与用于人不一样，以保定话为例，hom[1] "个"用于物，tsuː n[1] "个"用于人，hauɯ[3] "个"用于女儿。这样看来，黎语真正表达概念"石"的词（根词）只有一个。黎语的"石"普遍的读音为 tshiː n[1]，共覆盖上述 18 个代表点中的 10 个。西方、白沙、昌江石碌 3 处方言的"石"读音稍有差别，如果不考虑声调，只是鼻音韵尾读作舌根鼻音而已。保城₂、乐东尖峰、乐东三平、陵水隆广、通什₂ 5 个代表点的"石"声母则读作舌尖前擦音，这几个音来自笔者最近调查的语料，这种情况可能暗示了黎语塞擦音声母演变为同部位擦音声母的一种演变路径。典型的例子是半个多世纪前的保城话和通什话的 tshiː n[1] "石"，今天的保城话和通什话一律读成了 siː n[1] "石"，显然其演变路径为：tshiː n[1] > siː n[1]。

黎语的"石"与侗台语族多数语言的"石"同源，见表 7-19。

表 7-19 侗台语族相关语言的"石"

泰	壮	傣西	傣德	布依	临高	侗	水	佯僙
hin[1]	ɣin[1]	hin[1]	hin[1]	zin[2]	din[2]	ɬin[1]	tin[2]	tin[1]

布依语 zin[1] "石"与黎语通什话 si: n[1] "石"比较仅仅是声母清浊的不同,壮语、傣语该词的声母也是声母清浊的不同,而且都是擦音性质。表面上看黎语与台语支关系更为密切,但事实上,黎语的舌尖送气塞擦音 tsh-,最有可能是由舌尖中塞音 t- 演变而来。被称为西江黎语的临高话 din[2] "石"便与侗水语支关系密切,与水语 tin[2] "石"比较也仅仅是声母清浊的不同。原始侗台语该词声母很有可能是一个带舌尖塞音和舌尖流音的复合声母,陈孝玲(2009:149)引录的壮语材料,"石头"一词拟作 rin[1]。壮语邕宁话 thən[1] "石"声母为送气的舌尖中塞音 th-,这样就与侗水语支该词的声母形式发生了联系。黎语 tshi: n[1] "石"的声母进一步前移为舌尖前塞擦音。侗台语族该词的共同形式极有可能是 *trin[1]。各家对侗台语族该词共同形式(原始台语)的构拟有所不同:李方桂(2011:107,224)拟作 *thrin,梁敏拟原始侗水语为 *trin,吴安其(2002:248)拟作 k-lin,金理新(2012:289)则拟作 *ţin。各家的韵母构拟一致,区别只是在于声母。

历史语言学者在考察一个词语的历史演变过程中作出两个假设:一是裂式演变,二是线性演变,不同语言学者在构拟原始音的时候侧重于不同的假设前提就有可能有不同的构拟结果。李方桂先生侧重第一个假设,所以构拟了复合声母 *thr-。李先生指出:"原始台语复辅音 *thr -首先简化为原始西南方言 *hr-,然后变成大多数西南方言的 h-,但阿函变为 r-。在原始北支方言中也简化为 *hr-,在现代方言中变成 r-、l-、ð-、ɣ-。"金理新先生侧重第二个假设,现行各侗台语族语言该词的声母都是由辅音 t- 演变而来。

考虑侗水语支、台语支、黎村语支的同源性,原始侗台语的"石"的声母最有可能是一个舌尖塞音和一个流音构成的复合声母。台语支的共同形式 *ɣin 可能由一流音发展而来,黎语的 *tsh- 可能由舌尖塞音 t- 演变而来。侗水语支的 *t- 可能是较为古老的形式。就汉语而言,"古无舌上音",也就是说上古没有知彻澄娘,只有端透定泥,知彻澄三个声母在上古应该归入端透定。因此在中古时期,汉语的部分汉字仍然保留了两个不同性质的反切,比如,传,知恋切,丁恋切;长,知丈切,丁丈切。不少同一声符的汉字有分声母能否读通的情况,如"都"和"猪"、"汤"和"畅"。

至于同一发音部位的塞擦音和擦音之间的演变关系,普遍的规律是"擦音塞化",但是塞擦音演变为同部位的擦音,也不乏其例,前文在讨论黎语有关核心词语时已经讨论过。这里保城话和通什话 tshi: n[1] "石"＞si: n[1] "石",仍是这种情况。笔者母语西南官话中"粹""碎",父母一辈分别读作 suei、tshuei,年轻一辈都读作 suei。就汉语普通话而言,"粹"的声母是由古心母字演变而来。又比如,中古心母字"髓",今厦门话白读为 tshe[51]、文读为 sui[51]。显然,笔者母语西南官话的"碎"和厦门话的"髓"有一个反复过程:s＞ts＞s。这种现象表明擦音和塞擦音之间存在相互演变的可能,而并非只有单向的"擦音塞化"。

邢公畹先生（1999：428）将台语的“石”与汉语的“磌”比较。磌，《广韵》音系里属于章母真韵平声字，其义为“柱下石也”。邢先生列举了广州话里同声旁的“镇”与台语的表达“石”这一概念的词语进行语音比较。广州话 tsan^{1}（镇）＜꜀tjên＜*꜀trjin。陈孝玲（2009：149）则认为汉语的“丹”可以与之比较，《说文 • 丹部》：“丹，巴越之赤石也。象采丹井，一象丹形。”

7.7　沙（sand）

“stand”在《百词表》中位列第 78 位。黎语表达“沙”概念的词语在各方言、土语中的读音见表 7-20。

表 7-20　黎语代表点的“沙”

保定	中沙	黑土	西方	白沙	元门	通什	堑对	保城
phou^{2}	phau^{2}	phau^{2}	phau^{2}	phau^{2}	phau^{5}	phau^{5}	pho^{5}	phɔ^{5}
加茂	保城$_{2}$	加茂$_{2}$	昌江石碌	乐东尖峰	乐东三平	陵水隆广	通什$_{2}$	堑对$_{2}$
kɯ^{2}dei^{1}	phɔ^{5}	kɯ^{2}dei^{1}	phau^{2}	phau^{2}	phau^{2}	phau^{2}	phau^{5}	pho^{5}

上述语料表明，黎语的“沙”有两种类型：加茂 kɯ^{2}dei^{1}“沙”自成一类；其他方言、土语为另一类；这两类可以分别称为加茂型和保定型。保定型分布最为广泛，但在不同的方言、土语中主要元音音质有差异，phau（不考虑调值差异）最普遍，中沙、黑土、西方、白沙、元门、通什、昌江石碌、乐东尖峰、乐东三平、陵水隆广等 10 处均读该音节，保定、保城、堑对 3 处该词的主要元音则读作合口后元音。这种情况应该是主要元音受高元音韵尾 -u 的影响后移并圆唇化所致，而且韵尾 -u 最后逐渐弱化脱落。保定型的“沙”的演变轨迹可能是这样：phau＞phɑu＞phɔu（-phɔ）＞phou（-pho）。

保定型的“沙”在侗台语族其他语言中找不到有共同来源的词。黄树先（2005）在“沙”字条下将古汉语的“坲”*bŭt 与缅文 phut^{4}“尘土、灰尘”比较。“坲”，义为“尘起”，中古“符弗切”，今读 fo^{35}。《楚辞 • 刘向〈九叹 • 远逝〉》：“飘风蓬龙，埃坲坲兮。”王逸注：“坲坲，尘埃貌……坲，一作浡。”“浡”，中古“蒲没切”，今读 po^{35}。黎语该词或许与古汉语的“坲”字有语源关系。侗台语族侗水语支表达“灰”这一概念的词语与古汉语的“坲”可以比较，见表 7-21。

表 7-21　侗台语族侗水语支的“灰”

侗	水	仫佬	毛南	佯僙	锦	莫	标
phuk^{9}	wuk^{7}	pu^{3}	vuk^{7}	vuk^{10}	vok^{9}	vuk^{7}	phau^{3}

　　金理新（2012：315）拟侗水语支"灰"的共同形式为 *puʔ/*puk。金先生指出侗水语支的"灰"，台语支里面已经是"尘土"，如柳江 vuk[7]。本书认为"灰""尘土""沙子"这三种事物有意义上的联系，有些语言表达这类事物的词语可能由共同的语音形式引申而来，比如，湘江瑶语的 swa[53]"灰"与 swa[53]"沙"。标语 phau[3]"尘土"与黎语 phau[2]"沙"读音高度一致。金理新先生（2012：315）还将侗水语支的"灰"与南岛语的"尘土"对应，并举沙塞语 klpuk"尘土"、曼加来语 kəbok"尘土"为例。南岛语里，表达"灰烬""尘土""粉末"概念的词语有共同的词根，如印尼语 abu"灰烬"、debu"尘土"、bubuk"粉末"。

　　保定话 pa：u[2]"灰色"、fou[2]"粉末"、phou[2]"沙子"可能存在词义引申关系。

　　加茂话 kɯ[2]dei[1]"沙"来源与其他方言、土语都不一样，前音节 kɯ[2]为名词词缀，后音节 dei[1]是表达概念意义的词根。水语 de[1]"沙子"、莫语 de[1]"沙子"与加茂话 dei[1]"沙"显然是同源词。陈孝玲（2009：155）未提及黎语加茂话，但是将水语 de[1]"沙子"、莫语 de[1]"沙子"与台语支表示"沙子"的一个词看成是同源词，并且借鉴梁敏和张均如（1996：375，595）对该词的拟音 *rɛ"沙子"（*rɛ"沙子"的辅音声母 r 为清化音）进一步与汉语的"砾"比较。为直观起见，将陈孝玲女士用到的语料引录于表 7-22。

表 7-22　侗台语族相关语言的"沙子"

水	莫	老挝	布依	壮武鸣	柳江	环江	融安	南丹	都安	邕南
de[1]	de[1]	he[5]	ze[5]	ye[5]	hje[5]	he[5]	he[5]	re[5]	re[5]	hle[6]

　　表面上看，水语、莫语该词的声调为第一调类，而其他语言或方言的声调为第三调类，因此有些学者或许从声调角度排除它们同源的可能性。但是调类归并对同源性的判定只是一个参考性因素。同属于加茂赛方言的廖二弓话该词读作 kɯ[33]dɔ：i[51]"沙子、极小的石粒"，词根 dɔ：i[51]的调类便归入舒声第四调。壮语邕南话 hle[6]"沙"暗示了壮语该词与水语、莫语该词之间的关系。壮语该词的共同形式极有可能是 *hre[C]，后逐渐演变为上述方言的不同情形。水语、莫语、黎语加茂话的辅音声母 d，则逐渐由边音 l 或舌尖颤音演变而来，因为边音塞化为 d 是常见的语音演变规律，所以本书认为陈女士的类型归并是合理的。至于跟汉语的"砾"比较，本书认为有待斟酌、理由是汉语的"砾"是入声字，而上述侗台语诸语言及其方言的读音未发现读作入声的情况。尽管有些语言有入声调类，但是该词也未读作入声调，比如，加茂话有 4 个促声调，但是 kɯ[33]dɔ：i[51]"沙子、极小的石粒"的词根 dɔ：i[51]读的是舒声调。因此如果认为黎语该词与汉语的"砾"有语源关系，理由不充分。

7.8　土（earth）

　　"earth" 在《百词表》中位列第 79 位。黎语表达 "土" 这一概念的词语在各方言、土语中的读音见表 7-23。

表 7-23　黎语代表点的 "土"

保定	乐东三平	元门	通什	堑对	保城	保城₂	通什₂	堑对₂	白沙
van^1	van^1	fan^4	fan^4	fan^4	fan^4	fan^4	fan^4	fan^4	faŋ^1
西方	乐东尖峰								
ɣaŋ^1	ga:ŋ^1								
中沙	黑土	加茂	加茂₂	廖二弓					
ran^1	ren^1	kɯ^{2}len^4	hom^{1}len^4	kɯ^{33}le:n^{31}					
昌江石碌									
dieŋ^1									

　　概念 "土" 和 "地" 在黎语里用同一个词语来表示，各方言一律如此。从上述语料可以看出，黎语的 "土""地" 有 4 个不同的来源。

　　第一种情况比较普遍，覆盖了 18 个代表点中的 10 个。该词在保定、乐东三平念 van^1，声母为浊擦音声母 v，元门、通什、堑对、保城等 7 处的韵母不变，但是声母读作清擦音 f，白沙声母为清擦音 f，韵母为后鼻韵母 aŋ。该词的黎语共同形式可能是 van^1，fan^4、faŋ^1 是后来演变出来的语音形式。黎语该形式的 "土""地" 可能与本语言系统中表达 "尘土" 概念的词有同源关系，请看：

　　　　保定　　　元门　　　通什　堑对　　保城　　　白沙
尘土 fu:ŋ^3　　ŋun^{1}fan^4　fo^{5}fan^4　fuaŋ^3　fu:ŋ^3　ŋuaŋ^{1}faŋ^1

　　从表面上看，语音有所不同，但很有可能是出于区别意义的需要，语音出现了分化。比如，表达 "尘土" 概念的词，台语支的壮语武鸣话读作 fon^5、邑宁话读作 phan^6、柳江话读作 fan^4，海南岛的临高话则读作 bon^4，其中的柳江话 fan^4 "尘土" 与元门话的 fan^4 "土" 读音近乎完全一致。壮语方言 "尘土" 一词的内部语音差异，表明 fon、fan 之间存在语音演变关系可能性很大。而上述表达 "尘土" 概念的词语在侗台语族内部有比较广泛的分布，比如：傣西语 fun^5 "尘土"、傣德语 phɔŋ^{1}phɔt^1 "尘土"、侗语 puŋ^5 "尘土"、毛南语 phuŋ^5 "尘土"。该词可以与汉语的 "塰" 字比较。《集韵》："塰，蒲蒙切，平声东韵并母字。"《字汇》："塰，蒲红切。"《汉语大词典》中"墫"有两个义项：①尘土；②尘土随风而起。

1985 年中央民族学院出版社出版的《壮侗语族语言词汇集》收录的黎语保定话"土"有两个词：van[1]、ran[1]。但是 1992 年四川民族出版社出版的郑贻青和欧阳觉亚编著的《黎汉词典》中黎语保定话却只有 van[1]"土"。这种情况表明，保定话词汇系统中"土"是 van[1]，ran[1]"土"很有可能是某个嫁入中沙黎族的老人带来的一个词，但是因为原有词汇系统中已经有了一个常用词 van[1]"土"，因此难以获得竞争优势,很快就退出了语言生活。中沙话 ran[1]"土"、黑土话 ren[1]"土"、加茂话 -len[4]"土"和廖二弓话 -le：n[31]"土"应该是属于另外一种类型。舌尖颤音 r- 演变为同部位的边音是常见的历史音变现象。假设黑土话 ren[1]"土"是侗台语族语言比较底层的一个词，在其他侗台语语言中一定可以找到声母读作边音 l- 或者前鼻音 n-（因为 l-、n- 语音相近，容易混读）的情形。通过查阅相关语料发现，表 7-24 中侗台语族相关语言或方言的"土"可能与黎语中沙话、黑土话、加茂话的"土"同源。

表 7-24　侗台语族相关语言的"土"

侗	佯僙	莫	锦	壮	布依	仫佬
na：m[6]	ləm[5]	ləm[5]	ləm[5]	na：m[6]	na：m[6]	na：m[6]

侗语的 na：m[6]"土"与 ləm[6]"泥"应该有同源关系。认知上，人类倾向于将"泥""土""尘土"归为同一类事物，比如，普标话的 ʔuət[22] 便是"泥""土""尘土"的统称，瑶语罗香话 ni[22]"土"是汉语借词，但是对应汉语的"泥"。

西方话的 ɣaŋ[1]"土"与乐东尖峰话的 ga：ŋ[1]"土"是同源词，舌面后浊擦音 ɣ-、舌面后浊塞音 g- 存在演变关系。水语的 khəm[5]"土"、毛南语的 khəm[5]"土"可以与西方的 ɣaŋ[1]"土"与乐东尖峰话的 ga：ŋ[1]"土"比较。如果我们将莫语 ləm[5]"土"、锦语 ləm[5]"土"放在一起考虑，就可以假设原始侗台语存在这样一个复辅音声母的词：ʔrəm"土"。这样的话，就可以推断是共同形式出现了裂式音变导致了西方型"土"与中沙型"土"的不同。金理新（2012：285）便为侗台语的"土、田"构拟了一个共同形式 *ʔ-rah。吴安其（2002：248）将彬桥话 tum[1]"土"、水语 hum[5]"土"、毛南语 khəm[5]"土"放在一起比较，并且构拟原始侗台语为 *kh-lomʔ，遵循的也是裂式演变的思路。

昌江石碌话的 dieŋ[1]"土地"在黎语中是个例外，它很有可能对应汉语的"田"字。《广韵》："田，徒年切，平声先韵定母字。"黎语借自汉语定母的字，声母仍读浊塞音 d-，如表 7-25 中的例字。

表 7-25　黎语借自汉语定母的例字

例字＼代表点	保定	中沙	黑土	西方	白沙	元门	通什	堑对	保城	加茂
同	doŋ¹	duŋ¹	duŋ¹	doŋ¹	doŋ¹	duŋ¹	doŋ¹	duŋ¹	duŋ¹	da：ŋ¹
铜	du：ŋ¹	du：ŋ¹	da：ŋ¹	duŋ¹	duŋ¹	daŋ²	da：ŋ⁴	duaŋ¹	da：ŋ⁴	da：ŋ⁴
甜	de：ŋ¹	de：ŋ¹	de：ŋ¹	de：ŋ¹	diaŋ¹	diaŋ¹	de：ŋ¹	de：ŋ¹	de：ŋ¹	tu：ʔ⁷

　　昌江石碌话的 ta²"田地"跟黎语其他方言、土语一样对应汉语的"土"字，见表 7-26。

表 7-26　黎语代表点的"田地"

保定	中沙	黑土	西方	白沙	元门	通什	堑对	保城	加茂
ta²	ta²	na²	ta²	ta²	ta²	ta²	tha²	ta²	tou⁴

　　加茂话的 tou⁴"田地"对应汉语新借词"土"，如"土改"一词是现代才产生的词，黎语方言、土语读音见表 7-27。

表 7-27　黎语代表点的"土改"

保定	中沙	黑土	西方	白沙
thou³ko：i³	thou³koi³	the：u³ko：i³	thou³ko：i³	hou³koi²

元门	通什	堑对	保城	加茂
hou¹koi⁴	thou⁴ko：i⁴	thou⁴hɔ：i⁴	thɔ：u⁴kɔ：i²	thɔ：u⁴kɔ：i²

　　黎语的"田地"一词，表 7-28 中的侗台语语言都表示"田地"，表 7-29 中的苗瑶语中表示"地"，表 7-30 中的南岛语表示"地"和"土"，它们都可以与汉语的"土"比较。

表 7-28　侗台语族相关语言的"田地"

泰	布依	临高	傣西	傣德	普标	垃圾
na²	na²	nia²	na²	la²	ne³³	nu³⁵

表 7-29　苗瑶语族的"地"

养蒿	先进	高坡	摆托	文界	长垌	多祝	梅祝	黄洛	小寨
ta³³	te⁴³	ta²⁴	ta⁵⁵	to³⁵	ta²²	ta²²	te³³	tou³³	tou³³

　　资料来源：金理新（2012：282-284）

表7-30　南岛语的"地/土"

Bali	Kerinci	耶眉	Sasak	Madurese	Uam	Wolio	Sika	Indonesian
tanah	tanah	tana	tanaq	tana	tana	tana	tana	tanah

上古汉语的"土"，李方桂先生拟作 *thagx、王力先生拟作 *tha。

7.9　云（cloud）

"cloud"在《百词表》中位列第 80 位。黎语表达"云"这一概念的词语在各方言、土语中的读音见表 7-31。

表7-31　黎语代表点的"云"

保定	白沙	西方	通什	通什₂	昌江石碌	元门
de: k⁷fa³	deʔ⁷fa³	duɯ²fa³	fe: ʔ⁷fa³	pe: ʔ⁷fa³	me̝ʔ⁷fa²	diaʔ⁷fha³
中沙	乐东尖峰	乐东三平				
fa³ze: ʔ⁷	fa³ze: ʔ⁷	fa³ze: ʔ⁷				
黑土	陵水隆广					
vin³	vin³					
堑对	保城	保城₂	堑对₂			
hu: n²	hu: n⁴	hu: n⁴	hu: n²			
加茂	加茂₂	廖二弓				
pou¹	fou¹	pou⁵¹				

上述语料表明，黎语方言、土语内部，表达"云"这一概念的词语有 4 个不同来源。保定、白沙、西方等 7 处方言和土语的"云"与中沙、乐东尖峰、乐东三平 3 处方言和土语的"云"属于同一种来源，但体现出构词方式的差异，前者复合的方式保留了传统黎语正偏型的复合方式，后者与汉语普通话一致，属于偏正型。黎语侾黎方言使用人口最多，约占黎族人口的 58%。中沙话、乐东尖峰话和乐东三平话均属于黎语侾黎支侾炎小支，侾炎支是分布最广的一个小支，主要分布在黎族地区的边缘地带，与汉族人接邻杂居，受汉语影响最深，因此接受了汉语偏正型的复合方式。美孚方言主要分布在白沙县东部，鹦哥岭以北地区，使用人口比较少，只占黎族人口的 4%；本地方言主要分布在东方县东部的昌江河下游两岸，使用人口也只占黎族人口的 6%。两个黎语方言表达"云"概念的词语却仍然采用传统的正偏型的复合构词方式。这种情况表明，语言接触过程中强势语

言对弱势语言影响深刻。本书的重点不是去讨论该词的结构方式，而是讨论构词语素的语源问题。下文以保定话为例，对两个构词语素进行讨论。

保定 de：k^{7}fa^3 "云" 最初复合构词的意思应该是 "天上的白色不规则物"。本书这样推测是基于保定话里可以拿来比较的另外两个词语：de：k^{7}ɬi：n^3 "舌苔"（ɬi：n^3 "舌"），de：k^{7}gwou^3 "头皮屑"（gwou^3 "头"）。显然，de：k^7 才是上述单个复合词语的核心语素，紧接在后面的语素是修饰性语素。"云""苔""皮屑" 在颜色和形态上具有相似性，可能都是从某个名词性词语辗转隐喻而来。de：k^7 可以指 "渣滓"，如 de：k^{7}ma：i^3 "甘蔗渣"（"甘蔗渣" 是白色小块状的）。黎语里的 fa^3 "天" 并没有衍生出 "云" 的意思，但 de：k^7 "白色不规则物" 却隐喻出了 "云""苔""皮屑" 这类意思。

陈孝玲（2009：151）认为 de：k^7 的意思是 "苍白"；fa^3 是 "天"，与 "云""盖子" 存在意义的引申。照陈女士的看法，de：k^{7}fa^3 可以理解为 "白（天）" 或者 "（白）天"，是一个偏正结构的复合词。其实 "（白）天" 和 "云" 之间存在隐喻上的认知关系，比如，傣西的 fa^4 "天" 与 fa^3 "云" 事实上是来源相同的一个词。金理新（2012：258）认为 PMP*rabun "云" 实际上与侗台语的 "（白）天" 对应。金先生还认为黎语 "云" 和 "天" 同为 fa^3。但笔者查阅的语料和调查整理的语料显示，fa^3 在黎语里并不能单独表示 "云" 这一概念，或许将来有一天会沿着这样的演变思路发展。

语料显示，保定话 de：k^{7}fa^3 "云" 的前语素在黎语不同的方言、土语里，读音不一样，大部分情况下，舌面后塞音韵尾读成了喉塞音韵尾，声母有些读成舌尖前浊擦音 z-，可能是较为古老的形式，比如，中沙话、乐东尖峰话、乐东三平话 ze：ʔ^7，通什话 fe：ʔ^7，通什$_2$话 pe：ʔ^7，昌江石碌话 ᵐɡeʔ^7 的声母均为唇音声母可能是受后面的音节 fa^3 影响同化所致。

值得一提的是，黎语 de：k^{7}fa^3 "云" 的后音节与侗台语族多数语言的 "云" 有同源关系，见表7-32。

表7-32　侗台语族相关语言的 "云"

泰	老挝	壮	布依	临高	傣西	傣德	侗	仫佬	水	毛南	莫	拉珈
fa^3	fɯ：a^3	fɯ^3	vɯə^3	ba^4	fa^3	mɒk^9	ma^3	kwa^3	wa^3	fa^3	va^6	fa^3

李方桂（2011：239）拟原始台语的 "云" 为 *fïa，他指出："在西南及中支方言中非重音的 ï 失落了，但在北支方言中有保留，可能由于重音挪移，产生了北支的*ïa/iə……" 至于声母 *f-，李先生指出，西南方言通常是 f-，中支方言正常读法是 ph-，在北支方言里，或者读 f-、v-，或者读 w-，偶尔读 h-。但是，李方桂先生的构拟无法解释傣德语 mɒk^9 "云" 的双唇鼻音声母 m-。考虑该词侗语、

仫佬语的读音情况，有必要构拟具有更大解释力的词语。吴安其（2002：248）构拟 PKT 为 *k-maɣ。

黑土话 vin³ "云" 与陵水隆广话 vin³ "云"，堑对话 hu：n² "云" 与保城话 hu：n⁴ "云" 来自闽语，今天的厦门话 "云" 一词，文读 un²⁴，白读 hun²⁴。"云" 属于臻摄文韵，潘悟云先生拟其中古音为 ɦiun，拟其上古音为 *oun。

加茂话 pou¹ "云"、加茂₂话 fou¹ "云"、廖二弓话 pou⁵¹ "云" 为同一个词，但是重唇音 p- 有些已经轻唇化为 f-，这符合正常的语音演变规律。加茂赛方言的 "云" 与黎语其他方言、土语读音很不一样，属于独立来源的一个词，该词可以与表 7-33 中侗台语族语言的 "（白）天" 对应。

表 7-33 侗台语族相关语言的 "（白）天"

泰	壮	布依	水	毛南	莫	拉珈
bon²	bɯn¹	bɯn¹	ʔbən¹	bən²	ʔbən¹	bon¹

加茂话 pou¹ "云" 与侗台语的 "（白）天" 调类一致，声母均为唇音声母，只是韵尾阴阳不同而已，但是阴阳对转理论可以解释这一现象。金理新（2012：258）将加茂、保定、通什的方言 "云" 归为一类讨论有待商榷。

7.10 烟（smoke）

"smoke" 在《百词表》中位列第 81 位。黎语表达 "烟" 这一概念的词语在各方言、土语中的读音见表 7-34。

表 7-34 黎语代表点的 "烟"

保定	通什	廖二弓	加茂₂	乐东尖峰	保城₂
hwo：n¹；ho：n¹	go：n¹	huan¹¹	huan¹	huan¹	huan¹

陵水隆广	乐东三平	堑对₂	通什₂	昌江石碌	
ɣuaŋ¹	vaŋ¹	vaŋ¹	ŋuaŋ¹	ŋuo¹	

黎语内部表达 "（炊）烟" 这一概念的词语来源一样，但是存在方言语音差异。声母的发音部位基本在舌根以下，其中喉擦音 h- 涵盖了保定、廖二弓、加茂₂、乐东尖峰、保城₂ 5 个代表点，通什、陵水隆广、通什₂、昌江石碌 4 个代表点的声母稍微前移为舌面后音，分别为舌面后浊塞音 g-、舌面后浊擦音 ɣ-、舌面后浊鼻音 ŋ-。相邻部位舌位前后的移动和擦音塞化性质的发音方法的改变都是语音

演变的自然现象。从发音经济性角度考虑，为了省力，喉音通常有向舌根音（舌面后音）演变的趋势。乐东三平话 vaŋ[1] "烟"、堑对话 vaŋ[1] "烟" 的声母应该是喉擦音前移并且周边化为唇音导致的，当然也有可能是原始声母 hw- 中半元音 w- 的历史遗存。考虑黎语方言内部存在不少浊音的事实，本书认为，黎语 "（炊）烟" 的共同形式最有可能是 *ɦiwɒŋ。*ɦiwɒŋ＞hwoːn＞hoːn，声母浊音清化，主要元音开口度缩小，同时舌头前伸后鼻音演变为前鼻音。*ɦiwɒŋ＞hɯaŋ/hɯan，则是主要元音由合口变成开口，高元音介音 u- 变为展唇音。*ɦiwɒŋ＞hwaŋ＞waŋ＞vaŋ，则属于喉音失落，半元音 w 得以强化，最后演变成了唇齿浊擦音 v-。保定话 hwoːn[1] "烟"、hoːn[1] "烟" 的共存，表明保定话该词的介音有消失的可能。通什话 goːn[1] "烟" 的介音便已经消失。

黎语该词在侗台语族语言内部存在广泛的共源形式，见表 7-35。

表 7-35　侗台语族相关语言的 "烟"

泰	老挝	壮	布依	临高	傣雅
khwan[2]	khwan[2]	hon[2]	hɔn[2]	huan[2]	xan[2]

傣西	傣德	侗	仫佬	水	毛南
xɒn[2]	xɒn[2]	kwan[2]	kwan[1]	kwan[2]	kwan[2]

李方桂（2011：209）拟该词台语的声母为 *ɣw-，构拟的思路跟本书构拟原始黎语的思路一致，只是由喉音前移为舌根音罢了。邢公畹（1999：211）将傣雅语、傣西语、傣德语的 "烟" 与汉语广州话 iːn[1]（烟）＜$_c^?$ien＜*$_c^?$iən 比较。汉语 "烟" 是个开口重钮四等字，黎语与其他侗台语族语言的 "烟" 却读作合口或者由合口演变而来。更重要的是，汉语所有方言的 "烟"，读音与侗台语族语言的读音相似度都不高。因此，拿侗台语的 "烟" 与汉语的 "烟" 比较有待商榷。表 7-36 中侗台语族语言表达 "香烟" 中 "烟" 概念的词语或者语素才是音译自汉语的 "烟"。

表 7-36　侗台语族相关语言的 "烟香~"

语言 词条	壮	布依	临高	傣德	侗
烟	ʔji:n[1]	ʔi:n[1]	ʔin[1]	ja[3]	jen[1]; jin[1]
烟丝	ʔji:n[1]sei[1]	ʔi:n[1]si[1]	ʔin[1]təi[1]	ja[3]mom[5]	jen[1]si[1]; jin[1]si[1]
烟卷儿	ʔji:n[1]ɕai[5]; ʔji:n[1]ki:n[3]	ʔi:n[1]san[3]; ʔi:n[1]ɕəu[5]	lək[8]ʔin[1]	ja[3]si[2]lik[8]	jin[1]tuk[9]

语言 词条	仫佬	水	毛南	黎	
烟	jen[1]	ʔjen[1]	ʔjen[1]	za[1]	
烟丝	jen[1]ti[1]	ʔjen[1]si[1]	—	za[1]ti[3]	
烟卷儿	jen[1]kwən[3]	ʔjen[1]ton[6]	—	za[1]kei[1]	

黎语的"（火）烟"与侗台语族其他语言的"（火）烟"是同源的，均来源于原始侗台语 *fiw-/*ɣw-。原始侗台语该词可以与汉语的"魂"比较。其实，"魂"字的"云"偏旁既表示读音也表示意义。"云""烟""魂"三种事物高度相似，古人在认知上均将它们看作一种"气"。《说文解字》："云，山川气也；烟，火气也；魂，阳气也，从鬼云声。"上古的"魂"字应该与"云"的读音是一致的。从认知上看，侗台语的"烟"完全有可能与汉语的"云""魂"同源。"魂"中古属于臻摄魂韵平声字，王力先生拟作 ɣuən、潘悟云先生拟作 fiuon。金理新（2012：264）与本书观点一致，他也认为"侗台语的'烟'对应的是汉语的'云'。……侗台语 *Gwon'烟'是汉语'云'的借词"。现代汉语的"云"与"魂"读音已经不同，但从"魂"由"云"得声来看，"云"在历史音变过程中肯定经历了读圆唇喉塞音或者圆唇舌根音的阶段。金先生明确指出，"云"的声母经历过 *R->*G->gw- 的几个阶段。

侗台语的"烟"借自汉语的"魂"，还可以从侗台语族语言表达"烟""魂"两个概念的词语的语音比较中得到佐证，见表 7-37。

表 7-37　侗台语族相关语言的"烟""魂"

词条＼语言	泰	老挝	壮武鸣	布依	临高	傣雅	傣西
烟火~	khwan^2	khwan^2	hon^2	hɔn^2	huan^2	xan^2	xɒn^2
魂~魄	khwan^1	—	hon$_2$	hɔn^1	hun^4	—	xvɒn^1

词条＼语言	傣德	侗	仫佬	水	毛南	黎	
烟火~	xɒn^2	kwan^2	kwan^1	kwan^1	kwan^2	hwo：n^1	
魂~魄	vɒn^1	kwan^1	wən^{2}pɛk^8	kwan^1	kwan^1	hweɯ^1	

表 7-37 中的语料表明，壮武鸣语的"（火）烟"与"魂魄"是同一语音形式。泰语、布依语、傣德语、侗语、水语、毛南语等多数侗台语族语言的"（火）烟"与"魂魄"仅仅通过声调差异来区别意义。黎语 hwo：n^1"烟"与 hweɯ^1"魂魄"的读音差异较大，但仍然能够看出两个词语之间的渊源，应该是区别概念的需要导致语音差异逐渐显露。仫佬语 wən^{2}pɛk^8"魂魄"、临高话 hun^4"魂魄"应该是近代从汉语中借入的。

7.11　火（fire）

"fire"在《百词表》中位列第 82 位。黎语各方言、土语表达"火"这一概念的词语的读音见表 7-38。

表 7-38　黎语代表点的"火"

保定	中沙	黑土	西方	白沙	元门	通什	堑对	保城
fei^1	fei^1	pei^1	fei^1	fei^1	fhei^1	fei^1	fei^1	fei^1

加茂	保城$_2$	加茂$_2$	昌江石碌	乐东尖峰	乐东三平	陵水隆广	通什$_2$	堑对$_2$
pai^1	fei^1	pai^1	fei^1	fei^1	fei^1	fei^1	fei^1	fei^1

　　上述语料显示黎语内部表达"火"这一概念的词语只有一个，语音一致性也极强，fei^1 "火"分布在 14 个代表点，元门话 fhei^1 "火"的声母带有塞音成分，实际读音为 pfh。黑土话 pei^1 "火"与加茂话 pai^1 "火"声母与分布最为广泛的 fei^1 "火"不同，读作双唇清塞音 p-。一般而言，由重唇到清唇是自然音变现象，因为这符合发音省力、经济的原则。黎语该词较早时期的共同形式可能为 *pɛi，主要元音构拟为三号元音 ɛ，可以解释其周边化为 -e-、-a- 这一语音的事实。

　　事实上，侗台语族语言表达"火"概念的词语均来自原始侗台语，内部一致性也十分明显，为直观起见，列举几种侗台语族语言或其方言表达"火"概念的词语于表 7-39。

表 7-39　侗台语族相关语言的"火"

泰	傣西	傣德	壮	布依	临高	仫佬	侗	水
fai^2	fai^2	fai^2	fei^2	fi^2	vəi^2	fi^1	pui^1	wi^1

毛南	锦	莫	拉珈	拉基	布央	居佬	比佬	
vi^1	vəi^1	vəi^1	pu: i^1	pe^{55}	pui^{54}	pai^{33}	pai^{33}	

　　表 7-39 中的语料表明，侗台语族该词的声母在不同语支里表现出比较整齐的差异，台语支和黎语支普遍为清唇音 f-，侗水语支普遍为 v-，布央语、仫佬语支普遍读双唇音 p-，但是普遍不是一律，语支内部也有少数例外。原始侗台语的"火"声母应该是一个双唇塞音，学界没有异议，但是究竟是浊音还是清音存在不同意见。梁敏和张均如根据台语支的"火"声调都为第二调的事实拟原始侗台语声母为 *bw-。吴安其（2002：248）也拟原始台语的"火"为全浊音声母：*bei^Λ <*ber。但是浊音声母无法解释其他语支均为第一调这一事实。李方桂先生构拟的台语"火"为 *vei^{A2}，显然是因为基于有限的语料，没有考虑重唇音问题。金理新（2012：274）认为"台语支读双数调是后起的，是非词根音节影响的结果"。并且构拟台语"火"的共同形式为 *puy。通过比较发现，黎语的"火"与侗台语族台语支的"火"关系最为密切。

　　吴安其（2009：39）和金理新（2012：274）均将侗台语的"火"与南岛语的"火"对应，认为它们之间存在共源关系。邢公畹先生（1999：192）则直接拿汉语的"火"及其同源字与之比较。下文将三位学者提到的部分南岛语的"火"摘引于表 7-40，并在前人论述基础上进行探讨。

表 7-40　南岛语的"火"

印尼语	亚齐语	他加禄语	原始马来-他加禄语	
api	apuj	apoj	*apuj	
赛考利克方言	泽敖利方言	赛德克语	赛夏语	原始泰雅-赛夏语
puniq	hapuniq	puneq	hapoj	*sapuj
邹语	鲁凯语	卑南语	布农语	原始邹-卑南语
puzu	aʔuj	apuj	sapui	*apuj

表 7-40 中南岛语的"火"及其原始共同语言的构拟语音与侗台语族的侗语、拉珈语、布央语的"火"语音相似度极高。一般而言，不同语言的某个词在词义上和语音上高度一致，其同源程度高，因为根据音义结合的任意性来看，无同源关系的词语（拟声词除外）是很难用同一个语音来表示同一概念。侗台语族主要分布在华南地区和南亚国家，在地缘上与东南亚岛国存在密切关系，原始侗台语与原始南岛语完全有可能来自共同的"母语"。

汉族人民与少数民族人民自古关系密切，他们不仅有可能来自共同的祖先，而且彼此经济、政治、文化的来往也从未间断过，语言之间的相互借用（当然多数情况是经济文化落后的民族借自经济文化发达的民族）现象也较为普遍。下文考察汉语的"火"及其几个同源字的读音情况，看与侗台语族的"火"在语音上有无联系。

王力（1982：396-398）将"火""毁""燬""烬"均看作同源字。他所引古代文字学经典对"火""燬""烬"三个字的解释转述如下。

《说文解字》："火，燬也。"《释名·释天》："火言毁也，物入中皆毁坏也。"《说文解字》："燬，火也。春秋传：'卫侯燬。'"桂馥曰："燬火声相近。"《尔雅·释言》："燬，火也。"《诗经·周南·汝坟》："王室如燬。"传："燬，火也。"《广韵》："燬，火盛也。"

《说文解字》："烬，火也。诗曰：'王室如烬。'"《方言》："煤，火也，楚转语也，犹齐言烬，火也。"注："烬，音燬；火果呼隗反。"朱骏声曰："按，烬燬同字，其实皆火之或体。尔雅释言孙注：'方言有轻重，故谓火为燬也。'"

《方言》中的"转语"意思是语词因为声音变转而变为一意义相通的语词。可见在汉代，"火"在不同方言中已经出现语音差异，但是考其源头当是一同源词。朱骏声所言甚是。

今天的侗台语族台语支和黎语支的"火"，读音与今天汉语部分方言"燬"字的声旁"毁"的读音很相似，如苏州话 fiʔ、长沙话 ʿfei、南昌话 ʿfəi、阳江话 ʿfei、广州话 ʿwɐi。

因此，本书认为，黎语"火"与侗台语族台语支关系密切，很有可能其原始形式都来自原始汉藏语。

7.12 灰（ash）

"ash"在《百词表》中位列第 83 位。黎语的"灰₍火灰₎"有两个形式，一个是以保定话为代表的 tau³，另一个是以加茂话为代表的 pha⁵¹。第一个形式分布比较广泛，第二个形式分布较为狭窄，并且表现出明显的方言差异，如今天的保城话为 pau⁵³，今天的加茂话为 po⁵¹。从语音形式上看，保定话与台语支语言关系密切，加茂话与侗水语支语言关系密切，请看表 7-41 中表达"灰₍火灰₎"概念的词语在这两个语支中的具体读法。

表 7-41　侗台语族相关语言的"灰₍火灰₎"

台语支					侗水语支			
壮	布依	临高	傣西	傣德	侗	仫佬	水	毛南
tau⁶	tau⁶	dɔu⁴	tau⁶	tau⁶	phuk⁹	pu¹	wuk⁷	fuk⁷

根据表 7-41，乍看侗水语支与台语支的"灰₍火灰₎"难以发现语源关系，但是壮语彬桥话 pyau⁶"灰₍火灰₎"、布央语峨村话 ma⁰tu⁵⁵"灰₍火灰₎"、仡佬语 pa⁴²tau⁴²"灰₍火灰₎"、拉珈语 pleu⁴"灰₍火灰₎"又暗示侗台语族两个语支间存在演变关系。从音韵学的角度看，相同发音部位的声母属于旁纽关系，汉语同源字中旁纽是很常见的现象，因此峨村话首音节 ma⁰ 的声母 m- 与仡语的首音节 pa⁴² 的声母 p- 是同一性质，两个音节的主要元音 a 应该是声母带音后自然发生的。彬桥话 pyau⁶"灰₍火灰₎"、拉珈语 pleu⁴"灰₍火灰₎"则是比较古老的语音形式，这个语音形式表明侗台语族该词声母的原始形式应该是一个复辅音 *bl-。梁敏和张均如便把"草木灰"一词的声母构拟为 *bl-，吴安其则将彬桥话 pyau⁶"灰₍火灰₎"和布央语峨村话 ma⁰tu⁵⁵"灰₍火灰₎"的原始形式构拟成 *pluʔ。这样黎语的"灰₍火灰₎"大体演变路径就可以这样推拟：tau<lau<lɒu<luʔ<*pluʔ；pau/po<pa/pha<pa-luʔ<p-luʔ<*pluʔ。

7.13 径（path）

"path"在《百词表》中位列第 85 位。黎语表达"路""道"或"径"这一概念的词语有两个，一个是 $ku:n^1$，另一个是 tin^1，前者分布广泛，后者仅限于加茂赛方言，具体情况见表7-42。

表7-42　黎语代表点的"路"

保定	中沙	黑土	元门	通什	堑对	保城
$ku:n^1$	$ku:n^1$	$ku:n^1$	kun^5	$ku:n^1$	$ku:n^1$	$ku:n^1$
保城₂	乐东尖峰	乐东三平	陵水隆广	通什₂	堑对₂	西方
$ku:n^1$	$ku:n^1$	$ku:n^1$	$ku:n^1$	$ku:n^1$	$ku:n^1$	kun^1
白沙	昌江石碌	加茂	廖二弓	加茂₂		
kun^1	kun^1	ku^2tin^1	$ku^{33}tin^{51}$	tin^1		

$ku:n^1$ "路"的方言变体主要体现在元音 u 的长短上和前后鼻音上。元门 kun^5 "路"主要元音为短音，西方话、白沙话、昌江石碌话的 kun^1 "路"主要元音为短音的同时，鼻音演变为后鼻音。黎语该词是典型的侗台语词，在侗台语族内部有广泛的分布。请看表7-43中该词在侗台语族其他语言中的具体读音情况。

表7-43　侗台语族相关语言的"路"

泰	壮	傣西	布依	临高	侗	仫佬
hon^1	hon^1	xun^1tan^2	zon^1	sun^1	$khwən^1$	$khwən^1$
水	毛南	佯僙	锦	莫	普标	拉基
$khwən^1$	$khun^1$	$khun^1$	$khun^1$	$khun^1$	$qhon^{53}$	$kuin^{35}$

侗台语族该词的韵母读音比较一致，差别主要体现在声母上，台语支声母为擦音，侗水语支声母为送气的塞音，黎语支则为不送气的塞音。有些方言中该词的读音比较特别，如壮语邕宁话 $hlon^1$ "路"、居佬语 $Plan^{31}$ "路"。对这种情况的处理，就是构拟一个复辅音声母的共同形式。李方桂（2011：200）认为原始台语的声母为 *xr-，金理新（2012：311）构拟侗台语的共同形式为 *q-lon。梁敏和张均如（1996：486，683）拟原始侗台语为 *skron，是用裂式音变原理反推而来，事实上布依语 zon^1 "路"、临高话 sun^1 "路"的声母最有可能是由辅音 -r- 或者 -l- 演变而来。加茂赛方言的 ku^2tin^1 "路"，初看与黎语其他方言不同，但极有可能在早期的时候是同一个词，后来才发生了分化，也就是说它们是同源词。加茂话 ku^2tin^1 "路"首音节的声母 k- 跟保定话 $ku:n^1$ "路"的性质一样，尾音节的声母 t- 则是由嘶音 r- 或者边音 l- 演变而来。拉基语 $kuin^{35}$ "路"的主要元音 -i- 则暗示主要元音周边化的一个可行路径。吴安其（2002：248，315）将通什

话 ku：n¹ "路"、加茂话 ku²tin¹ "路" 一并与武鸣话 ɣon¹ "路"、邕宁壮语 hlon¹ "路"、临高话 sun¹<*krun "路"、峨村话 hun²⁴<khunᴬ "路"、六枝仡佬语 qə³³ʔlan³¹ "路" 比较，构拟原始侗台语为 *k-lun，并且进一步视原始侗台语为 *k-lun 与印尼语 jalan、占语 *jala：n 有同源关系。

值得一提的是，邢公畹（1999：362）曾将黎语的 ku：n¹，毛南语、莫语的 khun¹，侗语、水语、仫佬语的 khuən¹ 与古代汉语的 "壶" 比较。《尔雅·释宫》："宫中衕谓之壶，庙中路谓之唐。" 邢先生举了汉语的广州话为例——广州话：khwan¹（壶）<ˌkhuən<*ˌkhwən。

7.14　山（mountain）

"mountain" 在《百词表》中位列第 86 位。表达 "山" 这一概念的词语，黎语各方言、土语的读音见表 7-44。

表 7-44　黎语代表点的 "山"

保定	中沙	黑土	乐东尖峰	陵水隆广	保城	保城₂
hwou³	hau³	hau³	hau³	ɣau³	ho³	ho³

西方	白沙	元门	通什	通什₂	堑对	乐东三平
ŋo³	ŋo³	m̩o⁶	go³	go³fan⁴（山丘）；hwou³（山谷）	vo³	thi：u¹（丘）；'vo³（山坡）

堑对₂	加茂₂	加茂	廖二弓			
sə⁵；vo³	thiu³	tsou¹	tsou⁵			

保定话的声母 hw-，中沙话、黑土话、保城话的声母 h-，西方话、白沙话的声母 ŋ-，元门话的声母 m̩-，堑对话的声母 v-，通什话的声母 g-，存在比较整齐的对应关系，见表 7-45。

表 7-45　黎语方言、土语声母对应例词

词条＼代表点	保定	中沙	黑土	保城	西方	白沙	元门	通什	堑对
趴	hwo：m³	ho：m³	ho：m³	hɔ：m³	ŋo：m³	ŋuam³	m̩uam⁶	go：m⁶	vo：m⁶
毛	hun¹	hun¹	hun¹	hun¹	ŋoŋ¹	ŋoŋ¹	m̩ən⁴	hun¹	hun¹
山	hwou³	hau³	hau³	ho³	ŋo³	ŋo³	m̩o⁶	go³	vo³
禁忌	hwou²	hau²	hau²	hɔ⁵	ŋau²	ŋau²	—	go⁵	vo⁵
坏蛋~了	gwa：u³	ga：u³	ga：u³	hwau⁶	ba：u³	va：u³	va：u³	gwa：u⁶	va：u⁶

黎语上述方言的韵母（或者韵）-ou、-au、o、ɔ 也存在显著的对应关系，见表 7-46。

表 7-46　黎语方言、土语韵母的对应例词

代表点 词条	保定	中沙	黑土	保城	西方	白沙	元门	通什	堑对
山	hwou³	hau³	hau³	ho³	ŋo³	ŋo³	mo⁶	go³	vo³
禁忌	hwou²	hau²	hau²	hɔ⁵	ŋau²	ŋau²	—	go⁵	vo⁵
头	gwou³	gau³	rau³	hɔ⁶	ɣo³	vo³	vo³	go⁶	ho⁶
跌倒	dau²	dau²	dau²	dɔ⁵	do²	do²	do⁵	do⁵	do⁵

上述黎语方言、土语的声母、韵母对应情况表明，它们表达"山"这一概念的词语有同源关系，语音的不同只是方言变体的差异。辅音 h、ŋ、ɣ、g 间的演变关系，从音理上很好解释，因为发音部位一致、发音方法相同的辅音声母相互间很容易演变。至于堑对话 vo³ "山"的声母，极有可能是 f、h 混读然后带音所致。但要注意的是，在具体概念意义上，该词在不同方言、土语中的情形有所不同，比如，今天的通什话 go³fan⁴ "山丘"（fan⁴-"地"）、hwou³ "山谷"，go³ 与 hwou³ 出现了意义分化；今天的堑对话出现了一个直接借入现代汉语的词 sə⁵ "山"，原来的 vo³ "山"与之共存；乐东三平话的 vo³ 表示"山坡"，thi：u¹ "山丘"则是借用汉语的"丘"。

本书以保定话 hwou³ "山"为标准音，其余方言、土语皆为该音变体。金理新（2012：293）认为："山，黎语保定、通什，跟侗台语族其他语言的'山'来源都不同。"其实，侗台语族其他语言中也可以找到与黎语的"山"同一形式的"山"，只是在概念意义上略有区别。邢公畹（1999：120，347，474）、陈孝玲（2009：152）均收集了相关语料，今择其语料如下：

　　　　　泰　　老挝　　壮　　傣雅　　傣西　　傣德
山/山谷/山坳　khau¹　khau¹　ke：u⁵　hjəu³　xau¹　hoi³

邢公畹先生将台语支该形式的"山"与汉语的"丘""谷""虚"比较，陈孝玲女士则采纳了邢先生和龚群虎先生（2001：160）的一个说法，将其与汉语的"丘"字比较。泰语"山"可说成 phu²khau¹（phu² "山"），"土山"可说成 khau¹din¹（din¹ "土"），汉语有词语"山丘""土丘"，但是无"土谷""土虚"之说，本书认为侗台语族该形式的"山"与汉语的"丘"同源的可能性最大。"丘"，《广韵》："去鸠切，溪母尤韵平声三等开口字。"各家中古拟音多为 khiu 或 khiəu。《说文解字》："丘，土之高也。"今天客家话、粤语和闽语的"丘"，仍保留了中古音色彩：梅县话 ₋hiu 文/₋khiu 白、阳江话 ₋hieu、福州话 ₋khieu 文/₋khu 白。

加茂赛方言的"山"，读音比较特殊，今天的加茂话（黄雪静的发音）中，

"山"的读音与乐东三平话（刘南根的发音）中"山丘"的"丘"读音一致，显然是近现代汉语"丘"的借词。我们需要考察的是加茂话传统的 tsou[1] "山"的来源。黎语早期借自汉语见组细音的字一般读作 k- 系，借自精组的字则一般读作 ts-系，如表 7-47 中的例字。

表 7-47　黎语早期借自汉语的见组和精组例字

代表点 汉字	保定	中沙	黑土	保城	西方	白沙	元门	通什	堑对	加茂
旗[群]	khei[3]	ki[3]	khi[3]	ki[4]	khei[3]	khei[3]	ki[6]	khi[4]	khi[5]	ki[2]
桥[群]	ki: u[1]	kie[1]	khi: u[3]	kiə[4]	khiau[1]	khi[4]	kiə[2]	ki: u[2]	kio[2]	kiə[2]
（斑）鸠[见]	khou[1]	khou[1]	khou[1]	khou[1]	khou[1]	khou[1]	khou[1]	khou[1]	khou[1]	tsou[4]
漆[清]	tshat[7]	—	tsha: i[1]	tshat[9]	tshat[7]	tshe?[7]	tshet[7]	tshet[7]	tshat[7]	—
钱[从]	tsi: n[1]	tsi: n[1]	tsi: n[1]	tsi: n[1]	tsiŋ[1]	tsiŋ[1]	tin[4]	tsi: n[1]	tsi: n[1]	tsin[1]

但是，加茂话借自见组的字，也有读作 ts- 系，如上面的"鸠"字。本书认为，很有可能是见组细音字并入精组细音时，从汉语中借入，也就是说，加茂话的 tsou[1] "山"借入的时间要比保定话 hwou[3] "山"借入的时间晚。很有可能加茂话中本来就有一个 hwou[3] "山"，后来因为有新借词 tsou[1] "山"而逐渐被取代，其取代的路径很有可能是这样：hwou[3] ＞ tsou[1] ＞ thiu[3]。

7.15　名（name）

"name"在《百词表》中位列第 100 位。黎语表达概念"名字"的词语在各方言、土语中的读音见表 7-48。

表 7-48　黎语代表点的"名字"

保定	中沙	西方	通什	堑对	保城	保城₂	陵水隆广	乐东尖峰
phe: ŋ[1]	phe: ŋ[1]	phe: ŋ[1]	phe: ŋ[1]	phe: ŋ[1]	phe: ŋ[1]	phe: ŋ[1]	phe: ŋ[1]	phe: ŋ[1]

乐东三平	黑土	白沙	元门	昌江石碌	加茂	廖二弓	加茂₂	
phe: ŋ[1]	pha: ŋ[1]	phiaŋ[1]	phiaŋ[1]	phiaŋ[1]	phu[1]	phu[51]	phu[1]	

上述语料表明，黎语内部表达"名字"这一概念的词语只有一个，其代表性读音为 phe: ŋ[1]。白沙话、元门话属于本地方言，该词读作 phiaŋ[1]，昌江石碌话也读作 phiaŋ[1]。属于侾方言抱显土语的黑土话读作 pha: ŋ[1]，与本地方言的区别是丢掉了介音 i-，与代表性读音的区别是主要元音舌位下降至最低。加茂话的读音显

得特别，主要元音后移为后高不圆唇音 ɯ，而且失落了鼻音韵尾。黎语该词不同于侗台语族其他所有语言表达"名字"这一概念的词语，显然是来源不同。但黎语的 pheːŋ¹、phiaŋ¹ 倒是可以与闽方言的"名"比较，见表 7-49。

表 7-49　闽方言明母例字

明母字 ＼ 方言	明梗开三庚明	鸣梗开三庚明	命梗开三映明	名梗开三清明	铭梗开四青明	冥梗开四青明
厦门话	₌biŋ 文；₌mĩã 白	₌biŋ	biŋ³ 文；mĩã² 白	₌biŋ 文；₌mĩã 白	₌biŋ	₌biŋ 文；₌mĩ 白
福州话	₌miŋ 文；₌maŋ 白	₌miŋ	mein³ 文；miaŋ² 白	₌miŋ 文；₌miaŋ 白	₌miŋ	₌miŋ 文；₌maŋ 白
建瓯话	ˊmein 文；maŋ° 白	ˊmein	mein³ 文；miaŋ° 白	miaŋ°	ˊmein	mein° 文；maŋ° 白

厦门话的明母字声母读为浊塞音 b-，如"明""鸣""名""铭"4 个汉字的文读音均为 ₌biŋ，奇怪的是"名""明"的白读音却是 ₌mĩã。福州话、建瓯话的明母则读 m-，但是梗开三庚、映、清、青四韵则读为 -aŋ。黎语白沙话、元门话的 phiaŋ¹ "名"，韵母正好与福州话 ₌miaŋ 白"名"、建瓯话 miaŋ° "名"相同，声母正好与厦门话的 ₌biŋ 文"名"一致。帮母、旁母、并母与明母属于旁纽，互相演变是没有问题的。因此可以肯定黎语的"名"应该是早期从闽语借入的"名"字的古读音。元门、白沙、黑土等地的读音要比保定、中沙、西方等地的读音更为古老。不过，要注意的是有些地方的黎语已经出现受现代汉语读音影响的情况，如堑对万道村村民黄海群的发音为 sen⁵men¹ "姓名"。

7.16　夜（night）

"night"在《百词表》中位列第 92 位。黎语表达"夜晚"这一概念的词语在各方言、土语中的读音见表 7-50。

表 7-50　黎语代表点的"夜"

保定	中沙	黑土	西方	白沙	元门	通什	堑对	保城
hop⁷	tshap⁷	tshop⁷	tshap⁷	tshap⁷	tshap⁷	tshop⁷	tshap⁷	tshap⁷
加茂	保城₂	加茂₂	昌江石碌	陵水隆广	堑对₂	乐东尖峰	乐东三平	
tshɔːp⁷	saːp⁷	sɔːp⁷	tshəp⁷	saːp⁸	tshap⁷	sap⁸	sop⁸	

汉语"晚上""夜晚""夜里"等词语指称的概念意义是一致的，但是黎语仅用一个语音形式来表达。半个多世纪前欧阳觉亚和郑贻青整理的语音材料里，黎

语的"夜晚"声母均为 tsh-，今天调查的语料表明不少方言、土语中该词的声母已经演变成同部位的擦音 s-。前辈学者更多的是强调擦音塞化这条语音演变规律，但事实上由塞音渐变为塞擦音进而变为擦音也是常见的语音演变现象。黎语该词的演变路径可能这样：*ḷəp＞tap＞tsap＞tshap/tshop＞sap/sop。主要元音在相应阶段可以出现方言差异。

　　从表面上看，黎语跟侗台语族其他语言表达"夜晚"这一概念的词语没有关系。原始台语的"夜晚"为 *kan 和 *ʔəm，比如，壮语的 ham⁶"夜里"、huun²"夜里"，临高话的 da³kɔm⁴"夜里"，傣语的 kaŋ¹xuɯn²"夜里"。

　　"夜晚""晚上""夜里"这类意义与"黑色""熄（灯）"这类意义相关联，因此最初它们可以通过引申的方式用同一个语音形式来表示，然后在语言日益精细化过程中因为区别意义和丰富词汇的需要发生语音差异化。请看表 7-51 中侗台语族语言的一组词。

表 7-51　侗台语族相关语言的"黑""晚上""黄昏"

词条 ＼ 语言	壮	临高	侗	毛南
黑	lap⁷	jɔp⁷	nam¹	lap⁷；nam¹
晚上	to⁴lap⁷	vən²jɔp⁷	ka：u³n̠am⁵	ta⁵ʔn̠am⁵
黄昏	—	vən²di²jɔp⁷	lap⁷mən¹	hai lap⁷

　　黎语的 *tsap（夜）＞tshap/tshop＞sap/sop 也可能与 lo：k⁷"黑"、rop⁷"熄（灯）"同源。陈孝玲（2009：184）曾将黎语 tshop"黑"与台语支的 *ḷəp"黑（天黑）"归为一类。t- 系辅音声母与 ts- 系辅音声母是可以有演变关系的，如汉语，上古无舌上音，中古属于"知彻澄"等舌上音声母的字上古都读成"端透定"等舌头音声母。中古的"照三"也归"端组"。以汉字为例，今天的"持""痔"，中古属于澄母，上古属于端母，其声母演变至少可以初步勾勒为：d＞ɖ＞tṣ/tṣh；今天的"章"，中古属于"照三"，上古属于"端组"，其声母也经历这样的演变：t＞tɕ＞tṣ。黎语的声母 tsh-，与同语族其他语言的声母 t-/d-/l- 也存在一定的对应关系。如黎语 tsha¹"眼睛"、壮语 ta¹"眼睛"、布依语 ta¹"眼睛"、临高话 da¹"眼睛"、傣西语 ta¹"眼睛"、傣德语 ta⁶"眼睛"、侗语 ta¹"眼睛"、仫佬语 ḷa¹"眼睛"、水语 da¹"眼睛"；又如黎语 pa¹tsa：u³"猎狗"、布依语 ma¹tau⁵"猎狗"。

8 动　　词

8.1　喝（drink）

"drink"在《百词表》中位列第 54 位。黎语表达"喝"这一概念的词语有 4 个，本章分别予以讨论。

8.1.1　ʔo：k⁹ "喝"

该词在黎语内部分布很普遍，但表现出一定的方言音变，见表 8-1。

表 8-1　黎语代表点的"喝"

保定	中沙	黑土	白沙	元门	通什	堑对	保城	加茂	廖二弓
ʔo：k⁹; o：k⁹	ʔok⁷	lou²	ʔɔk⁸	ʔoʔ⁷	ʔo：ʔ⁹	ʔoʔ⁷	ʔɔ：ʔ⁷	ʔɔ：k⁹	ʔɔ：k³¹

该词可能从海南的汉语闽方言借入。"喝"，《广韵》："呼合切，咸摄合韵开口一等晓母字。""喝"，厦门话读 hat、福州话读 xaʔ、建瓯话读 xɔ。虽然该词塞音韵尾有不同的情况，但是可能受喉擦音声母的影响，韵尾普遍同化为同部位或相近部位的喉塞音，除福州话读 xaʔ 外，太原话文读 xɤʔ、白读 xaʔ，合肥话读 xɤʔ，扬州话读 xɔʔ，苏州话文读 hɣʔ、白读 haʔ。

黎语该词声母读作喉塞音，是因为黎语在借用汉语的影母字、晓母字、匣母字时声母常对应喉塞音，请看表 8-2 中的三个例字。

表 8-2　黎语借用汉语影母字、晓母字、匣母字例词

词条＼代表点	保定	中沙	黑土	西方	白沙	元门	通什	堑对	保城	加茂
鸭	—	—	—	—	ʔa：ʔ⁷	—	ʔa：ʔ⁷	ʔa：ʔ⁷	—	—
行量词	—	—	—	—	—	—	—	ʔo⁴	ʔo⁴	—
核果核	ʔu：k⁷	ʔiu²	ʔiu²	—	—	ʔu⁷	ʔu：ʔ⁷	ʔua⁷	ʔu：ʔ⁷	—

黎语 ʔo：k "喝"及其方言变体应该是较早借入的汉语闽方言借词，声韵相

同的同期借入的词语韵母读音基本一致，如保定话的 de：ŋ¹hwo：k⁷"合意"、ko：p⁹"合并"、ho：p⁷"盒子"。但是，黎语中同为汉语合韵的借词，读音有不少与汉语粤方言相吻合，借入时期可能不同，如保定话 hap⁷ke²"合格"、kap⁷ki³"合计"、kap⁷tho：ŋ³"合拢"、kap⁷to²te²"合作社"。

8.1.2　hja：u¹"喝"

保定话、保城话另有一表达概念"喝"的词语 hja：u¹，该词可能与汉语的"吸"有关。该字中古属于深摄缉韵开口重钮三等晓母字，三等字的地位使得其声母可能带上一个半元音 j，黎语 hja：u¹ 的韵母与入声韵缉韵的特点不符，但是随着入声韵的消失，缉韵演变为带高元音韵尾的韵母也不是不可能。比如，浙江温州的"吸"，文读 ɕiai₌，白读 ʨhiai₌。黎语白沙话和元门话的 kau²"给"（《广韵》中"给""吸"同属于缉韵）可以佐证保定话、保城话的 hja：u¹"喝"与汉语的"吸"存在借用性同源关系。西方话的 ɳa：u¹"喝"也属于该类型，可能是声母 h 或 x 先演变成同部位的 ŋ，然后受三等韵介音影响腭化为 ɳ。

8.1.3　tshɯp⁷"喝"

保定话和通什话表达"小口喝"这一概念时用 tshɯp⁷。金理新（2012：391，392）将该词与侗台语族的一些语言或方言的"吻"（或"喝"）比较，请参见表 8-3。

表 8-3　侗台语族相关语言的"喝"

泰	老挝	傣西	傣德	龙州	柳江	邕宁	拉珈	武鸣	布依	侗北	锦	莫
tsu：p⁹	tsu：p⁹	tsup⁹	tsup⁹	tsup⁷	tsup⁷	tsəp⁷	tsup⁷	ɕup⁷	ɕup⁷	ɕap⁷	səp⁷	səp⁷

塞擦音由擦音演变而来，金先生为侗台语上述形式构拟了一个共同形式 *θup，并将其与南岛语系里分布广泛的"吮吸"进行比较。南岛语系的"吮吸"见表 8-4。

表 8-4　南岛语系的"吮吸"

巴赛	布农	葛玛兰	西拉雅	耶眉	AKLAN-ON	MOLBO-G	TAGAL-OG
supsup	supsup	tsuptsup	smippsip	səpsəp	supsup	sopsop	sipsip

南岛语普遍将词根重叠表示亲热可爱的感情色彩，其词根显然与侗台语上述形式存在同源关系。

该词可以与汉语的"哑"比较。《龙龛手鉴》："哑，子答切。"高本汉、李方桂、王力均拟其上古音为 *tsəp，白一平拟为 *tsup，潘悟云则拟为 *suup。该词中古已经表达"吮吸"意义，（汉）郭宪《洞冥记》卷三："有升蕖鸭，赤色，每止于芙蕖上，不食五谷，唯哑叶上垂露。"

黎语 tshɯp[7] "喝"在有些方言里通过声母交替表示另一与"喝"关系密切的概念"吸"，见表 8-5。

表 8-5　黎语代表点的"吸"

保定	中沙	黑土	通什	堑对	保城
hwɯp[7]	vɯp[7]	vɯp[7]	vɯp[8]	vup[8]	vɯp[7]

显然其他各处方言的"吸"都是由保定的 hwɯp[7] "吸"演变来的：hw→v。该词搭配的对象可以是气体，也可以是液体，如保定话 hwɯp[7]nom[3] "吸水"、hwɯp[7]tsɯ[1] "吸气"。

8.1.4　ru：ɬ[7] "吸喝"

保定话表达"吸喝"概念还有一个词 ru：ɬ[7]。金理新（2012：392）在注释中提到的保黎 lu：ɬ[7]、通黎 tu：t[8] 是该词方言变体。该词白沙话读作 tut[8]、元门话读作 tut[7]、西方话读作 tsut[7]、廖二弓话读作 tsut[55]。该词有两个义项：①从口或鼻把气体引入体内，如保定话 ru：ɬ[7]za[1] "抽烟"；②把水引入口腔或其他物体，如保定话 ru：ɬ[7]bi：ŋ[2] "喝酒"。该词，可以与表 8-6 中部分侗台语族语言的"吸（气）"比较。

表 8-6　侗台语族相关语言的"吸（气）"

布依	临高	傣西	仫佬	水
dət[7]	tɔu[1]	dut[7]	twət[7]	tut[7]

该词，壮语已经转移表示"喝"，如田林话 dot[7] "喝"、环江话 dot[7] "喝"、崇左话 dot[7] "喝"、来宾话 dɯt[7] "喝"等。李方桂（2011：96）给"吮吸"义列举的暹罗语 duut、剥隘话 nut、侬语 dât、岱语 dut 也与该词同源。该词李方桂拟原始台语为 *ʔduot，金理新则拟作 *ʔ-lu：t。

8.2　吃（eat）

"eat"在《百词表》中位列第 55 位。黎语表达"吃"这一概念的词语在各方言、土语中的读音见表 8-7。

表 8-7　黎语代表点的"吃"

白沙	元门	昌江石碌	中沙	黑土	西方	通什	通什$_2$	乐东尖峰	陵水隆广
lɔʔ⁸	lɔʔ⁸	laʔ⁸	lau²	lou²	lau²	lau⁵	lau⁵	lau²	lau²

乐东三平	加茂	加茂$_2$	廖二弓	堑对	保城	保城$_2$	堑对$_2$	保定	
la²	tei⁵	tei⁵	tei³³	khan¹	khan¹	kha: n¹	khan¹	la²	

上述语料表明，黎语的"吃"可以归纳为三大类型：①白沙、元门、昌江石碌、中沙、黑土、西方、通什、乐东尖峰、陵水隆广、保定、乐东三平各处的方言为一类型；②加茂话、廖二弓话为一类型；③堑对话、保城话为一类型。下文分别予以讨论。

①中类型分布最为广泛，依据韵尾的不同可以分为三类方言变体。白沙、元门、昌江石碌的方言为塞音韵尾 -ʔ；中沙、黑土、西方、通什、通什$_2$、乐东尖峰、陵水隆广的方言塞音韵尾已经转化为高元音韵尾 -u；保定话、乐东三平话的韵尾脱落，黎语的共同形式可能是 *loʔ，后来逐渐演变为 lau²>la²。

黎语该词可以与侗台语族的毛南语 na⁴"吃"、村语 la⁵"吃"、侗语 lja²"吃"比较（声母 n、l 在许多语言中是容易混读的）。此外，苗瑶语中也不乏可以比较的例子，如川黔滇苗语 nua²"吃"、滇东北苗语 nao²"吃"、布努瑶语 nau²"吃"。其中布努瑶语在表达含厌恶意义的"吃"时，通常变读为 na²/la¹/ɬa¹。

吴安其（2002：318）将毛南语 na⁴"吃"与黎语 la²"吃"分开处理，认为毛南话 na⁴（吃）<*na-ɣ 可以与汉语 *nag"茹"比较，黎语白沙话、元门话 lɔʔ⁸<*C-lok 可能与汉语 g-lək"食"有同源关系。吴安其（2002：324）还认为苗瑶语的 *non-ɣ"吃"来自古汉藏语方言 *na-g，同时进一步将其与汉语的 *nag"茹"比较。吴先生的比较与本书的方式一致。苗瑶语除了上述用来比较的基础方言以外，其余方言通常带鼻音韵尾，比如，黔东苗语、湘西苗语 noŋ²"吃"，鼻音韵尾可能是受鼻音声母促发所致。

如果考虑边音 l- 其他可能的自然音变情形，还可以将上述形式的"吃"扩大比较范围。藏语 sa¹³、景颇语 ʃa⁵⁵、哈尼语 dza³¹ 等多数藏缅语都可以拿来比较。因为，以边音 l- 为出发点，通常存在这样一条音变链：l>j>ʐ>ʒ>z（发音部位向周边的方向变化），当中的每一个音素都可以有清化和塞化两个演变方向，比如，

z- 清化为 s-，塞化则为 dz-。因此黎语的 *loʔ "吃" 可能来自原始汉藏语。

加茂话的 tei⁵ "吃" 与其他方言的 "嚼" 对应，请看：

　　　　　　保定　　中沙　　黑土　　通什　　堑对　　保城

嚼　　　tek⁷　　teːʔ⁷　　taːʔ⁷　　teːʔ⁷　　teːʔ⁷　　teːʔ⁷

该词有可能与前一种形式的 "吃" 有同源关系，采取内部曲折的方式表示另一相近的概念。

堑对话、保城话的 khan¹ "吃"，在侗台语族语言中有比较广泛的分布，见表 8-8。

表 8-8　侗台语族相关语言的 "吃"

壮	布依	临高	泰	傣西	傣德	侗	仫佬	水
kɯn¹	kɯn¹	kɔn¹	kin²	kin¹	kin⁶	ȶaːn¹	tsaːn¹	tsjen¹
佯僙	拉珈	莫	普标	比佬	居佬	拉基	朗央	巴央
tsjeːn¹	tsen¹	siːn¹	kɔn⁵³	khɘn³¹	ka³¹	ko²⁴	kaːn⁵⁴	kaːn⁵⁴

该词，黎语显然与侗台语族台语支和仡央语支语言关系更为密切，侗水语支语言走了另外一条演变路径。水语 tsjen¹、佯僙语 tsjeːn¹ 的韵母介音表明该词的原始形式应该存在一个前高元音，该前高元音最终导致声母腭化。金理新（2012：385）明确指出："吃，侗水语支词首辅音为舌面塞音或舌尖塞擦音，个别为擦音。这是舌根音颚化的结果。"侗台语族有些语言的 "吃" 失落了前高元音介音，如黎语 khan¹，而有些语言的 "吃" 失落了主要元音，如泰语 kin²、傣语 kin¹。原始侗台语的共同形式可能是 *kian。

侗台语该词可以与汉语的 "龂" 比较，"龂"（今写作 "龈"）为 "啃" 的异体字。"啃"，《广韵》有三个反切：语斤切、康很切、起限切，语斤切与侗台语的 "吃" 语音最为一致。现代汉语的 "啃" 只保留了一个读音。邢公畹（1999：211-222）最先将傣语 kin¹/kin⁶ "吃" 和泰语 kin¹ "吃" 与汉语的 "龈"（今写作 "啃"）比较，并且特别提到温州话 khaŋ¹ "啃" 阴平调与台语的调类一致。本书赞同邢公畹先生的观点。

8.3　咬（bite）

"bite" 在《百词表》中位列第 56 位。黎语表达 "咬" 这一概念的词语分为三种不同类型，本书分别称之为保定型、加茂型、元门型。下文分别予以讨论。

保定型的 "咬" 见表 8-9。

表 8-9　黎语代表点的"咬"

保定	黑土	西方	白沙	通什	堑对	保城
ka: n³	ka: n³	kan³	kan³	ka: n⁶	kha: n⁶	ka: n⁶

保城₂	昌江石碌	乐东尖峰	乐东三平	陵水隆广	堑对₂	通什₂
ka: n⁶	ka: n²	ka: n¹	ka: n¹	ŋa³	ŋa: n⁶	ŋa: n⁶

表 8-9 中各方言、土语的"咬"与堑对话、保城话的 khan¹"吃"具有同源性，都来自汉语的"啃"。不同之处在于，堑对话、保城话的 khan¹"吃"来自"啃"的第一个反切——语斤切，在侗台语族内部诸语言中广泛分布，应该存在原始侗台语的共同形式。上述各方言、土语的"咬"则是中古以后借自汉语"康很切"的"啃"，请看下面的语音比较：

	堑对	堑对₂	保城	保城₂
吃	khan³³	khan³³	khan⁴⁴	kha: n⁴⁴
咬	kha: n²¹³	ŋa: n²¹³	ka: n²¹³	ka: n²¹³

上下两组音节的声母韵母基本相同，辅音声母均为舌根辅音，韵母除主要元音发音长短有别外近乎完全相同；但是声调却截然不同，表达"吃"概念的词语声调都是平声的第一调，表达"咬"概念的词语声调却是降声调的第三调（第三调类的偶数调），这种情况恰好分别对应《广韵》中"啃"的语斤切和康很切。前文说过"啃"为"龈"的异体字。《广韵》："龈，齧也。康很切。""齧"（又作"囓"）的本义即为"咬"。《管子·戒》："东郭有狗嘡嘡，旦暮欲啮我，猥而不使也。"现代汉语的"啃"，其义为"一点点地往下咬"。

"啃"声母读舌根不送气塞音，汉语方言也不乏其例，如苏州话 gən²"啃"（白读）、双峰话 ˚kæ̃n。陵水隆广话 ŋa³"咬"、堑对₂话 ŋa: n⁶"咬"、通什₂话 ŋa: n⁶"咬"的后鼻音声母应该是同部位的塞音 k- 受阳声韵尾的影响演变而来，这可以从半个多世纪前的语料堑对话 kha: n⁶"咬"、通什话 ka: n⁶"咬"得到佐证。

加茂型的"咬"见于 4 个代表点：加茂话 da: n¹、廖二弓话 da: n⁵¹、中沙话 than³、加茂₂话 da: n¹。4 个代表点表达概念"咬"的词语在侗台语族诸语言中找不到可以比较的词语，但是可以将其与汉语的"啖""唅""噉"比较。《广韵》音系，"啖""唅""噉"均为徒敢切、咸摄谈韵开口一等上声定母字。这三个字是异体字，本义为"食、吃"。《韩非子·外储说左下》："仲尼先饭黍而后啗桃，左右皆掩口而笑。"《墨子·鲁问》："楚之南有啖人之国者。"（汉）荀悦《汉纪·平帝纪》："莽之爲人……或云所谓鸱目虎喙豺声也，故能噉人，亦爲人所噉。"黎语该词显然是汉语借词。

元门话的 rap⁸"咬"很特别，在黎语内部没有同类情况。元门话的塞音韵尾 -p 在黎语内部方言中有时可以与塞音韵尾 -t 对应，如"鸭脚粟"，白沙话、元门话读作 bep[7]，西方话、堑对话、保城话、加茂话读作 -bet[7]；又如"青蛙"，白沙话读作 ka：p[8]，元门话读作 kap[7]，保定、中沙、黑土、通什、堑对、保城话读作 ka：t[7]。这样的话，元门话 rap[8]"咬"就可以与巴哈语 rat[33]"咬、啃"比较。该词还可以与部分南岛语比较，如卑南语 kəmarat"咬"、布农语 kałat"咬"、阿眉斯语 kalat"咬"。与卑南语、布农语同属"邹-卑南语支"的邹语读作 kats"咬"。南岛语的"咬"表明该词原始形式应该是一个双音节词，后来才出现分化。金理新（2012：396）指出这是"因失落语音成分的不同出现差异"。该词在侗台语族内部有广泛的分布，只是与黎语元门话比较因丢失语音不同而出现明显差异。金先生没有注意到黎语元门话的特殊读音，本书将其罗列的侗台语族语言该词读音引录于下，并以南岛语为中介揭示黎语元门话与侗台语族其他语言的关系，见表 8-10。

表 8-10 侗台语族相关语言的"咬/啃"

泰	傣西	傣德	武鸣	柳江	布依	临高
kat[7]	kat[7]	kat[7]	kat[7]	kat[7]	kat[7]	kaʔ[7]

侗北	仫佬	水水庆	毛南	佯僙	标	拉珈
kit[10]	cat[7]	ɬit[8]	cit[8]	kət[7]	kat[7]	kat[7]

该词无疑存在一个原始侗台语的共同形式，其形式可能是*kirat。黎语元门话的 rap[8]"咬"则来自原始侗台语，并且经历了音变：*kirat＞rat＞rap。

吴安其（2002：250）据彬桥话 khup[7]"咬"、布依语 ɣap[7]＜*khlup[D]"咬"、黎语元门话 rap[8]"咬"、峨村话 ðam[11]＜lam[C]"咬"，构拟原始侗台语为 *k-lap。

8.4 看（see）

"see"在《百词表》中位列第 57 位。黎语方言、土语表达"看""见"等类似概念的词语十分复杂，存在诸多情形。下文逐一讨论。

保定话 zu：i[3]"看"、通什话 ɬu：i[6]"看"为第 1 种类型。

黎语方言、土语之间，边擦音 ɬ 与舌尖前浊擦音 z 可以对应，音理上 ɬ 也完全可以向 z 演变。请看表 8-11 中"霜"与"死"在黎语方言、土语中的读音情况，便可见一斑。

表 8-11 黎语代表点的"霜"与"死"

代表点 词条	保定	中沙	西方	白沙	元门	通什	堑对	保城
霜	zen[1]	zin[1]	zen[1]	ɬuaŋ[3]	ɬuaŋ[3]	ɬen[4]	ɬen[4]	ɬin[4]
死	—	—	—	zui[3]	zui[6]	ɬu：i[4]	ɬu：i[4]	ɬu：i[4]

　　该词，在侗台语族其他语言中都没有发现可以与其比较的词语。但是汉语的"眭"可以拿来与之比较。"眭"，《广韵》："虽遂切，视貌。"其有形容词和动词两种用法，动词即为"正视"。《隋书·卷六八·列传三三》："何尝不矜庄晟宁，尽妙思于规摹，凝眭冕旒，致子来于矩。"《汉语大词典》对"眭"解释的第一个义项也是"视"，并且引例证——（清）祁骏佳《遯翁随笔》卷下："史载辽之太祖，初生即体如三岁，又能匍匐，三月即能走，眭而能言。"

　　保定、中沙、黑土、通什、堑对、乐东尖峰、陵水隆广的方言 kiu^1 "看"为第 2 种类型。

　　黎语该形式的"看"，在侗台语族其他语言中的对应形式，主要元音一般为 a，见表 8-12。

表 8-12　侗台语族相关语言的"看"

仫佬	水	毛南	锦	莫	壮	布依
kau^5	qau^5	kau^5	kau^5	kau^5	kau^3	kau^3

　　金理新（2012：398）拟侗台语该词的共同形式为 $*ku\textipa{P}$，并认为可能是汉语"顾"的借词。《说文解字》："顾，还视也。"《广韵》："顾，回视也，古暮切。"陈孝玲（2009：202）将布央语 qai^{54} "看"与布依语、水语、莫语归为一类，认为其共同形式更早的情形可能是 $*q\textschwa l$。

　　西方话 san^1 "看"、昌江石碌话 $\textctc ian^1$ "看"、加茂话 $tshuan^5$ "见"、廖二弓话 $tshon^{33}$ "见"、堑对₂话 $tshuan^5$ "见"为第 3 种类型。

　　该类型的"看"或"见"应该是中古后汉语借词"相"。"相"，《广韵》："息良切，瞻视也；息亮切，视也。"西方话 san^1 "看"失落了三等介音 i 或 j，昌江石碌话 $\textctc ian^1$ 跟今天的普通话读音一致。加茂话、廖二弓话、堑对₂话的声母塞化后演变成塞擦音，韵母则演变成了合口呼，然后受到合口高元音影响衍生出央元音 ə。上述现象可以从汉语"霜"的今读情形得到佐证。"霜"从"相"得声，中古音与"相"一样为阳韵字，今天的普通话已经演变为合口呼。

　　该词也偶见于侗台语族其他语言：泰语 $ts\textschwa:n^3$ "凝视"、老挝语 $ts\textschwa:n^4$ "凝视"。

　　加茂话 mai^1 "看"、加茂₂话 nai^1 "看"为第 4 种类型。

　　该词可能与壮语柳江话、来宾话的 nai^5 "看"存在渊源。金理新（2012：398）将柳江话、来宾话、宜山话、融安话的 nai^5 "看"，苗瑶语的石门话 na^{21} "看"、兴发话 na^{13} "看"、先进话 nua^{24} "看"，藏缅语彝语支的拉祜语 ni^{44} "看"，看成是有共同来源的词。该观点也许有一定道理。

　　本书认为，黎语加茂话 mai^1 可以与古代汉语的"眛"比较。"眛"，《说文解字》："小视也"；《广韵》："视貌，莫佳切。"杨雄《太玄经》："旌旗絓罗，干戈蛾蛾，师孕啍之，哭且瞷。（注：瞷，窃视也）"

黎语的"看"第5种类型，见表8-13。

表 8-13　黎语代表点的"看"

白沙	元门	加茂₂	堑对	保城	保城₂	乐东三平	堑对₂	通什₂
lo¹	lo⁴	do²（见）	zo¹	jɔ¹	jɔ¹	zo¹	zo¹	jɔ¹

大量语言事实表明，边音 l- 存在这样一条音变链：l>j>ʑ>ʒ>z。潘悟云先生（2013：1-6）指出：边音 l- 的收紧点后移，同时舌位稍微下降，边音 l- 便变成了 j-。另外舌体中央部位的辅音会向周边方向变化。这是一条普遍的语音演变规律，通常称为发音部位周边，原因是语言的基本功能就是交际，所以两个语音区别度越大越好。l>j>ʑ 是向上方的周边方向变化，ʑ>ʒ>z 是向前方的周边方向变化。边音 l- 塞化即为 d-。

基于上面的认识，本书把表8-13黎语代表点的"看"归为一类。黎语该形式的"看"在侗台语族侗水语支中有较广泛的分布，见表8-14。

表 8-14　侗台语族侗水语支的"看见"

侗	水	毛南	佯僙	锦	莫
nu⁵	nu⁵	ndu⁶	lo³	do⁶	dyo³

扩大比较范围，该词还可以与藏缅语戎语支和缅语支，甚至南岛语的部分语言表达"看"或"看见"概念的某个词语比较，请看8-15。

表 8-15　藏缅语、南岛语的"看见"

戎语支					缅语支		
加戎	格西	格什扎	吕苏	纳木兹	彝语	拉祜	纳西
mto	ɣdu	vdo	nduo⁵³	nduo⁵⁵	thɔ⁵⁵	dɑ²¹	do²¹
南岛语系							
他加禄语	木鲁特语	赛德克语	赛夏语	沙阿鲁阿语	莫图语	汤加语	马绍尔语
kĩta	kito	mita	komita?	kumita	ita	ʔilo	lo

金理新将南岛语跟侗台语族侗水语支看作同一形式，并拟侗水语支的"看"共同形式为 *m-ʈoʔ 或 *m-ʈoh。金先生把藏缅语共同形式拟作 *m-ʈoŋ，将其与汉语的"董"对应，认为与汉语的"见""睹"没有同源关系。

本书认为藏缅语戎语支和缅语支的上述语言或方言的"看"语音上完全可以与侗水语支的"看"对应，这表明藏缅语的"看"可能有两个来源。

上述语言或方言的"看"或"看见"可以与汉语的"睹"比较。"睹"，《说文解字》："见也，从目者声。"《广韵》："睹，视也，当古切。""睹"，中古音多拟作 tuo 或 to，对于上古音，郑张尚芳拟作 taaʔ，潘悟云拟作 k-laaʔ。上述语言或方言的"看"可能与上古汉语的"睹"具有同源关系。原始汉藏语的"睹"可能是一个双音节词，各语言今天的读音都保留了词根，非词根音节有些保留了而有些早就脱落了。

黎语的"看/见"第 6 种类型见表 8-16。

表 8-16　黎语代表点的"见"

保定	中沙	黑土	西方	白沙	元门	通什
la: i³	la: i³	la: i³	la: i³	la: i³	luai⁶	la: i³

堑对	保城	昌江石碌	乐东尖峰	乐东三平	通什₂	廖二弓
la: i⁶	la: i³	lɛ: i²	lɛ: i³	la: i¹	la: i⁶	tei⁵¹（看）

黎语该词表达"看见"的意思，有些方言、土语单独表达"看见"义，有些与"看"义词语组合成词表达"看见"义。黎语该词，在侗台语族其他语言中难以找到对应的词语，只有极少数语言或其方言中存在可以比较的词语，如侗南语 i³ "看见"、大佬语 lei²¹ "看守"、拉基语 lie³³ "看"。金理新（2012：402）还将加茂话 mai¹ "看"、巴央语 qa: i³²² "看"、朗央语 qai²¹ "看"与之对应，并拟其共同形式为 *q-liʔ。吴安其（2002：250）将黎语该词的原始形式拟为 *klaɣC，并认为其来自原始侗台语 *k-lanɣ，*k-lanɣ 进一步来自原始汉藏语 *k-lan-g。如果追求最终本源，黎语该词与汉语的 *klan-s "见"应该都来自原始汉藏语，但是显然它们在很早以前已经走上分化的道路。如果一定要拿汉语的某个词语与之比较，本书认为，"睐"是一个很理想的词语。"睐"，《广韵》："洛代切，旁视也。"《汉语大词典》有两个与"看"有关的义项。①斜视。《文选·曹植〈洛神赋〉》："明眸善睐，靥辅承权。"李善注："睐，旁视也。"②眺望。（南朝宋）谢灵运《登上戍石鼓山》有诗："极目睐左阔，回顾眺右狭。"

8.5　听（hear）

"hear"在《百词表》中位列第 58 位。黎语表达概念"听"的词语大致可以归为三类情形，本书称之为 pleɯ¹ 型、ɬi: ŋ¹ 型、ŋei² 型。下文分别进行讨论。

8.5.1　pleɯ¹ 型

黎语该类型的"听"，表示"听"或"听见"，如保定话 pleɯ¹aː u¹tsok⁷ phɯː n¹za¹ "听人家讲故事"、pleɯ¹thiː u¹khai¹hjoː n¹kom³ʔwaɯ² "听见鸡叫起来"。该词在黎语中分布广泛，并且表现出某些方言音变，见表 8-17。

表 8-17　黎语代表点的"听（听见）"

保定	中沙	黑土	西方	白沙	元门	通什	堑对	保城	保城₂	通什₂
pleɯ¹	leɯ¹	leɯ¹	pleɯ¹	pleɯ¹	pleɯ¹	pleɯ¹	pleɯ¹	pleɯ¹	peɯ¹	phɔ¹

该词的代表性读音 pleɯ¹ 共覆盖了上述 11 个代表点中的 7 个，复辅音 pl- 有分化的趋势，中沙话、黑土话的 leɯ¹ "听"失落了词首辅音 p-，今天的保城话 peɯ¹ "听"、通什话 phɔ¹ "听"与半个世纪前比较则是失落了词中辅音 -l-，而且通什₂话的主要元音受舌面后元音的影响产生后移，同时高元音韵尾脱落。但是该词在侗台语族中很难直接找到可以对应的情形。中沙话、黑土话 leɯ¹ "听"的边音声母 l- 按照普遍的辅音演变规律，收紧点有可能后移。昌江石碌话 ŋɔ²zɛ¹ "听"的根词 zɛ¹、乐东尖峰话 liː ŋ¹dʑɛi² "听"的根词 dʑɛi² 应该是从 leɯ 逐渐演变而来。在其他与黎语有共同来源的语言中，该词的边音声母 l- 还有可能演变成了塞化的同部位声母，照此推理，表 8-18 中所列语言的"听"也就可能与黎语有同源关系。

表 8-18　侗台语族相关语言的"听（听见）"

傣德	毛南	侗	水	佯横
lai³ŋin²	dai⁴hai⁵	li³ɕhiŋ⁵	di³	dəi³

陈孝玲（2009：208）明确指出，水语 di³ "听"与佯横语 dəi³ "听"同源，保定话 pleɯ¹pleɯ¹ 可能也与之有关系，但是调类与黎语的调类不一致，可以存疑。

金理新（2012：412）将黎语 pleɯ¹ "听"与南岛语邹语的 təmaɭu "听见"比较，认为南岛语的 *tumaɭa "听见"这一形式就是黎语的"听"。从词语语音结构上看，两者的确很相似，如果这种判断成立，双唇塞音和双唇鼻音之间就应该存在演变关系。

黎语该词可能与汉语的"闻"有关系。黎语从现代汉语借入的词，明母字仍读双唇鼻音 m-，如表 8-19 中所列的词语。

表8-19　黎语借入的汉语明母例字

汉字 ＼ 代表点	保定	中沙	黑土	西方	白沙	元门	通什	堑对	保城	加茂
务任~	mu¹	mu¹	vu¹	vu¹	mu⁴	mu⁵	mu⁵	mu⁵	mu⁵	mu⁵
问~题	mui²	mui²	mui²	mui²	mui⁵	mui³	mui¹	mui¹	mui¹	mui³

　　明母双唇鼻音早期就读作双唇塞音，以汉语方言为例，厦门话、潮州话的明母字白读为双唇塞音的情况十分普遍，有些甚至文读音仍读作双唇塞音，比如：模，厦门话读作mɔ²⁴文/bɔ²⁴白，潮州话读作mo⁵⁵文/bou⁵⁵白；抹，厦门话读作buat³²文/buaʔ³²白，潮州话读作buaʔ²¹；沫，厦门话读作buat⁵文/buaʔ⁵白，潮州话读作muek⁴文/buaʔ⁴白；闻，厦门话读作bun²⁴，潮州话读作buŋ⁵⁵。

　　黎语的韵母 eɯ 来源很复杂，其中有对应汉语 -en 韵的情况，如"灵魂"（实际上是汉语借词"魂"，"魂"与"闻"同为臻摄字）一词，黎语各方言、土语的读音见表8-20。

表8-20　黎语代表点的"灵魂"

保定	中沙	黑土	西方	白沙	元门	通什	堑对	保城	加茂
hweɯ¹	heɯ¹	heɯ¹	ŋeɯ¹	ŋeɯ¹	ȵeɯ¹	gweɯ¹	veɯ¹	hweɯ¹	—

　　声母与韵母两相对照后可以大胆推测，黎语的 pleɯ¹ "听" 有可能与汉语的"闻"是同源词。

8.5.2　ɬi：ŋ¹ 型

　　ɬi：ŋ¹ 型的读音见表8-21。

表8-21　黎语代表点的"听-说"

保定	中沙	黑土	西方	白沙	元门	通什	陵水隆广	堑对₂	乐东尖峰
ɬi：ŋ¹; hi：ŋ¹	ɬi：ŋ¹	ti：ŋ¹	thiɯ¹	ɬi：ŋ¹	hiŋ¹	ɬiaŋ¹	jaŋ²	jaŋ¹	ɬi：ŋ¹

　　黎语该形式的"听"，为汉语借词"听"。但是各方言、土语不同读音的汉语借词"听"应该有历史层次的不同。声母为 ɬ- 的要早于声母为 h- 的，大概前者是早期借词，后者是新借词。本节各举两例不同时期借入的透母字，便可见一斑，见表8-22。

表8-22 黎语借入的透母例字

代表点 汉字	保定	中沙	黑土	西方	白沙
舔	$zi:m^2$	$zi:m^2$	$zi:m^2$	$ʑi:m^2$	$ʑim^2$
脱	$za:u^2$	$za:u^2$	$za:u^2$	$za:u^2$	zot^8
态~度	$tha:i^2dou^3$	$tha:i^2dou^3$	$tha:i^2dau^3$	$tha:i^2dou^3$	hai^1ho^2
讨~论	$tha:u^3lun^1$	$tha:u^3lun^1$	$tha:u^3lun^1$	$tha:u^3lun^1$	$kha:u^1lun^2$

代表点 汉字	元门	通什	堑对	保城	加茂
舔	lei^4	$ɬi:m^2$	$le:m^1$	$ɬi:m^2$	$ɬe:p^8$
脱	$tsət^8$	$ɬa:u^2$	$ɬa:u^2$	$ɬa:u^2$	$tsuət^{10}$
态~度	hai^3dau^1	$thai^3dau^1$	$thai^3dou^1$	$thai^3dɔ:u^1$	$thai^1dou^4$
讨~论	$ha:u^4lun^5$	$tha:u^4lu:n^5$	$thau^4luan^5$	$tha:u^4lu:n^5$	$thau^2luən^5$

黎语该词还有可能与汉语的"聆"对应，不过汉语的"聆"与"听"本是同源词，前者是后者的汉语方言变体。《说文解字》中"聆""听"为互训字。王力（2004：326）认为这两个字是"透来旁纽、叠韵"的同源字。不少侗台语族语言借用汉语词"听"，如壮语 $tiŋ^5$ "听"、临高话 $hiŋ^3$ "听"、侗语 $ɬhiŋ^5$ "听"、水语 $thiŋ^5$ "听"、仫佬语 $theŋ^5$ "听"。蓝庆元先生（2005：252）就认为壮语 $tiŋ^5$ "听"为"后中古汉语借词"。金理新（2012：411）认为，侗台语族该词声调多数为第五调，对应的是读去声的"听"，因为汉语的"听"本来就有去声一读。陈孝玲（2009：205-207）则从声调的角度，认为侗台语族该词声调是第五调，很特殊，不能简单地认为该词是"后中古汉语借词"，而应处理为上古层次的关系词。吴安其先生根据彬桥话 $tiŋ^6<diŋ^C$、通什话 $ɬiaŋ^1$、贞丰仫佬语 $tsaŋ^{13}<*plaŋ$，构拟原始侗台语为 *p-laŋ。显然吴先生认为黎语该词来自原始侗台语而非早期汉语借词。

8.5.3 ŋei² 型

加茂 加茂₂ 廖二弓 昌江石碌
 $ŋei^2$ $ŋei^2$ $ŋei^{31}$ $ŋɔ^2-$
黎语该词主要分布在加茂赛方言中（廖二弓也属于加茂赛方言）。属于美孚方言的昌江石碌话也保留了该词，但是主要元音演变成了 ɔ，并且失落了韵尾 -i。黎语该类型的"听"在侗台语族其他语言中也有出现：壮语 $ŋi^1$ "听"、仫佬语 hai^5 "听"、水语 $ŋ̊ai^5$ "听"、毛南语 hai^5 "听"。上述侗台语族语言的"听"，调类会有出入，但是调类不同对同源性判定影响并不大，比如，廖二弓话 $ŋei^{31}$ 是第一调类，却不可能怀疑其与加茂话 ŋei² 为同一个词的基本判断。金理新（2012：412）注意到侗台语该形式的"听"与南岛语的"听见"关系密切。为直观起见，本节把金先生提到的南岛语该词引录于下：

阿眉斯　Savu　Loniu　Buma　Bali　Manggarai　Ngada　Sasak
mi-təŋil　reŋi　aŋey　leŋi　niŋəh　dəŋe　　zəŋe　dədəŋah

　　上述南岛语的"听见"一词是个复合词，后一词根与侗台语比较音节基本一致。事实上侗台语表达"听见"这一概念时，有不少语言也是采用同义复合的方式构词的，请看：

黎昌江石碌　黎乐东尖峰　黎陵水隆广　　壮　　仫佬　　毛南
ŋɔ²ʑɤ¹　　ɬiː ŋ¹ʤɛi²　　zi²jaŋ²　　tiŋ⁵ŋi¹　theŋ⁵hai⁵　dai⁴hai⁵

8.6　懂（know）

　　"know"在《百词表》中位列第 59 位。黎语的"懂"读音见表 8-23。

表 8-23　黎语代表点的"懂"

保定	中沙	黑土	西方	白沙	元门	通什	堑对	保城	加茂	廖二弓
khuː ŋ¹	khuː ŋ¹	khuː ŋ¹	khoŋ¹	khuŋ¹	khuŋ¹	khuː ŋ¹	khuaŋ¹	khuŋ¹	min⁴tai²	həː m³¹tei¹¹

　　上述语料表明除加茂赛方言之外的黎语方言、土语表达"懂"这一概念的词语为同一个词，廖二弓话 həː m³¹tei¹¹ "懂"中的 həː m³¹ 为该词变体。该词在侗台语族其他语言中难以找到相应的形式。陈孝玲（2009：210）将黎语该词与汉语的"通"比较。确实"通"有"知道"义，现代汉语还有"通晓"一词。《汉语大词典》"通"字的第 17 个义项便是"懂得、通晓"。《易·系辞上》："曲成万物而不遗，通乎昼夜之道而知。"孔颖达疏："言通晓于幽明之道，而无事不知也。"但是，黎语近现代汉语借词的"通"，声母均为舌尖中送气清塞音 th-，如保定话 thoŋ²kuː² "通过"、thoŋ²taː ² "通知"。黎语的"懂"如果与汉语"通"同源，只能是来自早期汉语。舌尖中音读作喉音进而读作舌根音的情形在音理上是允许的，白沙话、元门话借自汉语 th- 声母的字，便常读作喉擦音 h-，请看表 8-24 中的例子。

表 8-24　白沙、元门的汉语借词

词条 方言	态度	讨论	同志	土改	团结
白沙	hai¹ho²	khaː u¹lun²	huŋ⁵tsi³	hou²koi²	huan⁴kit⁸
元门	hai³dau¹	haː u⁴lun⁵	daŋ²tsi³	hou¹koi¹	thuan²kiː t⁷

上述白沙话 kha：u[1]lun[2] "讨论" 中的 kha：u[1] "讨" 的声母 kh- 显然由擦音塞化而来。欧阳觉亚和郑贻青（1983：35）在描写的元门话音系下添加了说明：元门话 kh 有些摩擦成分，近似[x]；这正好体现出了塞化的痕迹。

加茂话 min[4]tai[2] "懂" 前根词 min[4] 为汉语 "明" 的音译词；后根词 tai[2] 为汉语 "知" 的音译词，保定话 thoŋ[2]tai[2] "通知" 的 tai[2]、廖二弓话 hə：m[31]tei[11] "懂" 的 tei[11] 均与此同。黎语 "知" 读 tai[2] 应该是受闽语影响，今潮州话 "知道" 文读 ti[213]、白读 tsai[33]。

此外，黎语该词还常与同义词 gweɯ[1] "认识"、tai[2] "知" 或其变体组合成同义复合词，如保定话 khu：ŋ[1]gweɯ[1] "知道"、中沙话 khu：ŋ[1]geɯ[1] "知道"、黑土话 khu：ŋ[1]reɯ[1] "知道"、西方话 khoŋ[1]ɣeɯ[1] "知道"、保城话 khuŋ[1]tai[2] "知道"。

8.7　睡（sleep）

"sleep" 在《百词表》中位列第 60 位。黎语与 "睡" 有关的词语有两种不同类型，本书称之为 tso：n[1] 型和 kau[2] 型，下文分别予以讨论。

8.7.1　tso：n[1] 型

该类型的读音见表 8-25。

表 8-25　黎语代表点的 "睡"

保定	中沙	黑土	西方	白沙	元门	通什
tso：n[1]	tso：n[1]	tso：n[1]	tso：ŋ[1]	tsuaŋ[1]	tu：n[1]	tso：n[1]

堑对	保城	乐东尖峰	陵水隆广	堑对₂	通什₂	
tso：n[1]	tso：n[1]；tshu：n[1]	tso：n[1]	tso：n[1]	tso：n[1]	tso：n[1]	

元门话 tu：n[1] "睡着" 与保定等地方言的 tso：n[1] 应该是同一个词的地域变体。其他方言中的 ts- 声母，往往对应元门话中的 t- 声母，如表 8-26 中的两个例词。

表 8-26　黎语代表点的 "乳房" "嫂子"

代表点 词条	保定	中沙	黑土	西方	白沙	元门	通什	堑对	保城	加茂
乳房	tsei[1]	tsi[2]	tsi[2]	tsei[1]	tsi[3]	ti[3]	tsi[5]	tsi[5]	tsi[5]	ȵen[5]
嫂子	tsou[1]	tsou[1]	tsou[1]	tsou[1]	tsou[4]	tou[1]	tsou[1]	tsou[1]	tsou[1]	tshu[1]

汉语 t-、ts 同源并不少见，比如古章母字，北京话读作 ts-，湖南双峰话则读作 t-。

临高话 suan[1] "睡"、拉珈语 hwan[5] "睡" 暗示了黎语该词与侗台语的关系。我们知道擦音 s- 可以演变成喉擦音 h-，它们又都可以塞化为同部位的塞音。傣德语 lɔn[2] "睡" 的边音声母可以受周边变化规律的影响演变成擦音。于是，临高话 suan[1] "睡"、拉珈语 hwan[5] "睡"、傣德语 lɔn[1] "睡" 都建立起了联系。傣德语 lɔn[2] "睡" 在傣西语中对应的是 nɔn[2] "睡"。黎语该词显然来自原始侗台语。侗台语该词在语族内部也有广泛的分布，见表 8-27。

表 8-27　侗台语族相关语言的 "睡"

泰	傣西	傣德	壮	布依	侗	仫佬	水
nɔ：n[2]	nɔn[2]	lɔn[2]	no：n[2]	nin[2]	nun[2]	ŋun[2]	nun[2]
毛南	佯僙	锦	莫	拉珈	黎	临高	
nu：n[2]	nun[2]	nun[2]	nun[2]	hwan[5]	tso：n[1]	suan[1]	

该词，侗台语的共同形式可能是 *lun。金理新（2012：415）拟该词的侗台语共同形式为 *nun 或 *s-nun。吴安其（2002：250）拟黎语共同形式为 *prun，PKT 为 *m-lun。他们的构拟都是着眼于语音裂式演变。但是本书认为历史的线性演变也是可能的，擦音 s 和 h、塞擦音 ts、舌尖中塞音 t、鼻音 n，都可以从边音 l 逐渐演变而来。就黎语而言，该词可能经历了这样的演变：*lun＞…＞zun＞dzun＞tsun＞tun。各阶段主要元音开口度都有可能增大。元门话的 tun 也有可能直接由 lun 演变而来。

侗台语该词可以与汉语的 "盹" 比较。"盹"，《广韵》："之润切，钝目也。" 属于臻摄谆韵章母字。"盹" 本义为 "钝目"，引申为 "短时间瞌睡"。马致远《汉宫秋》第四折："恰才我打了个盹，王昭君就偷走回去了。" 该字，潘悟云拟中古音为 tɕwin，今天普通话有两个读音，为 dun[214] 和 tʂun[55]。

黎语该词表达的意思主要是 "睡着" "熟睡"，另一个意思是 "沉" "沉没"，两个义项有引申关系。此外，保定话 tso：n[1] "睡着" 与 ŋut[9] "点头" 可以组合成复合词 tso：n[1]ŋut[9] "打盹" "打瞌睡"。

8.7.2　kau[2] 型

kau[2] 型的读音见表 8-28。

表8-28 黎语代表点的"睡躺"

保定	中沙	黑土	西方	白沙	元门	通什	堑对	保城	乐东尖峰	乐东三平
kau²	kau²	kau²	kau²	kau²	kau²	kau²	kho²	kɔ²	kau²tso: n¹	kau²

黎语该词表达的是"躺"这个动作行为。该词为汉语借词"觉"。"觉",《广韵》:"古孝切,寐也。"现代汉语有"睡觉"一词。该词,官话多读作kau⁵¹,粤语也读作kau²,闽语多读作kak。

8.7.3 ŋo⁴型

加茂话的"睡躺""睡着"都用ŋo⁴这个词语表达。该词,廖二弓话读作ŋo³¹,加茂₂话读作ŋo⁴,欧阳觉亚和郑贻青整理的加茂话读音则为ŋɔ⁴。

该词可与汉语的"卧"比较,也应该是近现代汉语借词。今天的加茂话"睡"可以说成ŋo⁴thɔ¹"卧倒"[①]。

从词义引申角度看,抽象音义一般由具体可感的意义引申而来。"睡"的意义则引申自"躺""垂"等动作。汉字"睡"的声旁"垂",本义为枝叶耷拉、悬挂,《诗·小雅·都人士》:"彼都人士,垂带而厉。"《玉台新咏·古诗·为焦仲卿妻作》:"红罗复斗帐,四角垂香囊。"人睡着时其状如枝叶耷拉、悬挂,故引申出"睡"义。"躺""卧"汉语里均可以引申出"睡"义。黎语tso: n¹"睡着"也可以表示"沉"或"沉没"义。此外,这类动词因为具有"持续性"因此也一般可以表示"睡躺"和"睡着"两种相关意义。从上面的语料看,黎语tso: n¹"睡着"通常与kau²"睡躺"各司其职。但是,陵水隆广话、堑对₂话、通什₂话的tso: n¹兼表两义。

8.8 死(die)

"die"在《百词表》中位列第61位。黎语各方言、土语表达"死"这一概念的词语大体可以分为三种情形,具体情况见表8-29。

表8-29 黎语代表点的"死"

白沙	元门	通什	堑对	保城	保城₂	昌江石碌	堑对₂	通什₂
zui³	zui⁶	ɬu: i⁴	ɬu: i⁴	ɬu: i⁴	tsha: i³	zu: i²	thue⁴	thue⁴

① "倒""倒塌",黎语为汉语借词,保定话、中沙话、西方话、白沙话、元门话读作thau²,黑土话读作thou²、通什话读作thou¹,保城话读作thɔ⁵、加茂话读作thɔ¹。

续表

保定	中沙	黑土	白沙	乐东尖峰	乐东三平	陵水隆广	加茂₂
ɬa：u²	ɬa：u²	da：u²	ɬa：u²	ɬa：u²	ɬa：u²	ɬa：u²	ta：u¹

西方	加茂	廖二弓	保定	陵水隆广
hɔk⁷	lɔ：t⁹	lɔ：t³¹	huɯt⁷	ɣɯt⁸

上述三种情形，在侗台语族其他语言抑或汉藏语系其他语族中都无法直接找到可以与之比较的词语。陈孝玲（2009：215）推测黎语保定话 ɬa：u²"死"、通什话 ɬu：i⁴"死"可能与拉珈语 plei¹"死"有关系。如果是这样，黎语该词事实上就与侗台语同源，来自原始侗台语 *pr-"死"。吴安其（2002：250）拟通什话 ɬu：i⁴"死"的原始形式为 *mluiᴬ，并据此与黎语加茂话 lɔ：t⁷、仡佬语 plan³¹、彬桥话 ha：i¹、武鸣壮语 ɣa：i¹、拉珈语 plei¹ 拟原始侗台语为 *m-lar、*m-lat。

金理新（2012：421）从语音对应的角度否定了保定话 ɬa：u²"死"、通什话 ɬu：i⁴"死"存在同源性的可能，认为是两个完全不同的形式，特别是白沙话同时保留了这两种形式的"死"，并且进一步认为黎语这两种形式的"死"跟侗台语族其他语言没有语源关系。但是到底有怎样的来源，金先生强调需要进一步研究。

笔者发现，黎语以保定话 ɬa：u²、通什话 ɬu：i⁴ 为代表的两种形式的"死"与"下、下面、下去"这一概念的词语存在词义引申关系。表 8-30 是部分黎语方言、土语与"下"有关的词语。

表 8-30　黎语代表点中与"下"有关的词语

代表点 词语	保定	中沙	黑土	西方	白沙	元门	通什	堑对	保城	加茂
下 由高出到低处	tshau³	lu：i¹	lu：i¹	tshau³	tau¹	tau¹	tau¹	thau⁴	tau⁴	ta：u¹
下去	lu：i¹	lu：i¹	lu：i¹	lui¹	tau¹	tau¹	ɬu：i⁴	ɬu：i¹	tau⁴	ta：u¹
下 ~面	fou¹	tshau¹	tshau¹	fau¹	fau¹	fau¹	tshau¹	tshau¹	tshau⁴	ta：u¹

代表点 词语	乐东尖峰	乐东三平	陵水隆广	加茂₂	保城	昌江石碌	通什₂
下 由高出到低处	ɬa：u¹	ɬa：u¹	ɬa：u¹	ta：u¹	sa：u¹	pau¹	tsau¹
下 ~面	ɬa：u¹	ɬa：u¹	ɬa：u¹	ta：u¹	-sa：u¹	-pau¹	-tsau¹

显然作为动词的"下"，黎语有两个来源不同的词语，它们分别对应两个不同形式的"死"，因为区别概念的需要，语音上出现了一定的分化。通什话 ɬu：i⁴"死"与 ɬu：i⁴"下去"，加茂₂话 ta：u¹"死"与 ta：u¹"下"，声韵调完全相同。乐东尖峰话、乐东三平话、陵水隆广话的 ɬa：u²"死"与 ɬa：u¹"下"只是声调不同。我们有理由相信黎语的"死"这一概念意义是从表达"下"或者"下去"这

一概念的词语通过相似性联想引申出来。事实上许多民族由于避讳的需要，往往通过其他方式委婉地表达"死亡"这一概念。比如，汉语可以用"老了""走了""去了"等婉词来表示死亡。

侗台语族侗水语支部分语言表达汉语动词"下"概念意义的词语与黎语的"下""死"可以比较，见表8-31。

表8-31　侗台语族相关语言的"下"

语言 词条	侗	仫佬	水	毛南	保定
下~楼	lui⁶	lui⁶	lui⁵	lu: i⁵	lu: i¹; tshau³
下太阳~山	lui⁶	lui⁶	tok⁷; lui⁵	tok⁷	ɬu: t⁷

因此，黎语通什话的 ɬu: i"死"来自原始侗台语 *lui"下"。考虑保定话 lu: i¹"下（楼）"与 ɬu: t⁷"（太阳）下（山）"音义关系，本书认为，西方话 hɔk⁷、加茂话 lɔ: t⁹、廖二弓话 lɔ: t³¹、保定话 huɯt⁷、陵水隆广话 uɯt⁸ 可能与通什型的"死"有同源关系。

黎语保定型的"死"，从意义相关的角度看似乎可以与汉语的"落"比较，而且汉语的"落"可以读 lau⁵¹，如"落枕""落色"中的"落"。但是侗台语族语言汉语借词"落"内部读音很一致，基本保留了中古塞音韵尾的特点，因此将其排出了甄选范围。直观起见，本节将部分侗台语族语言的汉语借词"落"整理于表8-32。

表8-32　侗台语族相关语言的"落"

壮	布依	临高	傣西	傣德	侗	仫佬	水	毛南	保黎
tok⁷	tɔk⁷	dok⁷	tok⁷	tok⁹	tok⁷	—	tok⁷	tɔk⁷	thok⁷

保定型的"死"可以与汉语的"逃"比较。"逃"，《广韵》："徒刀切，去也、避也、亡也。""亡"，《广韵》："无也、灭也、逃也。"黎语借入的端组字声母有多重对应形式，其中可以对应边擦音 ɬ，如保定话 ɬauɯ²"炭"、ɬi: ŋ¹"听说"。逃，属于效摄豪韵字。黎语借自现代汉语豪韵的字，韵母多读作 a: u/au，如表8-33 中的例字。

表8-33　黎语借入汉语的豪韵例字

代表点 汉字	保定	中沙	黑土	西方	白沙	元门	通什	堑对	保城	加茂
保担~	ba: u³	ba: u³	ba: u³	ba: u³	ba: u³	bo⁴	ba: u¹	bo⁴	bo²	bo²
倒~塌	thau²	thau²	thou²	thau²	thau²	thau⁵	thou¹	tho⁵	tho⁵	—

続表

代表点 汉字	保定	中沙	黑土	西方	白沙	元门	通什	堑对	保城	加茂
蒿~芒草	kau¹	kau¹	kau¹	kau¹	kau⁴	kau¹	kau¹	kau¹	kau¹	—
帽~子	ma:u²	ma:u²	—	—	—	mut⁸	mut⁷	mu:t⁹	me:u¹	be:u⁵
早	ka:u³	ka:u³	ka:u³	ka:u³	ka:u³	ka:u³	ka:u³	ka:u³	ka:u³	—

8.9　杀（kill）

　　"kill" 在《百词表》中位列第 62 位。黎语有两个表达 "杀" 概念的不同来源的词，但是在具体方言、土语内部只有一个词。首先请看表 8-34。

表 8-34　黎语代表点的 "杀"

保定	中沙	黑土	西方	白沙	元门	通什	堑对
hau³	hau³	hau³	hau³	hau³	hau³	hau³	hau³

保城	保城₂	昌江石碌	乐东尖峰	乐东三平	陵水隆广	堑对₂	通什₂
hau³	hau³	ha³	hau³	hau³	hau³	hau³	hau³

　　表 8-34 中黎语方言、土语的 "杀" 均为同一个来源的词，各方言之间十分一致。昌江石碌话与西方话同属于黎语美孚方言，但是石碌话韵母的高元音读成了单元音。黎语该词在侗台语族中有广泛的分布，见表 8-35。

表 8-35　侗台语族相关语言的 "杀"

泰	傣西	龙州	武鸣	临高	布依	侗	仫佬	水	毛南	佯僙	锦	莫	拉珈
kha³	xa	kha³	ka³	ka³	ka³	ha³; sa³	khɣa³	ha³	ha³	ɣa³	ha³	ha³	ʔa⁴

　　上述侗台语族语言的 "杀" 韵母为单元音，恰好与昌江石碌话的韵母一致。黎语的 "杀" 声母全为擦音 h，与侗水语支的 "杀" 声母更为一致。考虑侗台语族的整体情况，本书认为，黎语 hau³ "杀" 韵母应该是后起的，即韵尾 -u 是在原来单元音 a 的基础上衍生的。这种衍生高元音韵尾的现象不可能是孤例。笔者发现与黎语同属于一语支的村语，"杀" 便读作 hai³，衍生出一高元音韵尾 -i。

　　李方桂（2011：166-169）拟该词原始台语的声母为 *kh-，对今天台语该词声母在不同语言中的读音情况有过描述。

　　这个送气的塞音在西南方言里一般都读送气的舌根塞音 kh-,只有整董跟白泰也常常读 x-; 在中支方言一般读 kh-,侬语跟岱语确实的发音不肯定; 在北支方言规则性读 k-,或者在前元音 i 跟 e（ε）之前读 č-。

　　李方桂先生列举的"杀"包括下列各支语言。

　　西南支：阿函话 kha "切"、掸语 kha、整董话 xa、白泰话 xa。

　　中支：侬语 kha、岱语 kha、土语 kha。

　　北支：武鸣话 ka、册哼话 ka、西林话 kaa、田州话 kaa。

　　该词，李方桂先生（2011：166-169，238，239）拟原始侗台语为 *kha。吴安其先生（2002：206,250）指出，"杀"的读音，梁敏和张均如两位先生拟为 *kla，是因为他们的系统中没有送气的塞音。吴先生还认为"杀"是 *m-lat "死"的使动形式，*kh- 是使动前缀，有些语言可能丢掉古前缀，仫佬语 li³ "杀"便是丢失古前缀然后边音 -l- 清化所致。吴先生拟古黎语"杀"为 *khlaɣ，进而拟 PKT 为 *kh-laɣ。"杀"的侗台语共同形式，金理新（2012：424）拟为 *qaʔ。

　　吴先生的构拟最为复杂，把所有情形都考虑了。但是考虑韵尾的衍生可能性，本书倾向于李方桂先生的构拟。黎语的 hau³ "杀"可能经历了这样的演变路径：*kha＞ha＞hau。

　　侗台语该词可能与古汉语的"刳"有同源关系。"刳"，《广韵》："苦胡切，剖、破，又判也、屠也"。"刳"，中古为模韵合口一等溪母字，但是在上古则可能是开口字。"辜"，《广韵》中为"古胡切"，与"刳"韵母地位一致。此处比较一下各家构拟的"辜""刳"两字上古音，见表 8-36。

表 8-36　音韵学家构拟的"辜""刳"上古音

音韵学家 汉字	高本汉	王力	李方桂	白一平	郑张尚芳	潘悟云
辜	ko	ka	kag	ka	kaa	kaa
刳	khwo	khua	khwag	khʷa	khʷaa	khʷaa

　　各家构拟的"刳"上古音均有一合口介音，可能是考虑了送气塞音声母的情况。本书也可以像"辜"一样不考虑合口高元音介音问题，直接构拟为 *kha，这样的话就与侗台语"杀"音韵结构完全一致了。

　　陈孝玲（2009：216）将侗台语的"杀"与上古汉语的"屠"比较。但是"屠"为澄母字，声母不一致，唯有潘悟云先生将上古的"屠"构拟为 *k-laa，他可能是考虑了侗台语的缘故。

　　加茂话 tse² "杀"、廖二弓话 tse³¹ "杀"、加茂₂话 tse² "杀"是汉语借词"宰"。加茂话、廖二弓话、加茂₂话中，该词均读作 tse³¹，调型与现代汉语的"宰"一致。"宰",《广韵》:"作亥切,冢宰,又制也,亦姓,孔子弟子宰予。""宰"由"制"引申出"屠宰、杀牲"义项。[①]《汉书·宣帝纪》:"其令太官损膳省宰,乐府减乐人。"颜师古注:"宰为杀也。"现代汉语"宰"的基本义即为"杀"。

哈韵读如单元音是比较普遍的现象,如济南话 ^{c}tsɛ "宰"、合肥话 ^{c}tsɛ "宰"、苏州话 ^{c}tsɛ "宰"、温州话 ^{c}tse "宰"。

保定、中沙、黑土、西方、通什方言的"杀(鸡)"还有另外一个词,分别为保定话 mi:k[8]、中沙话 mi:ʔ[8]、黑土话 mi:ʔ[7]、西方话 mik[8]、通什话 miaʔ[7]。该词在侗台语族其他语言中没有找到对应的词语。该词可以与汉语的"沕"字比较,"沕"本义为"没入水下",可能是黎族人杀家禽的方式是将家禽直接淹死,故引申出"杀"义。笔者母语西南官话凡是将物体没入液体中均说作"沕"(miʌ),在杀鸡鸭后会趁着还活着之前投入热水中让其淹死,特别是杀鸽子的方法很特殊,即直接把鸽子放入冷水中沕死,据说这种方式可以让鸽血得以保留。

"沕",《广韵》音系属于物韵明母入声字,李荣、绍荣芬拟中古音为 *miət;今天的普通话读作去声的 mi。

8.10　游(swim)

"swim"在《百词表》中位列第 63 位。黎语表达"游泳"这一概念通常等同于"游水",即由表达"游"的语素与表达"水"的语素组合成一个与汉语动宾结构一样的复合词。[②]这里只对表达"游"的语素进行讨论。本节对黎语各方言、土语表达"游(泳)"这一概念的语素或词的具体情况予以讨论。黎语方言、土语"游(泳)"的读音见表 8-37。

表 8-37　黎语代表点的"游(泳)"

保定	西方	白沙	元门	通什	保城	堑对	昌江石碌
plei[1]	plei[1]	plei[1]	plei[1]	plei[1]	plei[1]	pei[1]	pei[1]

通什 2	廖二弓	乐东三平	堑对 2	陵水隆广	中沙	黑土	乐东尖峰
pei[1]	poi[33]	fei[1]	vɔ[1]	lei[1]	lei[1]	lei[1]	lei[1]

表 8-37 中黎语各方言、土语的"游(泳)"应该是来源相同的同一个词,但是在方言、土语中已经出现了分化。保定、西方、白沙、元门、通什、保城 6 处的方言 plei[1] 是比较古老的读音,这个较为古老的形式在其他方言、土语中出现了

---

① "制"是"製"的简体字,意思是"裁剪衣服",《广韵》:制,裁也。上古汉语,"裁"即有"刎颈""杀"义项。《史记·白起王翦列传》:"秦王乃使使赐之剑,自裁。"

② 黎语"水"共同形式为 nam[3],"游泳"共同形式为 plei[1]nam[3]。

裂式分化，堑对话、昌江石碌话、通什$_2$话都失落了边音 -l，读作 pei^1，都属于侾方言的陵水隆广话、中沙话、黑土话、乐东尖峰话则是失落词首辅音 p-，读作 lei^1。乐东三平话 fei^1 显然是由 pei^1 演变而来，双唇塞音 p- 演变成了唇齿擦音 f-。廖二弓话 pɔi^{33} 是在失落边音 -l 后，主要元音开口度加大然后后移所致。堑对$_2$话 vɔ^1 的声母是由唇齿音 f- 浊化而来。汉语演变史上，重唇演变为轻唇是一条众所周知的演变规律，因此上述黎语的 p- 演变为 -f 是自然音变现象。浊音清化是一条普遍规律，轻音浊化不太常见，但是汉语中也可以发现这一现象，如"浮"字，汉语方言的声母普遍读作擦音 f- 或者 x-，但是苏州话、温州话便读作 v-。黎语该词的基本演变路径如此：plei＞pei(pɔi)＞fei（vɔi/vɔ）；plei＞lei。

黎语该词在侗台语族部分语言中可以找到同源词，见表 8-38。

表 8-38　侗台语族相关语言的"游泳"

傣西	傣德	仫佬	毛南	保定	中沙
lɒi^{2}năm^4	lɒi^{2}lam^4；lɒi^{2}va^4	fɛ^{4}ʔa：p^7	wai^{1}za：p^8	plei^{1}nom^3	lei^{1}nam^3

上述语言或其方言的"游泳"一词的第一个语素，如果参考黎语其他方言中的读音显然可以判定为同源成分。傣西、傣德 lɒi^2"游"的主要元音 ɒ，正好建立起了 a 与 ɔ 的联系。乐东三平语的 fei^1"游"则揭示了仫佬语 fɛ^4"游"与音节 pei、plei、lei 之间的关系。

"游水"，邢公畹（1999：141）的傣语材料包括傣雅语 lja：u^2、傣德语 lɔi^2、傣西语 lɔi^2。邢先生认为傣雅语 lja：u^2 与傣西语、傣德语 lɔi^2 为同一个词的方言变体，并进一步将该词与广州话的 lau^2（游）＜ₗɰɐu＜*ₗljəgw 比较。邢先生的广州字音不知来自何处，广州的"游"，现有材料普遍记作 ₗɐu。尽管以母与来母可能存在演变关系，上古的"游"，郑张尚芳和潘悟云先生均拟作 lu，但是该字汉语方言尚未发现韵尾为高元音 i 的情形。因此，虽然傣雅语的韵母 a：u 与傣德语、傣西语的韵母 ɔi 存在对应关系，但是侗台语族的"游"与汉语的"游"不太可能是同源词。

侗台语族该形式的"游泳"，吴安其先生（2002：250）依据毛南语 vai^1、黎语通什话 plei^1、拉基语 phu^{23}，拟 PKT 为 *pler。吴先生的构拟是合理的，但是拉基语 phu^{23} 可能与汉语的"浮"对应，陈孝玲（2009：219）否定了吴先生的归类，而是将黎语的 plei^1、梅特黑语的 pai"飞"与毛南语 vai^1 看作不同的类型。

"游泳"，今天的保城话普遍为 jou^{4}nam^3，看来原先的 plei^1 已经逐渐为借词 jou^4 所取代。侗台语族其他语言也存在这种现象，如仫佬语 jəu^2"游泳"、壮语 jou^{2}ɣam^4"游泳"、临高话 ju^{2}nam^4"游泳"。

加茂话表达"游泳"这一概念的词语比较特殊，欧阳觉亚和郑贻青整理的黎语材料中，加茂话读作 kɯ²lɔn¹，kɯ² 为动词前缀，lɔn¹ 为承担"游泳"概念的词根。今天的加茂（加茂₂）话则读作 pei²lɔn¹。显然，pei²lɔn¹"游泳"是一个同义复合词，词根 pei² 来自黎语共同形式 plei¹"游泳"，词根 lɔn¹"游泳"则另有来源。

词根 lɔn¹"游泳"在侗台语族、苗瑶语族语言中均未发现可以比较的形式，但是在南岛语的部分语言中却可以找到可供比较的词根，请看：

	爪哇语	亚齐语	他加禄语	原始马来-他加禄语
游泳	ŋ-laɲi	mɯ-laŋuə	laŋoj	*m-laŋuj

	泽敖利方言	赛德克语	赛夏语	原始泰雅-赛夏语
游泳	ɬ-um-anuj	lumaŋuj	lomaŋoj	*laŋuj

	邹语	鲁凯语	阿美语	原始邹-卑南语
游泳	Euhuŋəzu	laŋuj	miɬaŋuj	*laŋuj

黎语加茂话的词根 lɔn¹"游泳"显然可以与南岛语"游泳"一词的词根 laŋ 比较，很有可能是古南岛语借词。

8.11　飞　　翔（fly）

"fly"在《百词表》中位列第 64 位。黎语表达"飞翔"这一概念的词语在各方言、土语中的读音见表 8-39。

表 8-39　黎语代表点的"飞"

保定	黑土	西方	白沙	元门	通什	通什₂	堑对	堑对₂	昌江石碌
ben¹	ben¹	ben¹	ben¹	ben¹	ben¹	ben¹	ben¹	ben¹	ben¹

乐东三平	保城	保城₂	乐东尖峰	中沙	黑土	加茂	廖二弓	加茂₂	陵水隆广
ben¹	bin¹	bin¹	bin¹	bin¹	bin¹	fin⁴	fiːn³³	fi⁴	liʑin¹

除陵水隆广话 liʑin¹"飞翔"之外，上述各方言、土语的"飞翔"一词均为同源词。ben¹"飞翔"分布最广，包括黑土、西方、白沙、元门、通什、通什₂、堑对、堑对₂、昌江石碌、乐东三平 10 个代表点，可以把 ben¹"飞翔"看作黎语该词的标准形式。保定话 ben¹ 鼻音韵尾腭化为舌面鼻音 n。保城、保城₂、乐东尖峰、中沙、黑土 5 个代表点的 bin¹"飞翔"，主要元音已经由 e 周边化为高元音 i。加茂话 fin⁴"飞翔"和属于加茂赛方言的廖二弓话 fiːn³³"飞翔"则在此基础上，浊塞音声母 b- 清化为轻唇擦音 f-。该词，加茂₂话韵母进一步发生阴阳对转，鼻音韵尾脱落，读作 fi⁴。该词在黎语内部表现出这样的演变过程：ben＞bin＞fin＞fi。

黎语该词普遍分布于侗台语族语言中，见表 8-40。

表 8-40　侗台语族相关语言的"飞"

壮	布依	临高	傣雅	傣西	傣德	侗	仫佬	水	毛南
bin[1]	bin[1]	vin[1]	vin[1]	bin[1]	men[6]	pən[3]	fən[3]	win[3]	vin[3]

显然该词在黎语内部的演变规律在整个侗台语族范围内都得以体现，即：主要元音周边化，重唇音轻唇化。

侗台语该词可以与汉语的"翩"比较。"翩"，《广韵》："芳莲切，平声仙韵滂母字，飞貌。"《诗经・鲁颂・泮水》："翩彼飞鸮，集于泮林。"《楚辞・九章・悲回风》："愁悄悄之常悲兮，翩冥冥之可娱。"洪兴祖补注："翩，疾飞也。"

从"扁"得声的"翩"为滂母字，今天的汉语方言一律读为送气的双唇塞音 ph-，但是"扁"与从"扁"得声的古仄声字，汉语则多读为不送气的双唇塞音 p-，如"匾""遍"。事实上，中古时，从"扁"得声的汉字声母就出现了送气与不送气的分化，如"扁""翩"为滂母字，"匾""遍""编"为帮母字。因此，本书认为，上述黎语和侗台语族其他语言的"飞翔"一词与汉语的"翩"为同源词。

邢公畹（1999：267）、金理新（2012：427）均将侗台语该词与汉语的"翩"对应。金先生还将侗台语该词与南岛语部分语言的"飞翔"一词对应，同时将拿来比较的南岛语与汉语 *pur "飞"、藏缅语的 *pur/*pir "飞"对应。金先生拿来比较的典型南岛语是排湾语 perper "飞"。

或许，汉语的"翩"和"飞"本就是一组同源。"飞"，中古音和上古音，潘悟云先生分别拟为 pʷɨi、puɯl。韵尾 -l、-r、-n 可能存在对应关系或演变关系。为直观起见，分别列举部分藏缅语语言和南岛语言表达"飞翔"概念的词语，请参见表 8-41，所举字均摘自金理新（2012：424-427）。

表 8-41　藏缅语族和南岛语系的"飞"

藏缅语族	藏语	拉萨	夏河	麻玛	文浪	缅语	景颇	墨脱	独龙	博嘎尔
	ɦphur	phir[55]	phər	phir[55]	phen[55]	pyam	pyen[33]	phen	ber[53]	byar
南岛语系	排湾语	阿眉斯语	Sunda	Bali	Old-Javanese	布农				
	perper	maəfər	hiber	ma-keb-er	ibər	kusbai				

"飞翔"一词，上述藏语型的文浪话，缅语型的景颇话、墨脱话，均为鼻音韵尾 -n，与侗台语族语言一致，而其他语言则为舌尖颤音韵尾 -r，显然两者存在

对应关系。布农语的 kusbai "飞翔" 辅音韵尾已经脱落，词根 bai 与今天的汉语 fei "飞" 语音相似度极高。吴安其先生（2002：250）依据彬桥话 bin[1]＜ʔbin[A]、早拉哈语 pɣl[4] 拟原始侗台语为*C-bir。吴安其先生（2002：318）认为原始侗台语 C-bir "飞" 与其构拟的原始汉藏语 *C-bl-r "飞" 有同源关系。白保罗（1984：398）认为古汉藏语的 -r 尾，汉语一般以 -n 代替，汉语的 "飞""翂""奋" 与藏缅语 *pur/pir 同源。陈孝玲（2009：221）进一步将 *pɯl "飞"、*pŭns "奋"、*pɯn "翂"、*phĕn "翩" 看作一个同源词族。

陵水隆广话的 liʑin[1] "飞翔" 显然并非黎语自有词，与侗台语族其他语言也没有关系。该词可以与苗瑶语族语言比较，见表 8-42。

表 8-42   苗瑶语族相关语言的 "飞"

养蒿	辣乙坪	黔东苗语	川黔滇苗语	湘西苗语	布努瑶语	梅珠	陶化
ʐaŋ[44]	ʑi[54]	ʑɑŋ[5]	ʑɑŋ[5]	ʑi[5]	jɣŋ[5]	yəŋ[42]	iŋ[24]

陵水隆广话的 liʑin[1] "飞翔" 的词根 ʑin[1] 显然可以与表 8-41 苗瑶语的 "飞" 对应，特别是布努瑶语 jɣŋ[5] 与梅珠话 yəŋ[42] 整个音节的语音高度一致，舌面前浊擦音 ʑ、舌面后浊擦音 j 和半元音 y 相互间很容易发生自然音移。但是陵水隆广话的 liʑin[1] "飞翔" 的非词根音节 li- 在苗瑶语中却未发现，反而在表 8-43 中的印尼语中可以找到对应情形。

表 8-43   印尼语的 "飞"

Idonesian	Malay	Yakan	BangingiSama	Manob	PMP
layaŋ	layaŋ	layaŋ	leyaŋ	layaŋ	*layaŋ

该形式的 "飞"，PMP 构拟为 *layaŋ。金理新（2012：424-426）将苗瑶语的 "飞" 与之比较，并且认为与汉语的 "翔" 有同源关系。本书赞同这样的对应。辣乙坪语 ʑi[54]、湘西苗语 ʑi[5] 韵尾脱落，汉语温州话 "翔" 读作阳平的 ji 恰好与该情况一致。"翔"，《广韵》："似羊切，阳韵邪母字。""翔"，中古音多拟为 ʑiaŋ，上古音李方桂拟为 rjaŋ，郑张尚芳拟为 ljaŋ。

陵水隆广的 liʑin[1] "飞" 极有可能是从周围的苗语中借得的，因与陵水比邻的保亭黎苗自治县和琼中黎苗自治县均有不少的苗族人。

8.12   走（walk）

"walk" 在《百词表》中位列第 65 位。黎语表达 "走" 这一概念的词语在各方言、土语中的读音见表8-44。

表 8-44　黎语代表点的"走"

保定	中沙	西方	白沙	元门	通什	堑对	保城
fei^1	fei^1	fei^1	fei^1	fhei^1	fei^1	fei^1	fei^1

保城$_2$	昌江石碌	乐东三平	通什$_2$	黑土	加茂	廖二弓	加茂$_2$
fei^1	fei^1	fei^1	fei^1	pei^1	pai^1	pai^{51}	pai^4

表 8-44 中黎语方言、土语表达概念"走"的词语来源相同，是同一个词的具体方言表现形式。考虑的方言重唇音向轻唇音演变的自然规律，该词的语音形式，黑土、加茂、廖二弓、加茂$_2$的方言应该早于其余 12 处方言、土语。半个多世纪前的加茂话，欧阳觉亚和郑贻青收录的语音材料显示为第一调，今天的加茂话和属于加茂赛方言的廖二弓话读为第四调。黎语该词来源于原始侗台语，是侗台语底层词。请看表 8-45 侗台语族其他语言中的读音情况。

表 8-45　侗台语族相关语言的"走"

暹罗	龙州	武鸣	剥隘	泰	傣德	布依	临高	大佬
phaai^{C1}	phjaai^{C1}	plai^{C1}	pjaai^{C1}	pha：i^3	pai^6	pja：i^8	bɔi^1	pai^{33}

　　暹罗、龙州、武鸣、剥隘的读音来自李方桂《比较台语手册》。李方桂先生（2011：78-80）拟台语该词的声母为 *phl-/r-，但是又说"由于目前所知的现代台语极少保存，很难断定这个复辅音当中流音的性质"。他指出，西南方言中只有阿函话还保存辅音 phr-，北支方言中的武鸣话、中支方言中的龙安话保存 phl-。《壮侗语族语言词汇集》（中央民族学院少数民族语言研究所第五研究室，1985：265）中的"走"，壮语为 pja：i^3、布依语为 pja：i^8。可见复辅音 pl-/r- 中流音完全消失是近半个世纪中的事。笔者发现，台语支的"走"多读第三调，而黎语的"走"多读第一调。

　　黎语的"走"与侗台语族其他语言的"去"语音更为近似，见表 8-46。

表 8-46　侗台语族相关语言的"去"

龙州	武鸣	泰	老挝	傣西	布依	临高	侗
pai^1	pai^1	pai^2	pai^1	pai^1	pai^1	bɔi^1	pa：i^1

仫佬	毛南	佯僙	锦	莫	拉珈	亿佬	
pa：i^1	pa：i^1	pa：i^1	pa：i^1	pa：i^1	pai^1	pai^{35}	

不过很多语言或其方言表达"走"概念的词同时可以表达"去"这一概念。侗台语族语言的"走"或许跟"去"存在某种联系。汉语的"走"便有"前往"义。《仪礼·士相见礼》："某子命某见，吾子有辱，请吾子之就家也，某将走见。"郑玄注："走，犹往也。"现代汉语的"走"也可以表示"去"，《现代汉语词典》（修订本）中"走"的第 4 个义项为"离开；去"，例句为："请你走一趟吧。"笔者母语西南官话管"去哪里"为"走哪里"。

但是黎语表达"去"这一概念的词语与表达"走"这一概念的词语读音不同，见表 8-47。

表 8-47 黎语代表点的"去"

保定	中沙	黑土	西方	白沙	元门	通什	堑对	保城	加茂	廖二弓
hei^1	hei^1	hei^1	hei^1	phə^1	pheɯʔ^7	hei^1	hei^1	hei^1	hai^1	hai^{51}

黎语的"去"与"走"韵母和声调基本一致，只是声母不同。元门话 fhei^1"走"的复辅音声母 fh- 暗示了两个词之间的演变关系。黎语的"走"和"去"应该是同源词，后来因为语义分化，出现声母交替。

从音节上看，黎语的 hei^1"去"似乎与广东阳江话 hei^ʔ"去"一致。但是属于粤语的阳江话遇摄鱼语御三韵读作 -ei。而黎语借自汉语遇摄鱼语御韵的字则读作 -i，并未见读 -ei 的情形，普通话与来自鱼韵读音相同但是来自屋、烛两韵的入声字在阳江话中读作 ʋk，黎语这方面的借词则读作 -i：k，本节以保定话为例予以说明，见表 8-48。

表 8-48 黎语、阳江话的汉语鱼语御屋烛五韵例字

汉字 语言	举~行	菊~花	旅~行	绿~化	区~城
黎语	ki^3	ki: k^7	li^3	li: k^7	khi^3
阳江话	ˈkei	kʋkₛ	ˈlei	lʋkₛ	ˌkhei

因此，黎语 hei^1"去"与属于粤方言的阳江话 hei^ʔ"去"没有语源关系。

邢公畹（1999：374，375）未讨论台语支该形式的"走"，其讨论的傣雅语ŋa：ŋ^6"走"、傣西语 ja：ŋ^6"走"、傣德语 ja：ŋ^6"走"、泰语 ja：ŋ^6"走"，可以与汉语的"行"比较。现代闽粤方言的"行"表达的是"走"义，如广州话ha：ŋ^2"走"、福州话 kia：ŋ^2"走"。吴安其（2002：250，318）依据彬桥话phja：i^3"走"、峨村话 va^{11}"走"拟原始侗台语为 *pleɣ，进而将其与藏缅语 *pla-g"跑"、汉语"步"*bags 视为同源词，《说文解字》："步，行也。"

乐东尖峰话 tsam^1"走"、陵水隆广话 tsam^1"走"、加茂话 tsə：m^2"走"、

保定话 tsa：m² "走"、西方话 tsa：m³ "走"，还可以表示"步（一步）"。黎语该词与侗台语族侗水语支关系密切，如侗语 ɬha：m⁸ "走"、仫佬语 tsha：m³ "走"、佯僙语 sye：m³ "走"、水语 sa：m³ "走"、毛南语 sa：m³ "走"。侗水语支该词的声母普遍为擦音 s-，黎语则为塞擦音 ts，这属于擦音塞化现象。陈孝玲（2009：223）明确指出，黎语该词没有擦音 s-，所以塞化为 ts-。

8.13　来（come）

"come" 在《百词表》中位列第 66 位。黎语表达"来"这一概念的词语在各方言、土语中的读音见表 8-49。

表 8-49　黎语代表点的"来"

保定	中沙	通什	堑对	保城	保城₂	昌江石碌	乐东尖峰	乐东三平
pɯ：n¹	pɯ：n¹	pɯ：n⁴	phɯ：n⁴	pɯ：n⁴	pɯ：n⁴	po¹	pɤ：n¹	pɤ：n¹

陵水隆广	通什₂	白沙	元门	堑对₂	黑土	加茂	廖二弓	加茂₂
pɤ：n¹	pə：n¹	phə¹nen³	pheɯʔ⁷kuɯ³ni⁵	phəɯ¹	mɯ：n¹	muɯŋ⁴	məŋ¹¹	muɯn⁴

表 8-49 中黎语方言、土语表达"来"这一概念的词语均为同源词，但表现出不同的方言音变。白沙、元门、堑对₂该词的读音鼻音韵尾消失，表面上看似乎与其他方言、土语中该词的读音不一致，但是堑对话 phɯ：n⁴ "来"与堑对₂话 phəɯ¹ "来"表明两者存在演变关系，前者来自半个多世纪前欧阳觉亚和郑贻青的记音材料，后者则来自今天的琼中县和平镇堑对万道村发音合作人王海群女士的录音材料。白沙话 phə¹nen³ "来"、元门话 pheɯʔ⁷kuɯ³ni⁵ "来"中的近指代词 nen³ "这"、ni⁵ "这"暗示复合词中的词根 phə¹、pheɯʔ⁷可以兼表"来""去"，如前述，表达"去"这一概念，白沙话为 phə¹，元门话为 pheɯʔ⁷。照理表达"去"这一概念，应该与远指代词组合成一个复合词，但是受语言经济原则的制约采用了零形式。

本书认为，黎语的"来"很有可能是一个合音词，鼻音韵尾来自近指代词 *nen "这"的声母，即类似于：phə¹nen³＞phə¹nen＞phən¹。黎语兼表"来""去"的词根的共同形式可能是 *pəɯ。该词根与表达"回"这一概念的词根极为相似，见表 8-50。

表 8-50　黎语代表点的"回"

代表点 词条	保定	中沙	黑土	西方	白沙
回来	peɯ¹lɯ：ŋ¹	peɯ¹lɯ：ŋ¹	meɯ¹mɯ：n¹	lɯŋ¹	pau¹lɯŋ¹
回去	peɯ¹	peɯ¹	meɯ¹	peɯ¹	pau¹

续表

代表点 词条	元门	通什	堑对	保城	加茂
回来	paɯ⁴kɯ³ni⁵	pa: ɯ⁴pɯ: n⁴	pheɯ⁴	pa: i⁴	pə⁴
回去	paɯ⁴	pa: ɯ⁴	hei¹pheɯ⁴	hei¹pa: i⁴	hai¹pə⁴

表 8-50 中的语料表明，表示"回来""回去"概念的核心词根是 peɯ¹ 或其变体。堑对 pheɯ⁴"回来"、保城 pa: i⁴"回来"、加茂 pə⁴"回来"是单纯词，其词根是 peɯ¹ 的地域变体。保定、中沙、黑土、西方、白沙、元门、通什等 7 处表达"回去"这一概念的是单纯词 peɯ¹ 或其变体。为了区分"回来""回去"这对概念，除了西方不同之外，其余方言或土语一律用 peɯ¹ 或其变体表达这一概念，用另一词根与词根 peɯ¹ 或其变体构成复合词表达对立的另一概念，这另一词根有：lɯ: ŋ¹、mɯ: n¹、hei¹ 或它们的变体。这种情况表明黎语的共同形式 peɯ¹"回"当初是不分"回来"与"回去"的。这种情况也存在于其他语言中，比如，壮语的 ma¹ 可以表达"来""回""回来""回去"4 个概念，后来因为区别意义的需要，"回去"逐渐用 ma³ 或 pai¹ma¹ 表达。既然壮语的 ma¹ 可以表达"来""回""回来""回去"，黎语的堑对 ₂ 话 phɯ¹"来"、西方话 peɯ¹"回去"、堑对话 pheɯ⁴"回去"就有可能是同源词。不过，大部分黎语方言、土语表达"来"这一概念已经经由复合词 *pəɯ¹nen³ 进而演变成了合音词 pɯ: n¹。深究黎语该词来源，可以发现其来自原始侗台语，请看该词在侗台语一些语言中的读音：

　　　　壮　　布依　　临高　　傣西　　傣德　　侗　　比佬
来　　ma¹　　ma¹　　mia²　　ma²　　ma²　　ma¹　　məɯ³¹

比佬语 məɯ³¹"来"架起了黎语 *pəɯ¹"来"与壮语 ma¹"来"之间的语源桥梁。多数学者认为黎语该词与侗台语其他三个语支的"来"没有同源关系。金理新（2012：433）将加茂话 mɯŋ⁴"来"、通什话 peɯ¹"回"、保定话 peɯ¹"回"与侗台语其他三个语支的"来"比较，并将侗台语"来""回来"的共同形式拟为 *ma/*q-ma。吴安其（2002：250）将加茂话 mɯŋ⁴"来"与仫佬语 taŋ¹"来"、峨村话 ʔdɔŋ²⁴"来"、贞丰仡佬语 luŋ³⁵"到"比较，并构拟 PKT 为 *m-loŋ；吴安其先生（2002：318）进一步将原始侗台语与原始汉语 *m-la-g、原始藏缅语 C-ra-g 比较。加茂话 mɯŋ⁴"来"显然与加茂 ₂ 话 mɯn⁴"来"、保定话 pɯ: n¹"来"是同一个词的变体，吴先生的比较有待商榷。不过古文字学对汉字"来"与"麦"的传统训释倒是在一定程度上暗示了侗台语的 *m-"来"与汉语 l-"来"之间的语音演变关系。朱骏声《说文通讯定声》（第 197 页）："按往来之来，正字是麦；菽麦之麦，正字是来。三代以还，承用互易。"甲骨文"来"字像麦形。邢公畹先生（1999：113）据此将侗台语族的傣语、泰语的 ma² "来" 与汉语广州话 lɔ：i²（来）<꜀lǎi<*꜀mləg 比较。

　　西方话 luɯŋ¹ "回来" 和保定话 peɯ¹lɯ：ŋ¹ "回来"、中沙话 peɯ¹lɯ：ŋ¹ "回来"、白沙话 paɯ¹luɯŋ¹ "回来" 中的 -luɯŋ¹ "来" 倒是可以与泰语 thuɯŋ¹、傣语 thuɯŋ¹、仫佬语 taŋ¹ "来"、峨村话 ʔdɔŋ²⁴ "来"、贞丰仡佬语 luŋ³⁵ "到" 比较。这应该是另一个来源的词，该词，侗台语族台语支意义多为 "到"，侗水语支的意义多为 "来"。金理新（2012：433）将该词的侗台语共同形式构拟为 *taŋ/*q-taŋ。

8.14　躺（lie）

　　"lie" 在《百词表》中位列第 67 位。该词在黎语代表点方言、土语中的读音见表 8-51。

表 8-51　黎语代表点的 "躺"

保定	中沙	黑土	西方	白沙	元门	通什	堑对	保城	加茂
kau²	kau²	kau²	kau²	kau²	kau²	kau²	kho²	kɔ²	ŋo⁴

廖二弓	保城₂	加茂₂	昌江石碌	乐东尖峰	乐东三平	陵水隆广	堑对₂	通什₂	
ŋo³¹	kɔ²	wo¹tɔ⁴	tsɔ：²	kau²	kau²	kau²	tsɔ：n¹	kau²	

　　黎语表达 "躺" 这一概念的词都兼表达 "睡" 的概念。此处不再讨论，读者可以参见《百词表》中排列第 60 位的 "sleep" 词条。加茂₂ 话 wo¹tɔ⁴ "躺" 是现代汉语借词 "卧倒"。

8.15　坐（sit）

　　"sit" 在《百词表》中位列第 68 位。黎语表达 "坐" 这一概念的词语在各方言、土语中的读音见表 8-52。

表 8-52　黎语代表点的 "坐"

保定	中沙	黑土	西方	白沙	元门	通什	堑对	保城	加茂
tsoŋ³	tsuŋ³	tsuŋ³	tsoŋ³	tsoŋ¹	toŋ³	tsoŋ³	tsoŋ³	tsoŋ³	tsiəŋ¹

廖二弓	保城₂	加茂₂	昌江石碌	乐东尖峰	乐东三平	陵水隆广	堑对₂	通什₂	
tsiən⁵¹	tsoŋ³	giəŋ¹	giəŋ²	tsoŋ¹	tsoŋ¹	tsuŋ¹	tsuŋ³	tsoŋ³	

黎语该词内部比较一致，即使有语音差异也是同一个词的地域性变体差异，但声母仍以舌尖前塞擦音 ts- 为主，韵母则一律为以后鼻音为韵尾的阳声韵，并且主要元音除加茂一系之外皆为舌面后圆唇元音，只是舌位高低有别而已。加茂话 tsiəŋ¹ "坐"、廖二弓话 tsiəŋ⁵¹ "坐"，韵母带高元音 i 介音，最终促使舌尖声母舌面化，因此加茂₂话 giəŋ¹ "坐"、昌江石碌话 giəŋ² "坐" 的声母为舌面后浊塞音 g-。至于元门话 toŋ³ "坐" 的声母为舌尖塞音 t-，而不是舌尖塞擦音 ts-，这从音变规律上很好解释，因为塞擦音的擦音成分消失后即是同部位的塞音。这种情况在汉语演变中不乏其例，比如，"尊" 中古为精母字，而从其得声的 "蹲" 为从母字，但是今天的普通话中，前者读为 tsun⁵⁵，后者读为 tun⁵⁵。因此，上述黎语方言、土语的 "坐" 为同一个词。

吴安其（2002：250）将通什话 tsoŋ³ "坐" <*m-loŋ^C 与彬桥话 naŋ⁶ "坐"、布依语 zaŋ⁶ "坐" <m-laŋ^C 比较，认为它们是同源词，并拟原始侗台语为 *m-laŋ。之后，陈孝玲（2009：227）也对黎语该词的来源持相同看法。本书认为有待商榷，还不如将黎语该词直接与汉语的 "蹲" 比较更合适。

侗台语族其他语言的 "坐" 内部一致性十分明显，黎语该词与它们比较明显突兀，很不协调，不能认为黎语属于侗台语族而犯先入为主的错误。为直观起见，罗列保定话和侗台语族部分语言表达 "坐" 这一概念的词语于下：

黎保定语	壮	布依	傣西	傣德	泰	老挝	标
坐 tsoŋ³	naŋ⁶	naŋ⁶	naŋ⁶	laŋ⁶	naŋ³	naŋ⁵	naŋ⁶

黎语长期受当地强势汉语方言特别是闽语和粤语的影响，黎语该词有没有可能是汉语借词呢？顺着这个思路可以考察黎语该词与汉语表示 "坐" 这意义的词语之间的关系，或许会柳暗花明。

"蹲"，《广韵》："坐也，说文踞也。" 可见 "蹲" 本表示 "坐" 义。《庄子·外物》："蹲乎会稽，投竿东海。旦旦而钓，期年不得鱼。" 成玄英疏："蹲，踞也。踞，坐也。" "蹲" 在《广韵》音系中属于臻摄魂韵合口一等平生从母字。"蹲" 汉语普通话读作 dun，其声旁是 "尊"。从 "尊" 得声的汉字 "遵" "樽" "鳟" "僔" "噂" "罇" "墫" "嶟" 等，汉语普通话一律读作 tsun。可见，汉语的 "蹲" 音与 "尊" 音存在演变关系，这样黎语的 tsuŋ³ "坐" 在语音上就与汉语的 "蹲" 音建立起了联系。普通话 "蹲" 是前鼻音韵尾，前后鼻音容易发生混读。本书推测，汉语方言中肯定有把 "蹲" 或者以 "尊" 为声旁的字读作后鼻韵尾的情况。厦门的魂韵便有两种情况，比如，"村"，白读 ₋tshŋ、文读 ₋tshun；"孙"，白读 ₋sŋ、文读 ₋sun；但是厦门话的 "尊" "遵" 只有一个读音 ₋tsun。潮州、福州、建瓯的 "尊" "遵" 及其他魂韵合口一等字，韵母韵尾则是后鼻音，见表 8-53。

表 8-53　潮州、福州、建瓯的魂韵合口一等例字

汉字 方言	尊	遵	村	存	寸	孙	屯
潮州	˳tsuŋ	˳tsuŋ	˳tshuŋ	˳tshuŋ	tshuŋ³	˳suŋ 文; ˳suŋ 白	˳thuŋ
福州	˳tsouŋ	˳tsouŋ	˳tshouŋ	˳tsouŋ	tshauŋ³	˳souŋ	˳touŋ
建瓯	tsɔŋ³	tsɔŋ³	tshɔŋ³	tsɔŋ³	tshɔŋ³	sɔŋ³	tɔŋ³

　　表 8-53 的语料表明，上述方言中，"蹲"如果不受现代汉语普通话影响，其读音应该与"尊""遵"一致，至少韵母一致，这样其读音就与黎语保定话 tsoŋ³ "坐"、中沙话 tsuŋ³ "坐"、白沙话 tsoŋ¹ "坐"一致。因此可以肯定，黎语的 tsoŋ³ "坐"及其变体是汉语借词"蹲"，最有可能是早期借自汉语的闽方言。汉语方言发音字典显示：潮州话"尊"读为 tsuŋ¹、"蹲"读为 tuŋ¹，闽南话"尊"读为 tsun¹、"蹲"读为 tsun²。

　　黎语的 tsoŋ³ "坐"可以对译汉语"骑马"的"骑"、"搭"车的"搭"，如保定话 tsoŋ³ka³ "骑马"、tsoŋ³tshia¹ "搭车"。

8.16　站（stand）

　　"stand"在《百词表》中位列第 69 位。黎语表达"站"这一概念的词语在各方言、土语中的读音见表 8-54。

表 8-54　黎语代表点的"站"

保定	中沙	黑土	西方	白沙	元门	通什	堑对	保城	加茂
tsu:n¹	tsu:n¹	tsu:n¹	tsuŋ¹	tsuŋ¹	tun¹	tsu:n¹	tsu:n¹	tsu:n¹	tshu:n¹

廖二弓	保城₂	加茂₂	昌江石碌	乐东尖峰	乐东三平	陵水隆广	堑对₂	通什₂	
ŋɔ³³	tsu:n¹	tsu:n¹	tsuŋ¹	tsu:n¹	tsu:n¹	tsuo¹-ne²	tsu:n¹	ŋa:ŋ²	

　　如前述，元门话的舌尖中塞音声母 t- 与黎语其他方言、土语的舌尖前声母 ts- 对应，故除却廖二弓话 ŋɔ³³ "站"、通什₂话 ŋa:ŋ² "站"外，其余各处黎语方言、土语表达"站"这一概念的词语为同一个。元门话 tun¹ "站"显示了黎语该词与侗台语族语言的关系，因为"站"，武鸣壮语为 ʔdun¹（李方桂，2011：160）或 duun¹，册亨话为 doun¹（李方桂，2011：160），布依语为 duun¹，与黎语元门话读音基本一致。李方桂（2011：160）认为台语北支的"站"不同于台语西南方言和中支的"站"，他列举的西南方言有暹罗语 jïïn "站"、寮语 jïïn "站"、白泰 jïïn "站"，中支方言有侬语 giên "站"。表面来看，台语西南支、中支和北支的

读音差异很大，的确不适合看作同一个来源的词，似乎西南支、中支的"站"与侗水语支的"站"属于另一来源的词，如水语 ʔjon[1] "站"、jun[1] "站"。侗水语支的"站"声母与台语西南支的"站"声母一致，但是韵母却与台语北支和黎语更为一致，这种情况是否暗示了它们具有同源性呢？金理新（2012：441，442）从语音对应的角度论证了黎语词"站"与侗台语有共同的来源。直观起见，引录数例于表 8-55。

表 8-55 黎语声母 ts- 与侗台语族相关语言的对应词条

词条 ＼ 语言	黎保定语	黎通什语	壮邕宁语	壮武鸣语	临高话	侗语	伴偡语
站	tsu: n[1]	tsu: n[1]	nən[1]	dɯn	ȵun	yun[1]	in[1]
蹲	tsoŋ[3]	tsoŋ[3]	yoŋ[6]	yo[5]	—	yu[1]	—
踮	—	tse: ŋ[3]	ye: ŋ[5]	—	ȵeŋ[3]	yo[3]	yɔ: ŋ[1]
鹞鹰	tsi: u[2]	—	yiu[6]	yiəu[6]	yiu[4]	yiu[6]	yiu[6]
融化	tsuŋ[1]	—	yuŋ[2]	yuŋ[2]	yuŋ[2]	yoŋ[2]	yoŋ[2]
哄	tsau[1]	tsut[7]	yau[6]	yau[6]	—	—	—

表 8-55 中所引例子，黎语的声母 ts- 与壮语、侗语、伴偡语，甚至是临高话的半元音 j/y 基本对应，这就揭示了它们的同源性。临高话的舌面鼻音声母 ȵ-、邕宁话的前鼻音声母 n- 可能是受鼻音韵尾的影响所致，特别是临高话的舌面鼻音 ȵ- 还暗示了其与本应该对应的半元音 j、y 之间的关系。

黎语表达"站"这一概念的词语可能跟表达"森林"的词语存在词义引申关系。人站着一动不动，好像有些傻、有些呆头呆脑，因此表达"森林"的词语还可以引申出"傻"义。比如，普通话说人不聪明为"木头""木头脑袋"等。元门话 tshun[1] "森林"恰好与保定话 tsu: n[1] "站"、加茂话 tshu: n[1] "站"一致。通什₂话的 ŋaŋ[4]tshai[1] "森林"、ŋaŋ[5] "傻"、ŋa: ŋ[2] "站"，音节基本一致，只是声调出现交替。廖二弓话的 ŋɔ: n[33]tha[31] "森林"与 ŋɔ[33] "站"的语音相似度也极高，可能是区别意义的需要，后者脱落了鼻音韵尾；但是廖二弓话的 tsuŋ[33] "傻、愚蠢"却与其他黎语方言表达"站"概念的词语语音一致。黎语各方言、土语表达"傻"概念的词语普遍为 ŋaŋ[2]（或稍有变音），可以与廖二弓话 ŋɔ[33] "站"、通什₂话 ŋa: ŋ[2] "站"对应。黎语该词在侗台语族语言普遍表达"傻"概念，见表 8-56。

表 8-56 侗台语族相关语言的"傻"

壮	临高	傣西	傣德	侗	仫佬	毛南
ŋoŋ[5]	ŋoŋ[3]	ŋɣ[3]	ŋə[3]	ŋa: ŋ[5]	ŋa: ŋ[5]	ʔŋa: ŋ[5]

8.17　给（give）

"give" 在《百词表》中位列第 70 位。黎语表达"给"这一概念的词语分三种类型，本节分别予以讨论。

第一种类型的读音见表 8-57。

表 8-57　黎语代表点的"给"

中沙	黑土	通什	堑对	保城	保城₂	乐东尖峰	通什₂	陵水隆广	保定	乐东三平
dɯɯ¹	dɯɯ¹	dɯɯ¹	dɯɯ¹	dɯɯ¹	dəɯɯ¹	dəɯɯ²	dɯɯ¹	tə：i¹；tɯ：i¹	tɯ：ŋ²	tɯ：ŋ²

上述黎语方言、土语表达"给"概念的词语为同一个来源，陵水隆广话与乐东尖峰话均为黎语哈应土语，但是陵水隆广话 tə：i¹ "给"的韵尾演变成了舌面前高元音 -i，韵尾 -i 甚至有进一步消失的可能，比如，保定、中沙、白沙等地的 khaɯ² "干（用于柴干）"，加茂话则读作 kha¹。高元音韵尾 -ɯ 演变成前高元音韵尾 -i 是比较普遍的语音演变现象，比如，傣西语、布依语的 haɯ³ "给"在泰语、老挝语中则读 hai³ "给"。保定话 tɯ：ŋ² "给"、乐东三平话 tɯ：ŋ² "给"的韵尾则演变成了后鼻韵尾，这种情况黎语中不乏其例，西方话 pɯ³lɯɯ² "槟榔"的词根 lɯɯ²，其他方言、土语多读作 lo：ŋ³；又如表达"放（放置）"这一概念的词语，西方话为 tshɯɯ³，白沙话、元门话为 tshaɯ³，保定话、中沙话、黑土话为 tsho：n²，通什话、堑对话、保城话为 tsho：n⁵。金理新（2012：444）在讨论壮语语词"给"时，便指出："后高展唇元音韵尾 -ɯ，台语支一些语言或方言往往会演变成鼻音韵尾 -ŋ。"但是，陈孝玲（2009：231）将黎语 tɯ：ŋ² "给"独立出来与汉语的"赠"对应。

本书认为黎语该词可以与侗台语族其他语言的"给"比较，见表 8-58。

表 8-58　侗台语族相关语言的"给"

泰	老挝	壮	布依	傣西	傣德	仫佬	水	锦	莫	佯僙
hai³	hai³	haɯ³；haŋ³	haɯ³	hɯ³	haɯ³	khye¹	ha：i¹	ha：i¹	ha：i¹	tha：i¹

多数学者将台语支的"给"和侗水语支的"给"区别对待，梁敏和张均如（1996：432，476，522）、陈孝玲（2009：230，231）、金理新（2012：444，445）均将台语支的"给"和侗水语支的"给"看成不同来源的两个词并分别予以讨论，可能是考

虑声调不同的缘故。本书认为在判定是否同源时，声调仅仅是一个参考因素，其作用是很有限的，请看表 8-59 中几个明显是同源的词在三个语支中的读音情况。

表 8-59　侗台语族相关语言的几个同源词

词条 ＼ 语言	壮	布依	临高	傣西	傣德	侗	水	仫佬	黎
隔~一条河	kek[7]	kɯə[2]	ke[3]	xɛn[3]	xan[3]	qek[9]	qek[7]	kɛk[7]	ke[2]
排~队	pa: i[2]	pa: i[2]	fai[4]	—	—	pha: i[3]	pha: i[4]	pha: i[6]	ba: i[3]
喷~水	plo[5]	pjo[5]	—	phu[5]	phu[5]	—	phut[7]	phu[1]	phu[2]
派~人	pa: i[3]	pa: i[5]	fai[2]	—	pha: i[5]	pha: i[5]	pha: i[1]	pha: i[5]	pha: i[3]; bai[1]

　　佯僙语 tha: i[1] "给" 与水语 ha: i[1] "给" 是同源词，因为在侗水语支中部分语言的擦音已经演变成了塞音，这就是通常说的"擦音塞化"，塞化首先是同部位的塞音，其他部位的塞音也可以演变。可以以仫佬语与水语的对应情况为例，略举几个例子加以说明："编"，仫佬语 ta: n[1]、水语 han[1]；"搓"，仫佬语 tha: t[7]、水语 hat[7]；"捉"，仫佬语 tap[7]、水语 hap[7]。陈孝玲（2009：231）将黎语通什话 dɯɯ[1] "给" 与泰语 tha: i[2] "给"、佯僙语 tha: i[1] "给" 单独归为一类予以讨论。事实上这恰好证明了黎语的"给"与侗台语族其他语言的"给"之间存在某种对应关系。

　　吴安其（2002：250，318）以通什话为例，拟黎语共同形式拟为 *ʔdei[A]，并将其与彬桥话 hɯ[3]<*khlei[B]、侗台语 sa: i<*krai[A] 比较，进而拟原始侗台语 *k-derɣ。吴先生认为侗台语中*-l-、*-d- 交替出现，因此可以将汉语的"与"*lag 与侗台语该词比较。而邢公畹先生（1999：102）则将台语支的"给"与汉语"贻"对应。就黎语而言，本书认为黎语该词确实可以与汉语的"予"比较，看看表 8-60 中两个汉语的遇摄字在黎语中的读音情况，便可以发现其语音对应情况。

表 8-60　黎语借自汉语遇摄的例字

汉字 ＼ 代表点	保定	中沙	黑土	西方	白沙	元门	通什	堑对	保城	加茂
苏~醒（遇摄模韵）	teɯ[1]	teɯ[1]	teɯ[1]	seɯ[1]	tsheɯ[1]	ɬɯɯ[3]	teɯ[1]	teɯ[1]	teɯ[1]	tshe: t[9]
父叔~（遇摄虞韵）	fo: i[2]	feɯ[1]	pheɯ[1]	feɯ[1]	feɯ[4]	fheɯ[1]	fo: i[6]	feɯ[1]	feɯ[1]	pa[1]
射（假摄麻韵）	tseɯ[1]	tseɯ[1]	nɛɯ[1]	tseɯ[1]	tsɯ[1]	tseɯ[4]	tseɯ[4]	tsheɯ[4]	tseɯ[4]	ni[4]

　　中古汉语的"射"属于假摄麻韵字，假摄与遇摄相邻，《广韵》中摄、韵的排列是依据语音相似程度。在上古，"予""苏""父"都属于"鱼部"；"射"

的归并有出入，王力、潘悟云将其归入铎部，郑张尚芳将其归入暮部，但是李方桂先生将其归入鱼部。可见这三个汉字在上古音系中，它们的韵母读音是近乎相同的，即使是归入铎部，鱼铎互转也是常有的事（王力，2004：306），而在黎语中，它们的韵母几乎完全相同。因此，本书认为，将黎语该形式的"给"与汉语的"予"对应完全可行。

黎语第二种类型的"给"见于下面 4 个代表点：

　　　　白沙　　元门　　昌江石碌　　堑对 $_2$

给　　kau^2　　kau^2　　kau^2　　kɔu^5

上述黎语方言、土语表达"给"概念的词语可以与汉语的"交"比较，应该是汉语借词"交"。

"交"，《广韵》："古肴切，效摄肴韵开口二等平声见母字。"今天的汉语南方方言仍多读为见母，比如，粤语广州话为 ˌkau，闽语厦门话为 ˌkau 文、cka 白。今天的海南临高话，"交"读作 kau^1。"教"在《广韵》音系中与"交"声韵相同，在汉语借词"教育"一词中，黎语方言、土语读音见表 8-61。

表 8-61　黎语代表点的"教（育）"

保定	中沙	黑土	西方	白沙	元门	通什	堑对	保城	加茂
ka^2-	ka^3-	ka^2-	ka^2-	ka^4-	ka^3-	ka^5-	ka^5-	ka^3-	ka^1

显然，"教"读 ka 是个白读，参考闽方言的厦门话，可以推测其文读音该是 kau。保定、黑土、西方读第一调类恰好是来自中古的平调。因此断定白沙、元门、昌江石碌的 kau^2 "给"和堑对 $_2$ 话 kɔu^5 "给"其实是中古汉语借词"交"。

《汉语大词典》"交"的第 9 个义项：谓一方授与，另方受取。《礼记·礼器》："室事交乎户，堂事交乎阶。"孔颖达疏："堂下之人送馈至阶，堂上之人于阶受取，是交乎阶。"后多用以指付与、交出。《儒林外史》第 19 回："我托他去人情上弄一张回批来，只说荷花已经解到，交与本人领去了。"

汉语的"给""付""交""授""予"为同义词，黎语只用一个词语与之对应，比如，保定话 tɯːŋ^2、廖二弓话 muan^{51} 均对译上述汉语同义词。

黎语第三种类型的"给"见于加茂赛方言：

　　　　加茂　　廖二弓　　加茂 $_2$

给　　muan^1　　muan^{51}　　muan^1

加茂赛方言表达"给"概念的词语与前述两种类型不同，欧阳觉亚和郑贻青的语料和笔者调查整理的语料显示该词的声调为第 1 调，黄权主编的《汉黎字典》显示为第 4 调，但音节结构完全相同。堑对 $_2$ 话在说"分钱""付钱"时，用的动词读作 puan^1，该词应该与加茂话的 muan^1 为同源词。黎语该词可能来自汉语的"颁"，廖二弓话在表达"颁布""颁发"这类概念时用的就是 muɯan^{51} 这个词。黎语该词在侗台语族部分语言中也可以找到相对应的情形，如泰语 pɔːn^3 "给"、傣语 pan^1 "给"、标语 pan^3 "给"。

"颁"，《广韵》有两个反切——符分切和布还切，后一个反切对应的意义是"布也、赐也"。"赐"，《广韵》："与也"。可见"颁"原本就有"分给"的意思。潘悟云为"颁"（布还切）所拟的中古音 pɣan^A 与黎语该词的韵母便极为相似。黎语该词很有可能就是借自中古汉语的"颁"。

8.18　说（say）

"say"在《百词表》中位列第 71 位。黎语表达"说"这一概念的词语有两个不同的来源，本节分别予以讨论。

第一种类型的读音见表 8-62。

表 8-62　黎语代表点的"说"

保定	中沙	黑土	通什	通什$_2$	保城	乐东尖峰	乐东三平
riːn^1	riːn^1	riːn^1	riːn^4	liːn^1	liːn^4	dien^1	dien^1

陵水隆广	元门	西方	白沙	昌江石碌	加茂	廖二弓	加茂$_2$
diːen^1	ȵeɯ^4	tshem^2	tshem^2	tshen^2	hu^1	hu^{51}	hu^1

黎语该词可能与汉语的"言"字有关联。在黎语方言之间，辅音声母 r-、z-、l-、t-、ts-、ȵ- 存在一定的对应关系，见表 8-63 中的例词。

表 8-63　黎语方言、土语之间的声母对应例词

代表点 词条	保定	中沙	黑土	西方	白沙	元门	通什	堑对	保城	加茂
耙	rik^7	zik^7	zik^7	—	—	—	tiːʔ^8; dik^8	—	—	—
搬	reːŋ^3	zeːŋ^3	zeːŋ^3	tseːŋ^3	—	—	teːŋ^6	—	teːŋ^6	—
捕捉	roːm^1	roːm^1	raːm^1	roːm^1	ruam^1	ruam^1	roːm^4	lɔːm^4	lɔːm^4	—
藏	ruːŋ^1	zuːŋ^1	zuːŋ^1	—	—	tsuŋ^1	tuːŋ^4	thuaŋ^4	—	—
吊	riːŋ^3	riːŋ^3	riːŋ^3	riŋ^3	riŋ^6	riŋ^6	riaŋ^6	liaŋ^6	liaŋ^6	lin^4
砍~倒	rau^2	rau^2	bau^2	ro^2	ro^2	ro^2	ro^2	lau^5	lau^5	—

上述例子中的汉语词语表示的是概念，黎语各方言、土语表达相应概念的词语与汉语不一定有关系。但是可以看出上述黎语方言、土语表达相应概念时的词

语有共同的来源，不同词语在方言、土语中的对应情况不同，体现了不同的历史层次。通什话 ri：n^4 "说" 与通什$_2$话 li：n^1 "说" 的不同，正好说明了 r->l- 的演变轨迹。

汉语的 "言" 中古属于疑母字，我们看看保定话两个汉语疑母借词的读音情况：zu：n^{3}da：n^1 "元旦"、zu：n^{3}tsek^7 "原则"。再看看保定话两个汉语云母的借词读音情况：zu：n^{3}tsi^{3}bit^7 "圆珠笔"、nu：n^{3}to^1 "援助"。这种情况表明，上述汉语借词是在汉语中的疑母和云母读音相同之后借入的，是近现代的事。显然，疑母字在保定话中读 r- 应该早于读 z- 的时间，但舌尖颤音 r- 极容易向舌尖浊擦音z- 演变。中古时期借入的疑母或云母，黎语应该保留舌根音色彩，云母字早期（中古）借入保留了舌面后或喉擦音，比如："圆"，保定话 hwom^1、中沙话 hom^1、黑土话 hom^1、西方话 ɣom^1、保城话 hum^1，即使是在黎语中独树一帜的加茂赛方言廖二弓话也保留了喉擦音特色，如 nən^{51}hu：n^{51} "元月"、ʔa^{31}hu：n^{51} "原来"。

汉语的 "言" 中古属于元韵，我们再看看保定话两个元韵汉语借词：hi：n^{2}phat "宪法"、hi：n^{2}li^3 "献礼"，这两个词都是近现代借入的，其韵母 -i：n 与 ri：n^1 "说"的韵母完全相同。

至此可以肯定黎语该词是近现代汉语借词。辅音声母 r-、z-、l-、t-、ts- 的历史演变是比较普遍的现象，其演变原理前文有些地方已经引述潘悟云先生的论述作了说明。至于，舌面鼻音 ȵ- 与疑母的关系则更容易理解，南昌话 ꞌȵian "言"、梅县话 ȵian "言" 的声母便是舌面鼻音。上述所列的几个词语在黎语方言、土语中的具体读音显示，舌尖颤音 r- 与舌尖浊擦音 z-、边音 l-、舌尖中塞音 t- 或 d- 的对应情况比较普遍，读作舌尖前塞擦音 ts- 的情形则比较少见，但是西方话 tse：ŋ^3 "搬"、tsuŋ^1 "藏" 与其他方言、土语仍对应得十分工整，这种情况暗示了西方话、白沙话、昌江石碌话的 tshem^2 "说" 仍可以与其他方言、土语 "说" 对应，也是汉语借词 "言"。黎语方言、土语阳声韵，前鼻音转为双唇鼻音的情况不常见，但是这种情况仍存在，比如，通什话 tso：n^5 "踩"，西方话读作 tse：m^2 "踩"，保城话读作 so：m^5 "踩"；昌江石碌话 tshem^2 "说" 有时便读作 tshen^2。黎语的第1 调和第 2 调也存在混度情况，即某方言中读第 1 调的，在其他方言中有可能读第 2 调，见表 8-64。

表 8-64 黎语方言、土语声调差异例词

代表点／词条	保定	中沙	黑土	西方	白沙	元门	通什	堑对	保城	加茂
角落	zu：ŋ^1	zu：ŋ^1	zuŋ^1	zuŋ^1	zuŋ^1	zuŋ^1	zu：ŋ^2	zuan^2	zu：ŋ^1	tshuaŋ^1
紧拉~	kuɯŋ^1	kuɯŋ^1	kuɯŋ^1	kən^1	kən^2	kən^1	kuɯŋ^4	kuɯŋ^1	kuɯŋ^1	kuɯŋ^5
镰刀	li：m^1	li：m^1	li：m^1	lim^1	lim^2	liam^2	li：m^1	li：m^2	li：m^1	liam^2

西方话、白沙话的 tshem^2 "说"，声韵调均可以与以保定话为代表的 ri：n^1 "说"对应，因此可以基本上肯定西方话、白沙话的 tshem^2 "说"也来自汉语借词"言"。

表达"说"这一概念，欧阳觉亚和郑贻青整理的语料显示加茂话为 hu^1，至今没有变化，属于加茂赛方言的廖二弓话为 hu^{51}（属于音系中的第 4 调），显然加茂赛方言内部是同一个词。可以将其与廖二弓话的汉语借词 nən^{51}hu：n^{51} "元月"、ʔa^{31}hu：n^{51} "原来"比较，hu：n^{51} "元"、hu：n^{51} "原"在中古汉语中同属于元韵疑母平声字，与"言"的音韵地位完全一致，廖二弓话 hu^{51} "说"显然也来自汉语借词"言"，但是阳声韵已经转化为音声韵，阴阳对转是一种比较常见的语音演变现象。

堑对话 khuaŋ^3 "说"、堑对 $_2$ 话 khuaŋ^3 "说"、保城 $_2$ 话 hoaŋ^3 "说"可以与汉语的"讲"比较。"讲"，《广韵》："古项切，江摄开口二等江韵上声见母字。"见母中古为舌根塞音，"讲"，今天的闽方言、粤方言等南方方言仍保留古读，如广州话 ˈkɔŋ、福州话 ˈkouŋ、厦门话 ˈkɔŋ 等。黎语该词声母则读作舌根塞音或擦音，其演变过程大概是这样：k->kh->h。黎语中古借入的汉语见母字，声母多读舌面后塞擦音（读塞音的情况可能是后来再次借入的），极少数方言演变成了舌面后擦音，请看表 8-65 的两个例字。

表 8-65　黎语代表点的汉语借词"姜""脚"

汉字＼代表点	保定	中沙	黑土	西方	白沙	元门	通什	堑对	保城	加茂
姜	khɯ：ŋ^1	khɯ：ŋ^1	khɯ：ŋ^1	khɯŋ^1	khɯŋ^1	khɯŋ^1	khɯ：ŋ^1	khɯaŋ^1	khɯ：ŋ^1	khɯaŋ^5
脚	khok^7	khuk^7	khok^7	khɔk^7	khɔk^8	khɔk^7	khok^7	kho$ʔ^7$	khɔk^7	hɔ：k^9

侗台语族语言借用汉语的"讲"字比较普遍，如表 8-66 中的侗台语族语言。

表 8-66　侗台语族相关语言的"说/讲"

壮	布依	临高	傣德	侗	仫佬	毛南
ka：ŋ^3	ka：ŋ^3	kaŋ^3	ta：n^3	qa：ŋ^3	ca：ŋ^3	ca：ŋ^3

8.19　烧（burn）

"burn"在《百词表》中位列第 84 位。英文"burn"初始意义为"燃烧"，后来引申出"点燃""烧伤""烧毁"等意义。黎语表达"点燃""放火烧"这类概念意义的词语读音见表 8-67。

表 8-67　黎语代表点的"烧"

保定	中沙	黑土	西方	通什	堑对	保城
tshui^3；than^1；ban^1	tshui^3	tshui^3	tshui^3	tshui^3	tshui^3	tshui^3
保城$_2$	昌江石碌	陵水隆广	堑对$_2$	白沙	加茂	廖二弓
tshui^3	tshui^3	tshui^3	tshui^3；lian^1	tshoi^3	tshei^1	tsei^{51}
加茂$_2$	元门	乐东尖峰	乐东三平	通什$_2$		
tshei^1	tshou^3	than^1	than^1	than^1		

表 8-67 的语料表明，黎语的"烧"不止一个来源，其中最普遍、最稳定的是 tshui^3。tshui^3 在白沙话中开口度变大，韵母首元音由 u 下移为 o；在黎语加茂赛方言中，该词则丢掉了韵头，演变成了 tshei^1（廖二弓话归入第 4 调）。

黎语该词在侗台语族其他语言中无法找到对应的形式。本书认为黎语该词可以与汉语的"燧""灼"比较。

"灼"，《广韵》："烧也，炙也，热也，之若切。"《史记·龟策列传》："征丝灼之，务以费氓。"司马贞索隐："灼，谓燔也。"

"燧"，《广韵》："徐醉切。"其本义指"古代钻木取火"的用具，即木燧，按季节用不同的木料制成，钻以取火。《论语·阳货》："旧谷既没，新谷既升，钻燧改火，期可已矣。"后来"木燧"引申出"焚烧，点燃"义。《淮南子·说山训》："以絜白为污辱，譬犹沐浴而抒溷，薰燧而负彘。"高诱注："烧薰自香，楚人谓之薰燧也。"晋陆云《晋故豫章内史夏府君诔》："高禄未融，凶焱中燧。"

黎语该词最有可能对应汉语的"燧"字。白沙话的韵母 -oi，加茂话的韵母 -ei，元门的韵母 -ou，其他方言的韵母 -ui，与汉语的止合三脂旨至三韵有某种程度的对应关系，见表 8-68。

表 8-68　黎语代表点与汉语止合三脂旨至三韵对应例词

代表点 词条	保定	西方	白沙	元门	加茂
嘴~唇	tsho：i^1	tsho：i^1	—	shu：i^1	—
最	tui^2	tsui^2	—	tui^3	tui^1
醉	pui^1	pui^1	poi^1	pou^4	puei^4
水~牛	tui^3	sui^3	tshoi^3	tshou^3	tshei^1
税	—	sui^3	—	tui^3	—

tshui^3 一般只表达"点燃""放火烧"这类意义，如保定话 tshui^{1}gwei^3"点

灯"、tshui¹hwou³ "放火烧山"、tshui¹ploŋ³ "放火烧房子"、tshui¹thu：n² "烧香"。thaŋ¹ 与 tshui³ 是同义词，但是 tshui³ 表达更多的是主动意义，主语常常是人；而 thaŋ¹ 的主语是物不是人，表达的更多的是被动的意义，如保定话 fei¹thaŋ¹ploŋ³ "火烧房子"、fei¹thaŋ¹hwou³ "火烧山"。thaŋ¹ 及其方言变体的基本意义是"失火"，见表 8-69。

表 8-69　黎语代表点的"失火"

保定	中沙	黑土	西方	白沙	元门	通什	堑对
thaŋ¹	thaŋ¹	thoŋ¹	thaŋ¹	thaŋ¹	thaŋ¹	thaŋ¹	thaŋ¹

值得注意的是，黎语 thaŋ¹ "失火"与南岛语及物动词的"烧"可能存在同源关系，请看：

　　　　　Palawn　　Molbog　　Toba
烧　　　tutuŋ　　　tutuŋ　　　tutuŋ

保城话的 ɬa：u¹ "失火"与侗水语支的"烧"对应，如侗语、仫佬语、毛南语、佯僙语、锦语、莫语的 ta：u³ "烧"。金理新（2012：450，451）拟侗水语支该词的共同形式为 *tu：ʔ，并将其与苗瑶语的 *diuh "烧"对应，并且进一步认为这一形式的"烧"跟南岛语的"烧"有共同来源，PMP 构拟该词为 *tutu~tutuŋ。

本书认为黎语的 thaŋ¹ "失火"与侗水语支的 ta：u³ "烧"极有可能均与南岛语的"烧"同源，分别取自双音节中不同音节。事实上南岛语内部也可以发现逐渐丢失后一音节的情形，如 Tongan 的 tutu "烧"、Tanga 的 tu "烧"。

黎语的 thaŋ¹ "失火"与黎语表达"烧烤"意义的词语可能存在同源关系，后来因为区别意义的需要才出现语音差异。黎语表达"烧烤"概念的词语在部分方言、土语中的读音见表 8-70。

表 8-70　黎语代表点的"烧烧烤"

保定	中沙	黑土	西方	白沙	元门	通什	堑对	保城	加茂
raŋ¹	raŋ¹	tshɯ：ŋ¹	ʔiŋ¹	theʔ⁸	thia⁷	raŋ¹	ʔiaŋ¹	le：ŋ¹	ha：ŋ¹

保定话还有一个词：baŋ¹ "焚烧"，如 baŋ¹tshia³ "烧纸"、baŋ¹ɬaɯ² "烧炭"。保定话表示"烧火"概念的"烧"用的是另一个词：mou¹fei¹。金理新（2012：450）将保定话的 mou¹ "点火"、通什话的 mou⁴ "点火"与台语支的"烧"（泰语 phau⁵、老挝语 phau¹、傣语 phau⁵、布依语 pyau¹）视为同一形式，拟其共同形式为 *puh。金先生进一步认为，苗瑶语的 *phu：ʔ "烧"、侗台语的 *puh "烧"、汉语的 ʔ-bun "焚"，跟 PAN 的 *xapu-y "火"有共同来源。本书认为，金先生的

分析有说服力。汉语的"焚"，中古属于臻摄文韵并母合口三等字。在韵母相同或相近的情况下，同一发音部位的字可以存在演变关系。换句话说就是某个辅音声母在自然音理作用下，有可能在不改变发音部位的情况下略微改变发音方法。王力先生（1982：20）在讨论汉语同源字（词）时也指出："同源字中，双声最多，其次是旁纽。"唇音声母"帮旁并明"四母属于旁纽。

9 小 结

　　黎语核心词的语源问题比较复杂，既反映了原生性同源问题，又反映了借用性同源问题。黎语在演变分化过程中，核心词表现出强大的稳定性，大部分核心词与侗台语表现出明显的同源性，其中也有不少词语与苗瑶语族语言、汉语甚至是南岛语系语言表现出同源关系，这些情况反映出原始汉藏语、原始苗瑶语、原始侗台语、原始南岛语可能有更为原始的同源性，目前已经有历史语言学家提出了原始华澳语假说。此外，黎语不断从其接触的强势语言中借入词语从而扩展自己的词汇，即使是核心词语也难免受强势接触语言的影响。

　　为了直观反映黎语核心词的语源关系，本书设计了一个表格，表格的项目包括汉语（细分为上古汉语、中古汉语、近现代汉语）、苗瑶语、侗台语、南岛语，如果黎语的某个核心词与某种语言有同源关系用"+"表示。表格中不反映某词语是原生性同源还是借用性同源，如果与中古汉语抑或是近现代汉语有同源关系，则是借用性同源关系。如核心词"山"，保定话 hwou^3 来自原始形式，与侗台语和上古汉语存在同源关系，黎语加茂话首先被汉语借词 tsou^1 "丘"取代，然后进一步被近现代汉语借词 thiu^3 "丘"所取代。表格中的 100 个核心概念（"壳"并入"皮"，"躺"并入"睡"，"胸"分离出"乳房"）黎语共有 211 个词，依据现有语料研究，与侗台语同源的有 117 个，与苗瑶语同源的有 26 个，与南岛语同源的有 36 个，与上古汉语同源的有 97 个，与中古汉语同源的有 47 个，与近现代汉语同源的有 17 个。这种情况表明，黎语与侗台语、汉语关系最为密切，特别是中古以后，有不少词语是从汉语通用语言或方言中借入，导致黎语与汉语同源的词语比与侗台语同源的词语多了 44 个。当然上述词语的同源性有重叠的情况，比如，与上古汉语、苗瑶语、侗台语均同源的有 12 个，与上古汉语、侗台语都同源的有 53 个。具体情况见表 9-1。

表 9-1　黎语与汉语、苗瑶语、侗台语、南岛语核心词同源关系表

黎语核心词 / 语言		汉语			苗瑶语	侗台语	南岛语
		上古	中古	近现代			
我	hou^1 de^3				+	+	
你	meu^1	+			+	+	
我们	fa^1 ʔaʔrou^1	+				+	

| 语言
黎语核心词 | | 汉语 | | | 苗瑶语 | 侗台语 | 南岛语 |
		上古	中古	近现代			
这	nei²				+	+	
那	haɯ²				+	+	
	ma²				+	+	
	nei	+			+	+	
	kɛ⁴					+	
	bəi²	+					
谁	ʔɯra	+				+	
何	mau²		+				
	he¹			+			
	phe¹				+	+	
不	van³	+				+	
	kʰɑu⁴					+	
都	rɯ³		+				
	dou³			+			
	za³				+		
	ʔuaŋ¹	+					
	puːi³³		+				
一	ʔiːt⁷	+			+	+	
	tsɯ⁵						
	kɯ²					+	
二	ɬau³					+	+
	zi³	+					
多	ɬoːi¹	+				+	
大	loŋ¹		+				
长	taːu³				+		
小	ʔeɳ²	+				+	
	tɔk⁸	+					
	nit⁵⁵		+				
红	gaːn³		+				
	xaːŋ¹			+			
	toŋ³	+				+	
	ɬaːt⁷	+				+	
绿	hiːu¹	+					
黄	zeːŋ¹	+					
白	khaːu¹	+				+	
黑	dom²	+				+	
	loːk⁷	+				+	

续表

黎语核心词 / 语言		汉语			苗瑶语	侗台语	南岛语
		上古	中古	近现代			
热	fou³						
	tshit⁸	+				+	
	tshau³		+			+	
冷	kha：i²					+	
	gan¹		+				
	tshem⁵¹		+				
满	thi：k⁷	+				+	
新	pa：n¹						+
	no³					+	+
好	ɬeŋ¹	+					
	maŋ¹						+
	ɣəɯ⁵		+				
圆	hwom¹	+				+	
	hwaŋ¹	+					
	zu：n³			+			
	po⁵	+					+
干	da：u¹	+				+	
	khau²	+				+	
	ra：n²	+				+	
女人	pai³-	+				+	
	mei³-	+				+	
	-khau²	+					+
男人	pha³-	+			+	+	
	-ma：n¹						+
人	ʔu²ʔa：u¹						+
	ɬai⁴	+				+	
鱼	pla¹	+				+	
鸟	taɬ⁷	+					
	ŋa：u⁴			+			
	nɔ：k⁹	+				+	
狗	pa¹					+	
虱子	than¹				+	+	+
	fou¹					+	+
	tsi：u²		+				
	tshau¹			+			
	sip⁵		+				
树	tshai¹					+	
果子/种子	fan¹	+				+	

黎语核心词	语言	汉语			苗瑶语	侗台语	南岛语
		上古	中古	近现代			
果子/种子	tsho：m¹		+				
	muɯat⁷	+				+	
叶	beɯ¹	+				+	
根	van⁴	+					
	kei¹	+					
	ŋaŋ¹				+		
	gi：u¹						
皮	fe：k⁷	+				+	
	no：ŋ¹	+				+	
	deʔ⁸				+		
肉	gom³						+
	me：k⁷	+					
	ʔa：k⁷					+	
	si¹						+
血	ła：t⁷					+	+
骨	vɯ：k⁷	+				+	
油脂	gwei³			+			
	zou¹		+				
卵/蛋	zɯ：m¹	+				+	
	ve：k⁷	+				+	
	luon⁴			+			
角	hau¹			+	+	+	
尾	tshuɯt⁷	+			+	+	+
羽/毛	hun¹	+				+	
发	dan²					+	
	fa⁵			+			
	hu³			+			
	mo²			+			
头	gwou³	+				+	
耳朵	zai¹	+				+	+
眼睛	tsha¹	+				+	+
	-tou¹	+				+	+
	mak⁷-		+				
鼻	khat⁷	+					+
嘴	pom³					+	+
牙齿	fan¹					+	+
	ŋe³-			+			
舌	łi：n³	+				+	

续表

语言　　黎语核心词		汉语			苗瑶语	侗台语	南岛语
		上古	中古	近现代			
爪	liː p^7	+				+	
	kau					+	+
脚	khok^7	+				+	
膝	gwou^3-	+			+	+	
	rou^4	+			+	+	
手	meɯ^1	+				+	+
	tsiŋ^2		+				
	tshiu^3-			+			
腹	pok^7		+				
	luɪ^4					+	
颈	zoŋ^8	+			+	+	+
胸	fan^3		+				
	kheː ŋ^3	+					
乳房	tsei^1					+	+
	nen^5		+				
心脏	ɬaː u^3				+	+	
	tem^3		+				
太阳	-hwan^1	+				+	
月	ŋaː n^1	+				+	
星	raː u^1	+				+	
	thap^{7}tsin^5			+		+	
水	nom^3					+	+
雨	fun^1	+			+	+	
石	tshiː n^1	+				+	
沙	phou^2					+	
	-dei^1					+	
土	van^1					+	
	len^4					+	
	dieŋ^1		+				
	ta^2	+			+	+	+
云	deː k^{7}fa^3					+	
	vin^3		+				
	pou^1					+	
烟	hwoː n^1	+				+	
火	fei^1	+				+	+
灰	tau^3					+	
	pha^{51}					+	
径	kuː n^1	+				+	

语言 黎语核心词		汉语			苗瑶语	侗台语	南岛语
		上古	中古	近现代			
山	hwou³	+				+	
	tsou¹		+				
	thiu³		+				
名	phe：ŋ¹		+				
夜	hop⁷					+	
肝	ŋa：n¹		+				
喝	ʔo：k⁹		+				
	hja：u¹		+				
	tshɯp⁷	+				+	+
	ru：ɭ⁷					+	
吃	la²	+			+	+	
	tei⁵						
	khan¹	+				+	
咬	ka：n̩³		+			+	
	da：n¹		+				
	rap⁸					+	+
看	zu：i³		+				
	kiu¹	+				+	
	saŋ¹		+				
	mai¹	+			+	+	
	lo¹	+				+	+
	la：i³	+				+	
听	pleɯ¹	+					+
	ɬi：ŋ¹		+				
	ŋei²					+	+
懂	khu：ŋ¹		+				
	tai²		+				
睡	tso：n¹	+				+	
	kau²		+				
	ŋo⁴			+			
死	ɬa：u²		+				
	zui³	+				+	
	hɔk⁷	+				+	
杀	hau³	+				+	
	tse²			+			
	mi：k⁸		+				

续表

黎语核心词 \ 语言		汉语			苗瑶语	侗台语	南岛语
		上古	中古	近现代			
游	plei^1					+	
	lɔn^1						+
	jou^4			+			
飞翔	ben^1	+				+	+
	liʑin^1				+		
走	fei^1					+	
	tsam^1					+	
来	puɯːn^1	+				+	
坐	tsoŋ^3		+				
站	tsuːn^1					+	
给	deɯ^1	+				+	
	kau^2		+				
	muɯan^1	+				+	
说	riːn^1			+			
	khuaŋ^3		+			+	
烧	tshui^3		+				
	thaŋ^1						+
	ɬaːu^1					+	
	mou^1	+			+	+	+

参 考 文 献

白保罗，1984. 汉藏语言概论[M]. 乐赛月，罗美珍译. 北京：中国社会科学民族研究所.

北京大学中国语言文学系语言学教研室，2003. 汉语方音字汇. 2 版[M]. 北京：语文出版社.

曹志耘，2011. 湖北通城方言的语音特点[J]. 语言研究，31（1）：106-112.

陈梦家，1956. 殷墟卜辞综述[M]. 北京：中华书局.

陈孝玲，2009. 侗台语核心词研究[D]. 武汉：华中科技大学博士学位论文.

陈永青，1982. 关于黎语"奥雅"的解释及其他[J]. 民族语文，（2）：58.

董为光，1987. 湘鄂赣三界方言的"ɪ"韵尾[J]. 语言研究，（1）：49-59.

冯青，2012. 海南黎语与汉语量词的异同[J]. 常熟理工学院学报（哲学社会科学），26（1）：85-88.

冯青，李清桓，2011. 黎语量词研究述评、展望及价值[J]. 海南师范大学学报，24（5）：39-42.

符昌忠，1996. 海南村话[M]. 广州：华南理工大学出版社.

符昌忠，2005. 村语与黎语词汇差异成因初探[J]. 广西民族学院学报（哲学社会科学版），27（3）：106-110.

高泽强，2001. 黎语"纹茂"含意考析[J]. 琼州大学学报，8（2）：74-75.

龚波，2010. 从假设句的否定形式看甲骨文中的"勿"、"弜"与"不"、"弗"之别[J]. 中国语文，（2）：162-166.

龚群虎，2001. 汉语泰语关系词的时间层次研究[D]. 上海：上海师范大学博士学位论文.

管燮初，1953. 殷墟甲骨刻辞的语法研究[M]. 北京：中国科学院.

广西壮族自治区少数民族语言文字工作委员会，2005. 壮汉英词典[M]. 北京：民族出版社.

广州外国语学院，1990. 泰汉词典[M]. 北京：商务印书馆.

郭沫若，1958. 卜辞通纂[M]. 北京：科学出版社.

郭小东，等，2013. 失落的文明：史图博《海南岛民族志》研究[M]. 武汉：武汉大学出版社.

汉语方言发音字典[DB/OL]. [2016-11-16]. http://cn.voicedic.com/.

黄权，2011. 汉黎字典[M]. 昆明：云南民族出版社.

黄树先，1995. "林兆"、"木李"补释[J]. 语言研究，增刊.

黄树先，2003. 汉缅语比较研究[M]. 武汉：华中科技大学出版社.

黄树先，2005. 从核心词看汉缅语关系[J]. 语言科学.（3）：90-108.

黄树先，2007. 汉藏语论集[M]. 武汉：华中科技大学出版社.

金理新，2012. 汉藏语系核心词[M]. 北京：民族出版社.

蓝庆元，2005. 壮汉同源词借词研[M]. 北京：中央民族大学出版社.

蓝庆元，2007. 壮语方言颜色词考源[J]. 民族语文，（5）：34-43.

黎燕，1996. 黎族与汉族亲属称谓词语论析[J]. 中央民族大学学报，（1）：73-76.

李方桂，2011. 比较台语手册[M]. 北京：清华大学出版社.

李钊祥，1985. 傣族和黎族的自称[J]. 民族研究，（5）：71.

梁敏，张均如，1996. 侗台语族概论[M]. 北京：中国社会科学出版社.

梁猷刚，1988. 海南音字典[M]. 广州：广东人民出版社.

刘剑三，1992. 地名：海南民族活动史的"化石"[J]. 海南师范大学学报，（1）：102-107.

刘剑三，2000. 临高汉词典[M]. 成都：四川民族出版社.

刘剑三，2001. 临高语黎语关系词的文化内涵[J]. 民族语文，（3）：62-68.

蒙斯牧，1990. 印尼语和侗泰语的关系词[J]. 民族语文，（6）：56-60.

倪大白，1994. 南岛语与百越诸语的关系[J]. 民族语文，（4）：21-35.

欧亨元，2004. 侗汉词典[M]. 北京：民族出版社.

欧阳觉亚，郑贻青，1983. 黎语调查研究[M]. 北京：中国社会科学出版社.

欧阳觉亚，郑贻青，2004. 从词汇上看台湾原住民族语言与黎语的关系[J]. 寻根，（2）：10-13.

潘立慧，2010. 黎语的反身代词和强调代词[J]. 民族语文，（3）：29-33.

潘悟云，2000. 汉语历史音韵学[M]. 上海：上海教育出版社.

潘悟云，2006. 广韵查询系统[DB]. 单机版. 上海：上海师范大学语言研究所.

潘悟云，2013. 语言的演变与变异[M]. 上海：中西书局.

潘悟云，邵敬敏，2005. 二十世纪中国社会科学：语言学卷[M]. 上海：上海人民出版社.

平山久雄，2012. 汉语语音史探索[M]. 北京：北京大学出版社.

裘锡圭，1979. 说"弜". 中国古文字研究会. 古文字研究（一）[M]. 北京：中华书局.

萨维纳，1931. 黎法对照词汇[J]. 法国远东学院学报，（31）：109-199.

上古音查询[DB/OL].[2016-11-16]. http：//www.eastling.org/OC/oldage.aspx.

覃晓航，2012. 侗台语族语言研究[M]. 北京：民族出版社.

谭晓平，2006. 汉藏语系的"狗". 古汉语研究，（4）：57-61.

唐作藩，1991. 音韵学教程[M]. 北京：北京大学出版社.

王力，1982. 同源字典[M]. 北京：商务印书馆.

王力，2004. 汉语史稿[M]. 第2版. 北京：中华书局.

王士元，2005. 汉语的祖先[M]. 北京：中华书局.

王仲黎，2010. 祁阳方言否定副词"[x°i⁴⁵³]"的民族底层[J]. 西南边疆民族研究，（1）：110-116.

文明英，马加林，1984. 黎语方言数词表示法[J]. 中央民族学院学报，（3）：96-101.

吴安其，2002. 汉藏语同源研究[M]. 北京：中央民族大学出版社.

吴安其，2008. 史前华南地区的语言接触[J]. 民族语文，（3）：21-35.

吴安其，2009. 南岛语分类研究[M]. 北京：商务印书馆.

吴清河，2000. 汉藏语"狗"的读法[J]. 民族语文，（4）：61.

吴宗济，1936. 湖北方言调查报告•五九通城（十里市）//赵元任，等. 湖北方言调查报告[M]. 上海：商务印书馆：1299-1323.

辛世彪，2008. 法国人萨维纳和他的《海南岛志》[J]. 新东方，（12）：54-57.

邢公畹，1999. 汉台语比较手册[M]. 北京：商务印书馆.

徐通锵，2001. 历史语言学[M]. 北京：商务印书馆.

杨静，2008. 安康城区方言的重叠式[J]. 语言科学，7（2）：177-184.

杨遗旗，2014a. 黎语核心人称代词研究[J]. 海南师范大学学报，27（7）：118-123.

杨遗旗，2014b. 黎语指示代词比较研究[J]. 贵州民族研究，（8）：221-225.

杨遗旗，2015. 黎语核心词"女人"、"男人"、"人"[J]. 海南师范大学学报，28（1）：101-109.

杨遗旗，唐元华，2016a. 黎语核心词"多"、"大"、"长"、"小"比较研究[J]. 贵州民族研究，（2）：191-196.

杨遗旗，唐元华，2016b. 黎语核心词"爪子"、"脚"、"手"比较研究[J]. 海南师范大学学报，29（2）：118-125.

俞敏，1989. 汉藏同源字谱稿[J]. 民族语文：（1）：56-77；（2）：6.

苑中树，1994. 黎语语法纲要[M]. 北京：中央民族大学出版社.

曾春蓉，2006. 现代汉语方言中古精组字今读 t、tʰ 现象考察[J]. 长沙铁道学院学报（社会科学版），7（4）：112-113.

曾晓渝，岳静，马英，2010. 侗台苗瑶语言的汉借词研究[M]. 北京：商务印书馆.

张雷，2009. 黎语志强话亲属称谓的变化[J]. 民族语文，（4）：41-47.

张永言，1999. 语文学论集[M]. 北京：语文出版社.

张勇生，2012. 鄂东南通城方言入声韵尾演变研究[J]. 语言科学，11（6）：627-634.

张玉金，1993. 甲骨文"不""弗"异同论[M]//申小龙. 中国语言与中国文化论集. 香港：香港亚太教育书局.

张宗骞，1940. 弜弗二字通用考[J]. 燕京学报，（28）：57-70.

郑贻青，欧阳觉亚，1993. 黎汉词典[M]. 成都：四川民族出版社.

郑张尚芳，1995. 汉语与亲属语同源根词及附缀成分比较上的择对问题[J]. 中国语言学报，（8）：267-282.

郑张尚芳，2003. 上古音系[M]. 上海：上海教育出版社.

中央民族学院苗瑶语研究室，1987. 苗瑶语方言词汇集[M]. 北京：中央民族学院出版社.

中央民族学院少数民族语言研究所第五研究室，1985. 壮侗语族语言词汇集[M]. 北京：中央民族学院出版社.

朱歧祥，1990. 殷墟卜辞句法论稿——对贞卜辞句型变异研究[M]. 台北：台湾学生书局.

朱声琦，1998. 从汉字的谐声系统看喉牙声转——兼评"上古音晓匣归见溪群"说[J]. 南京师大学报（社会科学版），（2）：136-142.

Benedict P K，1975. Austro-Thai Language and Culture，with a Glossary of Roots[M]. New Haven：Harf Press.

Li F K，1977. A Handbook of Comparative Tai[M]. Manoa Valley：University of Hawaii Press.